Peter Becker (Hrsg.)

NotarFormulare Erbscheinsverfahren

N O T A R F O R M U L A R E

H E R A U S G E G E B E N V O M
D E U T S C H E N N O T A R V E R E I N

NotarFormulare Erbscheinsverfahren

Testamentsvollstreckerzeugnis, Europäisches Nachlasszeugnis, Hoffolgezeugnis

Muster – Anträge – Erläuterungen

---

2. Auflage

Herausgegeben von

Notar **Dr. Peter Becker, LL.M., M.B.A.**

Bearbeitet von

Notar Dr. Peter Becker, LL.M., M.B.A. • Rechtsanwältin Christiane Graß • Notar Matthias Sören Holland • Notarfachwirtin (BHT) Angie Klaus • Prof. Dr. Martin Löhnig • Notar Dr. Matthias Miller, MdL • Notar Dr. Felix Ungerer • Notar Bernhard Weiß

DeutscherNotarVerlag

Zitiervorschlag:
Becker, NotF Erbscheinsverfahren, § 1 Rn 1

Benutzer-Hinweis für Muster
Für den Download der Mustertexte gehen Sie auf
https://www.notarverlag.de/nf-erbscheinsverfahren
Dort erhalten Sie Zugriff auf das zip-Archiv: nv_6334_musterdownload.zip

Hinweis
Die Ausführungen in diesem Werk wurden mit Sorgfalt und nach bestem Wissen erstellt. Sie stellen jedoch lediglich Arbeitshilfen und Anregungen für die Lösung typischer Fallgestaltungen dar. Die Eigenverantwortung für die Formulierung von Verträgen, Verfügungen und Schriftsätzen trägt der Benutzer. Herausgeber, Autoren und Verlag übernehmen keinerlei Haftung für die Richtigkeit und Vollständigkeit der in diesem Buch enthaltenen Ausführungen und der per Download bereitgestellten Daten.

Anregungen und Kritik zu diesem Werk senden Sie bitte an
info@notarverlag.de
Autoren und Verlag freuen sich auf Ihre Rückmeldung.

Umschlaggestaltung: gentura, Holger Neumann, Bochum
Satz: Reemers Publishing Services GmbH, Krefeld
Druck: Hans Soldan Druck GmbH, Essen
ISBN 978-3-95646-334-1

Bibliografische Information der Deutschen Bibliothek
Die Deutsche Bibliothek verzeichnet diese Publikation in der Deutschen Nationalbibliografie; detaillierte bibliografische Daten sind im Internet über
http://dnb.d-nb.de abrufbar.

Vorwort zur 2. Auflage

Die Autoren der „NotarFormulare Erbscheinsverfahren“ freuen sich, Ihnen, liebe Leser, die überarbeitete und aktualisierte zweite Auflage des Buches als Arbeitshilfe für den Alltag bei Gericht oder im Notariat an die Hand geben zu können. Besonders freut es uns, dass wir das in der Erstauflage gegebene Versprechen, auch das Hoffolgezeugnis zu behandeln, einhalten konnten. Damit wird eine Lücke in der Darstellung und der nachlassgerichtlichen Literatur geschlossen. Auch die versprochenen Auslegungshinweise konnten nunmehr ergänzt werden. Sie werden in Folgeauflagen stets um die ergangenen wichtigsten Entscheidungen der Oberlandesgerichte und des BGH ergänzt werden, um Ihnen auch in kniffligen Auslegungsfragen zur Seite zu stehen. Unter Umständen wird dies in einer eigenen eBroschüre erfolgen, die Ihnen in kürzeren Zeiträumen als den Erscheinungszeiträumen des Buches zur Verfügung gestellt werden und verlinkt werden kann.

An der Zielsetzung des Buches hat sich gegenüber der Vorauflage nichts geändert. Das Buch ist aus der Praxis für die Praxis gedacht und geschrieben. Es verliert sich nicht in Meinungsstreitigkeiten und theoretischen Darstellungen, sondern sucht sofort einsetzbare Muster und Formulierungshilfen, insbesondere für Mitarbeitende, zur Verfügung zu stellen. Wie in der Erstauflage fordern wir Sie, liebe Leser, auf, uns mit Anregungen und Anmerkungen dazu anzuhalten, die Qualität des Werkes stets zu verbessern. Zögern Sie daher weiterhin nicht, uns zu kontaktieren. Wir freuen uns auf Ihre Rückmeldung!

Dank gebührt – neben unseren Familien – dem Verlag, insbesondere Frau Birgit Rehm und Herrn Dennis Flohr, für das Vertrauen in die Autoren und die professionelle Umsetzung des Konzepts der zweiten Auflage.

Im Juli 2025

Ihre Autoren

Vorwort zur 1. Auflage

Die Reihe „NotarFormulare" ist aus der Praxis für die Praxis geschrieben. Sie sucht, sofort einsetzbare Muster für die alltägliche Arbeit im Notarbüro zu bieten. Mit dem hier vorliegenden Buch „NotarFormulare Erbscheinsverfahren" soll eine – aus Sicht der Autoren und des Verlags – im Bereich Erbscheinsverfahren, Verfahren zur Erteilung des Testamentsvollstreckerzeugnisses und zur Erteilung des Europäischen Nachlasszeugnisses bestehende Literaturlücke geschlossen werden. Denn ein eigenständiges Formularbuch zu diesen Themenbereichen gibt es bislang nicht. Zwar werden in vielen erbrechtlichen Hand- und Formularbüchern auch das Erbscheinsverfahren und gängige Erbscheinsanträge behandelt, ohne jedoch auch seltenere Konstellation vertieft und für die Praxis leicht handhabbar darzustellen. Genau dies wollen wir mit den NotarFormularen aber erreichen. Um in Zukunft noch weitere Konstellationen der notariellen Praxis aufnehmen zu können, freuen sich Verlag und Autoren über Anregungen und Anmerkungen aus der Praxis. Zögern Sie daher nicht uns zu kontaktieren!

In einer Zweitauflage des Werkes sollen überdies ein Abschnitt mit „Auslegungshinweisen", basierend auf aktueller Rechtsprechung, aufgenommen und auch das „Hoffolgezeugnis" behandelt werden. In der Erstauflage erschien uns, d.h. Verlag und Autoren, dessen Behandlung vernachlässigbar.

Der Berufsstand der Notare ist gegenwärtig – mehr denn je – unter Druck. Digitalisierung und falsch verstandenes Streben nach Deregulierung und Formfreiheit machen vergessen, dass Notare als Organe der vorsorgenden Rechtspflege zu einer erheblichen und kostengünstigen Entlastung der Justiz Tag für Tag beitragen. Diese Entlastung mag in Zukunft auch durch eine weitere Aufgabenübertragung im Bereich der nachlassgerichtlichen Verfahren erfolgen. Der Notar kann so zum „One-Stop-Shop" auch im Bereich der nachlassgerichtlichen Verfahren werden. Auch für diesen Fall wollen wir Sie mit den „NotarFormularen Erbscheinsverfahren" rüsten.

Dieses Vorhaben wäre nicht möglich gewesen, ohne die freundliche und professionelle Unterstützung des Deutschen Notarverlags, insbesondere Frau Greferath-Russ und Herrn Flohr. Ihnen und den Mitarbeitern des Verlags gilt daher unser besonderer Dank, ebenso wie unseren Familien, die in der Zeit des Entstehens des Buches an so manchem Wochenende auf uns verzichten mussten.

Zum Abschluss freuen wir uns auf den Austausch mit Ihnen, liebe Leser, und würden uns über eine freundliche Aufnahme des Buches freuen. Wir wünschen Ihnen und uns – auch in Zukunft – viele spannende Rechtsfragen im Bereich der Erbscheinsverfahren, Testamentsvollstreckerzeugnisse und Europäischen Nachlasszeugnisse.

Im Januar 2021

Ihre Autoren

Inhaltsübersicht

Inhaltsverzeichnis

Musterverzeichnis

Literaturverzeichnis

Handbücher und Kommentare

Bahrenfuss (Hrsg.), FamFG, Kommentar, 3. Aufl. 2017

Bauer/Schaub, GBO, Kommentar, 5. Aufl. 2023

Becker/Bolte/Lückemeier, Höfeordnung mit Höfeverfahrensordnung, 5. Aufl. 2023

BeckOGK-BGB, Stand 1.1.2025

BeckOGK-EuErbVO, Stand 1.1.2025

BeckOK-BGB, 73. Edition 1.5.2025

BeckOK-FamFG, 53. Edition 1.3.2025

BeckOK-GBO, 56. Edition 1.3.2025

BeckOK-KostR, 48. Edition 1.2.2025 (GNotKG)

Beck'sche Online-Formulare Erbrecht, 47. Edition 2025, Formulare 5.6.6 und 5.6.7

Beck'sches Formularbuch Erbrecht, Keim, Lehmann (Hrsg.), 5. Aufl. 2023

Bengel/Reimann/Holtz/Röhl (Hrsg.), Handbuch der Testamentsvollstreckung, 8. Aufl. 2023

Bonefeld/Kroiß/Tanck, Der Erbprozess mit Erbscheinsverfahren und Teilungsversteigerung, 4. Aufl. 2012, 5. Aufl. 2017 und 6. Aufl. 2023

Bumiller/Harders/Schwamb, Beck'sche Kurz-Kommentare, Bd. 33, FamFG, 13. Aufl. 2022

Burandt/Rojahn, Beck'sche Kurz-Kommentare, Bd. 65, Erbrecht, 4. Aufl. 2022

Demharter, GBO, Beck'sche Kurz-Kommentare, Bd. 8, 33. Aufl. 2023

Düsing/Martinez (Hrsg.), Beck'sche Kurz-Kommentare, Agrarrecht, 2. Aufl. 2022

Dutta/Weber, Beck'sche Kurz-Kommentare, Internationales Erbrecht, 2. Aufl. 2021, Art. 62 ff. EuErbVO

Erman, BGB, Handkommentar mit AGG, EGBGB, ErbbauRG, LPartG, ProdhaftG, VGVG, VersAusglG, WEG und ausgewählten Rechtsquellen des IPR, 17. Aufl. 2023

Formularbibliothek Vertragsgestaltung, Erbrecht, 4. Aufl. 2023

Frenz/Hertel/Limmer (Hrsg.), Würzburger Notarhandbuch, 6. Aufl. 2021

Graß, Landwirtschaftserbrecht, Höfeordnung, BGB-Landguterbrecht und GrdstVG-Zuweisungsverfahren, 12. Aufl. 2024

Grüneberg, Beck'sche Kurz-Kommentare, BGB, 84. Aufl. 2025

Hausmann (Hrsg.), Internationales Erbrecht, 130. Ergänzungslieferung, März 2025

Haußleiter, FamFG, Kommentar, 2. Aufl. 2017

Heckschen, Herrler, Münch (Hrsg.), Beck'sches Notar-Handbuch, 8. Aufl. 2024

Hoffmann-Becking, Gebele (Hrsg.), Beck'sches Formularbuch Bürgerliches, Handels- und Wirtschaftsrecht, 14. Aufl. 2022

Jauernig, Bürgerliches Gesetzbuch mit Rom-I-VO, Rom-II-VO, Rom-III-VO, EG-UnthVO/HUntProt und EuErbVO, 19. Aufl. 2023

Kersten, Bühling (Hrsg.), Formularbuch und Praxis der Freiwilligen Gerichtsbarkeit, 27. Aufl. 2023

Kölner Formularbuch Erbrecht, 4. Aufl. 2024

Korintenberg, Gerichts- und Notarkostengesetz: GNotKG, Kommentar, 22. Aufl. 2022

Krätzschel/Falkner/Döbereiner (Hrsg.), Nachlassrecht, 12. Aufl. 2022

Kroiß/Horn/Solomon (Hrsg.), Nachfolgerecht, Kommentar, 3. Aufl. 2023

Krug/Rudolf/Kroiß/Bittler, NotarFormulare Erbrecht, 7. Aufl. 2023

Lange/Kuchinke, Erbrecht, 5. Aufl. 2001

Langenfeld/Fröhler, Testamentsgestaltung, 5. Aufl. 2015

Leipold, Erbrecht, 23. Aufl. 2022

Löhnig u.a. (Hrsg.), Testamentsvollstreckung in Europa, Beiträge zum europäischen Familien- und Erbrecht, Bd. 20, 2018

Lübtow, v., Erbrecht, Eine systematische Darstellung, 1971

Lüdtke-Handjery/v. Jeinsen (Hrsg.), HöfeO, Kommentar, 11. Aufl. 2015

Mayer/Bonefeld/Tanck (Hrsg.), Testamentsvollstreckung, 5. Aufl. 2022

Mugdan, Die gesammten Materialien zum Bürgerlichen Gesetzbuch für das Deutsche Reich, Bd. V, 1899

MüKo-BGB, 10. Aufl. 2025, Band 1

MüKo-BGB, 9. Aufl. 2024, Band 10

MüKo-BGB, 9. Aufl. 2022, Band 11

MüKo-FamFG, 4. Aufl. 2025

Müller-Lukoschek, Die neue EU-Erbrechtsverordnung, 2. Aufl. 2015

Noack/Servatius/Haas (Hrsg.), Beck'sche Kurz-Kommentare, GmbHG, 24. Aufl. 2025

Odersky, Die Abwicklung deutsch-englischer Erbfälle, 2001

Protokolle der Kommission für die zweite Lesung des Entwurfs des Bürgerlichen Gesetzbuchs, Bd. V, Nachdruck 2004

Prütting/Helms (Hrsg.), FamFG, Kommentar, 6. Aufl. 2022

Rauscher (Hrsg.), Europäisches Zivilprozess- und Kollisionsrecht, EuZPR / EuIPR, Kommentar, Bd. V, KSÜ, Eu-ErbVO, HUntStProt 2007, Rom III-VO, 4. Aufl. 2016

Scherer (Hrsg.), Münchener Anwaltshandbuch Erbrecht, 6. Aufl. 2024

Schöner/Stöber, Grundbuchrecht, 16. Aufl. 2020

Schulze (Schriftleitung), Bürgerliches Gesetzbuch, Handkommentar, 12. Aufl. 2024

Seutemann, Landwirtschaftssachen, Ein Leitfaden für die erstinstanzliche Praxis vor dem Landwirtschaftsgericht, 1. Aufl. 2020

Soergel, BGB, Band 21, 13. Aufl. 2002 und Bd. 22, 13. Aufl. Stand: 2002/2003

Staudinger BGB, Buch 5, Erbrecht:

§§ 2197 – 2228 (Testamentvollstrecker), Neubearbeitung 2022

§§ 2346 – 2352 (Erbverzicht), Neubearbeitung 2022

§§ 2346 – 2385 (Erbverzicht, Erbschein, Erbschaftskauf), Neubearbeitung 2016

Sternal, (vormals Keidel), FamFG, Kommentar, 21. Aufl. 2023

Süß, Erbrecht in Europa, 4. Aufl. 2024

Ulricher, Erbrecht, 5. Aufl. 2023

Zimmermann, Erbschein, Erbscheinsverfahren, Europäisches Nachlasszeugnis, 4. Aufl. 2022

Zimmermann, Die Testamentsvollstreckung, Handbuch für die gerichtliche, anwaltliche und notarielle Praxis, 6. Aufl. 2023

Aufsatzliteratur

Ackermann, Fehlende Bindungswirkung eines Europäischen Nachlasszeugnisses, MittBayNot 2021, 157

Amann, Die Reichweite transmortaler und postmortaler Vollmachten unabhängig von Erbfolge und Testamentsvollstreckung, MittBayNot 2013, 367

Bachmayer, Ausgewählte Problemfelder bei Nachlasssachen mit Auslandsberührung, BWNotZ 2010, 146

Bandel, Rechtsübergang und Rechtsbegründung durch ausländische Vindikationslegate in Deutschland, MittBayNot 2018, 99

Becker, Zur Versicherung an Eides statt eines Vorsorgebevollmächtigten im Erbscheinsverfahren, ZErb 2018, 332

Becker, Regelungen für das Spannungsverhältnis von Testamentsvollstreckung und General- bzw. Vorsorgevollmacht, ZEV 2018, 692

Becker, Zur Konstruktion eines Vindikationslegats durch lebzeitige Vermächtniserfüllung, MittBayNot 2019, 417

Becker, Neues zur Beglaubigung von Unterschriften auf Vorsorgevollmachten durch die Betreuungsbehörde, MittBayNot 2021, 549

Beller, Wahl, Aktuelles im IPR / aus dem Ausland, BWNotZ 2016, 68

Bestelmeyer, Die Entwicklung des Erbrechts seit 2023, RPfleger 2024, 723

Böhringer, Trends im Grundstücksverkehr 2019, BWNotZ 2019, 250

Buschbaum/Simon, EuErbVO: Das Europäische Nachlasszeugnis, ZEV 2012, 525

Deubner, Die Assessorklausur aus der freiwilligen Gerichtsbarkeit, JuS 1961, 66

Dutta, Das neue Internationale Erbrechtsverfahrensgesetz, ZEV 2015, 493

Egidy/Vollmer, ErbVO und IntErbRVG in der Anwendung durch die Nachlassgerichte, RPfleger 2025, 433

Fetsch, Auslandsvermögen im Internationalen Erbrecht – Testamente und Erbverträge, Erbschein und Ausschlagung bei Auslandsvermögen, RNotZ 2006, 77

Fröhler, Das Vorausvermächtnis zugunsten des Vorerben und der Erbnachweis vor sowie ab Eintritt des Nacherbfalls, BWNotZ 2005, 1 ff.

Fröhler, Das Verfahren in Nachlass- und Teilungssachen nach dem neu geschaffenen FamFG, BWNotZ 2008, 183

Gietl/Längsfeld, Grundfälle zur Tenorierung im Erbscheinsverfahren, JA 2013, 854

Grziwotz, Erbscheinverfahren neu geregelt, FamRZ 2016, 417

Grziwotz, Erbscheinverfahren neu geregelt, notar 2016, 353

Grziwotz, Vorsorgevollmacht, insbesondere unter Berücksichtigung der Reform des Betreuungsrechts und der aktuellen Rechtsprechung, ErbR 2023, 178

Holzer, Das Erbscheinsverfahren nach dem FamFG, ZNotP 2015, 258

Horn, Krätzschel, Einstweiliger Rechtsschutz im nachlassgerichtlichen Verfahren, ZEV 2018, 14

Jünemann, Rechtsstellung und Bindung des überlebenden Ehegatten bei vereinbarter Wiederverheiratungsklausel im gemeinschaftlichen Testament, ZEV 2000, 81

Kämper, Testamentsvollstreckung an Personengesellschaftsanteilen, RNotZ 2016, 625

Keim, Transmortale Überraschungen einer Vorsorgevollmacht, ErbR 2024, 170

Köster, Vor- und Nacherbschaft im Erbscheinsverfahren (Teil II), RPfleger 2000, 133

Kollmeyer, Antrag auf Erteilung eines quotenlosen Erbscheins durch einen Miterben, NJW 2021, 1136

Lange, Europäisches Nachlasszeugnis – Antragsverfahren und Verwendung im deutschen Grundbuchverkehr, DNotZ 2016, 103

Leitzen, Kubicka und die Folgen: Vindikationslegate in der Rechtspraxis, ZEV 2018, 311

Lieder, Transmortale Vollmacht und Konfusion, ZfPW 2022, 345

Lutz, Auswirkungen der EU-ErbVO auf die Praxis des Nachlassgerichts, BWNotZ 2016, 34

Marx, Das Nachlassverfahren in Fällen mit Auslandsbezug, ErbR 2021, 18

Meusburger-Hammerer, Die Erbrechtsreform 2015 in Österreich, ErbR 2016, 542

Muscheler, Konsolidation bei Übertragung der Nacherbenanwartschaft auf den Vorerben, ZEV 2012, 289

Reimann, Testamentsvollstrecker im Auslandseinsatz: Änderungen nach Inkrafttreten der EuErbVO?, ZEV 2015, 510

Reithmann, Testamentsvollstreckung und postmortale Vollmacht als Instrumente der Kautelarjurisprudenz, BB 1984, 1394

Roemer, Die Hoferklärung in der notariellen Praxis, RNotZ 2015, 556

Roemer, Der Hofvermerk bei Höfen im Sinne der Höfeordnung, AUR 2024, 122

Roemer, Hofübergabeverträge in der notariellen Praxis (Teil 1), AUR 2025, 42, 53

Rottmann, Offene Fragen zum quotenlosen Erbschein, ZEV 2024, 286

Schaal, Internationale Zuständigkeit deutscher Nachlassgerichte nach der geplanten FGG-Reform, BWNotZ 2007, 154

J. Schmidt, Der Erbnachweis in Deutschland ab 2015: Erbschein vs. Europäisches Nachlasszeugnis, ZEV 2014, 389

J. Schmidt, Ausstellung eines ENZ im einvernehmlichen Verfahren, ZEV 2025, 189

Schmitz, Das Europäische Nachlasszeugnis, RNotZ 2017, 269

Sikora, Notar- und Gerichtskosten im Erbrecht, NJW 2018, 1572

Spernath, Die Stärkung der Stellung des Vorsorgebevollmächtigten de lege lata et de lege ferenda, MittBayNot 2021, 425

Süß, Nachlassabwicklung im Ausland mittels transmortaler Vollmachten, ZEV 2008, 69

Süß, Die Entscheidung des EuGH in der Rechtssache Mahnkopf: Folgen für das gesetzliche Erbrecht des überlebenden Ehegatten in internationalen Ehen und neue Gestaltungsmöglichkeiten, DNotZ 2018, 742

Süß, Vorrang des materiellen (hier: österreichischen) Erbrechts vor Richtigkeitsvermutung des ENZ, ZEV 2020, 233

Tanck, Zur Sittenwidrigkeit von Wiederverheiratungsklauseln in gemeinschaftlichen Verfügungen von Todes wegen (Berliner Testament), ZErb 2015, 297

Technau, Der Erbschein bei Vor- und Nacherbfolge, BWNotZ 1984, 63

Thelen/Bühler, Aktuelle Fragen zum Einsatz der transmortalen Vollmacht, NJW 2024, 2950

Volpert, Aktuelle Entwicklungen und Rechtsprechung im Notarkostenrecht (Teil 2.1) – Erzeugung von strukturierten Daten im Dateiformat XML, RNotZ 2024, 231

Weber, Zur Erteilung eines deutschen Erbscheins bei letztem gewöhnlichen Aufenthalt des Erblassers im Ausland – zugleich Besprechung der EuGH-Entscheidung in der Rechtssache Oberle – EUGH Aktenzeichen C-20/17, RNotZ 2018, 454

Weber, Zum Voreintragungsgrundsatz und seinen Ausnahmen bei der Veräußerung von Grundstücken, DNotZ 2018, 884

Weber, Kubicka und die Folgen: Vindikationslegate aus Sicht des deutschen Immobilarsachenrechts, DNotZ 2018, 16

Weber, Europäisches Nachlasszeugnis als Nachweis im Grundbuchverfahren, DNotZ 2020, 120

Weber/Francastel, Der gewöhnliche Aufenthalt pflegebedürftiger Personen im Kontext von EuErbVO und FamFG, DNotZ 2018, 163

Weinbeck, Grundbuchberichtigung bei Zuweisung eines Grundstücks an einen von mehreren Erben im ENZ bei italienischem Erbstatut, ZEV 2022, 674

Wendt, Legitimationswirkung der transmortalen Generalvollmacht des Alleinerben, ErbR 2024, 673

Wittkowski, Die Beantragung und Erteilung von Erbscheinen in Erbfällen mit Auslandsberührung nach dem FamFG, RNotZ 2010, 102

Zander, Dauer und Legitimationswirkung eines unbefristet ausgestellten ENZ, ZEV 2021, 581

Zimmer, Die Postmortale (Vorsorge-)Vollmacht als Ersatz für den Erbschein im Grundbuchrecht, NJW 2016, 3341

Zimmermann, Anmerkung zu OLG Düsseldorf, Beschl. v. 17.12.2019 – 25 Wx 55/19, ZEV 2020, 170

Zimmermann, Der gemeinschaftliche Erbschein ohne Erbquoten, ZEV 2015, 520

Autorenverzeichnis

Herausgeber

Dr. Peter Becker, LL.M. (Tax), M.B.A. (International Taxation)
Notar in Schwäbisch Gmünd

Autoren

Dr. Peter Becker, LL.M. (Tax), M.B.A. (International Taxation)
Notar in Schwäbisch Gmünd

Christiane Graß
Rechtsanwältin und Fachanwältin für Agrarrecht in Bonn

Matthias Sören Holland
Notar in Oranienburg

Angie Klaus
Notarfachwirtin (BHT) in Schwäbisch Gmünd

Prof. Dr. Martin Löhnig
Universität Regensburg, Juristische Fakultät, Lehrstuhl für Bürgerliches Recht, Deutsche und Europäische Rechtsgeschichte sowie Kirchenrecht

Dr. Matthias Miller, MdL
Notar in Freiburg im Breisgau

Dr. Felix Ungerer
Notar in Stuttgart

Bernhard Weiß
Notar in München

Allgemeine Abkürzungen

AA	Auswärtiges Amt
a.A.	andere Ansicht
ABl	Amtsblatt der Europäischen Union
Abs.	Absatz
Abt.	Abteilung
a.E.	am Ende
AEntG	Arbeitnehmerentsendegesetz
AErfG	Gesetz über Arbeitnehmererfindungen
a.F.	alte Fassung
ÄndG	Änderungsgesetz
AG	Aktiengesellschaft; Amtsgericht; Arbeitgeber; Auftraggeber; Ausführungsgesetz
AGH	Anwaltsgerichtshof
AIZ	Allgemeine Immobilien-Zeitung
Alg	Arbeitslosengeld
Alt.	Alternative
Anh.	Anhang
AnwG	Anwaltsgericht
AnwGH	Anwaltsgerichtshof
AO	Abgabenordnung
ArbG	Arbeitsgericht
ARGE	Arbeitsgemeinschaft
Art.	Artikel
BA	Blutalkohol, Bundesanstalt für Arbeit
BAA	Bundesausgleichsamt
BaFin	Bundesanstalt für Finanzdienstleistungsaufsicht
BAK	Blutalkoholkonzentration

BAV	Bundesaufsichtsamt für das Versicherungswesen, Betriebliche Altersversorgung
BayObLG	Bayerisches Oberstes Landesgericht
BayVerfGH	Bayerischer Verfassungsgerichtshof
BayVGH	Bayerischer Verwaltungsgerichtshof
BDH	Bundesdisziplinarhof
BDiG	Bundesdisziplinargericht
BEA-Freibetrag	Freibetrag für den Betreuungs-, Erziehungs- und Ausbildungsbedarf
BerlVerfGH	Berliner Verfassungsgerichtshof
BezG	Bezirksgericht
BG	Berufsgenossenschaft
BGH VGrS	Bundesgerichtshof, Vereinigter Großer Senat
BIP	Bruttoinlandsprodukt
BKA	Bundeskriminalamt
BKartA	Bundeskartellamt
BMA	Bundesministerium für Arbeit
BMF	Bundesministerium der Finanzen
BMI	Bundesministerium des Innern
BMJ	Bundesministerium der Justiz
BPatG	Bundespatentgericht
BRAK	Bundesrechtsanwaltskammer
BR Drs.	Bundesrat Drucksachen
BRH	Bundesrechnungshof
BV	Betriebsvereinbarung, Bestandsverzeichnis
bzw.	beziehungsweise
c.i.c.	culpa in contrahendo
CISG	Convention on Contracts for the International Sale of Goods

DA	Dienstanweisung
dB	Dezibel
DBA	Doppelbesteuerungsabkommen
DFG	Deutsche Freiwillige Gerichtsbarkeit
DGB	Deutscher Gewerkschaftsbund
DIS	Deutsche Institution für Schiedsgerichtsbarkeit e.V.
DiszH	Disziplinarhof
DJT	Deutscher Juristentag
DNotI	Deutsches Notarinstitut
DONot	Dienstordnung für Notare und Notarinnen
DPA	Deutsches Patentamt
DRS	Deutscher Rechnungslegungsstandard
DSR	Deutscher Standardisierungsrat
DStK	Dienststrafkammer
DVEV	Deutsche Vereinigung für Erbrecht und Vermögensnachfolge e.V.
EAG	Europäische Atom-Gemeinschaft
EFTA	European Free Trade Association
EG	Europäische Gemeinschaft, Einführungsgesetz
EGH	Ehrengerichtshof der Rechtsanwaltskammer
EGKS	Europäische Gemeinschaft für Kohle und Stahl
EGKSV	Vertrag zur Gründung einer Europäischen Gemeinschaft für Kohle und Stahl
EGMR	Europäischer Gerichtshof für Menschenrechte
EGV	Vertrag zur Gründung der Europäischen Gemeinschaft
EinigungsV	Einigungsvertrag
Einl. ALR	Einleitung zum Preußischen Allgemeinen Landrecht
EKMR	Europäische Kommission für Menschenrechte
eLP	eingetragene Lebenspartnerschaft
EMRK	Europäische Menschenrechtskonvention

EPA	Europäisches Patentamt
ErbR	Zeitschrift für die gesamte erbrechtliche Praxis
ES	Entscheidungssammlung
EU	Europäische Union
EuErbVO	Verordnung (EU) Nr. 650/2012 des Europäischen Parlaments und des Rates vom 4. Juli 2012 über die Zuständigkeit, das anzuwendende Recht, die Anerkennung und Vollstreckung von Entscheidungen und die Annahme und Vollstreckung öffentlicher Urkunden in Erbsachen sowie zur Einführung eines Europäischen Nachlasszeugnisses
EuG	Europäisches Gericht Erster Instanz
EuGH	Gerichtshof der Europäischen Union
EuGHMR	Europäischer Gerichtshof für Menschenrechte
EuGVÜ	Übereinkommen der Europäischen Gemeinschaft über die gerichtliche Zuständigkeit und die Vollstreckung gerichtlicher Entscheidungen in Zivil- und Handelssachen
EUR	Euro
EV	Eidesstattliche Versicherung
EWG	Europäische Wirtschaftsgemeinschaft
EWGV	Vertrag zur Gründung der Europäischen Wirtschaftsgemeinschaft
EWIV	Europäische Wirtschaftliche Interessenvereinigung
FamFG	Gesetz über das Verfahren in Familiensachen und in den Angelegenheiten der freiwilligen Gerichtsbarkeit
FG	Finanzgericht, Freiwillige Gerichtsbarkeit
FS	Festschrift
FTP	File Transfer Protocol (Dateiübertagungsprotokoll)
G	Gericht, Gesetz, Gesellschaft
GAAP	Generally Accepted Accounting Principles
GATT	General Agreement on Tariffs and Trade
GBA	Grundbuchamt

GBO	Grundbuchordnung
GdB	Grad der Behinderung
GDV	Gesamtverband der Deutschen Versicherungswirtschaft e.V.
geb.	geboren
GenStaAnw	Generalstaatsanwalt
GF	Grundfläche
GFZ	Geschossflächenzahl
ggf.	gegebenenfalls
GmbH i. Gr.	GmbH in Gründung
GmS-OGB	Gemeinsamer Senat der obersten Gerichtshöfe des Bundes
GNotKG	Gesetz über Kosten der freiwilligen Gerichtsbarkeit für Gerichte und Notare (Gerichts- und Notarkostengesetz)
GoB	Grundsätze ordnungsgemäßer Buchführung
GPÜ	Gemeinschaftspatentübereinkommen
GrdStVG	Grundstückverkehrsgesetz
GRStS	Großer Senat in Strafsachen
GRZ	Grundflächenzahl
GRZS	Großer Senat in Zivilsachen
GS	Großer Senat, Gedächtnisschrift
GVBl	Gesetz- und Verordnungsblatt
GVG	Gerichtsverfassungsgesetz
HessStGH	Hessischer Staatsgerichtshof
h.M.	Herrschende Meinung
HöfeO	Höfeordnung
HöfeVfO	Verfahrensordnung für Höfesachen
HReg	Handelsregister
HTML	Hypertext markup language
HzA	Handbuch zum Arbeitsrecht

IAS	International Accounting Standards
ICC	International Chamber of Commerce
IDW	Institut der Wirtschaftsprüfer in Deutschland
i.G.	in Gründung
IGH	Internationaler Gerichtshof
i.L.	in Liquidation
IntErbRVG	Internationales Erbrechtsverfahrensgesetz
IntPatÜbk	Vertrag über die internationale Zusammenarbeit auf dem Gebiet des Patentwesens
IP	Internetprotokoll
IPR	Internationales Privatrecht
IRO	International Refugee Organization
IRPA	Internationale Strahlenschutzassoziation
i.V.m.	in Verbindung mit
JG	Jugendgericht
KAUG	Konkursausfallgeld
KfH	Kammer für Handelssachen
KG	Kommanditgesellschaft; Kammergericht
KGaA	Kommanditgesellschaft auf Aktien
KV	Kostenverzeichnis
LAG	Landesarbeitsgericht; Lastenausgleichsgesetz
LCIA	London Court of International Arbitration
lit.	litera (Buchstabe)
LRH	Landesrechnungshof
LSG	Landessozialgericht
LVA	Landesversicherungsanstalt
LWG	Landwirtschaftsgericht
LwVG	Landwirtschaftsverfahrensgesetz

MdE	Minderung der Erwerbsfähigkeit
MDK	Medizinischer Dienst der Krankenversicherung
MiZi	Allgemeine Verfügung über Mitteilungen in Zivilsachen
MPU	Medizinisch-psychologische Untersuchung
NachlG	Nachlassgericht
ne.	nichtehelich
NJG	Niedersächsisches Justizgesetz
Nr.	Nummer
OECD	Organization for Economic Cooperation and Development
p.a.	pro anno
pVV	positive Vertragsverletzung
RAG	Reichsarbeitsgericht
RdErl	Runderlass
Rdn/Rn	Randnummer
RdSchr	Rundschreiben
Red.	Redaktion
Reg.	Regierung, Register
RegEntw	Regierungsentwurf
RFH	Reichsfinanzhof
RVA	Reichsversicherungsamt
S.	Seite
SFR	Schweizer Franken
SG	Sozialgericht
Slg.	Sammlung
sog.	sogenannte/r/s
StV	Strafverteidiger

SÜ	Sicherheitsübereignung
SVS	Speditionsversicherungsschein
TARIC	Gebrauchszolltarif (Integrated tariff of the European Communities)
TRIPS-Abkommen	Übereinkommen über handelsbezogene Aspekte der Rechte des geistigen Eigentums
UNCITRAL	United Nations Commission on International Trade Law
Univ.	Universität
UNO	United Nations Organization
UR.	Urkundenrolle
URL	Uniform Resource Locators
UVZ	Urkundenverzeichnis
VBL	Versorgungsanstalt des Bundes und der Länder
VDE	Verband deutscher Elektrotechniker
VDI	Verband deutscher Ingenieure
vEK	verwendbares Eigenkapital
VEK	Vereinigung Europäischer Kunststoffverarbeiter
VGrS	Vereinigter Großer Senat
VGT	Verkehrsgerichtstag
VOBl	Verordnungsblatt
VormG	Vormundschaftsgericht
VVaG	Versicherungsverein auf Gegenseitigkeit
VZ	Veranlagungszeitraum
WA	Warschauer Abkommen
WP	Wirtschaftsprüfer
WRV	Weimarer Reichsverfassung
WTO	World Trade Organization (Welthandelsorganisation)

z.B.	zum Beispiel
ZDK	Zentralverband des Deutschen Kraftfahrzeuggewerbes
ZEV	Zeitschrift für Erbrecht und Vermögensnachfolge
ZVK	Zusatzversorgungskassen

§ 1 Einleitung

A. Erbscheinsverfahren

Der Rechtsverkehr ist auf die zuverlässige Feststellung des Rechtsnachfolgers eines Erblassers angewiesen. Umgekehrt benötigt der Erbe als Rechtsnachfolger einen zuverlässigen Nachweis seiner Erbenstellung. Beiden Zwecken dient der Erbschein, über dessen Erteilung in einem besonderen nachlassgerichtlichen Verfahren, das auf Antrag eingeleitet wird, zu entscheiden ist. 1

I. Zuständigkeit

1. Sachlich

Sachlich zuständig zur Erteilung des Erbscheins ist das Nachlassgericht (§ 2353 BGB) als Abteilung des Amtsgerichts (§ 23a Abs. 2 Nr. 2 GVG, § 342 Abs. 1 Nr. 6 FamFG). Ausnahmen können sich allenfalls bei Vorliegen besonderer Zuständigkeitsvorschriften ergeben, wie z.B. aus § 18 Abs. 2 HöfeO wonach die Landwirtschaftsgerichte für die Erteilung des Erbscheins zuständig sind, wenn die Erbfolge einen Hof i.S.d. § 1 Abs. 1 HöfeO betrifft. Der Erbschein kann nur durch das Nachlassgericht selbst, nicht durch das Beschwerdegericht erteilt werden (dieses kann das Nachlassgericht lediglich anweisen). 2

2. Funktional

Funktional zuständig für die Erteilung des Erbscheins ist innerhalb des Nachlassgerichts grundsätzlich der Rechtspfleger (§ 3 Nr. 2 Buchst. c RPflG, § 342 Abs. 1 Nr. 6 FamFG). In zwei Fällen besteht jedoch ein Richtervorbehalt, was bedeutet, dass dem Richter die Durchführung des gesamten Verfahrens[1] obliegt; handelt der Rechtspfleger im Zuständigkeitsbereich des Richters, ist der Erbschein wirksam, aber einzuziehen.[2] Ein Richtervorbehalt besteht erstens, wenn eine Verfügung von Todes wegen vorliegt (§ 16 Abs. 1 Nr. 6 RPflG), wobei es nicht darauf ankommt, ob diese wirksam oder unwirksam ist. Bereits über die Frage, ob ein im Nachlass aufgefundenes Schriftstück Verfügung von Todes wegen ist, hat der Richter zu entscheiden.[3] Dies gilt selbst dann, wenn die Existenz eines mittlerweile verlorenen Testaments behauptet wird.[4] Zweitens besteht ein Richtervorbehalt, wenn 3

1 *Zimmermann*, ZEV 1995, 275, 276; MK/*Grziwotz*, § 2353 BGB Rn 53.
2 OLG Hamm FamRZ 2025, 69; Staudinger/*Herzog*, § 2353 BGB Rn 321; MK/*Grziwotz*, § 2353 BGB Rn 65; *Zimmermann*, ZEV 1995, 275, 276 f.
3 Str.; wie hier auch MK/*Grziwotz*, § 2353 BGB Rn 53.
4 BayObLGZ 1977, 59.

die Anwendung ausländischen Rechts in Betracht kommt (§ 16 Abs. 1 Nr. 6 RPflG). Das gilt jedoch nicht, wenn ein gegenständlich beschränkter Erbschein nach § 352c FamFG auf Grundlage deutschen Sachrechts erteilt wird (§ 16 Abs. 1 Nr. 6 RPflG). Funktionell zuständig ist der Richter zudem auch für die Einziehung eines von einem Richter erteilten Erbscheins und die Einziehung des von einem Rechtspfleger erteilten Erbscheins wegen einer Verfügung von Todes wegen (§ 16 Abs. 1 Nr. 7 RPflG). Allerdings können die Landesregierungen die Richtervorbehalte ganz oder teilweise aufheben (§ 19 Abs. 1 S. 1 Nr. 5 RPflG), wobei anzuordnen ist, dass der Rechtspfleger das Verfahren dem Richter zur weiteren Bearbeitung vorzulegen hat, wenn gegen den Erlass der beantragten Entscheidung von Verfahrensbeteiligten, Dritten oder dem Nachlassrechtspfleger[5] Einwände erhoben werden (§ 19 Abs. 2 RPflG). Handelt der Richter im Zuständigkeitsbereich des Rechtspflegers, hat dies keine Auswirkungen (§ 8 Abs. 1 RPflG).

3. Örtlich

4 Örtlich zuständig sind die in § 343 FamFG genannten Gerichte. Anknüpfungstatbestand ist der gewöhnliche Aufenthalt des Erblassers im Zeitpunkt seines Todes (§ 343 Abs. 1 FamFG). Hatte der Erblasser im Zeitpunkt seines Todes keinen gewöhnlichen Aufenthalt im Inland, ist das Gericht zuständig, in dessen Bezirk der Erblasser seinen letzten gewöhnlichen Aufenthalt im Inland hatte (§ 343 Abs. 2 FamFG). Wenn der Erblasser Deutscher ist oder sich Nachlassgegenstände im Inland befinden, ist mangels Zuständigkeit nach § 343 Abs. 1 oder 2 FamFG das Amtsgericht Schöneberg in Berlin zuständig (§ 343 Abs. 3 FamFG), das die Sache aus wichtigem Grund bindend an ein anderes Nachlassgericht verweisen kann. Knüpft die Zuständigkeit des Amtsgerichts Schöneberg an die Belegenheit von Nachlassgegenständen im Inland an, so erfasst diese Zuständigkeit den gesamten Nachlass.[6] Der Mangel örtlicher Zuständigkeit macht den Erbschein nicht unwirksam (§ 2 Abs. 3 FamFG), begründet aber dessen Einziehung.

4. International

5 International zuständig ist grundsätzlich das örtlich zuständige Gericht (§ 105 FamFG). Vorrangig ist jedoch die Zuständigkeit nach Art. 4 EuErbVO, der die internationale Zuständigkeit an den gewöhnlichen Aufenthalt des Erblassers im Zeitpunkt seines Todes anknüpft.[7] Im Anwendungsbereich der EuErbVO kommt deshalb eine internationale Zuständigkeit deutscher Gerichte nach §§ 105, 343 Abs. 2 und 3 FamFG nicht in

5 OLG Oldenburg FamRZ 2025, 70.

6 Staudinger/*Herzog*, § 2353 BGB Rn 357; MK/*Grziwotz*, § 2353 BGB Rn 55.

7 Hierzu EuGH NJW 2018, 2309 = FamRZ 2018, 1262, wo der Erbschein als „Entscheidung“ i.S.d. Art. 4 EuErbVO betrachtet wird.

Betracht. Subsidiär knüpft die EuErbVO an die Staatsangehörigkeit, den früheren gewöhnlichen Aufenthalt und die Belegenheit von Nachlassvermögen an; außerdem sind die Nachlassgerichte eines Mitgliedstaates zuständig, dessen Recht der Erblasser gewählt hat (Art. 22 EuErbVO). Bei der Ermittlung des gewöhnlichen Aufenthalts ist zu beachten, dass neben dem objektiven Kriterium des tatsächlichen Aufenthalts in subjektiver Hinsicht das Vorliegen eines animus manendi (Bleibewille) erforderlich ist, an dem es beispielsweise fehlt, wenn ein demenzkranker Erblasser ohne seinen Willen in ein Pflegeheim im Ausland verbracht wurde, ohne dass der Erblasser über die reine Pflege hinausgehende Bindungen zu dem Land hatte, in dem er bis zu seinem Tod gepflegt wurde.[8]

II. Verfahren

1. Antrag

Das Erbscheinsverfahren wird durch den Erbscheinsantrag eingeleitet; ohne einen Antrag ist die Erteilung eines Erbscheins unzulässig.[9] Ein Erbschein, dem kein inhaltlich deckungsgleicher Antrag (Bindung des Gerichts an den Antrag![10]) zugrunde liegt, weil der Antragsteller nicht antragsbefugt war, ein derartiger Antrag nie gestellt oder später zurückgenommen wurde, was bis zur Rechtskraft des Erteilungsbeschlusses formfrei möglich ist (§ 352e Abs. 2 FamFG), ist einzuziehen,[11] wenn die Antragstellung nicht nachgeholt wird. Dementsprechend muss der Antrag auf die Erteilung eines Erbscheins mit einem genau bestimmten Inhalt (Erbquote, Verfügungsbeschränkungen durch Anordnung einer Vor-/Nacherbschaft oder Testamentsvollstreckung, § 352b FamFG) gerichtet sein, so dass der Erbschein ohne Ergänzung oder Einschränkung gegenüber dem Inhalt des Antrags erteilt werden kann. 6

Mit diesen strengen Anforderungen korrespondiert die Pflicht des Nachlassgerichts, auf die Stellung sachdienlicher Anträge und die Beseitigung von Formfehlern hinzuwirken; auch muss es im Wege der Zwischenverfügung[12] auf rechtliche Gesichtspunkte hinweisen, die es anders beurteilt als die Beteiligten (§ 28 FamFG), damit der Antragsteller einer Antragszurückweisung entgehen kann. Gehören zu einer Erbschaft auch Gegenstände, die sich im Ausland befinden, kann der Antrag auf Erteilung eines Erbscheins auf die im Inland befindlichen Gegenstände beschränkt werden (§ 352c Abs. 1 FamFG), insbesondere wenn der Erbschein nur im Inland benötigt oder im Ausland nicht anerkannt wird. 7

8 OLG Karlsruhe NJW 2024, 3002.
9 BayObLG ZEV 2001, 489.
10 Vgl. BayObLG ZEV 1998, 472.
11 BayObLG ZEV 2001, 489.
12 BayObLG FamRZ 2001, 35; Staudinger/*Herzog*, § 2353 BGB Rn 428; MK/*Grziwotz*, § 2353 BGB Rn 81.

2. Nachweispflichten und Amtsermittlung

a) Inhalt des Antrags

8 Der Antrag auf Erteilung eines Erbscheins muss die Angaben zum Sachverhaltskern nach § 352 Abs. 1 und 2 FamFG enthalten; dies gilt entgegen dem Wortlaut des § 352 FamFG auch für andere Antragsteller als die Erben. Zur Nachholung fehlender Angaben hat das Nachlassgericht den Antragsteller durch Zwischenverfügung anzuhalten.[13] Wer die Erteilung eines Erbscheins als gesetzlicher Erbe beantragt, hat anzugeben: Als Grundlage der Ermittlung der gesetzlichen Erbfolge den Todeszeitpunkt des Erblassers (§ 352 Abs. 1 S. 1 Nr. 1 FamFG); im Regelfall ist die Nennung des Sterbedatums ausreichend (etwas anderes gilt bei mehreren Todesfällen am selben Tag). Gewöhnlicher Aufenthalt und Staatsangehörigkeit des Erblassers (§ 352 Abs. 1 S. 1 Nr. 2 FamFG) sind anzugeben, damit das anwendbare Sachrecht ermittelt werden kann, wobei zu beachten ist, dass Art. 21 EuErbVO, der stets anwendbar ist (Art. 25 EGBGB), grundsätzlich allein an den gewöhnlichen Aufenthalt anknüpft. Das Verhältnis auf dem das Erbrecht beruht (§ 352 Abs. 1 S. 1 Nr. 3 FamFG) betrifft die Angaben zur Begründung der erbrechtlichen Stellung des Antragstellers, also Verwandtschaft oder Ehe (mit Angabe des Güterstands). Angaben zu Personen, die das beantragte Erbrecht ausschließen oder mindern (§ 352 Abs. 1 S. 1 Nr. 4, S. 2 FamFG), betreffen Personen, die vor oder neben dem Antragsteller gewillkürte oder gesetzliche Erben sein können, und Gründe für deren Wegfallen, beispielsweise durch Vorversterben, Enterbung (§ 1938 BGB), Ausschlagung (§ 1953 Abs. 1 BGB), Erbunwürdigkeit (§ 2344 Abs. 1 BGB) oder Erbverzicht (§ 2346 Abs. 1 S. 2 BGB). Ebenfalls anzugeben ist das Vorhandensein von Verfügungen von Todes wegen (§ 352 Abs. 1 S. 1 Nr. 5 FamFG), also Testamenten und Erbverträgen, nicht aber von anderen Rechtsgeschäften, die Einfluss auf die Erbrechtslage haben können (insbesondere Eheverträge oder Erbverzichte). Mit der Anhängigkeit eines Rechtsstreits (§ 352 Abs. 1 S. 1 Nr. 6 FamFG) ist allein ein Rechtsstreit über das Erbrecht gemeint. Die Annahme der Erbschaft (§ 352 Abs. 1 S. 1 Nr. 7 FamFG) ist Voraussetzung für die Erteilung des Erbscheins; auch wenn im Antrag auf Erteilung eines Erbscheins zugleich die Annahme zu sehen ist, müssen nicht nur Dritte als Antragsteller, sondern auch der antragstellende Erbe selbst erklären, dass die Annahme erfolgt ist. Anzugeben ist zuletzt auch die Quote des Erbteils (§ 352 Abs. 1 S. 1 Nr. 8 FamFG); die Ausnahmevorschrift des § 352a Abs. 2 S. 2 FamFG findet nur Anwendung, wenn der Erblasser nicht eindeutige und zweifelsfreie Bestimmungen zu den Erbquoten getroffen hat, die ohne weiteres in den Erbscheinsantrag übernommen werden können.[14]

13 Staudinger/*Herzog*, § 2353 BGB Rn 79.

14 OLG Hamm ZEV 2024, 42 mit zu Recht kritischer Anmerkung von *Keim*; ablehnend auch *Rottmann* ZEV 2024, 286, 289.

Wird die Erteilung des Erbscheins aufgrund einer Verfügung von Todes wegen beantragt, ist die Verfügung, auf der das zu bezeugende Erbrecht beruht (§ 352 Abs. 2 Nr. 1 FamFG), als Berufungsgrund zu benennen; weitere Angaben zur Eröffnung oder Geltung gehören dagegen nicht zu den Pflichtangaben. Anzugeben ist hingegen, ob und welche sonstigen Verfügungen von Todes wegen vorhanden sind (§ 352 Abs. 2 Nr. 2 FamFG). Hinzukommen die Angaben nach § 352 Abs. 1 S. 1 Nr. 1, 2, 6–8, S. 2 FamFG (vgl. oben Rdn 8). 9

Die Angaben nach § 352 Abs. 1 und 2 FamFG sind nach Maßgabe des § 352 Abs. 3 FamFG nachzuweisen; nur dann ist der Antrag ordnungsgemäß gestellt. Der Nachweis kann geführt werden durch öffentliche Urkunden (§ 352 Abs. 3 S. 1 FamFG), die Vorlage der erbrechtsbegründenden Verfügung von Todes wegen im Original (§ 352 Abs. 3 S. 1 FamFG), hilfsweise durch „andere Beweismittel" (§ 352 Abs. 3 S. 2 FamFG) oder eidesstattliche Versicherung (§ 352 Abs. 3 S. 3 FamFG).

Ein Erbscheinsantrag ist jedoch nicht unzulässig, wenn der Antragsteller vom Gesetz geforderte Beweismittel ohne Verschulden nicht angibt.[15] Nach § 23 FamFG sollen (nicht: müssen) im Antrag zudem die zur Begründung dienenden Tatsachen und Beweismittel angegeben sowie die Personen benannt werden, die als Beteiligte (§ 345 Abs. 1 FamFG) in Betracht kommen. Der Antrag ist bedingungsfeindlich (Ausnahme: Hilfsanträge[16]). Bei unbehebbaren Mängeln ist der Antrag zurückzuweisen, bei behebbaren Mängeln ist eine Zwischenverfügung zu erlassen. Das Rechtsschutzbedürfnis eines Erbscheinsantrags fehlt nur ausnahmsweise, wenn die Beerbung ohne jedes Bedürfnis für irgendeine Rechtsfolge festgestellt werden soll;[17] das Vorliegen eines Europäischen Nachlasszeugnisses lässt das Rechtsschutzbedürfnis nicht entfallen, weil sich die Vermutungswirkungen beider Zeugnisse unterscheiden. Der Antrag ist vor dem zuständigen Nachlassgericht zu stellen; ein unzuständiges Nachlassgericht hat den Antrag unverzüglich an das zuständige Gericht zu übermitteln (§ 25 Abs. 3 S. 1 FamFG). Die Schriftform soll (muss aber nicht) gewahrt werden (§ 23 Abs. 1 S. 5 FamFG: Der Antrag soll unterschrieben werden).[18] 10

b) Umfang der gerichtlichen Ermittlungen

Im Erbscheinsverfahren gilt der Amtsermittlungsgrundsatz, § 26 FamFG. Gibt das Vorbringen der Beteiligten oder der vorgefundene Sachverhalt aufgrund der Tatbestandsvoraussetzungen des materiellen Rechts bei sorgfältiger Überlegung dazu Anlass, hat das Gericht also im Rahmen des durch den Antrag vorgegebenen Verfahrensgegenstandes weitere Ermittlungen anzustellen; dies gilt insbesondere im Hinblick auf die Wirk- 11

15 BGH NJW 2023, 1296.
16 BayObLG FamRZ 1990, 649, 650; nicht jedoch in der Beschwerdeinstanz, OLG Hamm ZEV 2005, 436.
17 BayObLG FamRZ 1991, 116.
18 PH/*Ahn-Roth*, § 25 FamFG Rn 13.

samkeit letztwilliger Verfügungen (Zweifel an der Testierfähigkeit,[19] Fälschungsverdacht)[20] und auch bei unstreitigen Tatsachen.[21] Eine Grenze für die Amtsermittlung ist erreicht, wenn diese „ins Blaue" hinein geschähe oder das Gericht einer lediglich denkbaren, rein theoretischen Möglichkeit nachginge.[22] Die Aufklärungspflicht des Gerichts steht in einem Spannungsverhältnis[23] zur allgemeinen Verfahrensförderungspflicht aus § 27 FamFG, die neben die Regelungen der §§ 352, 352a FamFG tritt. Die Verpflichtung des Gerichts zur weiteren Aufklärung des Sachverhalts findet deshalb zwar einerseits dort ihre Grenze, wo es den Verfahrensbeteiligten möglich ist, die notwendigen Erklärungen abzugeben und Beweismittel vorzulegen, um eine ihren Interessen entsprechende Entscheidung herbeizuführen.[24] Trotzdem entfällt sie jedoch nicht, wenn ein Beteiligter seiner Mitwirkungslast nicht nachkommt, denn das Nachlassgericht muss in jedem Fall die zutreffende Erbrechtslage ermitteln.

12 Bei der Gestaltung des Verfahrens kann das Gericht – im Rahmen seines pflichtgemäßen Ermessens – wählen, ob es ein mündliches oder ein schriftliches Verfahren durchführt und ob es – je nach Bedeutung des Beweisthemas – den Frei- oder den Strengbeweis anwendet (§ 30 FamFG). Den Beteiligten (vgl. oben Rdn 19) ist rechtliches Gehör zu gewähren (§ 34 FamFG). Insbesondere kann das Nachlassgericht bei Zweifeln über das Vorhandensein anderer erbberechtigter Personen nach pflichtgemäßem Ermessen öffentlich zur Anmeldung einer Erbberechtigung auffordern (§ 352d FamFG); dieses Verfahren hat jedoch keine Ausschlusswirkung, weil im Erbscheinsverfahren die Erbrechtslage nicht materiell rechtskräftig festgestellt wird. Lassen sich entscheidungserhebliche Tatsachen nicht zweifelsfrei ermitteln, kommen die materiell-rechtlichen Zweifelsregelungen aus dem fünften Buch des BGB zur Anwendung. Ansonsten gilt wie stets: Derjenige, dem eine Tatsache günstig ist, trägt die Feststellungslast für diese Tatsache.

3. Antragsbefugnis

13 Antragsbefugt sind die Erben ab Annahme der Erbschaft (die wiederum in der Antragstellung liegen kann[25]). Die Antragsbefugnis besteht bereits dann, wenn die behauptete Erbenstellung des Antragstellers möglich erscheint, denn geprüft wird die Erbenstellung erst im Erbscheinsverfahren (Erbenstellung als „doppelrelevante Tatsache"). § 352a Abs. 1 S. 2 FamFG räumt jedem Miterben die Antragsbefugnis auch für den gemein-

19 OLG München NJW-RR 2025, 202.
20 BGH NJW-RR 1991, 515; BayObLG FamRZ 2003, 711.
21 Staudinger/*Herzog*, § 2353 BGB Rn 376.
22 OLG Hamm FamRZ 2025, 199.
23 OLG Düsseldorf ErbR 2024, 287.
24 BGH NJW 1988, 1839.
25 MK/*Grziwotz*, § 2353 BGB Rn 89.

schaftlichen Erbschein über das Erbrecht aller Miterben ein. Für diesen Fall ergänzt § 352a Abs. 2 und 3 FamFG die Pflichtangaben aus § 352 FamFG: Zu nennen sind sämtliche Erben und ihre Erbteile (es sei denn alle Antragsteller verzichten auf die Aufnahme der Erbteile in den Erbschein, § 352a Abs. 2 FamFG). Außerdem hat der Antrag die Angabe zu enthalten, dass die übrigen Erben die Erbschaft angenommen haben (§ 352a Abs. 3 S. 1 FamFG). Jeder Miterbe[26] kann überdies auch einen Erbschein über das Erbrecht eines oder mehrerer anderer Miterben beantragen,[27] dies jedoch nur, wenn sein eigenes Erbrecht feststeht.[28]

Antragsbefugt ist auch der Vorerbe, jedoch gelten für den Erbschein des Vorerben (§ 2100 BGB) einige Besonderheiten (vgl. § 352b FamFG), denn der Erbschein dient zum einen der Legitimation des Vorerben, zum anderen aber auch zum Schutz des Nacherben, der materiell-rechtlich nach Maßgabe der §§ 2113 ff. BGB gewährleistet wird.[29] Auf der Ebene des Erbscheins erfüllt der Nacherbenvermerk diese Funktion. Der Antrag des Vorerben hat deshalb auch die Angaben zum Nacherbenvermerk zu enthalten.[30] Der Antrag und der damit korrespondierende Erbschein hat also anzugeben, dass eine Nacherbfolge angeordnet ist, unter welchen Voraussetzungen sie eintritt und wer der Nacherbe ist (§ 352b Abs. 1 S. 1 FamFG). Hier kommt es auf den Stand zum Zeitpunkt der Erteilung des Erbscheins[31] an, so dass Veränderungen, die nach dem Erbfall eingetreten sind (beispielsweise der Wegfall eines Nacherben) zu berücksichtigen sind (treten nach Erteilung des Erbscheins Veränderungen im Hinblick auf die Nacherbfolge ein, ist der Erbschein als unrichtig einzuziehen[32]). Ebenfalls anzugeben sind Abweichungen von den §§ 2113 ff. BGB zugunsten des Vorerben (§ 352b Abs. 1 S. 2 FamFG) sowie zugunsten des Vorerben angeordnete Vorausvermächtnisse.[33] Nicht hingegen bezeugt der Nacherbenvermerk die Nacherbfolge als solche[34] oder den Umstand, dass die Nacherbfolge noch nicht eingetreten sei.[35] 14

Nicht antragsbefugt ist dagegen ein Nacherbe vor Eintritt des Nacherbfalls, auch nicht mit dem Ziel der Erteilung eines Erbscheins an den Vorerben (allerdings kann er die Einziehung eines Erbscheins anregen, der seine Nacherbenstellung nicht zutreffend ausweist[36]). Mit Eintritt des Nacherbfalls kann ihm auf Antrag ein Erbschein erteilt werden, in dem als 15

26 Vgl. zuletzt KG ErbR 2025, 230.
27 Staudinger/*Herzog*, § 2353 BGB Rn 20.
28 MK/*Grziwotz*, § 2353 BGB Rn 90.
29 OLG Schleswig FamRZ 2015, 958.
30 Vgl. nur MK/*Grziwotz*, § 2353 BGB Rn 78.
31 MK/*Grziwotz*, § 352b FamFG Rn 21 ff.
32 Staudinger/*Herzog*, § 2353 BGB Rn 629.
33 MK/*Grziwotz*, § 352b FamFG Rn 18 ff.
34 BGH NJW 1988, 63.
35 Staudinger/*Herzog*, § 2353 BGB Rn 608.
36 Vgl. BayObLG ZEV 1999, 397.

Beginn seiner Rechtsstellung nicht der Zeitpunkt des Erbfalls, sondern des Nacherbfalls zu nennen ist;[37] im Falle der Anordnung einer Nachnacherbfolge ist wiederum § 352b FamFG zu beachten. Einen auf den ursprünglichen Erben lautenden Erbschein beantragen können Rechtsnachfolger eines Erben, also Erbeserben und dingliche Erbteilserwerber nach § 2033 BGB.

16 Neben den Erben antragsberechtigt sind auch Personen, die zur Verwaltung des Nachlasses berechtigt und verpflichtet sind, soweit sie hierfür einen Erbschein benötigen:[38] Testamentsvollstrecker, Nachlassverwalter, Nachlassinsolvenzverwalter, der das Gesamtgut verwaltende Ehegatte (vgl. § 1421 BGB) sowie der Pfleger nach § 1884 BGB, nicht jedoch der Pfleger nach § 1960 BGB, denn er wird gerade deshalb bestellt, weil der Erbe noch nicht feststeht.[39] Soweit Testamentsvollstreckung angeordnet ist, ist – unabhängig davon, wer den Antrag stellt – im Antrag und dem damit korrespondierenden Erbschein die Testamentsvollstreckung in ihrer konkreten Ausgestaltung in sachlicher, zeitlicher und persönlicher Hinsicht aufzuführen (Testamentsvollstreckervermerk, § 352b Abs. 2 FamFG), dies erforderlichenfalls differenziert nach einzelnen Miterben. Anknüpfungspunkt ist allein die Anordnung einer die Verfügungsbefugnis der Erben beschränkenden Testamentsvollstreckung durch den Erblasser, unabhängig davon, ob bereits ein Vollstrecker ernannt wurde.[40] Es ist auf den Zeitpunkt der Erteilung des Erbscheins[41] abzustellen, so dass sich eine vom Erblasser angeordnete Testamentsvollstreckung bereits erledigt haben kann, etwa durch Eintritt der Volljährigkeit des Erben, Wegfall des Vollstreckers bei fehlender Benennung einer Ersatzperson oder Erledigung aller vorgesehenen Aufgaben.[42] Tritt eine derartige Veränderung nach Erteilung des Erbscheins ein, so wird dieser unrichtig und ist einzuziehen.[43]

17 Antragsbefugt sind auch Inhaber eines vollstreckbaren Titels gegen den Erblasser oder gegen den Erben, soweit sie zum Zwecke der Zwangsvollstreckung bzw. der Eintragung in ein öffentliches Buch oder Register einen Erbschein benötigen (§§ 792, 896 ZPO), sowie der Insolvenzverwalter im Rahmen eines Insolvenzverfahrens über das Vermögen des Erben.[44] Die Gläubigerstellung als solche begründet keine Antragsbefugnis, es sei denn, ein Anspruch kann ohne vollstreckbaren Titel durchgesetzt werden, wie dies

37 BayObLG FamRZ 1998, 1332.
38 BayObLG NJW-RR 1999, 805.
39 KG FamRZ 2002, 1663.
40 OLG München NJW 2009, 1152.
41 MK/*Grziwotz*, § 352b FamFG Rn 33.
42 Staudinger/*Herzog*, § 2353 BGB Rn 658 ff.
43 OLG Hamm FamRZ 1983, 1282.
44 BayObLGZ 1963, 19.

beim Anspruch auf Aufhebung einer Gemeinschaft durch Zwangsversteigerung der Fall ist (§ 181 ZVG i.V.m. §§ 180, 17 ZVG).[45]

Der Erbscheinsantrag kann auch durch einen Stellvertreter gestellt werden; die Aufnahme der eidesstattlichen Versicherung ist demgegenüber eine höchstpersönliche Angelegenheit. Für minderjährige Erben handelt mangels Verfahrensfähigkeit (§ 9 FamFG) der gesetzliche Vertreter (Eltern, § 1629 Abs. 1 BGB; bzw. Vormund, § 1773 Abs. 1 BGB), dies grundsätzlich auch dann, wenn er selbst Miterbe ist; § 1824 BGB ist nicht anwendbar.[46] Steht im Einzelfall das Interesse des Kindes zu dem Interesse seines gesetzlichen Vertreters oder eines von diesem vertretenen Dritten oder einer der in § 1824 Abs. 1 Nr. 1 BGB bezeichneten Personen in erheblichem Gegensatz, kann das Familiengericht die Befugnis zur Stellung des Antrags entziehen.[47] Ein Sorgerechtsentzug für ein Erbscheinserteilungsverfahren muss dem Grundsatz der Verhältnismäßigkeit entsprechen. Er ist nicht erforderlich, wenn zu erwarten ist, dass die Eltern im Interesse des Kindes handeln und ihr Einfluss auf die Entscheidung gering ist.[48] Der Erblasser kann dem gesetzlichen Vertreter die Befugnis zur Stellung des Antrags im Wege einer Anordnung nach § 1638 BGB entziehen.[49] Als gesetzlicher Vertreter eines Volljährigen kann der Betreuer mit dem Aufgabenkreis Vermögenssorge (§§ 1815 Abs. 1, 1823 BGB) handeln. Ein gewillkürter Stellvertreter kann nur handeln, wenn er zu dem engen in § 10 Abs. 2 FamFG genannten Personenkreis gehört; nicht vertretungsbefugte Personen sind durch unanfechtbaren Beschluss zurückzuweisen (§ 10 Abs. 3 FamFG). 18

4. Beteiligte

Beteiligter im Erbscheinsverfahren ist grundsätzlich nur der Antragsteller (§ 345 Abs. 1 S. 1 FamFG). Jedoch können die in § 345 Abs. 1 S. 2 FamFG genannten Personen von Amts wegen nach pflichtgemäßen Ermessen des Nachlassgerichts als Beteiligte zugezogen werden;[50] auf ihren Antrag hin sind sie hinzuzuziehen (§ 345 Abs. 1 S. 3 FamFG bzw. ist die Hinzuziehung durch anfechtbaren Beschluss abzulehnen), was eine Benachrichtigung und Belehrung durch das Gericht erforderlich macht, § 7 Abs. 4 FamFG. Diese gerichtliche Pflicht beschränkt sich entgegen dem Wortlaut des § 7 Abs. 4 FamFG nicht auf dem Gericht bekannte Personen; weil die Benachrichtigungs- und Belehrungspflicht der Verwirklichung des Anspruchs auf Gewährung des rechtlichen Gehörs dient, hat das 19

45 Staudinger/*Herzog*, § 2353 BGB Rn 51.
46 BayObLG FamRZ 1999, 117 zu § 1795 BGB a.F.
47 OLG Köln FamRZ 2001, 430.
48 OLG Nürnberg FamRZ 2022, 1853.
49 OLG Frankfurt FamRZ 1997, 1115.
50 MK/*Grziwotz*, § 2353 BGB Rn 111.

Gericht im Rahmen der zumutbaren gerichtlichen Anstrengungen von Amts wegen Ermittlungen über weitere mögliche Beteiligte anzustrengen.[51]

III. Entscheidung

20 Ist der Antrag zulässig und begründet, erlässt das Gericht einen Feststellungsbeschluss (§ 352e Abs. 1 S. 2 FamFG) und erteilt den beantragten Erbschein durch Herausgabe der Urkunde (§ 352e Abs. 2 S. 2 FamFG). Begründet ist der Antrag, wenn das Erbrecht nach Überzeugung des Nachlassgerichts exakt so besteht, wie es nach dem Antrag im Erbschein bezeugt werden soll (Deckungsgleichheit). Damit ist jedoch die Erbrechtslage nicht bindend im Sinne materieller Rechtskraft festgestellt; dies kann allein in einem Zivilprozess und nur mit Wirkung inter partes geschehen.[52] Ist ein Zivilprozess anhängig, der voraussichtlich mit der rechtskräftigen Feststellung der Erbrechtslage inter partes (§ 256 ZPO) oder ihrer Veränderung (Erbunwürdigkeitsklage nach § 2342 BGB) enden wird, ist das Erbscheinsverfahren von Amts wegen auszusetzen (§ 21 FamFG). Denn innerhalb der persönlichen und sachlichen Grenzen der materiellen Rechtskraft (§§ 322, 325 ZPO) ist das Nachlassgericht an die Entscheidung des Prozessgerichts gebunden[53] (ein bereits erteilter inhaltlich abweichender Erbschein ist also einzuziehen).

21 In unstreitigen Erbscheinsverfahren muss der stattgebende Beschluss nicht begründet werden (§ 38 Abs. 4 Nr. 2 FamFG) und er ist mit Erlass wirksam (§ 352e Abs. 1 S. 3 und 4 FamFG). Es erfolgt keine Bekanntgabe des Beschlusses, sondern allein dessen Vollzug durch Erteilung des Erbscheins.

22 In einem streitigen Erbscheinsverfahren – wenn also der Feststellungsbeschluss dem erklärten Willen eines oder mehrerer Beteiligter widerspricht – ist der Beschluss zu begründen (§ 38 Abs. 3 S. 1 FamFG), mit einer Rechtsbehelfsbelehrung zu versehen (§ 39 FamFG) und über die Anordnung in § 41 Abs. 1 S. 2 FamFG hinaus allen[54] Beteiligten förmlich zuzustellen (andernfalls erfolgt der Eintritt der Rechtskraft des Beschlusses erst nach sechs Monaten, § 63 FamFG). Zudem ist die sofortige Wirksamkeit des Beschlusses auszusetzen und die Erteilung des Erbscheins bis zur Rechtskraft des Beschlusses zurückzustellen (§ 352e Abs. 2 S. 2 FamFG). Auf diese Weise wird die Überprüfung des Beschlusses ermöglicht, ohne dass vor der Entscheidung des Beschwerdegerichts ein Erbschein mit den Publizitätswirkungen der §§ 2365 ff. BGB in Verkehr kommt (deshalb kommt im Erbscheinsverfahren auch keine Erteilung im Wege der einstweiligen Anord-

51 Staudinger/*Herzog*, § 2353 BGB Rn 447.
52 BGH FamRZ 2010, 1068.
53 Staudinger/*Herzog*, § 2353 BGB Rn 502.
54 MK/*Grziwotz*, § 2353 BGB Rn 123.

nung in Betracht[55]). Erst mit Eintritt der formellen Rechtskraft des Beschlusses, also nach erfolglosem Abschluss des Beschwerde- bzw. Rechtsbeschwerdeverfahrens oder Ablauf der jeweiligen Rechtsmittelfristen (§§ 63 bzw. 71 FamFG), darf der Erbschein erteilt werden. Ist der Erbschein erteilt, so kommt eine Wiedereinsetzung in eine versäumte Rechtsmittelfrist nicht in Betracht; vielmehr ist der Wiedereinsetzungsantrag als Anregung zur Einziehung des Erbscheins nach § 2361 BGB zu verstehen.[56]

Ist der Antrag unzulässig oder/und unbegründet und kann der Mangel auch nicht behoben werden (anderenfalls wäre eine Zwischenverfügung zu erlassen), so ist der Antrag im Wege des Beschlusses zurückzuweisen. Der Beschluss ist zu begründen (§ 38 Abs. 3 FamFG), mit einer Rechtsbehelfsbelehrung (§ 39 FamFG) zu versehen und dem Antragsteller förmlich zuzustellen (§ 41 Abs. 1 S. 2 FamFG). Den anderen Beteiligten muss er lediglich formlos mitgeteilt werden (§ 41 Abs. 1 S. 1 FamFG). 23

IV. Rechtsmittel

1. Beschwerde

Gegen den Beschluss des Nachlassgerichts ist die FamFG-Beschwerde zum Oberlandesgericht statthaft (§ 58 Abs. 1 FamFG). Die Beschwerdefrist beträgt einen Monat (§ 63 Abs. 1 FamFG); ihr Lauf wird durch die schriftliche Bekanntgabe des Beschlusses (§ 41 FamFG) an den jeweiligen Beteiligten ausgelöst. Soweit die schriftliche Bekanntgabe an einen Beteiligten nicht bewirkt werden kann, beginnt die Frist für ihn spätestens mit Ablauf von fünf Monaten nach dem Erlass des Beschlusses (§ 63 Abs. 3 S. 2 FamFG). Die Beschwerde kann auf neue Tatsachen und Beweise gestützt werden (§ 65 Abs. 3 FamFG). Im Erbscheinsverfahren als reinem Antragsverfahren ergibt sich die Beschwerdeberechtigung bei Abweisung eines Erbscheinsantrags unmittelbar aus § 59 Abs. 2 FamFG. Hinsichtlich der Erteilung eines Erbscheins ist grundsätzlich nur derjenige beschwerdeberechtigt, der für sich ein im Erbschein nicht zutreffend ausgewiesenes Erbrecht in Anspruch nimmt, § 59 Abs. 1 FamFG.[57] 24

Hat das Nachlassgericht den Antrag zurückgewiesen, ist Beschwerdeziel die Aufhebung dieses Beschlusses sowie die Anweisung des Nachlassgerichts durch das Beschwerdegericht, den beantragten Erbschein zu erteilen (das Beschwerdegericht selbst kann den Erbschein nicht erteilen). Beschwerdeberechtigt ist der Antragsteller sowie jede Person, die potentiell den Erbscheinsantrag in der ersten Instanz hätte stellen können.[58] 25

55 BeckOGK/*Rottmann*, § 352e FamFG Rn 200, Stand 1.6.2025.
56 Sternal/*Zimmermann*, § 352e FamFG Rn 88.
57 KG ErbR 2025, 138.
58 Sternal/*Zimmermann*, § 352e FamFG Rn 92; Staudinger/*Herzog*, § 2353 BGB Rn 723.

26 Hat das Nachlassgericht den beantragten Beschluss erlassen, ist dieser Beschluss aber noch nicht durch Erteilung vollzogen, kann er mit dem Ziel der Aufhebung angegriffen werden. Beschwerdeberechtigt ist jeder, dessen Recht durch den angeordneten Erbschein beeinträchtigt würde, sowie jeder im (noch nicht erteilten) Erbschein ausgewiesene Erbe mit der Behauptung, er sei überhaupt nicht, nur zu einem geringeren oder zu einem größeren Bruchteil Erbe geworden oder sein Erbrecht sei sonst nicht richtig ausgewiesen.[59] Wurde der Erbschein hingegen bereits erteilt, ist eine Beschwerde mit diesem Ziel unzulässig (§ 352e Abs. 3 FamFG). Zulässiges Beschwerdeziel kann nun allein die Einziehung des Erbscheins (§ 2361 BGB) sein; erforderlichenfalls ist die Beschwerde umzudeuten.[60] Beschwerdebefugt ist jeder, dessen erbrechtliche Stellung durch den erteilten Erbschein nicht zutreffend ausgewiesen ist und der dadurch in seinen Rechten beeinträchtigt wird. Ist die Frist des § 63 FamFG abgelaufen, wird die Beschwerde als Anregung der auch von Amts wegen möglichen Einziehung anzusehen sein.

27 Ist die Beschwerde zulässig und begründet, hebt das Beschwerdegericht den Beschluss des Nachlassgerichts auf und entscheidet selbst in der Sache (Feststellungsentscheidung nach § 352e Abs. 1 S. 1 FamFG[61]).[62] Es ist aber nicht befugt als Nachlassgericht zu handeln, so dass die Erteilung oder Einziehung eines Erbscheins auf Anweisung des Beschwerdegerichts durch das Nachlassgericht zu erfolgen hat. Das Nachlassgericht ist an die Beurteilung der Sach- und Rechtslage, die der aufhebenden Entscheidung des Beschwerdegerichts zugrunde liegt, gebunden (§§ 69 Abs. 1 S. 4, 74 Abs. 6 S. 4 FamFG). Die Änderung eines Erbscheinsantrags kann dann im Beschwerdeverfahren erfolgen, wenn das Nachlassgericht im Rahmen seiner Abhilfeentscheidung die Antragsänderung noch berücksichtigen kann.[63] Eine unzulässige Beschwerde verwirft das Beschwerdegericht durch Beschluss, eine unbegründete Beschwerde weist das Beschwerdegericht durch Beschluss zurück.

2. Rechtsbeschwerde

28 Als Rechtsmittel gegen die Entscheidung des Beschwerdegerichts steht die – allerdings zulassungsgebundene (§ 70 Abs. 1 FamFG) – FamFG-Rechtsbeschwerde zum Bundesgerichtshof offen. Ist die Rechtsbeschwerde zulässig und begründet, hebt der Bundesgerichtshof den Beschluss des Beschwerdegerichts auf (§ 74 Abs. 5 FamFG). Bei Entscheidungsreife entscheidet er selbst (§ 74 Abs. 6 S. 1 FamFG), andernfalls verweist er die Sache zur anderweitigen Behandlung und Entscheidung an das Beschwerdegericht

59 Vgl. BayObLGZ 1984, 194.
60 BayObLG ZEV 1996, 271.
61 *Schlögel*, in: BeckOK FamFG, § 352e FamFG, Rn 18, 54. Ed.
62 OLG Frankfurt ZEV 1997, 420.
63 OLG Brandenburg ZEV 2023, 30.

zurück. Eine unzulässige Beschwerde verwirft das Rechtsbeschwerdegericht durch Beschluss, eine unbegründete Beschwerde weist es durch Beschluss zurück.

B. Testamentsvollstreckerzeugniserteilungsverfahren

Der Rechtsverkehr ist auf die zuverlässige Feststellung der Person desjenigen, der 29
die Verfügungsbefugnis über Nachlassgegenstände hat, sowie die Reichweite dieser Verfügungsbefugnis angewiesen. Umgekehrt benötigt der Testamentsvollstrecker als verfügungsbefugter Nichterbe einen zuverlässigen Nachweis seiner Amtsstellung. Beiden Zwecken dient das Testamentsvollstreckerzeugnis, über dessen Erteilung in einem besonderen nachlassgerichtlichen Verfahren, das auf Antrag eingeleitet wird, zu entscheiden ist. Für dieses Verfahren verweist § 354 Abs. 1 FamFG auf die Vorschriften des Erbscheinsverfahrens (§§ 352–353 FamFG), so dass die Ausführungen hierzu sinngemäß gelten.

I. Zuständigkeit

Sachlich zuständig ist das Amtsgericht/Nachlassgericht (§ 23a Abs. 1 Nr. 2, Abs. 2 Nr. 2 30
GVG i.V.m. § 342 Abs. 1 Nr. 6 FamFG). Funktional zuständig für die Erteilung des Zeugnisses ist der Rechtspfleger (§ 3 Nr. 2 lit. c RPflG), für die Einziehung der Richter (§ 16 Abs. 1 Nr. 7 RPflG), sofern die Landesregierungen nicht von der Möglichkeit der Aufgabenübertragung auf den Rechtspfleger nach § 19 Abs. 1 S. 1 Nr. 5 RPflG Gebrauch gemacht haben. Örtlich zuständig sind die in § 343 FamFG genannten Gerichte. Anknüpfungstatbestand ist grundsätzlich der gewöhnliche Aufenthalt des Erblassers im Zeitpunkt seines Todes (§ 343 Abs. 1 FamFG). International zuständig ist grundsätzlich das örtlich zuständige Gericht (§ 105 FamFG). Vorrangig ist jedoch die Zuständigkeit nach Art. 4 EuErbVO, der die internationale Zuständigkeit an den gewöhnlichen Aufenthalt des Erblassers im Zeitpunkt seines Todes anknüpft.[64]

II. Verfahren

1. Antrag

Das Verfahren wird durch den Antrag eingeleitet; ohne einen Antrag ist die Erteilung ei- 31
nes Testamentsvollstreckerzeugnisses unzulässig. Dementsprechend muss der Antrag auf die Erteilung eines Zeugnisses mit einem genau bestimmten Inhalt gerichtet sein, so dass

64 Hierzu EuGH NJW 2018, 2309 = FamRZ 2018, 1262, wo der Erbschein als „Entscheidung“ i.S.d. Art. 4 EuErbVO betrachtet wird; Gleiches hat für das Testamentsvollstreckerzeugnis zu gelten.

das Zeugnis ohne Ergänzung oder Einschränkung gegenüber dem Inhalt des Antrags erteilt werden kann.[65] Es ist also insbesondere anzugeben, ob die Testamentsvollstreckung mit ihrem gesetzlichen Inhalt angeordnet ist, oder ob der Erblasser Abweichungen angeordnet hat (insbesondere gegenständliche Beschränkungen, Erweiterungen oder Beschränkungen des Aufgabenbereichs, zeitliche Beschränkungen, Anordnung einer Mitvollstreckung). Außerdem ist auszuführen, auf welche Weise der Amtsträger zu ermitteln ist. Es kommt auf den Stand zum Zeitpunkt der Erteilung des Zeugnisses an, so dass Veränderungen, die nach dem Erbfall eingetreten sind (beispielsweise der Wegfall der Vollstreckung über einen Teil des Nachlasses aufgrund des Erreichens der Volljährigkeit eines Miterbeneines) zu berücksichtigen sind (treten nach Erteilung des Zeugnisses Veränderungen ein, ist es als unrichtig einzuziehen).

2. Nachweispflichten und Amtsermittlung

32 In entsprechender Anwendung des § 352 FamFG muss der Antrag auf Erteilung eines Testamentsvollstreckerzeugnisses Angaben zum Sachverhaltskern enthalten. Zur Nachholung fehlender Angaben hat das Nachlassgericht den Antragsteller durch Zwischenverfügung anzuhalten. Es ist – in Anpassung der Anforderungen des § 352 FamFG – anzugeben:

- der Todestag des Erblassers (§ 352 Abs. 1 S. 1 Nr. 1 FamFG),
- ob und welche Personen weggefallen sind, durch die der Testamentsvollstrecker von seinem Amt ausgeschlossen oder seine Rechtsstellung gemindert würde,
- sowie in welcher Weise diese Personen weggefallen sind (§ 352 Abs. 1 S. 1 Nr. 4 FamFG).

Zu benennen ist außerdem die Verfügung von Todes wegen, die die Anordnung der Testamentsvollstreckung enthält (§ 352 Abs. 1 S. 1 Nr. 5 FamFG). Mitzuteilen ist, ob ein Rechtsstreit über das Testamentsvollstreckeramt anhängig ist (§ 352 Abs. 1 S. 1 Nr. 6 FamFG). Der Nachweis ist jeweils nach Maßgabe des § 352 Abs. 3 FamFG zu erbringen. Nach § 23 FamFG sollen (nicht: müssen) im Antrag zudem die zur Begründung dienenden Tatsachen und Beweismittel angegeben sowie die Personen benannt werden, die als Beteiligte (§ 345 Abs. 1 FamFG) in Betracht kommen. Ansonsten gilt der Amtsermittlungsgrundsatz (§ 26 FamFG). Hierzu und zur Feststellungslast vgl. oben Rdn 11.

33 Der Antrag ist bedingungsfeindlich (Ausnahme: Hilfsanträge). Bei unbehebbaren Mängeln ist der Antrag zurückzuweisen, bei behebbaren Mängeln ist eine Zwischenverfügung zu erlassen. Der Antrag ist vor dem zuständigen Nachlassgericht zu stellen; ein unzuständiges Nachlassgericht hat den Antrag unverzüglich an das zuständige Gericht zu übermit-

65 OLG Düsseldorf FamRZ 2014, 423.

teln (§ 25 Abs. 3 S. 1 FamFG). Die Schriftform soll (muss aber nicht) gewahrt werden (§ 23 Abs. 1 S. 5 FamFG: Der Antrag soll unterschrieben werden).

3. Antragsbefugnis

Antragsbefugt ist der Testamentsvollstrecker nach Annahme seines Amtes, die allerdings mit der Antragstellung konkludent erklärt wird. Ein gemeinschaftliches Vollstreckerzeugnis kann durch jeden Mitvollstrecker beantragt werden (§ 352a Abs. 1 S. 2 FamFG).[66] Auch der Erbe kann ein Testamentsvollstreckerzeugnis beantragen, denn er hat ein berechtigtes Interesse an der Klärung, wer mit welchen Befugnissen zum Testamentsvollstrecker berufen ist.[67] Nachlassgläubiger können unter den Voraussetzungen der §§ 792, 896 ZPO ein Testamentsvollstreckerzeugnis beantragen. 34

4. Beteiligte

Beteiligter ist der Testamentsvollstrecker (§ 345 Abs. 3 S. 1 FamFG), der bei Antragstellung durch einen anderen Antragsbefugten von Amts wegen hinzuziehen ist (§ 7 Abs. 2 Nr. 2 FamFG). Kann-Beteiligte sind mögliche Mit-Testamentsvollstrecker und die mit der Anordnung der Testamentsvollstreckung belasteten Erben; das müssen nicht sämtliche Miterben sein (§ 345 Abs. 3 S. 2 FamFG). Den Beteiligten ist rechtliches Gehör zu gewähren (§ 34 FamFG). 35

III. Entscheidung

Ist der Antrag zulässig und begründet, erlässt das Gericht einen Feststellungsbeschluss (§ 352e Abs. 1 S. 2 FamFG) und erteilt das beantragte Zeugnis durch Herausgabe der Urkunde (§ 352e Abs. 2 S. 2 FamFG). Begründet ist der Antrag, wenn die Testamentsvollstreckung nach Überzeugung des Nachlassgerichts exakt so vom Erblasser angeordnet wurde, wie sie nach dem Antrag im Zeugnis ausgewiesen werden soll (Deckungsgleichheit). In unstreitigen Verfahren muss der stattgebende Beschluss nicht begründet werden (§ 38 Abs. 4 Nr. 2 FamFG), er ist mit Erlass wirksam (§ 352e Abs. 1 S. 3 FamFG). Es erfolgt keine Bekanntgabe des Beschlusses, sondern allein dessen Vollzug durch Herausgabe des Zeugnisses. 36

In einem streitigen Testamentsvollstreckererteilungsverfahren – wenn also der Feststellungsbeschluss dem erklärten Willen eines oder mehrerer Beteiligter widerspricht – ist der Beschluss zu begründen (§ 38 Abs. 3 S. 1 FamFG), mit einer Rechtsbehelfsbelehrung 37

66 MK/*Grziwotz*, § 354 FamFG Rn 7.
67 Anders allerdings die Rechtsprechung, vgl. etwa OLG Hamm FamRZ 2000, 487.

zu versehen (§ 39 FamFG) und über die Anordnung in § 41 Abs. 1 S. 2 FamFG hinaus allen Beteiligten förmlich zuzustellen. Die sofortige Wirksamkeit des Beschlusses ist auszusetzen und die Erteilung des Zeugnisses bis zur formellen Rechtskraft des Beschlusses zurückzustellen (§ 352e Abs. 2 S. 2 FamFG). Auf diese Weise wird die Überprüfung des Beschlusses ermöglicht, ohne dass vor der Entscheidung des Beschwerdegerichts ein Erbschein mit den Publizitätswirkungen der §§ 2368 S. 2, 2365 ff. BGB in Verkehr kommt.

Ist der Antrag unzulässig oder/und unbegründet und kann der Mangel auch nicht behoben werden (anderenfalls wäre eine Zwischenverfügung zu erlassen), so ist der Antrag im Wege des Beschlusses zurückzuweisen. Der Beschluss ist zu begründen (§ 38 Abs. 3 FamFG), mit einer Rechtsbehelfsbelehrung (§ 39 FamFG) zu versehen und dem Antragsteller förmlich zuzustellen (§ 41 Abs. 1 S. 2 FamFG). Den anderen Beteiligten muss er lediglich formlos mitgeteilt werden (§ 41 Abs. 1 S. 1 FamFG).

IV. Rechtsmittel

1. Beschwerde

38 Gegen den Beschluss des Nachlassgerichts ist die FamFG-Beschwerde zum Oberlandesgericht statthaft, § 58 Abs. 1 FamFG. Die Beschwerdefrist beträgt einen Monat (§ 63 Abs. 1 FamFG): ihr Lauf wird durch die schriftliche Bekanntgabe des Beschlusses (§ 41 FamFG) an den jeweiligen Beteiligten ausgelöst.

Hat das Nachlassgericht den Antrag zurückgewiesen, ist Beschwerdeziel die Aufhebung dieses Beschlusses sowie die Anweisung des Nachlassgerichts durch das Beschwerdegericht, das beantragte Zeugnis zu erteilen. Beschwerdeberechtigt sind der Antragsteller sowie jeder, der den Antrag in der ersten Instanz hätte stellen können. Hat das Nachlassgericht den beantragten Beschluss erlassen, ist dieser Beschluss aber noch nicht durch Erteilung des Zeugnisses vollzogen, kann er mit dem Ziel der Aufhebung angegriffen werden. Beschwerdeberechtigt ist jeder, dessen Recht beeinträchtigt wird, also der/die Testamentsvollstrecker, deren Befugnis unzutreffend ausgewiesen ist, sowie Erben/Vermächtnisnehmer, die mit der Testamentsvollstreckung belastet sind.[68] Wurde das Zeugnis bereits erteilt, ist zulässiges Beschwerdeziel allein die Einziehung.

39 Ist die Beschwerde zulässig und begründet, hebt das Beschwerdegericht den Beschluss des Nachlassgerichts auf und entscheidet selbst in der Sache.[69] Es ist aber nicht befugt, als Nachlassgericht zu handeln, so dass die Erteilung oder Einziehung eines Testamentsvollstreckerzeugnisses auf Anweisung des Beschwerdegerichts durch das Nachlassgericht zu erfolgen hat. Das Nachlassgericht ist an die Beurteilung der Sach- und Rechts-

68 Vgl. KG FamRZ 2001, 658.
69 OLG Frankfurt ZEV 1997, 420.

lage, die der aufhebenden Entscheidung des Beschwerdegerichts zugrunde liegt, gebunden (§§ 69 Abs. 1 S. 4, 74 Abs. 6 S. 4 FamFG). Eine unzulässige Beschwerde verwirft das Beschwerdegericht durch Beschluss, eine unbegründete Beschwerde weist das Beschwerdegericht durch Beschluss zurück.

2. Rechtsbeschwerde

Als Rechtsmittel gegen die Entscheidung des Beschwerdegerichts steht die – allerdings zulassungsgebundene (§ 70 Abs. 1 FamFG) – FamFG-Rechtsbeschwerde zum Bundesgerichtshof offen. Ist die Rechtsbeschwerde zulässig und begründet, hebt der Bundesgerichtshof den Beschluss des Beschwerdegerichts auf (§ 74 Abs. 5 FamFG). Bei Entscheidungsreife entscheidet er selbst (§ 74 Abs. 6 S. 1 FamFG), andernfalls verweist er die Sache zur anderweitigen Behandlung und Entscheidung an das Beschwerdegericht zurück. Eine unzulässige Beschwerde verwirft das Rechtsbeschwerdegericht durch Beschluss, eine unbegründete Beschwerde weist es durch Beschluss zurück. 40

C. Europäisches Nachlasszeugnis

Die Wirkungen des in Art. 62 ff. EuErbVO geregelten Europäischen Nachlasszeugnisses, die sich räumlich auf alle Mitgliedsstaaten erstrecken, unterscheiden sich von denen des Erbscheins nach deutschem Recht. Das Zeugnis begründet die Vermutung, dass die in ihm festgestellten Tatsachen wahr sind (Art. 69 Abs. 2 S. 1 EuErbVO) und dass die als Erbe, Vermächtnisnehmer, Testamentsvollstrecker oder Nachlassverwalter genannten Personen diese Position auch im wiedergegebenen Umfang innehaben (Art. 69 Abs. 2 S. 2 EuErbVO). Außerdem hat das Zeugnis Gutglaubenswirkungen im Hinblick auf bestimmte Leistungen an die durch das Zeugnis legitimierte Person (Art. 69 Abs. 3 EuErbVO) sowie im Hinblick auf Verfügungen dieser Person (Art. 69 Abs. 4 EuErbVO); schädlich sind hierbei Kenntnis und grob fahrlässige Unkenntnis von der Unrichtigkeit des Zeugnisses. Über die Erteilung des Zeugnisses ist in einem besonderen nachlassgerichtlichen Verfahren, das auf Antrag eingeleitet wird, zu entscheiden; es ist in der Europäischen Erbrechtsverordnung nur fragmentarisch geregelt. 41

I. Zuständigkeit

International zuständig sind die Gerichte des nach Maßgabe der Art. 4, 7, 10 oder 11 EuErbVO zuständigen Mitgliedsstaates (Art. 64 S. 1 EuErbVO). Es ist grundsätzlich also an den gewöhnlichen Aufenthalt des Erblassers im Zeitpunkt seines Todes anzuknüpfen (Art. 4 EuErbVO). Alles Weitere richtet sich nach dem mitgliedstaatlichen Ver- 42 fahrensrecht (Art. 64 S. 2 EuErbVO). Sachlich ist hiernach in Deutschland das Amtsgericht (Nachlassgericht) zuständig (§ 34 Abs. 4 S. 1 und 2 IntErbRVG). Die funktionale Zuständigkeit liegt grundsätzlich beim Rechtspfleger (§ 3 Nr. 2 lit. i RPflG), soweit nicht der Richtervorbehalt aus § 16 Abs. 2 RPflG greift. Örtlich zuständig ist grundsätzlich das Gericht, in dessen Bezirk der Erblasser im Zeitpunkt seines Todes seinen gewöhnlichen Aufenthalt hatte (§ 34 Abs. 3 IntErbRVG, der § 343 Abs. 2 FamFG entspricht, vgl. aber die vorrangigen Zuständigkeiten nach § 34 Abs. 1 und 2 IntErbRVG bei Vorliegen einer Gerichtsstandsvereinbarung oder Ad-hoc-Anerkennung des angerufenen Gerichts durch die Beteiligten).

II. Verfahren

43 Das Zeugnis wird allein auf Antrag erteilt (Art. 65 EuErbVO). Der Antrag muss (wie beim Erbschein) auf Erteilung eines Zeugnisses mit einem genau bestimmten Inhalt gerichtet sein, so dass der Erbschein exakt wie beantragt ohne Ergänzung oder Einschränkung gegenüber dem Inhalt des Antrags erteilt werden kann.[70] Mit dieser strengen Anforderung korrespondiert die Pflicht des Nachlassgerichts, auf die Stellung sachdienlicher Anträge und die Beseitigung von Formfehlern hinzuwirken; auch muss es im Wege der Zwischenverfügung auf rechtliche Gesichtspunkte hinweisen, die es anders beurteilt als die Beteiligten (§ 35 IntErbRVG, § 28 FamFG), damit der Antragsteller einer Antragszurückweisung entgehen kann.

44 Antragsbefugt sind Erben, Vermächtnisnehmer, Testamentsvollstrecker oder Nachlassverwalter, die sich in einem anderen Mitgliedstaat auf ihre Rechtsstellung berufen oder ihre Rechte als Erben oder Vermächtnisnehmer oder ihre Befugnisse als Testamentsvollstrecker oder Nachlassverwalter ausüben müssen (Art. 63 Abs. 1 EuErbVO). Jeder Antragsbefugte kann einen eigenen Antrag stellen. Der Antrag kann auch durch einen Stellvertreter gestellt werden (vgl. dazu Art. 63 Abs. 3 lit. c EuErbVO). Ist der Antragsbefugte nach dem für ihn maßgeblichen Personalstatut nicht handlungsfähig (beispielsweise wegen Minderjährigkeit), muss sein gesetzlicher Vertreter den Antrag für ihn stellen.

45 Der Antrag kann entweder auf dem entsprechenden Formblatt (Art. 80, 81 EuErbVO) oder nach Maßgabe deutschen Rechts gestellt werden.[71] In letzterem Fall muss der Antrag nach Maßgabe der § 25 Abs. 1 FamFG, § 35 Abs. 1 IntErbRVG gegenüber dem zuständigen Gericht (Art. 64 EuErbVO) schriftlich oder zur Niederschrift der Geschäftsstelle abgegeben werden. Er soll vom Antragsteller oder seinem Bevollmächtigten unterschrieben werden (§ 23 Abs. 1 S. 4 FamFG). Art. 65 Abs. 3 EuErbVO regelt – angelehnt an

70 MK/*Dutta*, Art. 65 EuErbVO Rn 2.
71 EuGH ZEV 2019, 350 = FamRZ 2019, 645.

§ 352 FamFG – den erforderlichen Mindestinhalt des Antrags (Pflichtangaben); der Nachweis hat vorrangig durch öffentliche Urkunden, ersatzweise in anderer Form stattzufinden (Art. 66 Abs. 2 EuErbVO). Dies gilt jedoch nur, soweit die entsprechenden Tatsachen dem Antragsteller bekannt sind und von der Ausstellungbehörde zur Beschreibung des Sachverhalts, dessen Bestätigung der Antragsteller begehrt, benötigt werden (Art. 64 Abs. 3 Hs. 1 EuErbVO).

Die Ausstellungsbehörde (Art. 64 S. 2) hat den Antrag zu prüfen. Im Verfahren gilt der Amtsermittlungsgrundsatz (§ 26 FamFG, § 35 Abs. 1 IntErbRVG). Gibt das Vorbringen der Beteiligten bei sorgfältiger Überlegung dazu Anlass, hat das Gericht also im Rahmen des durch den Antrag vorgegebenen Verfahrensgegenstandes weitere Ermittlungen anzustellen. 46

Die Ausstellungsbehörde hat alle Berechtigten von der Beantragung eines Nachlasszeugnisses zu unterrichten (Art. 66 Abs. 4 S. 1 EuErbVO); das sind alle Personen, die schlüssig behaupten, eine nach Art. 63 Abs. 1 EuErbVO durch ein Nachlasszeugnis ausweisbare Rechtsstellung innezuhaben, die mit dem beantragten Zeugnis unvereinbar ist. Diese Personen[72] sind im Verfahren zu hören (Art. 66 Abs. 4 S. 2 EuErbVO). 47

III. Entscheidung

Die Behörde stellt das beantragte Nachlasszeugnis aus, wenn ein wirksamer Antrag vorliegt, keine „Einwände gegen den zu bescheinigenden Sachverhalt anhängig“ sind (Art. 67 Abs. 1 S. 2 lit. a EuErbVO), keine abweichende Entscheidung zum selben Sachverhalt vorliegt (Art. 67 Abs. 1 S. 2 lit. b EuErbVO) und die im Antrag behauptete Erbrechtslage besteht[73] (Deckungsgleichheit), und zwar nach jedem anwendbaren Sachrecht. Die Voraussetzung des Art. 67 Abs. 1 S. 2 lit. a EuErbVO betrifft streitige Entscheidungen, es kommt also darauf an, dass Einwände gegen die im Zeugnis auszuweisenden Rechtsstellung vorliegen. Ein europäisches Nachlasszeugnis kann also – anders als ein Erbschein – nur erteilt werden, wenn sich alle Beteiligten über die auszuweisende Erbrechtslage einig sind.[74] Art. 67 Abs. 1 S. 2 lit. b EuErbVO betrifft insbesondere Gerichtsentscheidungen mit abweichendem Inhalt.[75] Liegen die Voraussetzungen vor, ist das Zeugnis unverzüglich auszustellen und die Berechtigten (vgl. oben Rdn 47) sind hiervon zu unterrichten (Art. 67 Abs. 2 EuErbVO). 48

72 Vgl. MK/*Dutta*, Art. 66 EuErbVO Rn 8.
73 MK/*Dutta*, Art. 67 EuErbVO Rn 10.
74 *Althammer*, in Limmer, Erbrecht und Vermögenssicherung, 2016, S. 22 f.
75 *Margonski*, ZEV 2017, 212, 213.

IV. Rechtsmittel

49 Gegen die Entscheidung der Ausstellungsbehörde, das Zeugnis (nicht) auszustellen, ist der Rechtsbehelf nach Art. 72 EuErbVO statthaft. §§ 43 und 44 IntErbRVG verweisen insofern auf die Beschwerde/Rechtsbeschwerde.

§ 2 Formulierungsvorschläge Erbscheinsverfahren

A. Erbschein für den unbeschränkten Alleinerben

I. Gesetzliche Erbfolge

1. Muster Erbscheinsantrag unbeschränkter Alleinerbe aufgrund gesetzlicher Erbfolge

▼ 1

Muster 2.1: Erbscheinsantrag, Alleinerbe, gesetzliche Erbfolge

Vor mir, dem Notar mit dem Amtssitz in , erschien heute, am , in meinen Amtsräumen in 2.1

Herr ,

geb. am ,

wohnhaft in ,

(im Folgenden „Antragsteller“).

Auf Ansuchen des Erschienenen beurkunde ich was folgt:

Sachstand

Am verstarb die Erblasserin, Frau , in . Sie war geboren am in .

Zum Zeitpunkt ihres Todes hatte die Erblasserin ihren gewöhnlichen Aufenthalt in , Deutschland. Sie war ausschließlich deutsche Staatsangehörige.

Die Erblasserin war die Ehefrau des Antragstellers und mit diesem in zweiter Ehe verheiratet. Ein Ehevertrag wurde nicht geschlossen, für die Ehe galt also der gesetzliche Güterstand der Zugewinngemeinschaft. Im Zeitpunkt des Todes der Erblasserin hatte keiner der Ehegatten einen Antrag auf Scheidung oder Aufhebung der Ehe gestellt.

Aus der ersten Ehe der Erblasserin, die rechtskräftig geschieden wurde, sind zwei Kinder hervorgegangen, nämlich und . Weitere Abkömmlinge hatte die Erblasserin nicht, insbesondere sind aus der Ehe mit dem Antragsteller keine Kinder hervorgegangen.

Das erste Kind ist bereits am , also vor der Erblasserin, verstorben, und zwar ohne Abkömmlinge zu hinterlassen. Das zweite Kind hat die Erbschaft form- und fristgerecht ausgeschlagen. Auch das zweite Kind hat seinerseits keine Abkömmlinge.

Die Eltern der Erblasserin, nämlich , sowie auch sämtliche Großeltern der Erblasserin, nämlich , sind ebenfalls bereits vor der Erblasserin verstorben. Geschwister hat und hatte die Erblasserin nicht.

Weitere Personen, durch die der Antragsteller von der Erbfolge ausgeschlossen oder sein Erbteil gemindert würde, sind und waren nicht vorhanden. Weitere sonstige Beteiligte im Sinne des § 345 Abs. 1 FamFG sind dem Antragsteller nicht bekannt.

Die Erblasserin hatte zwar zur Urkunde des Notars am (UVZNr.) eine letztwillige Verfügung (Einzeltestament) hinterlassen, welche durch das Nachlassgericht bereits eröffnet wurde. In diesem Testament hatte die Erblasserin jedoch keine Erbeinsetzung verfügt, sondern nur ein Vermächtnis angeordnet. Daher ist es für die Erbfolge und das Erbscheinsverfahren nicht relevant.

Sonstige Verfügungen von Todes wegen hatte die Erblasserin nicht errichtet, so dass gesetzliche Erbfolge eingetreten ist.

Ein Rechtsstreit über das Erbrecht ist nicht anhängig.

Der Antragsteller hat die Erbschaft angenommen. Dies folgt aus der heutigen Antragstellung und aus der Tatsache, dass die Ausschlagungsfrist bereits abgelaufen ist.

Erbfolge

Damit ist der Antragsteller aufgrund gesetzlicher Erbfolge Alleinerbe nach der Erblasserin geworden. Das Erbrecht des Antragstellers beruht auf seiner Stellung als Ehegatte der Verstorbenen.

Eidesstattliche Versicherung

Nach Hinweis des Notars auf die Bedeutung einer eidesstattlichen Versicherung, insbesondere auf die strafrechtlichen Folgen vorsätzlich oder fahrlässig gemachter falscher Angaben, versichert der Antragsteller hiermit an Eides Statt, dass ihm nichts bekannt ist, was der Richtigkeit seiner vorstehend gemachten Angaben entgegensteht.

Antrag

Der Antragsteller beantragt beim zuständigen Nachlassgericht die Erteilung eines Erbscheins, der die vorstehend genannte gesetzliche Erbfolge bezeugt, also den Antragsteller als Alleinerben der Erblasserin ausweist.

Es wird gebeten, die Ausfertigung des Erbscheins unmittelbar an den Antragsteller zu erteilen.

Dem Notar soll eine beglaubigte Abschrift des Erbscheins übersandt werden.

Die zum Nachweis der Angaben erforderlichen öffentlichen Urkunden (Sterbeurkunden und Eheurkunde) sind diesem Antrag beigefügt. Die Ausschlagungserklärung des Kindes befindet sich bereits beim Nachlassgericht. Etwaige weitere aus Sicht des Nachlassgerichts erforderliche Urkunden sollen unmittelbar beim Antragsteller angefordert werden.

Vollzugsauftrag

Der Notar wird beauftragt und bevollmächtigt, den Antragsteller im Zusammenhang mit dieser Urkunde, insbesondere im nachlassgerichtlichen Verfahren, zu vertreten, erforderliche Unterlagen einzuholen und zu verwenden und jegliche Erklärungen abzugeben und entgegen zu nehmen.

Belehrungen, Hinweise

Der Notar hat insbesondere über Folgendes belehrt:

Über das Wesen der Erbfolge, insbesondere über den Vermögensübergang als Ganzes auf den Erben, die Haftung des Erben für die Nachlassverbindlichkeiten sowie die Möglichkeiten einer Beschränkung der Erbenhaftung, insbesondere etwa durch Beantragung einer Nachlassverwaltung, eines Nachlassinsolvenzverfahrens oder durch Inventarerrichtung.

Das Grundbuchamt erhebt für die Eintragung von Erben des eingetragenen Eigentümers keine Gebühren, wenn der Eintragungsantrag binnen zwei Jahren seit dem Erbfall bei dem Grundbuchamt eingereicht wird.

Schlussbestimmungen

Den Reinwert des gesamten Nachlasses zum Zeitpunkt des Erbfalls gibt der Antragsteller an mit etwa EUR .

Der Antragsteller trägt die Kosten dieser Urkunde und die bei Gericht anfallenden Kosten für die Erbscheinserteilung.

Das Amtsgericht – Nachlassgericht – erhält eine Ausfertigung dieser Niederschrift.

Der Antragsteller erhält eine beglaubigte Abschrift.

Vorgelesen, genehmigt

und eigenhändig unterschrieben:

▲

2. Erläuterungen

a) Rechtliche Grundlagen, Allgemeines

2 Der Erbscheinsantrag muss inhaltlich den Vorgaben des § 352 FamFG entsprechen. Die Vorschrift wurde mit Wirkung zum 17.8.2015 eingeführt und fasst die früher in den Bestimmungen der §§ 2354 bis 2356 BGB a.F. enthaltenen verfahrensrechtlichen Vorschriften zum Erbschein zusammen. Anwendbar ist § 352 FamFG in seiner aktuellen Fassung auf alle Erbscheinsverfahren nach einem Erblasser, der ab (einschließlich) dem 17.8.2015 verstorben ist (Art. 229 § 36 EGBGB). Ist der Erblasser hingegen bereits vor dem 17.8.2015 verstorben, so richtet sich der Inhalt des Erbscheinsantrags nach den §§ 2354 bis 2356 a.F. BGB.[1] Für Erbfälle, die vor dem 17.8.2015 eingetreten sind, gelten ferner nicht die Regelungen der EuErbVO, und zwar weder hinsichtlich der internationalen Zuständigkeit (Art. 4 ff. EuErbVO) noch hinsichtlich des anwendbaren Erbrechts (Art. 21 ff. EuErbVO). Die internationale Zuständigkeit deutscher Gerichte beurteilt sich in solchen Fällen nach §§ 105, 343 a.F. FamFG, das anwendbare Erbrecht bestimmt sich nach Art. 25 EGBGB a.F.

b) Einzelne Antragsinhalte

3 Für den Erbscheinsantrag des Alleinerben (§ 2353 Alt. 1 BGB) aufgrund gesetzlicher Erbfolge ist § 352 Abs. 1 i.V.m. Abs. 3 FamFG maßgebend.

aa) Todeszeitpunkt (§ 352 Abs. 1 Nr. 1 FamFG)

4 Die Bezeichnung des Erblassers (in der Regel mit Namen, Vornamen, ggf. abweichendem Geburtsnamen, Geburtsdatum und evtl. auch Geburtsort) gehört bereits nach allgemeinen Grundsätzen zum notwendigen Inhalt des Erbscheinsantrags.[2] Gem. § 352 Abs. 1 Nr. 1 FamFG ist ferner der Todeszeitpunkt anzugeben. In der Regel genügt die Angabe des Todestages. Eine Angabe auch der genauen Sterbeuhrzeit ist nur dann erforderlich, wenn es hierauf für die Erbfolge ankommt (z.B. Versterben von Ehegatten am selben Tag).[3] Aufgrund des Gesetzeswortlauts sollte der Todeszeitpunkt in den Erbscheinsantrag selbst aufgenommen werden, auch wenn es zum Teil als ausreichend angesehen wird, dass sich dieser aus der beigefügten Sterbeurkunde ergibt.[4]

bb) Letzter gewöhnlicher Aufenthalt und Staatsangehörigkeit (§ 352 Abs. 1 Nr. 2 FamFG)

5 Bei der Angabe des letzten gewöhnlichen Aufenthalts des Erblassers handelt es sich um eine Neuerung, die früher (bei Erbfällen vor dem 17.8.2015) nicht erforderlich

1 Maßgebend ist also das Sterbedatum, nicht die Antragstellung.
2 MüKo-FamFG/*Grziwotz,* § 352 Rn 21.
3 BeckOK-FamFG/*Schlögel*, § 352 Rn 1.
4 *Zimmermann*, Erbschein, Rn 73.

war. Der gewöhnliche Aufenthalt ist nunmehr jedoch von erheblicher Bedeutung, und zwar sowohl in materieller als auch in verfahrensrechtlicher Hinsicht. Der gewöhnliche Aufenthalt ist nämlich das regelmäßige Anknüpfungskriterium für das anwendbare Erbrecht (Art. 21 Abs. 1 EuErbVO). Zum anderen ist der gewöhnliche Aufenthalt regelmäßig auch maßgebend für die internationale Zuständigkeit der deutschen Gerichte (Art. 4 EuErbVO) und die innerdeutsche örtliche Zuständigkeit (§ 343 Abs. 1 FamFG). Nach h.M. ist als gewöhnlicher Aufenthalt i.S.d. § 352 Abs. 1 Nr. 2 FamFG (in Übereinstimmung mit der EuErbVO – „Gleichlaufgedanke") derjenige Ort zu verstehen, an dem der Erblasser nach einer Gesamtbeurteilung aller Lebensumstände seinen sozialen und familiären Lebensmittelpunkt unterhält.[5] Nicht maßgebend ist jedenfalls der bürgerlich-rechtliche Wohnsitzbegriff,[6] ebenso wenig der Sterbeort.[7] Einer näheren Darlegung der maßgeblichen Umstände bedarf es allerdings nur bei konkreter Veranlassung. Abgesehen von Fällen mit Auslandsbezug („Grenzpendler", „Mallorca-Rentner")[8] kann dies – in Bezug auf die örtliche Zuständigkeit – auch bei reinen Inlandssachverhalten der Fall sein, z.B. wenn sich der Erblasser im Zeitpunkt seines Todes in einem Heim oder einer ähnlichen Einrichtung aufgehalten hat, die in einem anderen Gerichtsbezirk liegt als die (frühere) Wohnung.[9]

Neben dem gewöhnlichen Aufenthalt ist – nach wie vor – die Staatsangehörigkeit des Erblassers anzugeben. Dies rechtfertigt sich daraus, dass die Staatsangehörigkeit auch noch unter Geltung der EuErbVO für anwendbares Erbrecht und gerichtliche Zuständigkeit von Bedeutung sein kann (z.B. bei Rechtswahlen gem. Art. 22 EuErbVO, bei Anwendbarkeit vorrangiger Staatsverträge – Art. 75 Abs. 1 EuErbVO – oder im Rahmen eines renvoi gem. Art. 34 EuErbVO; zur Bedeutung für die internationalen Zuständigkeit siehe Art. 10 Abs. 1 lit. a EuErbVO).

cc) Verhältnis auf dem das Erbrecht beruht (§ 352 Abs. 1 Nr. 3 FamFG)

Anzugeben ist im Erbschein für den gesetzlichen Erben gem. § 352 Abs. 1 Nr. 3 FamFG das Verhältnis, auf dem das gesetzliche Erbrecht beruht, also entweder die verwandt- 6

5 BeckOK-FamFG/*Schlögel*, § 343 Rn 5; OLG Karlsruhe ZEV 2024, 551; OLG München ZEV 2023, 542; OLG München ZEV 2017, 333; KG ZEV 2016, 514; OLG Celle ZEV 2020, 229; OLG Hamm ZEV 2018, 343; OLG Hamm ZEV 2020, 634 und 636 m. Anm. *Kurth*; siehe hierzu auch EuGH NJW 2020, 2947.

6 BeckOK-FamFG/*Schlögel*, § 343 Rn 5; anders die frühere Rechtslage gem. § 343 Abs. 1 a.F. bzw. § 73 Abs. 1 Hs. 2 FGG a.F.

7 Zu diesem Begriff BayObLG NJW 2003, 596 (noch zu § 73 Abs. 1 Hs. 2 FGG a.F.).

8 Siehe hierzu *Steinmetz*, ZEV 2018, 317 sowie BeckOK-FamFG/*Schlögel*, § 343 Rn 5; aus der Rechtsprechung: KG ZEV 2016, 514; OLG Hamburg MittBayNot 2017, 624; OLG Hamm ZEV 2018, 343; OLG Hamm ZEV 2020, 634 und 636 mit Anm. *Kurth*; OLG Düsseldorf RNotZ 2021, 111; OLG Frankfurt MittBayNot 2022, 68.

9 Siehe hierzu MüKo-FamFG/*Grziwotz*, § 343 Rn 19; OLG München MittBayNot 2017, 622 m. Anm. *Odersky*; OLG Düsseldorf ZEV 2017, 103; OLG Celle ZEV 2020, 229; KG ZEV 2021, 182; OLG Brandenburg BeckRS 2021, 9315; OLG Braunschweig BeckRS 2022, 34523; OLG München ZEV 2022, 676 sowie *Weber/Francastel*, DNotZ 2018, 163.

schaftlichen Beziehungen zum Erblasser (§ 1924 ff. BGB), die Stellung als Ehegatte (§ 1931 BGB) bzw. Lebenspartner (§ 1 LPartG) oder – im Ausnahmefall – das Erbrecht des Fiskus (§ 1936 BGB). Bei Ehegatten/eingetragenen Lebenspartnern ist auch der Güterstand anzugeben, da dieser Relevanz für die Erbquote haben kann, siehe §§ 1931 Abs. 3, 4, 1371 Abs. 1 BGB.

dd) Weitere vorhandene Personen (§ 352 Abs. 1 Nr. 4, S. 2 FamFG)

7 Im Erbscheinsantrag hat der Antragsteller auch darzulegen, warum er und nicht (auch) andere Personen zur Erbfolge gelangen.[10] Beim Erbschein aufgrund gesetzlicher Erbfolge geht es darum, ob gegenüber dem Erbprätendenten vor- bzw. gleichrangige Erbberechtigte (z.B. Angehörige vorrangiger Erbordnungen, §§ 1924 ff. BGB) vorhanden sind bzw. waren. Sofern derartige Personen zwar vorhanden waren, aber weggefallen sind, ist auch dies aufzunehmen, und zwar unter Angabe des Grundes für den Wegfall (§ 352 Abs. 1 S. 2 FamFG), so z.B. Vorversterben, aber auch schlichte Enterbung (§ 1938 BGB), Erbunwürdigkeit (§ 2344 BGB), Erbverzicht (§ 2346 BGB) oder Ausschlagung (§ 1953 BGB).[11] Zu fern liegende Möglichkeiten, wie z.B. dem Nichtvorhandensein eines nasciturus, muss in der Regel nichts ausgeführt werden.[12] Zu den anzugebenden Personen können auch bei einem Erbscheinsantrag aufgrund gesetzlicher Erbfolge gewillkürte Erben gehören, sofern diese, z.B. durch Ausschlagung oder Vorversterben, vor dem Erbfall weggefallen sind und im Testament keine Ersatzerben eingesetzt wurden, weder ausdrücklich noch konkludent noch aufgrund gesetzlicher Auslegungs- bzw. Vermutungsregelungen (z.B. § 2069 BGB). Im Hinblick auf § 23 Abs. 1 S. 2, 345 Abs. 1 FamFG sollte auch zu etwaigen sonstigen Beteiligten Stellung genommen werden.[13]

ee) Vorhandene Verfügungen von Todes wegen (§ 352 Abs. 1 Nr. 5 FamFG)

8 Auch beim Erbscheinsantrag aufgrund gesetzlicher Erbfolge sind Angaben dazu zu machen, ob und ggf. welche Verfügungen von Todes wegen vorhanden sind. Hierbei handelt es sich naturgemäß um solche, durch die der Antragsteller sein gesetzliches Erbrecht für nicht tangiert hält, etwa weil diese später widerrufen wurden (§§ 2254, 2255, 2256 Abs. 1 BGB) oder aus sonstigen Gründen unwirksam sind oder keine Erbeinsetzung beinhalten (sondern z.B. nur Auflagen oder reine Vermächtnisanordnungen). Zweck der Regelung ist es, dem Nachlassgericht umfassende Kenntnis und Prüfungsmöglichkeit hinsichtlich aller Verfügungen von Todes wegen zu verschaffen. Daher darf der Antragssteller keine Verfügungen verschweigen, sondern muss auch solche Testamente nennen, die (nach

10 Eine formelhafte Wiederholung des Gesetzeswortlauts genügt nicht: BGH NJW-RR 1991, 515; MüKo-FamFG/*Grziwotz*, § 352 Rn 29; BeckOK-FamFG/*Schlögel*, § 352 Rn 6.

11 MüKo-FamFG/*Grziwotz*, § 352 Rn 37.

12 *Zimmermann*, Erbschein, Rn 76.

13 MüKo-FamFG/*Grziwotz*, § 352 Rn 38; BeckForm BHW/*Najdecki*, Form. VI. 31 Anm. 4.

Auffassung des Antragstellers) für die Erbfolge unmaßgeblich sind. Im Rahmen des Erbscheinsantrags wird der Antragsteller in diesem Fall regelmäßig auch begründen, weshalb trotz der Verfügung gesetzliche Erbfolge eingetreten ist, auch wenn das Gesetz ihn hierzu nicht verpflichtet.

ff) Anhängiger Rechtsstreit (§ 352 Abs. 1 Nr. 6 FamFG)

Anzugeben ist, ob ein Rechtsstreit über das Erbrecht anhängig (§ 261 ZPO) ist, um dem 9
Nachlassgericht so die Möglichkeit zu geben, das Verfahren bis zum Abschluss jenes Verfahrens vor den ordentlichen Gerichten auszusetzen (§ 21 Abs. 1 FamFG). Nicht erwähnt werden müssen etwaige außer- bzw. vorgerichtliche Meinungsverschiedenheiten, Anwaltsschriftwechsel etc.[14] Nach richtiger Auffassung macht eine letztwillige Schiedsklausel einen Erbscheinsantrag nicht per se unzulässig.[15] Bei konkreter Anhängigkeit eines Schiedsverfahrens kann das das Nachlassgericht – ebenso wie bei einem anhängigen Verfahren vor den ordentlichen Gerichten – im Rahmen seines Ermessens gem. § 21 Abs. 1 FamFG das Erbscheinsverfahren jedoch aussetzen.[16] Umgekehrt ist es jedenfalls nach der h.M. nicht zulässig, dass das Prozessgericht das Verfahren im Hinblick auf ein laufendes Erbscheinsverfahren gem. § 148 ZPO aussetzt, da es hierfür an der notwendigen Vorgreiflichkeit fehlt (keine Bindungswirkung des Erbscheinsverfahrens für den Erbschaftsprozess).[17]

gg) Annahme der Erbschaft (§ 352 Abs. 1 Nr. 7 FamFG)

Bereits vor Einführung des § 352 Abs. 1 Nr. 7 FamFG entsprach es der h.M., dass eine 10
Erklärung zur Annahme erforderlich ist.[18] Nunmehr ist dies auch ausdrücklich gesetzlich geregelt (§ 352 Abs. 1 Nr. 7 FamFG). Freilich liegt spätestens im Erbscheinsantrag selbst die (konkludente) Annahme, sodass § 352 Abs. 1 Nr. 7 FamFG beim Erbschein für den Alleinerben in erster Linie dann Bedeutung erlangt, wenn der Erbschein vom Testamentsvollstrecker oder von einem Nachlassgläubiger mit Vollstreckungstitel (§§ 792, 896 ZPO) beantragt wird.[19] Sofern keine ausdrückliche Annahme der Erbschaft feststellbar ist, gilt die Erbschaft jedenfalls mit Ablauf der Ausschlagungsfrist als angenommen (§ 1943 BGB).

14 *Zimmermann*, Erbschein, Rn 79; MüKo-FamFG/*Grziwotz*, § 352 Rn 34.

15 *Bandel*, MittBayNot 2017, 1; BayObLGZ 2000, 279; a.A. OLG Celle NJW-RR 2016, 331 und Nieder/Kössinger/*R. Kössinger/Zintl*, § 15 Rn 330.

16 Siehe hierzu *Bandel*, MittBayNot 2017, 1 (5); *Keim*, NJW 2017, 2652 (2654).

17 OLG Rostock ErbR 2023, 644; LG Braunschweig ZEV 2022, 602; a.A. OLG München NJW-RR 1995, 779; *Damrau*, ZEV 2022, 603.

18 So auch die Gesetzesbegründung BT-Drucks 18/420: Kodifizierung der bereits üblichen Praxis.

19 Siehe hierzu BeckFormB ErbR/*Eckelskemper/Schmitz*, Form. J.V.1. Anm. 8.; OLG München NJW 2014, 3254; OLG Düsseldorf BeckRS 2019, 41653; *Bestelmeyer*, RPfleger 2020, 626 (641).

hh) Größe des Erbteils (§ 352 Abs. 1 Nr. 8 FamFG)

11 Beim Alleinerben hat § 352 Abs. 1 Nr. 8 FamFG keine Bedeutung. Der Antrag lautet auf Alleinberechtigung hinsichtlich des gesamten Nachlasses.

ii) Bestimmter Antrag

12 Im Erbscheinsverfahren gelten das Antragsprinzip sowie der Grundsatz der strengen Antragsbindung. Demnach muss der Erbscheinsantrag so bestimmt sein, dass das Gericht ihn praktisch wörtlich in den Erbschein übernehmen könnte. Das Nachlassgericht darf vom Antrag weder abweichen noch inhaltlich dahinter zurückbleiben.[20] Unzulässig ist also ein Antrag, der den Inhalt des zu erteilenden Erbscheins in das gerichtliche Ermessen stellt. Bei Unsicherheiten oder Auslegungsschwierigkeiten ist ggf. mit Haupt- und Hilfsanträgen zu arbeiten. Aus dem Erbscheinsantrag muss sich auch der Berufungsgrund ergeben, also ob der Antragsteller die Erbenposition aufgrund gesetzlicher oder testamentarischer Erbfolge beansprucht.[21] In den Erbschein selbst wird der Berufungsgrund allerdings grundsätzlich nicht aufgenommen (siehe nachstehend unter Rdn 24).

jj) Weitere (fakultative) Angaben

13 In der Praxis werden über die gesetzlichen Anforderungen des § 352 FamFG hinaus z.T. weitere Angaben in den Erbschein aufgenommen:

(1) Auslandsvermögen

14 Verbreitet finden sich (Negativ-)Erklärungen dazu, inwieweit Auslandsvermögen vorhanden ist. Im Katalog des § 352 FamFG ist hierzu zwar nichts vorgesehen. Jedoch kann Auslandsvermögen für das Erbscheinsverfahren eine Rolle spielen. In verfahrensrechtlicher Hinsicht kann z.B. ein geltungsbeschränkter Erbschein gem. § 352c FamFG nur beantragt werden, wenn zum Nachlass – neben Vermögen im Inland – auch ausländisches Vermögen gehört (siehe hierzu Rdn 204). Die Existenz von Auslandsvermögen kann ferner auch unter Geltung der EuErbVO noch Auswirkungen auf das anwendbare Erbrecht haben (z.B. bei Anwendbarkeit bilateraler Staatsverträge oder bei Weiterverweisung gem. Art. 34 Abs. 1 EuErbVO in Drittstaatsfällen; siehe hierzu auch Rdn 208), allerdings nicht mehr in gleichem Maße wie früher. Denn nach der EuErbVO sind ausländische Sonderstatute nicht zu beachten (anders als früher gem. Art. 3a Abs. 2 EGBGB a.F.). So beurteilt sich die Erbfolge bei einem Erblasser mit gewöhnlichem Aufenthalt in Deutschland aus deutscher Sicht insgesamt nach deutschem Recht (Art. 21 Abs. 1 EuErbVO, vorausgesetzt es wurde keine Rechtswahl gem. Art. 22

20 *Zimmermann*, Erbschein, Rn 64, 271; MüKo-FamFG/*Grziwotz*, § 352 Rn 7.

21 Bei Zweifelsfällen ist jedoch ausnahmsweise eine alternative Angabe zulässig, sofern sich die identische Erbfolge ergibt: Grüneberg/*Weidlich*, § 2353 Rn 13; Bumiller/Harders/*Harders*, FamFG § 352 Rn 3a.

EuErbVO getroffen). Vor diesem Hintergrund bedarf es – außerhalb von § 352c FamFG – jedenfalls in Fällen, in denen der gewöhnliche Aufenthalt des Erblassers nicht in einem Drittstaat lag und auch keiner der in Deutschland geltenden bilateralen Staatsverträge (siehe hierzu Rdn 208) anwendbar ist, keiner standardmäßigen Erklärung zu etwaigem Auslandsvermögen.[22]

(2) Anhängigkeit einer Ehesache

Geht es um das Erbrecht des Ehegatten, wird im Antrag oft erklärt, dass eine Ehesache nicht anhängig sei. Hintergrund ist die Vorschrift des § 1933 BGB (Erlöschen des Ehegattenerbrechts). Zum Teil wird es für „nicht ermessensfehlerhaft" gehalten, wenn das Nachlassgericht eine entsprechende Erklärung bzw. Versicherung verlangt.[23] Dies überzeugt jedoch nicht. Routinemäßig und ohne konkreten Anlass kann das Nachlassgericht zum Vorliegen negativer Tatsachen keine Erklärungen verlangen.[24] Gleichwohl mag es sich für die Praxis empfehlen, eine entsprechende (vorsorgliche) Negativerklärung in den Antrag aufzunehmen. 15

c) Nachweis durch öffentliche Urkunden, eidesstattliche Versicherung

aa) Allgemeines

Gem. § 352 Abs. 3 FamFG ist der Antragsteller grundsätzlich verpflichtet, die Richtigkeit der gemachten Angaben durch öffentliche Urkunden nachzuweisen bzw. an Eides statt zu versichern. Ist die Beschaffung der öffentlichen Urkunden nicht oder nur unter unverhältnismäßigen Schwierigkeiten möglich, so sind auch andere Beweismittel zulässig (§ 352 Abs. 3 S. 2 FamFG). Auf die eidesstattliche Versicherung kann das Nachlassgericht nach seinem Ermessen ausnahmsweise verzichten, wenn es sie im Einzelfall für nicht erforderlich hält (§ 352 Abs. 3 S. 4 FamFG). Entbehrlich sind Nachweise bei Offenkundigkeit (§ 291 ZPO analog, früher § 2356 Abs. 3 a.F.). 16

bb) Öffentliche Urkunden

Gem. § 352 Abs. 3 S. 1 FamFG sind die Angaben gem. § 352 Abs. 1 Nr. 1 und 3 sowie Satz 2 FamFG durch öffentliche Urkunden (§ 415 ZPO) nachzuweisen. Das sind also der 17

- Tod und der Todeszeitpunkt,
- das Verhältnis auf dem das Erbrecht beruht sowie
- Nachweise zu weggefallenen vorrangigen Personen.

22 Eine solche Erklärung wurde jedenfalls nach alter Rechtslage vielfach empfohlen, so z.B. *Schaal*, notar 2010, 393 (399); *Bachmayr*, BWNotZ 2010, 146 (172); siehe auch *Langenfeld/Fröhler*, S. 775.

23 OLG Braunschweig DNotZ 1991, 550 (551).

24 OLG Hamm DNotZ 1993, 139 (140), MüKo-FamFG/*Grziwotz*, § 352 Rn 96; *Promberger*, DNotZ 1991, 551 ff.

Geeignete öffentliche Urkunden sind insbesondere Personenstandsurkunden (§ 55 Abs. 1 PStG, z.B. Sterbeurkunde, Ehe- bzw. Lebenspartnerschaftsurkunde, Geburtsurkunde).

Ausländische Personenstandsurkunden stehen den inländischen gleich, wenn sie die Voraussetzungen des § 415 ZPO erfüllen. Der Echtheitsnachweis ist grundsätzlich durch Legalisation bzw. Apostille zu führen. Entbehrlich ist dies allerdings, soweit die Verordnung (EU) 2016/1191 („EU-Apostillenverordnung") anwendbar ist oder bilaterale Staatsverträge von einem Echtheitsnachweis befreien.

18 Für den Nachweis über den Wegfall einer vorrangigen Person i.S.d. § 352 Abs. 1 S. 2 FamFG kommen, je nach Grund des Wegfalls, verschiedene öffentliche Urkunden in Betracht, so z.B. die Sterbeurkunde bei Vorversterben, die notarielle Urkunde beim Erbverzicht oder der Scheidungsbeschluss.[25] War der Erblasser nach erfolgter Ehescheidung im Todeszeitpunkt erneut verheiratet, so sollte dies als Nachweis dafür, dass die vorherige Ehe rechtskräftig geschieden wurde, jedenfalls dann genügen, wenn die erneute Eheschließung im Inland erfolgte.[26] Denn der Standesbeamte hat gem. § 13 Abs. 1 S. 1 PStG zu prüfen, dass kein Ehehindernis in der Form der Doppelehe vorliegt. Daher ist die inländische Eheurkunde als Nachweis für die Auflösung einer früheren Ehe ausreichend. Abweichend hiervon verlangt die h.M. allerdings einen gesonderten Nachweis durch Vorlage des Scheidungsbeschlusses.[27] Die Erbausschlagung, die zum Wegfall einer an sich vorrangigen Person führt, ist dem Nachlassgericht bereits bekannt, so dass insoweit kein gesonderter Nachweis erforderlich ist, sondern auf die Nachlassakte Bezug genommen werden kann.

Die öffentlichen Urkunden müssen nicht notwendigerweise schon dem Antrag beigefügt werden. Vielmehr können sie vom Antragsteller, den insoweit grundsätzlich die Beibringungspflicht trifft, auch nachgereicht werden. Dennoch erscheint es zur Verfahrensförderung sinnvoll, die Beteiligten dazu anzuhalten, die relevanten Urkunden bereits zum Beurkundungstermin mitzubringen und diese dem Antrag beizufügen. Es genügt die Vorlage beglaubigter Abschriften bzw. Ausfertigungen; eine Vorlage der Originale der öffentlichen Urkunden ist also grundsätzlich nicht erforderlich.[28] Ausnahmsweise genügen auch andere Beweismittel, sofern die öffentlichen Urkunden nicht oder nur mit unverhältnismäßigen Schwierigkeiten zu beschaffen sind (§ 352 Abs. 3 S. 2 FamFG).[29] Die Beibringungspflicht des Antragstellers reicht jedoch nur soweit, wie er zur Angabe von Tatsachen und Beweismitteln in der Lage ist. Ist es dem Antragsteller also unverschuldet

25 MüKo-FamFG/*Grziwotz*, § 352 Rn 81 ff.

26 So auch BeckOK-GBO/*Hügel*, § 29 Rn 104 in Bezug auf den Nachweis für Eintragungen im Grundbuch gem. § 29 GBO.

27 OLG Dresden MittBayNot 2024, 154; KG OLGZ 1977, 386; MüKo-FamFG/*Grziwotz*, § 352 Rn 83.

28 Bumiller/Harders/*Harders*, FamFG § 352 Rn 20; Grüneberg/*Weidlich*, § 2353 Rn 18; *Zimmermann*, Erbschein, Rn 96.

29 Siehe hierzu Staudinger/*Herzog*, BGB, § 2353 Rn 232.

nicht möglich, die gesetzlich geforderten Beweismittel vorzulegen bzw. anzugeben, ist er dazu auch nicht verpflichtet. In einem solchen Fall ist der Erbscheinsantrag daher auch nicht etwa unzulässig, vielmehr setzt an dieser Stelle die Amtsermittlungspflicht des Nachlassgerichts gem. § 26 FamFG ein.[30]

cc) Eidesstattliche Versicherung

Die eidesstattliche Versicherung dient dem Nachweis derjenigen Angaben gem. § 352 **19**
Abs. 1 FamFG, die nicht durch öffentliche Urkunden nachzuweisen sind. Das sind:

- letzter gewöhnlicher Aufenthalt des Erblassers sowie Staatsangehörigkeit (Nr. 2),
- gegenüber dem Erbprätendenten vorrangige Personen (Nr. 4),
- vorhandene Verfügungen von Todes wegen (Nr. 5),
- Anhängigkeit eines Rechtsstreits (Nr. 6),
- Annahme der Erbschaft (Nr. 7),
- Güterstand des Erblassers, sofern es der gesetzliche Güterstand ist (Abs. 3 S. 3).

Aus der Pflicht zur Versicherung an Eides Statt ergibt sich die Formbedürftigkeit des an sich formlosen Erbscheinsantrags, da die eidesstattliche Versicherung entweder direkt zur Niederschrift des Nachlassgerichts (§ 25 FamFG) oder durch notariell beurkundete Erklärung (§ 22 BNotO, §§ 6 ff. BeurkG) zu erfolgen hat.[31] Der Erbscheinsantrag selbst unterliegt per se keinen besonderen Formerfordernissen. Aus § 25 FamFG folgt, dass Anträge sowohl schriftlich als auch zur Niederschrift des Gerichts eingereicht werden können. Hieraus folgt jedoch ebenso wenig ein zwingendes Schriftformerfordernis i.S.d. § 126 BGB wie aus § 23 Abs. 1 S. 4 FamFG.[32]

Die Antragstellung muss nicht persönlich, sondern kann auch durch rechtsgeschäftliche **20**
Vertreter erfolgen (§ 23 Abs. 1 S. 4 FamFG), sofern der Bevollmächtigte die Voraussetzungen des § 10 Abs. 2 FamFG erfüllt.[33] Jedoch kann die eidesstattliche Versicherung grundsätzlich nicht durch Bevollmächtigte abgegeben werden, sondern nur durch den Antragsteller selbst oder einen gesetzlichen Vertreter.[34] Demgegenüber hält eine im Vordringen befindliche und überzeugende Meinung es für zulässig, dass die eidesstattliche Versicherung durch einen Vorsorgebevollmächtigten abgegeben wird, allerdings nur (!) sofern der Antragsteller geschäftsunfähig oder jedenfalls aus gesundheit-

30 BGH NJW 2023, 1296 mit Anm. *Kollmeyer*.

31 Prütting/Helms/*Fröhler*, FamFG § 352 Rn 19; Staudinger/*Herzog*, BGB, § 2353 Rn 71; OLG Köln FGPrax 2009, 287.

32 Prütting/Helms/*Ahn-Roth*, FamFG § 25 Rn 7; Staudinger/*Herzog*, § 2353 Rn 53.

33 Staudinger/*Herzog*, BGB, § 2353 Rn 67; für Vorsorgebevollmächtigte gelten die Beschränkungen des § 10 Abs. 2 FamFG nicht, sofern der Vorsorgefall (Geschäftsunfähigkeit) eingetreten ist: OLG Düsseldorf BeckRS 2018, 41433.

34 MüKo-FamFG/*Grziwotz*, § 352 Rn 94; Grüneberg/*Weidlich*, § 2353 Rn 28; *Zimmermann*, ZEV 2013, 307 (310); BayObLGZ 1961, 4 (10).

lichen Gründen auf absehbare Zeit nicht in der Lage ist, die eidesstattliche Versicherung selbst abzugeben.[35] Hierfür spricht in der Tat, dass der Vorsorgebevollmächtigte im Falle der Geschäftsunfähigkeit des Vollmachtgebers eine Stellung einnimmt, die in weiten Teilen der eines gesetzlichen Vertreters entspricht. Daher ist es nach richtiger Auffassung weder verfahrensökonomisch sinnvoll, noch rechtlich erforderlich, eigens einen Betreuer zu bestellen, mit dem speziellen Aufgabenbereich, die eidesstattliche Versicherung im Erbscheinsverfahren abzugeben, wenn eine inhaltlich hinreichende Vorsorgevollmacht vorliegt. Sollte das Nachlassgericht eine andere Rechtsauffassung vertreten, so ist zu überlegen, ob es noch weitere Antragsberechtigte gibt, die die eidesstattliche Versicherung abgeben können, z.B. Miterben (vorausgesetzt das Nachlassgericht hält dies gem. § 352a Abs. 4 FamFG für ausreichend) oder Testamentsvollstrecker. Möglich ist auch, das Nachlassgericht zu ersuchen, die eidesstattliche Versicherung gem. § 352 Abs. 3 S. 4 FamFG nachzulassen, wenn der Vorsorgebevollmächtigte eigenen namens „versichert“,[36] dass die gemachten Angaben zutreffen und ein zusätzlicher Erkenntnisgewinn bei Bestellung eines Betreuers nicht zu erwarten ist. Davon ist regelmäßig dann auszugehen, wenn sich – wie häufig – in der erteilten Vorsorgevollmacht auffangweise eine Betreuungsverfügung findet, nach der der Bevollmächtigte ggf. zum Betreuer zu bestellen ist, sollte sich hierfür ein Bedürfnis ergeben. Denn es ist kaum zu erwarten, dass der Bevollmächtigte nach seiner Bestellung zum Betreuer andere Angaben macht als zuvor.

21 Die Abgabe der eidesstattlichen Versicherung stellt nach der Fassung des Gesetzes den Regelfall dar. Ob das Nachlassgericht im Einzelfall von ihr absieht, liegt in seinem pflichtgemäßen Ermessen. Auf die Abgabe einer eidesstattlichen Versicherung wird in der Praxis der Nachlassgerichte daher auch nur im Ausnahmefall verzichtet, nämlich dann, wenn sie für die Sachverhaltsaufklärung von vornherein entbehrlich erscheint.[37] Ein solcher Ausnahmefall liegt vor, wenn die tatsächlichen Verhältnisse so klar und eindeutig sind, dass sie die Erbrechtslage ohne vernünftigen Zweifel ergeben (z.B. Beerbung eines noch nicht testierfähigen Kindes durch seine Eltern)[38] oder der Sachverhalt bereits im Rahmen eines anderen Erbscheinsverfahrens abschließend aufgeklärt ist

35 Prütting/Helms/*Fröhler*, § 352 Rn 20; *Langenfeld/Fröhler*, S. 772; *Litzenburger*, ZEV 2004, 450 (452); Staudinger/*Herzog*, BGB, § 2353 Rn 266; BeckFormB ErbR/*Eckelskemper/Schmitz*, Form. J. V. 1. Anm. 8.; so nun auch OLG Celle ZEV 2018, 728 m. Anm. *Litzenburger* und OLG Düsseldorf ZEV 2019, 422; OLG Bremen ZEV 2021, 765 mit Anm. *Zimmermann*; *Baumann*, ErbR 2019, 69; *Becker*, ZErb 2018, 332; *Spernath*, MittBayNot 2021, 425; BeckOK-FamFG/*Schlögel*, § 352 Rn 28; siehe hierzu auch BGH NJW 2020 1143 (zur Anwendung des § 51 Abs. 3 ZPO im Zwangsvollstreckungsverfahren).

36 Auch der gesetzliche Vertreter gibt die Versicherung im eigenen Namen ab, eine etwaige Strafbarkeit bei falschen Angaben trifft den (gesetzlichen) Vertreter, nicht den Vertretenen, siehe hierzu auch *Zimmermann*, Erbschein, Rn 114.

37 OLG München DNotZ 2007, 136; Staudinger/*Herzog*, BGB, § 2353 Rn 277.

38 MüKo-FamFG/*Grziwotz*, § 352 Rn 103; *Zimmermann*, Erbschein, Rn 120.

(z.B. Beantragung eines Erbscheins durch den Nacherben nach dem Eintritt des Nacherbfalls, wenn das Nachlassgericht bereits einen Erbschein für den Vorerben erteilt hat).[39] Die Kosten einer eidesstattlichen Versicherung wurden vom Gesetzgeber bewusst in Kauf genommen und haben bei der Ermessensentscheidung daher außer Betracht zu bleiben.[40] Auch ein geringer Wert des Nachlasses spielt keine Rolle und macht eine eidesstattliche Versicherung nicht per se entbehrlich. Für den Antrag eines Miterben auf Erteilung eines gemeinschaftlichen Erbscheins gilt § 352a Abs. 4 FamFG. In der Praxis lassen die Nachlassgerichte oft die eidesstattliche Versicherung nur eines Miterben genügen.

d) Kosten des Erbscheinsantrags

Für die im Rahmen des Erbscheinsantrags abgegebene eidesstattliche Versicherung fällt gem. KV 23300 GNotKG eine 1,0 Gebühr an. Der Geschäftswert bemisst sich gem. § 40 Abs. 1 S. 1 GNotKG nach dem Reinwert des Nachlasses, Erblasserschulden werden gem. § 40 Abs. 1 S. 2 GNotKG abgezogen, nicht jedoch Erbfallschulden (z.B. Pflichtteilsansprüche, Vermächtnisse, Erbschaftsteuer). Für die Wertermittlung werden alle Gegenstände berücksichtigt, die in den Nachlass fallen, was für Gesellschaftsbeteiligungen und Versicherungsleistungen nicht zwingend der Fall ist. Maßgeblicher Zeitpunkt für die Geschäftswertermittlung ist der Erbfall (§ 40 Abs. 1 S. 1 GNotKG), etwaige zwischen Erbfall und Antragstellung eingetretene Wertveränderungen bleiben also unberücksichtigt. Ein im Erbscheinsantrag enthaltener Antrag auf Grundbuchberichtigung ist ein verschiedener Gegenstand im Sinne des § 86 Abs. 2 GNotKG und wirkt daher kostenerhöhend. Wird ein Erbschein für einen Alleinerben beantragt, spielt § 40 Abs. 2 GNotKG keine Rolle, da dieser nur für den Teilerbschein gilt. Für einen Antrag auf Erteilung eines gegenständlich beschränkten Erbscheins gem. § 352c FamFG gilt die Sonderregelung des § 40 Abs. 3 GNotKG (siehe hierzu Rdn 204). Den früheren kostenprivilegierten Erbschein für Grundbuchzwecke (§ 107 Abs. 3 KostO a.F.) gibt es nicht mehr.[41] Gem. Vorbemerkung KV 2.3.3 Abs. 2 GNotKG wird durch die Gebühr für die eidesstattliche Versicherung gleichzeitig auch die Antragstellung abgegolten. Die 1,0 Gebühr fällt also nur einmal an, wenn – wie in der Regel – Erbscheinsantrag und eidesstattliche Versicherung in einer Urkunde enthalten sind.[42] 22

39 OLG Schleswig NJW-RR 2014, 1039; MüKo-FamFG/*Grziwotz*, § 352 Rn 102.

40 MüKo-BGB/*J. Mayer*, 6. Aufl. 2013, BGB § 2356 Rn 57; OLG Schleswig NJW-RR 2014, 1039.

41 Dies begegnet keinen verfassungsrechtlichen Bedenken: OLG München BeckRS 2020, 19215.

42 Korintenberg/*Gläser*, GNotKG KV 23300 Rn 8.

3. Muster Erbschein unbeschränkter Alleinerbe aufgrund gesetzlicher Erbfolge

23 ▼

Muster 2.2: Alleinerbschein

Herr/Frau , geb. am ,

verstorben am ,

zuletzt wohnhaft in ,

ist beerbt worden von

Herrn/Frau , geb. am , wohnhaft in , allein.

▲

4. Erläuterungen

a) Inhalt des Erbscheins

24 Der Erbschein des unbeschränkten Alleinerben (§ 2353 Alt. 1 BGB) enthält Angaben zum Erblasser, zum Erben sowie die Feststellung über die eingetretene Alleinerbfolge. Zur Individualisierung des Erblassers sind jedenfalls anzugeben der vollständige Name und das Sterbedatum, üblicherweise wird auch die letzte Wohnanschrift genannt. Der Erbe wird – sofern es sich um eine natürliche Person handelt – bezeichnet mit vollständigem Namen, Geburtsdatum und Wohnanschrift. Vor dem Hintergrund des § 35 Abs. 1 S. 1 GBO sollten zum Erben jedenfalls die in § 15 Abs. 1 GBV genannten Daten angegeben werden. Die Angabe des Verwandtschafts- bzw. des familienrechtlichen Verhältnisses zum Erblasser kann (fakultativ) zur Klarstellung mitaufgenommen werden, die Angabe des Berufs ist nicht mehr üblich.[43] Angaben zur Erbteilsgröße sowie zu Beschränkungen gem. § 352b FamFG erübrigen sich beim unbeschränkten Alleinerben.

Der Berufungsgrund, also gesetzliche oder testamentarische Erbfolge, wird im Erbschein grundsätzlich nicht ausgewiesen.[44] Etwas anderes gilt nur in Sonderfällen, z.B. wenn verschiedene Berufungsgründe (§§ 1951, 2088 BGB) vorliegen und eine Aufnahme zur vollständigen Wiedergabe des Erbrechts geboten erscheint.[45] Auch beim Fremdrechtserbschein, also bei der Anwendung ausländischen Erbrechts, ist der Berufungsgrund nach h.M. im Erbschein anzugeben (siehe hierzu Rdn 191). Wird der Berufungsgrund in den Erbschein aufgenommen, obwohl keiner der genannten Sonderfälle vorliegt, so stellt

43 Firsching/Graf/*Krätzschel*, § 38 Rn 119.

44 BGH ZEV 2022, 39 m. Anm. *Kollmeyer*; OLG Bamberg BeckRS 2021, 40765.

45 BayObLGZ 1973, 28; *Langenfeld/Fröhler*, S. 774; MüKo-BGB/*Grziwotz*, § 2353 Rn 26; Firsching/Graf/*Krätzschel*, § 38 Rn 116.

dies jedoch – wenn der Erbschein im Übrigen richtig ist – keinen Einziehungsgrund dar und ist daher im Ergebnis unschädlich und bleibt ohne Konsequenz.[46]

Vermächtnisse, Teilungsanordnungen und Auflagen finden im Erbschein keine Erwähnung. Ebenso wenig dürfen im Erbschein Angaben zum Umfang des Nachlasses bzw. zu einzelnen zum Nachlass gehörenden Gegenständen gemacht werden. 25

Lebt ein Alleinerbe in Gütergemeinschaft, so wird nur er, nicht jedoch der Ehegatte, im Erbschein als Erbe ausgewiesen, und zwar auch dann, wenn der Erbteil in das Gesamtgut fällt. Auch der Erbteilserwerber und der Erbeserbe werden nicht als Erbe in den Erbschein aufgenommen.[47]

b) Kosten der Erbscheinserteilung

Für die Erbscheinserteilung fällt beim Nachlassgericht eine 1,0 Gebühr gem. KV 12210 GNotKG an. Der Geschäftswert bemisst sich in gleicher Weise wie für den Erbscheinsantrag (siehe hierzu Rdn 22). 26

II. Gewillkürte Erbfolge

1. Muster Erbscheinsantrag unbeschränkter Alleinerbe aufgrund gewillkürter Erbfolge

27

Muster 2.3: Erbscheinsantrag, Alleinerbe, gewillkürte Erbfolge

Vor mir, dem Notar mit dem Amtssitz in , erschien heute, am , in meinen Amtsräumen in 2.3

Frau ,

geb. am ,

wohnhaft in ,

(im Folgenden „Antragstellerin“).

Auf Ansuchen der Erschienenen beurkunde ich was folgt:

Sachstand

Am verstarb der Erblasser, Herr , in . Er war geboren am in .

46 *Zimmermann*, Erbschein, Rn 329, 461, 505; MüKo-BGB/*J. Mayer*, 6. Aufl. 2013, § 2356 Rn 25.
47 Firsching/Graf/*Krätzschel*, § 38 Rn 119.

Zum Zeitpunkt seines Todes hatte der Erblasser seinen gewöhnlichen Aufenthalt in , Deutschland. Er war ausschließlich deutscher Staatsangehöriger.

Der Erblasser war in erster Ehe verheiratet mit der Antragstellerin. Im Zeitpunkt des Todes des Erblassers hatte keiner der Ehegatten einen Antrag auf Scheidung oder Aufhebung der Ehe gestellt.

Der Erblasser hat zwei Kinder hinterlassen, beide hervorgegangen aus der Ehe mit der Antragstellerin, nämlich und . Weitere Kinder hat und hatte der Erblasser nicht.

Weitere Personen, durch die die Antragstellerin von der Erbfolge ausgeschlossen oder ihr Erbteil gemindert würde, sind und waren nicht vorhanden. Weitere sonstige Beteiligte im Sinne des § 345 Abs. 1 FamFG sind der Antragstellerin nicht bekannt.

Der Erblasser hinterließ eine letztwillige Verfügung vom (eigenhändig verfasstes Einzeltestament), eröffnet vom Amtsgericht unter Az. . In diesem Testament hat er die Antragstellerin zur Alleinerbin eingesetzt.

Weitere Verfügungen von Todes wegen hatte der Erblasser nicht errichtet.

Ein Rechtsstreit über das Erbrecht ist nicht anhängig.

Die Antragstellerin hat die Erbschaft angenommen. Dies folgt aus der heutigen Antragstellung und aus der Tatsache, dass die Ausschlagungsfrist bereits abgelaufen ist.

Erbfolge

Damit ist die Antragstellerin aufgrund des vorgenannten Testaments Alleinerbin nach dem Erblasser geworden.

Eidesstattliche Versicherung

[siehe Rdn 1]

Antrag

Die Antragstellerin beantragt beim zuständigen Nachlassgericht die Erteilung eines Erbscheins, der die vorgenannte gewillkürte Erbfolge bezeugt, also die Antragstellerin als Alleinerbin des Erblassers ausweist.

Vollzugsauftrag, Belehrungen, Hinweise, Schlussbestimmungen

[siehe Rdn 1]

▲

2. Erläuterungen

a) Rechtliche Grundlagen, Allgemeines

Für den Inhalt eines Erbscheinsantrags des Alleinerben (§ 2353 Alt. 1 BGB) aufgrund gewillkürter Erbfolge gilt § 352 Abs. 2 i.V.m. Abs. 1 sowie Abs. 3 FamFG. 28

b) Einzelangaben

aa) Letztwillige Verfügungen (§ 352 Abs. 2 Nr. 1 und Nr. 2 FamFG)

Im Erbscheinsantrag ist die Verfügung von Todes wegen zu bezeichnen, auf der das beanspruchte Erbrecht beruht (§ 352 Abs. 2 Nr. 1 FamFG). Hierbei ist die Verfügung so genau zu bezeichnen, dass Zweifel nicht verbleiben (z.B. durch Angabe des Datums, des Errichtungsortes etc.). Sofern die Verfügung bereits vom Nachlassgericht eröffnet wurde, kann auf das entsprechende Aktenzeichen Bezug genommen werden. Im Übrigen ist die vorherige Eröffnung der Verfügung nicht Zulässigkeitsvoraussetzung für den Erbscheinsantrag, sondern lediglich Voraussetzung für die Erbscheinserteilung.[48] Befindet sich die letztwillige Verfügung von Todes wegen noch im Besitz des Antragstellers so ist diese unverzüglich an das Nachlassgericht abzuliefern (§ 2259 Abs. 1 BGB). Gem. § 352 Abs. 3 S. 1 FamFG ist zum Nachweis der gewillkürten Erbfolge die Urschrift der Verfügung von Todes wegen vorzulegen, auf die das Erbrecht gestützt wird. Ist diese Urschrift jedoch nicht auffindbar, so sind gem. § 352 Abs. 3 S. 2 FamFG auch andere Beweismittel, einschließlich Zeugenbeweis, zulässig, wobei grundsätzlich strenge Anforderungen zu stellen sind.[49] Steht fest, dass der Erblasser ein bestimmtes Testament wirksam errichtet hatte, welches jedoch nur noch in Kopie vorliegt und im Original nicht mehr aufzufinden ist, so trifft die Feststellungslast für eine Vernichtung durch den Erblasser in Widerrufsabsicht (§ 2255 BGB) denjenigen, der sich auf die Unwirksamkeit der Verfügung beruft.[50] 29

Sofern der Erblasser noch weitere Verfügungen von Todes wegen errichtet hat, so sind auch diese im Erbscheinsantrag anzugeben (§ 352 Abs. 2 Nr. 2 FamFG), und zwar auch solche, die (aus Sicht des Antragstellers) nicht für die Erbfolge maßgebend sind, z.B. weil sie widerrufen oder unwirksam oder für die Erbfolge nicht relevant sind (z.B. weil sie nur Vermächtnisse oder Auflagen enthalten).

bb) Weitere Angaben (§ 352 Abs. 2 Nr. 3 FamFG)

Für den Erbscheinsantrag bei gewillkürter Erbfolge gelten gem. § 352 Abs. 2 Nr. 3 FamFG im Übrigen die Regelungen in § 352 Abs. 1 Satz 1 Nr. 1, 2 und 6 bis 8 FamFG. 30

48 BeckOK-FamFG/*Schlögel*, § 352 Rn 14; MüKo-FamFG/*Grziwotz*, § 352 Rn 41.

49 Siehe hierzu etwa OLG Braunschweig ErbR 2019, 235; OLG Frankfurt BeckRS 2020, 20195; OLG Schleswig BeckRS 2011, 28747.

50 OLG Hamm ErbR 2024, 373; OLG München NJW-RR 2020, 390; OLG Düsseldorf ErbR 2021, 600; KG FGPrax 2018, 274.

Es handelt sich im Einzelnen um Angaben zu Erblasser, Todeszeitpunkt, letztem gewöhnlichen Aufenthalt, Staatsangehörigkeit sowie die Erklärungen über die Anhängigkeit eines Rechtsstreits, die Annahme der Erbschaft und die Angabe der Größe des Erbteils (hier also Alleinerbschaft). Insoweit ergeben sich keine Unterschiede zum Erbscheinsantrag aufgrund gesetzlicher Erbfolge (siehe Rdn 3 ff.).

Gem. § 352 Abs. 2 Nr. 3 i.V.m. Abs. 1 S. 2 FamFG ist ferner auch anzugeben, ob Personen vorhanden waren und weggefallen sind, die das Erbrecht des Antragstellers ausschließen oder mindern würden. Anders als im Bereich der gesetzlichen Erbfolge handelt es sich hier nicht um solche Personen, die nach dem Gesetz vorrangig wären (z.B. Angehörige vorrangiger Erbordnungen), sondern um solche, die nach der Verfügung von Todes wegen vorrangig gewesen wären bzw. das Erbrecht des Antragstellers hätten schmälern können (zu letzteren gehören z.B. auch Nacherben).[51] Hierbei kann es sich um vorrangig eingesetzte Erben handeln, die jedoch weggefallen sind, weshalb es dann zur Ersatzerbfolge gekommen ist.[52] Grund des Wegfalls kann z.B. sein: Scheidung der Ehe, wenn es um den Ehegatten geht (§ 2077 BGB), Erbausschlagung (§ 1953 BGB) oder Zuwendungsverzicht (§ 2352 BGB). Im Hinblick auf §§ 23 Abs. 1 S. 2, 345 Abs. 1 Nr. 1 FamFG sollten als (weitere) Beteiligte im Erbscheinsantrag auch stets die gesetzlichen Erben, die aufgrund der Verfügung von Todes wegen nicht zur Erbfolge gelangen, angegeben werden.[53] Grundsätzlich ist beim Erbscheinsantrag aufgrund gewillkürter Erbfolge zum Verwandtschaftsverhältnis nichts vorzutragen und es bedarf auch keiner Vorlage von Personenstandsurkunden, da § 352 Abs. 2 FamFG nicht auf § 352 Abs. 1 Nr. 3 FamFG verweist und sich das Erbrecht auf eine Verfügung von Todes wegen gründet. Etwas anderes gilt allerdings dann, wenn in der Verfügung der Erbe nicht namentlich benannt wurde, sondern nur anhand einer Beschreibung identifiziert wurde (z.B. „meine Tochter").[54] In diesem Fall ist eine Abstammungsurkunde vorzulegen.[55]

cc) Bestimmter Antrag

31 Ebenso wie beim Antrag aufgrund gesetzlicher Erbfolge bedarf es auch beim Erbscheinsantrag aufgrund einer Verfügung von Todes wegen eines bestimmten Antrags. Teil dieses Antrags ist auch die Angabe des Berufungsgrunds (gewillkürte Erbfolge), auch wenn dieser in den Erbschein grundsätzlich nicht aufgenommen wird (siehe hierzu Rdn 24).

51 MüKo-FamFG/*Grziwotz*, § 352 Rn 44.
52 Bumiller/Harders/*Schwamb*, § 352 Rn 16.
53 MüKo-FamFG/*Grziwotz*, § 352 Rn 45.
54 MüKo-FamFG/*Grziwotz*, § 352 Rn 40; BeckOK-FamFG/*Schlögel*, § 352 Rn 13.
55 DNotI-Gutachten Nr. 192540; siehe OLG Köln RNotZ 2022, 552 (554).

dd) Nachweis der Angaben gem. § 352 Abs. 3 FamFG

Der Antragsteller hat die Angaben zum Todeszeitpunkt (§ 352 Abs. 1 Nr. 1 FamFG) sowie zum Wegfall etwaiger in der Erbfolge vorrangiger Personen (§ 352 Abs. 1 S. 2 FamFG) gemäß § 352 Abs. 3 S. 1 FamFG durch öffentliche Urkunden nachzuweisen (siehe hierzu Rdn 16 ff.). Beim Erbscheinsantrag aufgrund gewillkürter Erbfolge ist ferner die Verfügung von Todes wegen vorzulegen, auf der das Erbrecht beruht (§ 352 Abs. 3 S. 1 FamFG; siehe hierzu Rdn 29). Befindet sich das Testament bereits beim Nachlassgericht, entfällt die Übermittlungspflicht und es kann auf den Inhalt der Nachlassakte Bezug genommen werden. Dies gilt insbesondere für notarielle Testamente, die beim Nachlassgericht amtlich verwahrt werden (§ 34 Abs. 1 S. 3 BeurkG).[56] Auch Erbverträge befinden sich entweder von Anfang an in besonderer amtlicher Verwahrung des Nachlassgerichts (§ 34 Abs. 2 BeurkG) oder werden nach dem Erbfall vom verwahrenden Notar von Amts wegen an das Nachlassgericht übermittelt (§§ 34 Abs. 3, 34a Abs. 3 S. 1 BeurkG). Eine Vorlagepflicht des Antragstellers besteht daher im Prinzip nur für eigenhändige Testamente (siehe auch § 2259 Abs. 1 BGB). Hinsichtlich der weiteren Angaben im Erbscheinsantrag ist in der Regel eine eidesstattliche Versicherung abzugeben (§ 352 Abs. 3 S. 3 und 4 FamFG; siehe hierzu Rdn 19 ff.). 32

3. Muster Erbschein des unbeschränkten Alleinerben bei gewillkürter Erbfolge

Der Inhalt des Erbscheins des unbeschränkten Alleinerben unterscheidet sich bei der gewillkürten Erbfolge nicht von dem bei gesetzlicher Erbfolge. Daher kann auf die Ausführungen in Rdn 23 verwiesen werden. Auch hinsichtlich der Kosten besteht – abgesehen von der Eröffnungsgebühr für die letztwillige Verfügung (KV 12101 GNotKG) – kein Unterschied gegenüber der gesetzlichen Erbfolge. 33

B. Mehrheit von Erben

I. Allgemeines zu den Arten von Erbscheinen

Ein Erblasser wird häufig nicht nur von einer Person beerbt, sondern von einer Mehrheit von Erben. Hinterlässt der Erblasser mehrere Erben, so wird der Nachlass gemeinschaftliches Vermögen der Erben (§ 2032 Abs. 1 BGB). An diesem Nachlass hält jeder Erbe einen Miterbenanteil entsprechend seiner Erbquote. Über die jeweiligen Miterbenanteile kann das Nachlassgericht einen Erbschein erteilen. Es gibt hierbei verschiedene Arten 34

56 Falls die Verfügung bei einem anderen Nachlassgericht verwahrt wird, gilt § 350 FamFG.

von Erbscheinen, die je nach Interessenlage von einzelnen oder von allen Miterben beantragt werden können:

- Gemeinschaftlicher Erbschein, § 352a FamFG
- Teilerbschein
- Gruppenerbschein (kaum noch praktische Relevanz)
- Gemeinschaftlicher Teilerbschein
- Sammelerbschein.

35 Ausdrücklich gesetzlich vorgesehen ist zunächst der **gemeinschaftliche Erbschein** (§ 352a FamFG). Er kann schon von einem einzelnen Miterben für sämtliche Miterben beantragt werden. Der gemeinschaftliche Erbschein bezeugt dabei das Erbrecht sämtlicher Miterben und weist im Regelfall die jeweiligen Erbteile der Miterben aus. Es kann aber auch ein quotenloser Erbschein nach § 352a Abs. 2 S. 2 FamFG beantragt werden.

36 Zudem kann jeder Miterbe für sich einen Erbschein, der nur die Größe seines eigenen Anteils bezeugt, beantragen. Man spricht insoweit von einem **Teilerbschein**. Er ist in § 2353 Alt. 2 BGB gesetzlich anerkannt und bezeugt als Einzelerbschein eines Miterben dessen Erbrecht.[57] Ein Miterbe kann einen solchen Teilerbschein für sich selbst, aber auch für einen anderen Miterben über dessen Erbrecht beantragen.[58] In verschiedenen Fallkonstellationen kann der Teilerbschein zweckmäßig sein (Rdn 40 ff.).

37 Mehrere Miterben können jeweils auch gesonderte Teilerbscheine beantragen und diese Einzelerbscheine in einer einheitlichen Urkunde äußerlich zusammenfassen lassen. Man spricht hier von einem sog. **Gruppenerbschein**. Erforderlich ist hierbei, dass sämtliche in den Teilerbscheinen genannten Erben die äußere Zusammenfassung in einem Gruppenerbschein beantragen.[59] Rechtlich ist er ohne weiteres zulässig, hat heute aber keine praktische Relevanz mehr. Er wurde durch den sog. gemeinschaftlichen Teilerbschein weitgehend abgelöst.[60]

38 Der **gemeinschaftliche Teilerbschein** bezeugt das Erbrecht mehrerer, aber nicht sämtlicher Miterben. Er ist eine Kreuzung zwischen dem Teilerbschein eines einzelnen Erben und des gemeinschaftlichen Erbscheins sämtlicher Erben. Vorteil des gemeinschaftlichen Teilerbscheins ist im Gegensatz zum Gruppenerbschein, dass auch nur ein Miterbe die Erteilung eines gemeinschaftlichen Teilerbscheins beantragen kann.

> *Beispiel*
>
> A, B und C sind Miterben zu je $\frac{1}{3}$; A beantragt einen gemeinschaftlichen Teilerbschein nur für A und B.

57 MüKo-BGB/*Grziwotz*, § 2353 Rn 9.
58 Firsching/Graf/*Krätzschel*, Nachlassrecht, § 38 Rn 10.
59 Burandt/Rojahn/*Gierl*, Erbrecht, § 2353 BGB Rn 18; MüKo-BGB/*Grziwotz*, § 2353 Rn 12.
60 Firsching/Graf/*Krätzschel*, Nachlassrecht, § 38 Rn 11; MüKo-BGB/*Grziwotz*, § 2353 Rn 12.

Der gemeinschaftliche Teilerbschein ist als Unterart des gemeinschaftlichen Erbscheins nach § 2353 Alt. 2 BGB i.V.m. § 352a FamFG anerkannt.[61]

Sofern einer der Miterben nach Erbschaftsannahme und vor Erteilung des Erbscheins verstorben ist, muss auch dieser verstorbene Miterbe im Erbschein ausgewiesen werden. Erforderlich wird dann ein zweiter Erbschein, der das Erbrecht der Erbeserben bezeugt. Beide (oder mehrere) Erbscheine können dann unter Umständen in einem sog. **Sammelerbschein** (auch vereinigter, verbundener oder zusammengefasster Erbschein genannt) in einer Urkunde verbunden werden, sofern dasselbe Nachlassgericht örtlich zuständig ist.[62] Hinsichtlich der Erteilungsvoraussetzungen und der Kosten sind die jeweiligen Erbscheine jedoch isoliert zu betrachten,[63] wobei bei Beurkundung der Erbscheinsanträge in einer Urkunde die degressive Gebührenstaffelung kostenrechtliche Vorteile zeigt. 39

II. Teilerbschein und Mindestteilerbschein

1. Praktisches Bedürfnis für Teilerbscheine

Die Erteilung eines Teilerbscheins kann aus unterschiedlichen Gründen im Interesse einzelner Erben sein. 40

Zweckmäßig kann ein Teilerbschein sein, wenn der Erbe über seinen Miterbenanteil **nach § 2033 BGB verfügen möchte**. Der Teilerbschein ist für einen potentiellen Erwerber ein starkes Indiz, dass der Verfügende tatsächlich Miterbe und insoweit verfügungsbefugt ist. Allerdings gilt zu beachten, dass der (Teil-) Erbschein beim Erwerb eines Erbteils nicht das Erwerbsinteresse schützt. Der (Teil-) Erbschein ermöglicht zum einen keinen gutgläubigen Erwerb. Denn der Gutglaubenstatbestand des § 2366 BGB lässt lediglich den gutgläubigen Erwerb an einzelnen Nachlassgegenständen zu, nicht aber an einzelnen Erbteilen.[64] Zum anderen sieht sich der Erwerber eines Erbteils eines vermeintlichen Erben den Ansprüchen des wahren Erben nach §§ 2030, 2018 BGB ausgesetzt. Aufgrund der verbleibenden Rechtsunsicherheiten empfiehlt es sich in der Kautelarpraxis, neben der Vorlage eines Teilerbscheins in den Erbteilskauf- oder Erbteilsübertragungsvertrag auch Garantien des Veräußerers (§§ 442, 444 BGB) aufzunehmen, dass er die Erbenstellung innehat.[65]

Erforderlich kann der Teilerbschein darüber hinaus **in besonderen Fällen für eine Grundbuchberechtigung** sein, wenn sich nur ein Teil der Miterben mit einer notariel- 41

61 Vgl. etwa KG DFG 1940, 26; OLG Brandenburg BeckRS 1998, 3667; KG BeckRS 2020, 16540; MüKo-BGB/*Grziwotz*, § 2353 Rn 12; Grüneberg/*Weidlich*, § 2353 Rn 63.

62 MüKo-BGB/*Grziwotz*, § 2353 Rn 14.

63 Bonefeld/Kroiß/Tank/*Kroiß*, Erbprozess, § 12 Rn 87; MüKo-BGB/*Grziwotz*, § 2353 Rn 14.

64 Müko-BGB/*Gergen*, § 2033 Rn 21; BeckOGK-BGB/*Rißmann/Szalai*, § 2033 Rn 33.

65 MVHdB BGB II/*Otto*, XVIII. Erbschaftskauf Anm. 14.

len Verfügung von Todes wegen samt Eröffnungsprotokoll nachweisen lässt (§ 35 Abs. 1 S. 2 GBO). Die Erbenstellung der übrigen Erben müsste dann mittels (gemeinschaftlichen) Teilerbscheins nachgewiesen werden (§ 35 Abs. 1 S. 1 GBO). Solche Fälle sind etwa denkbar, wenn der Erblasser nur über einen Bruchteil mit notariellem Testament/Erbvertrag verfügt und im Übrigen die gesetzliche Erbfolge eintritt (§ 2088 BGB).[66] Zudem genügt ein Teilerbschein, wenn etwa A, B, C und D zu je ¼ als Erben und jeweils „deren Abkömmlinge" als Ersatzerben in notariellem Testament eingesetzt worden sind. Leben im Erbfall nur noch A und B, so greift insoweit § 35 Abs. 1 S. 2 GBO. Zur Grundbuchberichtigung ist sodann lediglich nach § 35 Abs. 1 S. 1 GBO die Erbenstellung der Abkömmlinge von C und D durch einzelne Teilerbscheine oder durch gemeinschaftlichen Teilerbschein nachzuweisen (siehe dazu die Muster Rdn 45 und Rdn 56).[67] Außerhalb dieser Fallkonstellationen wird ein Teilerbschein zur Grundbuchberichtigung nur selten genügen. Insbesondere ist von vornherein eine Teilberichtigung des Grundbuchs allein aufgrund eines Teilerbscheins nicht möglich, da an die Stelle des Erblassers grundsätzlich alle Miterben in Erbengemeinschaft (§ 47 Abs. 1 GBO) einzutragen sind.[68]

42 Schließlich sind Teilerbscheine sinnvoll, wenn eine **Erbauseinandersetzung** durchgeführt werden soll und **einer der Erben unbekannt** ist. Hier kann ein (gemeinschaftlicher) Teilerbschein erlassen werden, der die bekannten Erben ausweist. Für den unbekannten Erben kann ein Nachlasspfleger bestellt werden (§ 1960 Abs. 1 S. 2 BGB). Der Nachlasspfleger kann dann mit Genehmigung des Nachlassgerichts (§§ 1851 Nr. 1, 1888 Abs. 1, 1962 BGB) verpflichtet sein, an der Auseinandersetzung für den unbekannten Erben mitzuwirken.[69] Sofern sich im Nachlass Grundeigentum befindet, kann mit Hilfe eines (gemeinschaftlichen) Teilerbscheins sogar die Grundbuchberichtigung auf die Erbengemeinschaft unter Miteintragung des „unbekannten Miterben" erreicht werden, wenn ohne die Eintragung des „unbekannten Miterben" eine Grundbuchberichtigung auf die Erbengemeinschaft nicht durchführbar wäre.[70] Die Erbengemeinschaft darf nämlich im Wege der Grundbuchberechtigung nur vollständig eingetragen werden.

Teilerbscheine können sowohl bei gesetzlicher (siehe Rdn 43 ff.) als auch bei gewillkürter Erbfolge (siehe Rdn 47 ff.) relevant und erforderlich werden.

66 Krug/Rudolf/Kroiß/Bittler/*Kroiß*, NotarFormulare Erbrecht, § 7 Rn 242.

67 Zu diesem Fall KG BeckRS 2020, 16540.

68 KG DNotZ 2021, 195, Rn 13; BayObLGZ 1994, 158 (160); AG Osterhofen NJW 1955, 467, 468; *Schöner/Stöber*, Grundbuchrecht, Rn 810.

69 Vgl. KG OLGZ 1971, 210, 213; ferner zur Nachlasspflegschaft im Rahmen der Auseinandersetzung etwa KG OLGZ 1981, 151; OLG Düsseldorf FGPrax 2019, 182; OLG Braunschweig ZEV 2020, 34; MüKo-BGB/*Leipold*, § 1961 Rn 7.

70 BayObLGZ 1994, 158.

2. Gesetzliche Erbfolge

a) Muster Antrag eines Teilerbscheins aufgrund gesetzlicher Erbfolge

▼ 43

Muster 2.4: Teilerbscheinsantrag, gesetzliche Erbfolge 2.4

Vor mir, dem Notar ___ mit dem Amtssitz in ___, erschien heute, am ___, in meinen Amtsräumen in ___

Frau ___,

geb. am ___,

wohnhaft in ___.

Die Erschienene erklärte:

Sachstand

Am ___ verstarb der Erblasser, Herr ___, in ___. Er war geb. am ___ in ___.

Zum Zeitpunkt seines Todes hatte der Erblasser seinen gewöhnlichen Aufenthalt in Stuttgart, Deutschland. Er war ausschließlich deutscher Staatsangehöriger.

Der Erblasser war der Ehemann der Antragstellerin, Frau ___, und mit dieser in erster Ehe verheiratet. Ein Ehevertrag wurde nicht geschlossen, für die Ehe galt also der gesetzliche Güterstand der Zugewinngemeinschaft. Im Zeitpunkt des Todes des Erblassers hatte keiner der Ehegatten einen Antrag auf Scheidung oder Aufhebung der Ehe gestellt.

Aus der Ehe des Erblassers sind zwei Kinder hervorgegangen, nämlich ___ und ___. Weitere Abkömmlinge hatte der Erblasser nicht.

Weitere Personen, durch die die Antragstellerin von der Erbfolge ausgeschlossen oder sein Erbteil gemindert würde, sind und waren nicht vorhanden. Weitere sonstige Beteiligte im Sinne des § 345 Abs. 1 FamFG sind der Antragstellerin nicht bekannt.

Eine Verfügung von Todes wegen hat der Erblasser nicht errichtet.

Ein Rechtsstreit über das Erbrecht ist nicht anhängig.

Die Antragstellerin hat die Erbschaft angenommen. Dies folgt aus der heutigen Antragstellung und aus der Tatsache, dass die Ausschlagungsfrist bereits abgelaufen ist.

Erbfolge

Damit ist die Antragstellerin aufgrund gesetzlicher Erbfolge nach dem Erblasser Miterbin

zur Hälfte

geworden. Das Erbrecht der Antragstellerin beruht auf ihrer Stellung als Ehegattin des Verstorbenen.

Eidesstattliche Versicherung

[...]

Antrag

Die Antragstellerin beantragt beim zuständigen Nachlassgericht die Erteilung eines Teilerbscheins, der die vorstehend genannte Erbfolge bezeugt, also ausweist, dass der am in verstorbene Erblasser von der Antragstellerin

zur Hälfte

aufgrund gesetzlicher Erbfolge beerbt worden ist.

Vollzugsauftrag, Belehrungen, Hinweise, Schlussbestimmungen

[...]
▲

b) Erläuterungen

44 Die Erteilung eines Einzelerbscheines richtet sich im Großen und Ganzen nach den Vorgaben des § 352 Abs. 1 und 3 FamFG (siehe oben Rdn 3 ff.). Anzugeben ist nach § 352 Abs. 1 S. 1 Nr. 3 FamFG insbesondere das Verhältnis, auf dem das Erbrecht desjenigen beruht, dessen Erbenstellung durch den Teilerbschein bezeugt werden soll. Zudem ist die Größe des Erbteils anzugeben (§ 352 Abs. 1 S. 1 Nr. 8 FamFG). Ebenso wie beim Antrag eines Alleinerben bedarf es auch beim Teilerbscheinsantrag eines **bestimmten Antrags**. Antragsbefugt ist dabei nicht nur der Erbe, dessen Erbteil bezeugt werden soll, sondern auch jeder Miterbe über das Erbrecht eines anderen.[71]

71 MüKo-BGB/*Grziwotz*, § 2353 Rn 12; Krätzschel/Falkner/Döbereiner/*Krätzschel*, Nachlassrecht § 38 Rn 10.

c) Muster Teilerbschein

▼ 45

Muster 2.5: Teilerbschein

Herr/Frau , geb. am , 2.5

verstorben am ,

zuletzt wohnhaft in ,

ist beerbt worden von

Herrn/Frau , geb. am , wohnhaft in , zu *(Erbquote, z.B.: ⅓)*.

▲

d) Erläuterungen

Zum Inhalt des Teilerbscheins ergeben sich im Grundsatz keine Besonderheiten zum Erbschein eines Alleinerben (siehe oben Rdn 24 ff.). Der Teilerbschein bezeugt nur die Erbteilsgröße des Miterben, für den der Teilerbschein beantragt wurde. Die weiteren Miterben dürfen nicht in den Teilerbschein mitaufgenommen werden, soweit ein entsprechender Antrag fehlt. Nicht möglich ist es darüber hinaus, einen **quotenlosen Teilerbschein** zu erteilen.[72] Hierfür spricht zunächst der Wortlaut des § 2353 Alt. 2 BGB, wonach ein Teilerbschein nur „über die Größe des Erbteils" erteilt werden kann. Zudem findet § 352a Abs. 2 S. 2 FamFG keine (analoge) Anwendung für Teilerbscheine. Der Teilerbschein hat daher stets eine konkrete Erbteilsgröße zu bezeugen (siehe auch Rdn 52).[73] Sollte im Einzelfall die Erbteilsgröße des auszuweisenden Einzelerben ungewiss sein, kommt unter strengen Voraussetzungen entweder der sog. Mindestteilerbschein in Betracht. Denkbar wäre weiter die Beantragung eines quotenlosen gemeinschaftlichen Erbscheins nach § 352a Abs. 2 S. 2 FamFG. Hier müssten allerdings alle Miterben mitwirken (siehe unten Rdn 88). 46

3. Gewillkürte Erbfolge

a) Muster Antrag eines gemeinschaftlichen Teilerbscheins aufgrund gewillkürter Erbfolge

▼ 47

Muster 2.6: Antrag eines gemeinschaftlichen Teilerbscheins, gewillkürte Erbfolge

Vor mir, dem Notar mit dem Amtssitz in , erschien heute, am , in meinen Amtsräumen in 2.6

72 BR Drs. 644/14, S. 71; BeckOK FamFG/*Schlögel*, § 352a Rn 2; Keidel/*Zimmermann*, FamFG, § 352a Rn 11.
73 BR Drs. 644/14, S. 71; Keidel/*Zimmermann*, FamFG, § 352a Rn 11; *Holzer*, ZNotP 2015, 258, 260.

Frau ,

geb. am ,

wohnhaft in .

Die Erschienene erklärte:

Sachstand

Am verstarb der Erblasser, Herr , in . Er war geb. am in .

Zum Zeitpunkt seines Todes hatte der Erblasser seinen gewöhnlichen Aufenthalt in Böblingen, Deutschland. Er war ausschließlich deutscher Staatsangehöriger.

Der Erblasser starb verwitwet. Aus der gemeinsamen Ehe mit der vorverstorbenen Ehefrau sind drei Kinder hervorgegangen, nämlich (A), (B) und (C). Weitere Kinder hat und hatte der Erblasser nicht. C ist bereits vorverstorben. Er hat zwei Töchter (T1, Antragstellerin) und (T2). Weitere Kinder hat und hatte C ebenfalls nicht.

Der Erblasser hinterließ eine notarielle letztwillige Verfügung vom UVZ des Notars mit Amtssitz in , eröffnet vom Amtsgericht unter Az. . In diesem Testament setzte er seine drei namentlich benannten Kinder zu je 1/3 Anteilen zu seinen Erben und ersatzweise deren jeweilige (nicht namentlich bestimmte) Abkömmlinge ein.

Weitere Verfügungen von Todes wegen hatte der Erblasser nicht errichtet.

Ein Rechtsstreit über das Erbrecht ist nicht anhängig.

Die Antragstellerin hat die Erbschaft angenommen. Dies folgt aus der heutigen Antragstellung und aus der Tatsache, dass die Ausschlagungsfrist bereits abgelaufen ist. Zudem hat die Schwester der Antragstellerin, , (T2) die Erbschaft nach dem Tod der Erblasserin angenommen.

Erbfolge

Aufgrund des vorgenannten Testaments wurde die Erblasserin damit beerbt von:

a) ihrer Enkelin (T1), zu 1/6 und

b) ihrer Enkelin (T2), zu 1/6.

Weitere Personen, durch die die vorgenannten Erben von der Erbfolge ausgeschlossen würden oder durch die ihre Erbteile gemindert werden würden, sind und waren nicht vorhanden. Weitere sonstige Beteiligte im Sinne des § 345 Abs. 1 FamFG sind dem Antragsteller nicht bekannt.

Eidesstattliche Versicherung

[…]

Antrag

Die Antragstellerin beantragt beim zuständigen Nachlassgericht die Erteilung eines gemeinschaftlichen Teilerbscheins, der folgende Erbfolge ausweist:

 , geb. am , verstorben am , ist beerbt worden von

a) ihrer Enkelin (T1), geb. am , (Antragstellerin), und

b) ihrer Enkelin (T2), geb. am ,

– lit. a) und b) je zu einem Sechstel –.

Vollzugsauftrag, Belehrungen, Hinweise, Schlussbestimmungen

[…]

b) Erläuterungen

aa) Allgemeines

Für den Inhalt eines gewillkürten gemeinschaftlichen Teilerbscheinsantrags gelten zunächst § 352 Abs. 2 i.V.m. Abs. 1 sowie Abs. 3 FamFG. Besonderheit des gemeinschaftlichen Teilerbscheinsantrags ist die Verbindung des Teilerbscheinsantrags mit einem gemeinschaftlichen Erbscheinsantrag. Ergänzend werden daher die Vorgaben des § 352a FamFG analog einzuhalten sein. Ein quotenloser gemeinschaftlicher Teilerbschein ist allerdings nicht zulässig, § 352a Abs. 2 S. 2 FamFG, daher nicht analog anwendbar (s. Rdn 52). 48

Zweckmäßig ist die Erteilung eines gemeinschaftlichen Teilerbscheins vorliegend, da hierdurch eine Grundbuchberichtigung ermöglicht wird. Ausnahmsweise genügt schon die Erteilung eines gemeinschaftlichen Teilerbscheins, der das Erbrecht der Abkömmlinge des vorverstorbenen eingesetzten Erben C bezeugt. Denn die Erbenstellungen von A ($^1/_3$) und B ($^1/_3$) können hier bereits in grundbuchtauglicher Form gemäß § 35 Abs. 1 S. 2 GBO durch Vorlage des notariellen Testaments mit Eröffnungsniederschrift erfolgen. Nur für den Erbnachweis der Abkömmlinge des verstorbenen C, also von T1 und T2, ist daher ein Erbscheinsnachweis – hier in Gestalt eines gemeinschaftlichen Teilerbscheins – gemäß § 35 Abs. 1 S. 1 GBO erforderlich.[74] 49

74 Vgl. zu einem vergleichbaren Sachverhalt KG DNotZ 2021, 195.

bb) Letztwillige Verfügungen (§§ 352 Abs. 2 Nr. 1 und Nr. 2, 352a FamFG)

50 Für diese Angaben gelten keine Besonderheiten zum Erbschein eines Alleinerbens (siehe Rdn 29).

cc) Weitere Angaben (§ 352 Abs. 2 Nr. 3 FamFG)

51 Für den gemeinschaftlichen Teilerbscheinsantrag bei gewillkürter Erbfolge gelten im Übrigen die Regelungen in § 352 Abs. 1 S. 1 Nr. 1, 2 und 6 bis 8 FamFG. Anzugeben ist zudem nach § 352a Abs. 3 S. 1 FamFG analog, wenn der Antrag nicht von allen auszuweisenden Erben gestellt wird, dass die übrigen im gemeinschaftlichen Teilerbschein auszuweisenden Erben die Erbschaft angenommen haben.

52 **Zwingend** anzugeben ist die jeweilige **konkrete Größe der Erbteile** (§ 352 Abs. 1 S. 1 Nr. 8 FamFG). Es ist nach zutreffender herrschender Meinung nicht zulässig, einen quotenlosen gemeinschaftlichen Teilerbschein zu beantragen, auch nicht dergestalt, dass der Bruchteil, über den der Teilerbschein erteilt wird, konkret beziffert wird und nur innerhalb dieses Bruchteils die Zuordnung der Erbteile quotenlose bleibt.[75] Eine solche Kombination aus Erbquoten und quotenlosen Erbscheinen kann für Verwirrung sorgen und soll auch nach dem Gesetzgeberwille nicht zulässig sein.[76] § 352a Abs. 2 S. 2 FamFG gilt hier daher nicht analog.

dd) Bestimmter Antrag

53 Auch ein Antrag auf Erteilung eines gemeinschaftlichen Teilerbscheins muss bestimmt sein. Bei hinreichender Bestimmtheit genügt es aber, dass der Antrag von jedem der betroffenen Erben gestellt wird (§ 352a Abs. 1 S. 2 FamFG analog). Zulässig ist zudem parallel zur Beantragung eines Teilerbscheins, dass ein nicht betroffener Miterbe den Antrag stellt (s. Rdn 44).[77]

ee) Nachweis der Angaben und eidesstattliche Versicherung gem. §§ 352 Abs. 3, 352a Abs. 3 S. 2 und Abs. 4 FamFG

54 Zum Nachweis der Angaben im Erbscheinsantrag gelten die allgemeinen Ausführungen (siehe Rdn 16 ff.). Besonderheiten können sich bei der eidesstattlichen Versicherung des Antragstellers ergeben. Nach § 352a Abs. 4 FamFG analog wären grundsätzlich die Versicherungen sämtlicher betroffener Erben erforderlich. Im Regelfall verzichtet das Nachlassgericht aber auf diese eidesstattlichen Versicherungen der nicht antragstellenden Erben. Es gelten insoweit die gleichen Grundsätze wie bei gemeinschaftlichen Erbscheinen (siehe Rdn 72).

75 BR Drs. 644/14, S. 71; Keidel/*Zimmermann*, FamFG, § 352a Rn 11; BeckOK-FamFG/*Schlögel*, § 352a Rn 2; Burandt/Rojahn/*Gierl*, Erbrecht, § 352a FamFG Rn 12; **a.A.** MüKo-FamFG/*Grziwotz*, § 352a Rn 19.
76 BR Drs. 644/14, S. 71.
77 MüKo-BGB/*Grziwotz*, § 2353 Rn 12.

Bei der Beantragung der Erteilung eines gemeinschaftlichen Teilerbscheins empfiehlt es sich nachdrücklich – wenn möglich –, dass sämtliche Erben, deren Erbrecht bezeugt werden soll, den gemeinschaftlichen Teilerbschein beantragen und die entsprechenden eidesstattlichen Versicherungen abgeben. So werden von vornherein Unklarheiten bei der Antragstellung zur Erteilung eines gemeinschaftlichen Teilerbscheins sowie mögliche Beanstandungen durch das Nachlassgericht vermieden. 55

c) Muster Gemeinschaftlicher Teilerbschein, gewillkürte Erbfolge

56

Muster 2.7: Gemeinschaftlicher Teilerbschein, gewillkürte Erbfolge

Herr/Frau , geb. am ,

verstorben am ,

zuletzt wohnhaft in ,

ist beerbt worden von

Herrn/Frau , geb. am , wohnhaft in , zu (*Erbquote, z.B.:* 1/6) und

Herrn/Frau , geb. am , wohnhaft in , zu (*Erbquote, z.B.:* 1/6).

d) Erläuterungen

Zum Inhalt des gemeinschaftlichen Teilerbscheins ergeben sich keine Besonderheiten zum Teilerbschein (siehe oben Rdn 46). Einziger Unterschied ist, dass das Zeugnis nicht nur einen, sondern mehrere (aber nicht sämtliche) Erben nachweist. 57

4. Mindestteilerbschein

a) Muster Antrag eines Mindestteilerbscheins

58

Muster 2.8: Antrag eines Mindestteilerbscheins

Vor mir, dem Notar mit dem Amtssitz in , erschien heute, am , in meinen Amtsräumen in

Frau ,

geb. am ,

wohnhaft in .

Die Erschienene erklärte:

Sachstand

Am verstarb der Erblasser, Herr , in . Er war geb. am in .

Zum Zeitpunkt seines Todes hatte der Erblasser seinen gewöhnlichen Aufenthalt in Sindelfingen, Deutschland. Er war ausschließlich deutscher Staatsangehöriger.

Der Erblasser war der Ehemann der Antragstellerin, Frau , und mit dieser in erster Ehe verheiratet. Ein Ehevertrag wurde nicht geschlossen, für die Ehe galt also der gesetzliche Güterstand der Zugewinngemeinschaft. Im Zeitpunkt des Todes des Erblassers hatte keiner der Ehegatten einen Antrag auf Scheidung oder Aufhebung der Ehe gestellt.

Eine Verfügung von Todes wegen hat der Erblasser nicht errichtet.

Zum Zeitpunkt der Antragsstellung ist der Erbteil der Antragstellerin noch unbestimmt, da der Erblasser aus der Zeit vor der gemeinsamen Ehe einen unehelichen Sohn, , hat. Aufenthaltsort des unehelichen Sohnes ist während längerer Zeit unbekannt, ohne dass Nachrichten darüber vorliegen, ob er in dieser Zeit noch gelebt hat oder gestorben ist. Zudem bestehen ernstliche Zweifel an seinem Fortleben, weil er sich im Zeitpunkt seines Verschwindens vor über 30 Jahren in einem schlechten Gesundheitszustand befand und drogenabhängig war. Unklar ist daher, ob der uneheliche Sohn noch lebt und die Erbschaft angenommen wurde.

Weitere Abkömmlinge hatte der Erblasser nicht, insbesondere sind aus der gemeinsamen Ehe keine Kinder hervorgegangen.

Die Eltern des Erblassers, , sowie auch sämtliche Großeltern des Erblassers sind ebenfalls bereits vor dem Erblasser verstorben. Geschwister hat und hatte der Erblasser nicht.

Ein Rechtsstreit über das Erbrecht ist nicht anhängig.

Die Antragstellerin hat die Erbschaft angenommen. Dies folgt aus der heutigen Antragstellung und aus der Tatsache, dass die Ausschlagungsfrist bereits abgelaufen ist.

Erbfolge

Damit ist die Antragstellerin aufgrund gesetzlicher Erbfolge nach dem Erblasser mindestens (Mit-) Erbin

zur Hälfte

geworden. Das Erbrecht der Antragstellerin beruht auf ihrer Stellung als Ehegattin des Verstorbenen.

Weitere Personen, durch die die Antragstellerin von der Erbfolge ausgeschlossen oder ihr Erbteil gemindert würde, sind und waren nicht vorhanden. Weitere sonstige Beteiligte im Sinne des § 345 Abs. 1 FamFG sind der Antragstellerin nicht bekannt.

Eidesstattliche Versicherung

[...]

Antrag

Die Antragstellerin beantragt beim zuständigen Nachlassgericht die Erteilung eines Mindestteilerbscheins, der die vorstehend genannte Erbfolge bezeugt, also ausweist, dass der am in verstorbene Erblasser von der Antragstellerin

mindestens zur Hälfte

aufgrund gesetzlicher Erbfolge beerbt worden ist.

Vollzugsauftrag, Belehrungen, Hinweise, Schlussbestimmungen

[...]

b) Erläuterungen

Ein Teilerbschein kann beantragt werden, wenn die Erbquoten feststehen, allerdings – aus 59
welchem Grunde auch immer – nur das Erbrecht eines bestimmten Erben durch den Erbschein bezeugt werden soll. Ein Teilerbschein kann aber auch über ein in der Höhe noch unbestimmtes Erbrecht beantragt werden (sog. **Mindestteilerbschein**). Das ist denkbar, wenn der Erbteil zwar mit einer Mindestgröße feststeht, sich dieser aber noch erhöhen kann (Beispiele: unter Umständen erbt ein gezeugtes, noch nicht geborenes Kind, § 1923 Abs. 2 BGB; Unbestimmtheit in den Fällen des § 2043 Abs. 2 BGB; ein Miterbe kann wegfallen, §§ 1935, 2094 BGB). Dem vorliegenden Muster liegt ein ähnlicher Fall zugrunde. Im Zeitpunkt der Antragstellung ist unklar, ob die Antragstellerin Alleinerbin oder nur hälftige Miterbin geworden ist. Der Sohn als potentieller Erbe ist verschollen (§ 1 VerschG). Bis zur Todeserklärung wird vermutet, dass er lebt (§ 10 VerschG). In der Zwischenphase der Ungewissheit, ob die Antragstellerin Alleinerbin oder Miterbin zu ½ geworden ist, kann der Mindestteilerbschein beantragt werden. Sobald allerdings endgültig klar ist, in welcher Höhe die Erbteile bestehen, ist der Mindestteilerbschein nach § 2361 BGB **einzuziehen**.[78]

78 Vgl. MüKo-FamFG/*Grziwotz*, FamFG, § 352a Rn 17 unter Verweis auf OLG Hamm Rpfleger 1969, 299.

60 Ein solcher Mindestteilerbschein ist rechtlich zulässig und widerspricht insbesondere nicht der Vorschrift des § 2353 Alt. 2 BGB, die eine bestimmte Angabe der Erbteilsgröße verlangt. Erforderlich ist aber, dass die Größe des Erbteils in dem Erbschein so bestimmt angegeben wird, wie es nach Lage des Einzelfalls möglich ist.[79] **Im Erbschein selbst** ist zudem – in Ausnahme vom Grundsatz, dass eine Begründung nicht in den Erbschein gehört – zu **begründen**, weshalb der Erbteil noch unbestimmt ist.[80]

c) Muster Mindestteilerbschein

61 ▼

Muster 2.9: Mindestteilerbschein

Herr/Frau , geb. am ,

verstorben am ,

zuletzt wohnhaft in ,

ist beerbt worden von

Herrn/Frau , geb. am , wohnhaft in , zu mindestens *(Erbquote, z.B.: ½)*.

▲

d) Erläuterungen

62 Zum Zeitpunkt der Erteilung des Erbscheins war der Erbteil noch unbestimmt, da der Erblasser einen weiteren Abkömmling hat oder hatte, der verschollen ist (§ 1 VerschG). Er wurde bislang nicht für tot erklärt. Unklar ist, ob er noch lebt und die Erbschaft angenommen hat.

III. Gemeinschaftlicher Erbschein und quotenloser Erbschein

1. Gesetzliche Erbfolge

a) Muster Antrag eines gemeinschaftlichen Erbscheins aufgrund gesetzlicher Erbfolge

63 ▼

Muster 2.10: Antrag auf Erteilung eines gemeinschaftlichen Erbscheins, gesetzliche Erbfolge

Vor mir, dem Notar mit dem Amtssitz in , erschien heute, am , in meinen Amtsräumen in

79 KG JFG 1, 176 f.; *Deubner*, JuS 1961, 66, 69.
80 *Zimmermann*, Erbschein, Rn 347; MüKo-BGB/*Grziwotz*, § 2353 Rn 10.

Herr ,

geb. am ,

wohnhaft in .

Der Erschienene erklärt:

Sachstand

Am verstarb die Erblasserin, Frau , in . Sie war geb. am in .

Zum Zeitpunkt ihres Todes hatte die Erblasserin ihren gewöhnlichen Aufenthalt in Herrenberg, Deutschland. Sie war ausschließlich deutsche Staatsangehörige.

Die Erblasserin war die Ehefrau des Antragstellers, Herrn , und mit diesem in erster Ehe verheiratet. Ein Ehevertrag wurde nicht geschlossen, für die Ehe galt also der gesetzliche Güterstand der Zugewinngemeinschaft. Im Zeitpunkt des Todes der Erblasserin hatte keiner der Ehegatten einen Antrag auf Scheidung oder Aufhebung der Ehe gestellt.

Aus der Ehe der Erblasserin, sind zwei Kinder hervorgegangen, nämlich die Tochter und der Sohn . Weitere Abkömmlinge hat und hatte die Erblasserin nicht.

Verfügungen von Todes wegen hatte die Erblasserin nicht errichtet, so dass gesetzliche Erbfolge eingetreten ist.

Ein Rechtsstreit über das Erbrecht ist nicht anhängig.

Der Antragsteller hat die Erbschaft angenommen. Dies folgt aus der heutigen Antragstellung und aus der Tatsache, dass die Ausschlagungsfrist bereits abgelaufen ist. Zudem haben die übrigen Erben die Erbschaft nach dem Tod der Erblasserin angenommen.

Erbfolge

Gesetzliche Erben der Erblasserin sind somit geworden:

der überlebende Ehegatte

– zur Hälfte –

die Kinder

a)

b)

– lit. a) und b) **je zu einem Viertel** –

Das Erbrecht des Antragstellers beruht auf seiner Stellung als Ehegatte der Verstorbenen. Das Erbrecht der Kinder auf deren Stellung als Abkömmlinge des Verstorbenen.

Weitere Personen, durch die die vorgenannten Erben von der Erbfolge ausgeschlossen würden oder durch die ihre Erbteile gemindert werden würden, sind und waren nicht vorhanden. Weitere sonstige Beteiligte im Sinne des § 345 Abs. 1 FamFG sind dem Antragsteller nicht bekannt.

Eidesstattliche Versicherung

[…]

Antrag

Der Antragsteller beantragt beim zuständigen Nachlassgericht die Erteilung eines gemeinschaftlichen Erbscheins, der folgende gesetzliche Erbfolge ausweist:

, geb. am , verstorben am , ist beerbt worden von

a) ihrem Ehemann , geb. am , (Antragsteller), zu 1/2

b) ihrer Tochter , geb. am , zu 1/4 und

c) ihrem Sohn , geb. am , zu 1/4.

Vollzugsauftrag, Belehrungen, Hinweise, Schlussbestimmungen

[…]
▲

b) Einzelerläuterungen

aa) Allgemeines

64 Gemeinschaftliche Erbscheine sind die in der notariellen Praxis am häufigsten beantragten Erbnachweise. Hinterlässt der Erblasser mehr als einen Erben, kommt man vielfach nicht umhin, einen gemeinschaftlichen Erbschein zu beantragen. Seit dem 17.8.2015 ist er in § 352a FamFG geregelt, war aber davor schon in § 2357 BGB a.F. fester Bestandteil des Erbscheinverfahrens. Neu ist lediglich die Regelung des § 352a Abs. 2 S. 2 FamFG, wonach ein sog. quotenloser Erbschein zugelassen wurde. Der gemeinschaftliche Erbschein ist nach h.M. **neben dem Teilerbschein** (siehe zum Teilerbschein oben Rdn 40 ff.) zulässig.[81] Ein Miterbe kann daher einen gemeinschaftlichen Erbschein beantragen, obwohl er bereits sein Erbrecht durch Teilerbschein

81 MüKo-FamFG/*Grziwotz*, § 352a Rn 3; Staudinger/*Herzog*, BGB, § 2353 Rn 25; i.Erg. ebenso aber mit krit. Anm. Keidel/*Zimmermann*, FamFG, § 352a Rn 2 a.E.

bezeugen kann. Umgekehrt können Teilerbscheine erteilt werden, obwohl bereits ein gemeinschaftlicher Erbschein vorliegt. Jedenfalls in diesem letztgenannten Fall ist das Rechtsschutzbedürfnis für die Erteilung eines zusätzlichen Teilerbscheins fraglich.[82]

Einen gemeinschaftlichen Erbschein kann schon ein einzelner Miterbe – auch für die anderen Miterben – beantragen (§ 352a Abs. 1 S. 2 FamFG). Rechtsdogmatisch ist darin eine Art **gesetzlicher Verfahrensstandschaft** zu sehen.[83] Der einzelne Erbe benötigt daher zur Erbscheinsbeantragung keine Bevollmächtigung durch die übrigen Erben. Der gemeinschaftliche Erbschein kann sogar gegen den Willen der übrigen Miterben (z.B. aus Kostengründen) beantragt werden.[84] Die Kosten trägt in einem solchen Fall nur der Antragsteller, nicht auch die übrigen, nicht antragstellenden Miterben.[85] Auch im Innenverhältnis müssen die übrigen Miterben für die Kosten des Erbscheinsverfahrens nicht anteilig aufkommen, wenn der Erbschein gegen ihren ausdrücklichen Willen beantragt worden ist.[86] 65

Für den Antrag eines gesetzlichen Erben auf Erteilung eines gemeinschaftlichen Erbscheins gelten – wie sogleich zu zeigen sein wird – die Grundsätze nach § 352 Abs. 1 und 3 FamFG unter besonderer Berücksichtigung der Vorgaben des § 352a FamFG.

bb) Angaben nach § 352 Abs. 1 S. 1 Nr. 1–6 FamFG

Auch im gemeinschaftlichen Erbschein sind die Angaben der § 352 Abs. 1 S. 1 Nr. 1–6 FamFG zu machen. Anzugeben sind also der Todeszeitpunkt des Erblassers (Nr. 1), dessen letzter gewöhnlicher Aufenthalt und dessen Staatsangehörigkeit (Nr. 2), weiter das Verhältnis, auf dem das Erbrecht *sämtlicher* Miterben beruht (Nr. 3) sowie die Tatsachen der Nummern 4–6. 66

cc) Annahme der Erbschaft (§§ 352 Abs. 1 Nr. 7, 352a Abs. 3 S. 1 FamFG)

Darüber hinaus hat der Antragsteller anzugeben, dass er die Erbschaft angenommen hat. In diesem Zusammenhang ist bei gemeinschaftlichen Erbscheinen auf § 352a Abs. 3 S. 1 FamFG zu achten. Danach hat der Antrag, wenn er nicht von allen Miterben gestellt wird, auch Angaben zu enthalten, dass die übrigen Erben die Erbschaft angenommen haben. 67

82 S.a. Keidel/*Zimmermann*, FamFG, § 352a Rn 2 a.E.
83 MüKo-FamFG/*Grziwotz*, § 352a Rn 4; Keidel/*Zimmermann*, FamFG, § 352a Rn 3.
84 Keidel/*Zimmermann*, FamFG, § 352a Rn 3; Staudinger/*Herzog*, BGB; § 2353 Rn 24.
85 BGH ZEV 2021, 25 Rn 15; OLG München ZEV 2023, 755 Rn 13 (jeweils zu den Gerichtskosten nach § 22 Abs. 1 GNotKG).
86 BGH ZEV 2021, 25 Rn 16 ff.

dd) Größe des Erbteils (§ 352 Abs. 1 Nr. 8 FamFG)

68 Wichtig ist bei gemeinschaftlichen Erbscheinen ferner die Angabe der Größe jedes Erbteils. § 352a Abs. 2 S. 1 FamFG präzisiert, dass in dem Antrag die Erben und ihre Erbteile anzugeben sind. Erforderlich ist die Angabe sämtlicher Erben. Es wäre daher unzulässig zu beantragen, dass der Erblasser durch die Erben A, B und C mit zusammen ¾ und zu ¼ durch unbekannte Erben beerbt wurde. Richtig wäre hier die Beantragung eines gemeinschaftlichen Teilerbscheins unter Angabe der konkreten Erbteilsquoten (siehe Rdn 47 ff.).[87] Denkbar ist daneben die Beantragung eines sog. quotenlosen Erbscheins nach § 352a Abs. 2 S. 2 FamFG (siehe Rdn 82 ff.).

ee) Bestimmter Antrag

69 Ebenso wie beim Antrag auf Erteilung eines Erbscheins für einen Alleinerben bedarf es auch beim Antrag auf Erlass eines gemeinschaftlichen Erbscheins einen bestimmten Antrag. Der Antrag kann von jedem der Erben gestellt werden (§ 352a Abs. 1 S. 2 FamFG).

ff) Nachweis durch öffentliche Urkunden, eidesstattliche Versicherung

70 Der Antragsteller hat nach § 352 Abs. 3 FamFG zunächst die allgemeinen und die sich auf ihn beziehenden Angaben nachzuweisen und eidesstattlich zu versichern. Insoweit ändert sich nichts zu den obigen Ausführungen bei Alleinerbscheinen (siehe Rdn 16 ff.). Bei gemeinschaftlichen Erbscheinen hat der Antragsteller aber auch die sich auf die übrigen Erben beziehenden Angaben durch öffentliche Urkunden nachzuweisen und eidesstattlich zu versichern (§ 352a Abs. 3 S. 2 FamFG).

(1) Öffentliche Urkunden

71 Der Antragsteller hat demnach folgende Angaben für sämtliche Miterben durch öffentliche Urkunden nachzuweisen:

- das Verhältnis, auf dem das Erbrecht sämtlicher Miterben beruht (§ 352 Abs. 1 S. 1 Nr. 2 FamFG),
- evtl. Wegfall einer vorrangigen Person (§ 352 Abs. 1 S. 2 FamFG).

Hauptnachweismittel werden auch hier die Personenstandsurkunden nach § 55 PStG sein, insbesondere Eheurkunden (§ 57 PStG), Geburtsurkunden (§ 59 PStG) und Sterbeurkunden (§ 60 PStG). Teilweise verlangen Nachlassgerichte im Rahmen ihrer Amtsermittlungsbefugnisse nach § 26 FamFG die Vorlage von aktuellen, nach dem Tod des Erblassers ausgestellten Personenstandsurkunden. Dadurch soll nachgewiesen werden, dass sich die Verwandtschaftsverhältnisse der gesetzlichen Erben vor dem Tode nicht durch Adoptionen geändert haben (vgl. § 1755 BGB). Zur Anerkennung ausländischer Urkunden siehe oben Rdn 17.

87 MüKo-FamFG/*Grziwotz*, § 352a Rn 4; Keidel/*Zimmermann*, FamFG, § 352a Rn 2.

(2) Eidesstattliche Versicherung

Die übrigen Angaben nach § 352 Abs. 1 FamFG, die sich auf sämtliche Miterben beziehen, sind eidesstattlich zu versichern (§ 352a Abs. 3 S. 2 i.V.m. § 352 Abs. 3 S. 3 FamFG). Zu versichern sind insbesondere 72

- ob ein Rechtsstreit über das Erbrecht eines Miterben anhängig ist (§ 352 Abs. 1 S. 1 Nr. 6 FamFG),
- dass alle Miterben die Erbschaft angenommen haben (§ 352 Abs. 1 S. 1 Nr. 7 FamFG),
- die Größe der Erbteile jedes Miterben (§ 352 Abs. 1 S. 1 Nr. 8 FamFG).

Die eidesstattliche Versicherung hat zunächst der Antragsteller abzugeben. Grundsätzlich ist sie ergänzend von allen Miterben nach § 352a Abs. 4 FamFG zu erklären, sofern nicht das Nachlassgericht die Versicherung eines oder mehrerer Erben für ausreichend hält. Von dieser Ausnahme wird in der Praxis rege Gebrauch gemacht. Nachlassgerichte lassen häufig die eidesstattliche Versicherung nur des Antragstellers ausreichen, wenn durch die Versicherung der weiteren Miterben kein größerer Erkenntnisgewinn zu erwarten ist.[88]

Verzichtet das Nachlassgericht auf die Versicherung sämtlicher Miterben, kann der Antragsteller die **Erbschaftsannahme** der übrigen Miterben eidesstattlich versichern, indem er erklärt, dass ihm eine Ausschlagung innerhalb der Ausschlagungsfrist nicht bekannt ist. Ein weiterer Nachweis wird dann regelmäßig nicht verlangt. Läuft allerdings die Ausschlagungsfrist noch, so kann das Nachlassgericht die Vorlage der Erbschaftsannahmeerklärungen sämtlicher Miterben zum Nachweis der Erbschaftsannahme sämtlicher Miterben verlangen, wenn das Nachlassgericht auf die eidesstattlichen Versicherungen sämtlicher Miterben nach § 352a Abs. 4 FamFG Hs. 2 verzichten soll.[89]

c) Muster gemeinschaftlicher Erbschein

▼ 73

Muster 2.11: Gemeinschaftlicher Erbschein 2.11

Herr ______, geb. am ______,

verstorben am ______,

zuletzt wohnhaft in ______,

ist beerbt worden von

88 BeckOK-FamFG/*Schlögel*, § 352a Rn 6; Keidel/*Zimmermann*, FamFG, § 352a Rn 9; Bumiller/Harders/Schwamb/*Harders*, FamFG, § 352a Rn 8.

89 Keidel/*Zimmermann*, FamFG, § 352a Rn 8; Bumiller/Harders/Schwamb/*Harders*, FamFG, § 352a Rn 7; Burandt/Rojahn/*Gierl*, Erbrecht, § 352a FamFG Rn 14; Grüneberg/*Weidlich*, § 2353 Rn 60.

seiner Ehefrau ,	geb. am ,	wohnhaft in ,	zu ½,
seinem Sohn ,	geb. am ,	wohnhaft in ,	zu ¼ und
seiner Tochter ,	geb. am ,	wohnhaft in ,	zu ¼.

▲

d) Erläuterungen

74 Der gemeinschaftliche Erbschein enthält Angaben zum Erblasser, zu sämtlichen Erben sowie zu deren jeweiligen Erbquoten. Weitere Angaben sind nicht erforderlich. Es gelten für gemeinschaftliche Erbscheine im Übrigen die gleichen Grundsätze wie für die Erteilung von Erbscheinen zur Bezeugung einer Alleinerbschaft. Insoweit wird auf die obigen Ausführungen verwiesen (Rdn 24 f.).

2. Gewillkürte Erbfolge

a) Muster Antrag eines gemeinschaftlichen Erbscheins aufgrund gewillkürter Erbfolge

75 ▼

Muster 2.12: Antrag auf Erteilung eines gemeinschaftlichen Erbscheins, gewillkürte Erbfolge

Vor mir, dem Notar mit dem Amtssitz in , erschien heute, am , in meinen Amtsräumen in

Herr ,

geb. am ,

wohnhaft in .

Der Erschienene erklärt:

Sachstand

Am verstarb die Erblasserin, Frau , in . Sie war geb. am in .

Zum Zeitpunkt ihres Todes hatte die Erblasserin ihren gewöhnlichen Aufenthalt in Freiburg, Deutschland. Sie war ausschließlich deutsche Staatsangehörige.

Die Erblasserin starb verwitwet und hat drei Kinder hinterlassen, nämlich (Antragsteller), und . Weitere Abkömmlinge hat und hatte die Erblasserin nicht.

Die Erblasserin hinterließ eine letztwillige Verfügung vom (eigenhändig verfasstes Einzeltestament), eröffnet vom Amtsgericht unter Az. . In diesem Testament hat sie ihre drei Kinder, also den Antragsteller sowie die Tochter und den Sohn zu gleichen Teilen als Erben eingesetzt.

Weitere Verfügungen von Todes wegen hatte die Erblasserin nicht errichtet.

Ein Rechtsstreit über das Erbrecht ist nicht anhängig.

Der Antragsteller hat die Erbschaft angenommen. Dies folgt aus der heutigen Antragstellung und aus der Tatsache, dass die Ausschlagungsfrist bereits abgelaufen ist. Zudem haben die übrigen Erben die Erbschaft nach dem Tod der Erblasserin angenommen.

Erbfolge

Aufgrund des vorgenannten Testaments sind damit Erben der Erblasserin deren drei Kinder

a)

b)

c)

– lit. a), b) und c) **je zu einem Drittel** –

geworden.

Weitere Personen, durch die die vorgenannten Erben von der Erbfolge ausgeschlossen würden oder durch die ihre Erbteile gemindert werden würden, sind und waren nicht vorhanden. Weitere sonstige Beteiligte im Sinne des § 345 Abs. 1 FamFG sind dem Antragsteller nicht bekannt.

Eidesstattliche Versicherung

[…]

Antrag

Der Antragsteller beantragt beim zuständigen Nachlassgericht die Erteilung eines gemeinschaftlichen Erbscheins, der folgende Erbfolge ausweist:

, geb. am , verstorben am , ist beerbt worden von

a) ihrem Sohn , geb. am , (Antragsteller),

b) ihrer Tochter , geb. am , und

c) ihrem Sohn , geb. am ,

– lit. a), b) und c) **je zu einem Drittel** –.

Vollzugsauftrag, Belehrungen, Hinweise, Schlussbestimmungen

[…]

▲

b) Einzelerläuterungen

76 Für den Inhalt eines gemeinschaftlichen Erbscheinsantrags (§ 352a FamFG) aufgrund gewillkürter Erbfolge gelten § 352 Abs. 2 i.V.m. Abs. 1 sowie Abs. 3 i.V.m. § 352a FamFG.

aa) Letztwillige Verfügungen (§§ 352 Abs. 2 Nr. 1 und Nr. 2, 352a FamFG)

77 Im Erbscheinsantrag ist die Verfügung von Todes wegen zu benennen, auf der das beanspruchte Erbrecht aller Miterben beruht (§ 352 Abs. 2 Nr. 1 FamFG). Sofern der Erblasser noch weitere Verfügungen von Todes wegen errichtet hat, so sind auch diese im Erbscheinsantrag anzugeben (§ 352 Abs. 2 Nr. 2 FamFG). Es gelten insoweit keine Besonderheiten zum Erbschein eines Alleinerbens (siehe Rdn 29).

bb) Weitere Angaben (§ 352 Abs. 2 Nr. 3 FamFG)

78 Für den Erbscheinsantrag bei gewillkürter Erbfolge gelten im Übrigen die Regelungen in § 352 Abs. 1 S. 1 Nr. 1, 2 und 6 bis 8 FamFG. Es handelt sich im Einzelnen um Angaben zu Erblasser, Todeszeitpunkt, letztem gewöhnlichen Aufenthalt, Staatsangehörigkeit sowie die Erklärungen über die Anhängigkeit eines Rechtsstreits, die Annahme der Erbschaft und die Angabe der Größe der Erbteile. Insoweit ergeben sich keine Unterschiede zum Antrag eines gemeinschaftlichen Erbscheins aufgrund gesetzlicher Erbfolge (siehe Rdn 30). Wichtig ist des Weiteren nach § 352a Abs. 3 S. 1 FamFG bei gemeinschaftlichen Erbscheinen im Antrag, der nicht von allen Miterben gestellt wird, anzugeben, dass die übrigen Erben die Erbschaft angenommen haben.

cc) Bestimmter Antrag

79 Ebenso wie beim Antrag aufgrund gesetzlicher Erbfolge bedarf es auch beim Erbscheinsantrag aufgrund einer Verfügung von Todes wegen eines bestimmten Antrags. Auch hier kann der Antrag von jedem der Erben gestellt werden (§ 352a Abs. 1 S. 2 FamFG).

dd) Nachweis der Angaben und eidesstattliche Versicherung gem. §§ 352 Abs. 3, 352a Abs. 3 S. 2 und Abs. 4 FamFG

Der Antragsteller hat die Angaben zum Todeszeitpunkt (§ 352 Abs. 1 Nr. 1 FamFG) 80
sowie zum Wegfall etwaiger in der Erbfolge vorrangiger Personen (§ 352 Abs. 1 S. 2 FamFG) gemäß § 352 Abs. 3 S. 1 FamFG durch öffentliche Urkunden nachzuweisen. Der Nachweis ist beim gemeinschaftlichen Erbschein für die Erbfolge sämtlicher Miterben zu erbringen. Beim Erbscheinsantrag aufgrund gewillkürter Erbfolge ist ferner die Verfügung von Todes wegen vorzulegen, auf der das jeweilige Erbrecht sämtlicher Miterben beruht (§ 352 Abs. 3 S. 1 FamFG). Zur eidesstattlichen Versicherung des Antragstellers bei gemeinschaftlichen Erbscheinen gelten die gleichen Grundsätze wie bei gemeinschaftlichen Erbscheinen aufgrund gesetzlicher Erbfolge (siehe Rdn 72).

c) Gemeinschaftlicher Erbschein bei gewillkürter Erbfolge

Der Inhalt des gemeinschaftlichen Erbscheins unterscheidet sich bei der gewillkürten 81
Erbfolge nicht vom dem bei gesetzlicher Erbfolge. Daher kann auf die Ausführungen in Rdn 73 f. verwiesen werden.

3. Quotenloser Erbschein (§ 352a Abs. 2 S. 2 FamFG)

a) Muster Antrag eines quotenlosen Erbscheins

▼ 82

Muster 2.13: Antrag auf Erteilung eines quotenlosen Erbscheins

Vor mir, dem Notar mit dem Amtssitz in , erschien heute, am , in 2.13
meinen Amtsräumen in

Herr ,

geb. am ,

wohnhaft in .

Der Erschienene erklärt:

Sachstand

Am verstarb die Erblasserin, Frau , in . Sie war geb. am in .

Zum Zeitpunkt ihres Todes hatte die Erblasserin ihren gewöhnlichen Aufenthalt in Freiburg im Breisgau, Deutschland. Sie war ausschließlich deutsche Staatsangehörige.

Die Erblasserin starb ledig und hatte keine Kinder.

Die Erblasserin hinterließ eine letztwillige Verfügung vom (eigenhändig verfasstes Einzeltestament), eröffnet vom Amtsgericht unter Az. . In diesem Testament hat sie den Antragsteller als ihren Bruder zum „Erben" ihrer zwei Eigentumswohnungen, ihre Schwester zur „Erbin" ihrer landwirtschaftlichen Grundstücke sowie ihres Wohnhauses und ihre zweite Schwester zur „Erbin" ihres Geldvermögens eingesetzt. Diese verteilten Gegenstände waren im Wesentlichen das Gesamtvermögen der Erblasserin. Diese Verfügungen enthalten daher in Abweichung von § 2087 Abs. 2 BGB auch Erbeinsetzungen.

Weitere Verfügungen von Todes wegen hatte die Erblasserin nicht errichtet.

Ein Rechtsstreit über das Erbrecht ist nicht anhängig.

Der Antragsteller hat die Erbschaft angenommen. Dies folgt aus der heutigen Antragstellung und aus der Tatsache, dass die Ausschlagungsfrist bereits abgelaufen ist. Zudem haben die übrigen Erben die Erbschaft nach dem Tod der Erblasserin angenommen.

Erbfolge

Aufgrund des vorgenannten Testaments sind damit Erben der Erblasserin deren drei Geschwister

a)

b)

c)

geworden.

Weitere Personen, durch die die vorgenannten Erben von der Erbfolge ausgeschlossen würden oder durch die ihre Erbteile gemindert werden würden, sind und waren nicht vorhanden. Weitere sonstige Beteiligte im Sinne des § 345 Abs. 1 FamFG sind dem Antragsteller nicht bekannt.

Verzichtserklärung

Wegen der Schwierigkeiten und der Kosten der Bewertung der o.g. Immobilien, verzichten sämtliche Miterben auf die Angabe der Erbteile im Erbschein. Hiermit erklärt der Antragsteller seinen Verzicht gegenüber dem Nachlassgericht. Die übrigen Miterben werden in gesonderten Erklärungen den Verzicht gegenüber dem Nachlassgericht kundtun.

Eidesstattliche Versicherung

[…]

Antrag

Der Antragsteller beantragt beim zuständigen Nachlassgericht die Erteilung eines gemeinschaftlichen Erbscheins, der folgende Erbfolge ohne Angabe der Erbteile ausweist:

, geb. am , verstorben am , ist beerbt worden von

a) ihrem Bruder , geb. am , (Antragsteller),

b) ihrer Schwester , geb. am , und

c) ihrer Schwester , geb. am .

Vollzugsauftrag, Belehrungen, Hinweise, Schlussbestimmungen

[...]

▲

b) Einzelerläuterungen

aa) Allgemeines

Eine echte Neuerung durch die Änderung des Erbscheinsverfahrensrechts zum 17.8.2015 **83** ist die ausdrückliche gesetzliche Zulassung eines quotenlosen Erbscheins. Nach **§ 352a Abs. 2 S. 2 FamFG** ist bei gemeinschaftlichen Erbscheinen die Angabe der Erbteile nicht erforderlich, wenn alle Antragsteller in dem Antrag auf die Aufnahme der Erbteile in den Erbschein verzichten. Dieses Privileg eines quotenlosen Erbscheins gilt nur bei gemeinschaftlichen Erbscheinen, nicht dagegen bei (gemeinschaftlichen) **Teil**erbscheinen (s. Rdn 52).

Mit dieser neuen Möglichkeit begegnet der Gesetzgeber sichtbar gewordenen praktischen Problemen. Juristische Laien denken hin und wieder beim Abfassen eines Testaments nicht an Erbquoten, sondern an Gegenstände, die sie „vererben" wollen. Im Zweifel ist nach § 2087 Abs. 2 BGB nicht anzunehmen, dass durch die Zuwendung einzelner Gegenstände eine Erbeinsetzung erfolgt. Etwas anderes gilt aber, wenn die verteilten Gegenstände sein gesamtes Vermögen ausmachen, da nicht angenommen werden kann, dass der Erblasser überhaupt keinen Erben berufen wollte.[90] „Vererbt" etwa ein Erblasser testamentarisch seinen drei Kindern unterschiedliche Immobilien und Nachlassgegenstände, die sein gesamtes Vermögen ausmachen, ist vielfach unklar, welchen Wert die einzelnen Gegenstände haben und in welchem quotalen Verhältnis jedes Kind daher Miterbe werden soll. Bevor ein gemeinschaftlicher Erbschein mit den richtigen Quoten erteilt werden kann, müssen zeit- und kostenaufwendig die Werte der zugewendeten Gegen-

90 BGH DNotZ 1972, 500; OLG Hamm ZEV 2023, 158 Rn 14; OLG Düsseldorf ZEV 2017, 143 Rn 17; Grüneberg/*Weidlich*, BGB, § 2087 Rn 3 ff.

stände – z.B. durch Sachverständigengutachten – ermittelt und in Verhältnis zueinander gesetzt werden. Es hilft auch wenig, wenn sich die Erben einvernehmlich auf eine Quote einigen, wenn das Nachlassgericht sich auf den Amtsermittlungsgrundsatz beruft (§ 26 FamFG) und richtigerweise darauf beharrt, dass die Erbquoten einer Einigung nicht zugänglich sind und stattdessen eine Bewertung verlangt.[91] Nach alter Rechtslage wurde in solchen Fällen ein vorläufiger gemeinschaftlicher Erbschein ohne Quoten zugelassen.[92] Er musste dann aber nach Ermittlung der Quoten wieder eingezogen werden.[93]

bb) Echte Wahlmöglichkeit zwischen Erbschein mit oder ohne Quoten

84 Die Neuregelung lässt den quotenlosen Erbschein zu und löst damit das Institut des vorläufigen Erbscheins weitgehend ab. Die Erben haben nach neuer Rechtslage die **freie Entscheidungsmöglichkeit**, ob sie einen Erbschein mit oder ohne Quoten beantragen. Der quotenlose Erbschein ist daher auch zulässig, wenn die Ermittlung der Quoten keine Schwierigkeiten bereitet.[94]

Das **OLG Celle** sieht das, in einer vereinzelt gebliebenen Ansicht, allerdings anders.[95] Nach dem Sinn und Zweck des § 352a Abs. 2 S. 2 FamFG solle ein quotenloser Erbschein nicht erteilt werden dürfen, „wenn der Erblasser eindeutige und zweifelsfreie Bestimmungen zu den Erbquoten getroffen hat, die ohne Weiteres in den Erbscheinsantrag übernommen werden können, und kein Grund vorliegt, von den Angaben der Erbquoten abzusehen."[96] Diese Ansicht widerspricht allerdings dem klaren Wortlaut, der keine solche Einschränkung vorsieht.[97] Im Übrigen sind keine Gründe ersichtlich, weshalb im Wege der teleologischen Reduktion der Tatbestand durch solche unklaren, mit Rechtsunsicherheiten verbundenen Merkmale eingeschränkt werden soll. Im Gegenteil spricht das Telos für die freie Wahlmöglichkeit, da durch die Einführung des § 352a Abs. 2 S. 2 FamFG die zügige Erteilung von Erbscheinen erreicht werden sollte.[98] Die Prüfung eines unklaren ungeschriebenen Tatbestandsmerkmals würde die zügige Erbscheinerteilung beeinträchtigen. Die Ansicht des OLG Celle überzeugt folglich nicht und hat daher auch zu Recht keine Unterstützung in der Literatur erfahren.[99]

91 Vgl. Keidel/*Zimmermann*, FamFG, § 352a Rn 10.
92 OLG Düsseldorf DNotZ 1978, 683; OLG Köln Rpfleger 1992, 391; *Lange/Kuchinke*, Erbrecht, § 39 IV 2.; Keidel/*Zimmermann*, FamFG, § 352a Rn 10.
93 KGJ 42, A 128; *Lange/Kuchinke*, Erbrecht, § 39 IV 2.; Keidel/*Zimmermann*, FamFG, § 352a Rn 10.
94 *Grziwotz*, FamRZ 2016, 417, 420; *Zimmermann*, ZEV 2015, 520, 521; Keidel/*Zimmermann*, FamFG, § 352a Rn 11; krit. BR-Drucks 644/14, S. 71.
95 OLG Celle ZEV 2024, 42; abl. BeckOK-FamFG/*Schlögel*, § 352a Rn 2; *Keim*, ZEV 2024, 43; *Lamberz*, ErbR 2024, 206; *Rottmann*, ZEV 2024, 286 (289).
96 OLG Celle ZEV 2024, 42 (43).
97 So u.a. auch BeckOK-FamFG/*Schlögel*, § 352a Rn 2; *Keim*, ZEV 2024, 43.
98 BT-Drucks 644/14, 70 f.; *Rottmann*, ZEV 2024, 286 (289).
99 S. aber *Roth*, NJW-Spezial 2023, 711, der die Entscheidung des OLG Celle nicht ausdrücklich ablehnt.

Ein erlassener quotenloser Erbschein kann nicht nachträglich nach § 2361 BGB eingezogen werden.[100] Er ist weder verfahrensfehlerhaft ergangen noch materiell-unrichtig.[101] Zudem darf kein zweiter Erbschein mit Quoten erteilt werden. Möglich bleibt nur die Ergänzung des quotenlosen Erbscheins um die Quoten (Rdn 94 ff.).

Im Übrigen hat die Angabe der Quote **in der Regel nur interne Bedeutung** für die Miterben bei der Erbauseinandersetzung. Für die Verwaltung des Nachlasses und Verfügungen über Nachlassgegenstände sind nämlich ungeachtet der Erbquote grundsätzlich nur alle Erben gemeinschaftlich befugt (§§ 2038 Abs. 1, 2040 BGB). Für den Rechtsverkehr spielt die Quote daher häufig nur untergeordnete Rolle. So ist etwa der quotenlose Erbschein zur **Berichtigung eines Grundbuchs** nach einem Erbfall zweckdienlich. Im Grundbuch werden nach § 47 Abs. 1 GBO die Erbquoten nicht angegeben, sodass die Vorlage eines quotenlosen Erbscheins genügt. Anders ist es zwar für **Finanzämter**, für die die Vermutung des § 2365 BGB gilt und die daher regelmäßig von der Richtigkeit des Erbscheins und der Quoten auszugehen haben.[102] Wird aber ein quotenloser Erbschein vorgelegt, so können die Finanzämter keine Vorlage von Erbscheinen mit Quotenangaben verlangen. Die Finanzämter haben in einem solchen Fall selbst die Erbquoten zu ermitteln.[103] 85

cc) Inhalt des Erbscheinsantrags

Der quotenlose Erbschein hat die in §§ 352, 352a FamFG für gemeinschaftliche Erbscheine aufgrund gewillkürter Erbfolge vorgeschriebenen Angaben zu enthalten (siehe zu den Anforderungen oben Rdn 76 ff.). Naturgemäß werden im Erbscheinsantrag hier keine Quoten ausgewiesen, sondern ein Erbschein ohne Quoten beantragt. 86

Des Weiteren sind keine Besonderheiten beim Nachweis oder der eidesstattlichen Versicherung des Antragsstellers und der Miterben nach § 352a Abs. 4 FamFG zu beachten. Es gilt das oben Gesagte (Rdn 80).

dd) Antrag durch einen Erben und Verzicht auf Quotenaufnahme

Wie jeder gemeinschaftliche Erbschein kann auch der quotenlose Erbschein nach § 352 Abs. 1 S. 2 FamFG von jedem der Erben auch für die anderen beantragt werden. Damit ist aber nicht gesagt, dass er auch ohne Mitwirkung der übrigen Erben die Erteilung des Erbscheins ohne Quoten erreichen kann. 87

100 OLG Frankfurt ErbR 2022, 632 (634); Keidel/*Zimmermann*, FamFG, § 352a Rn 14; *Zimmermann*, ZEV 2015, 520 (521); BeckOK-FamFG/*Schlögel*, § 352a Rn 4; Burandt/Rojahn/*Gierl*, Erbrecht, § 352a FamFG Rn 11; Müko-FamFG/*Grziwotz*, § 352a Rn 20; *Rohr*, RNotZ 2023, 179 (191); a.A. *Rottmann*, ZEV 2024, 286 (290).

101 Burandt/Rojahn/*Gierl*, Erbrecht, § 352a FamFG Rn 11.

102 BFH BStBl III 1962, 444; Keidel/*Zimmermann*, FamFG, § 352a Rn 21.

103 Keidel/*Zimmermann*, FamFG, § 352a Rn 21.

(1) Verzichtserklärung durch alle Erben

88 Nach dem Wortlaut des § 352a Abs. 2 S. 2 FamFG müssen *„alle Antragsteller"* in dem Antrag auf die Aufnahme der Erbteile in den Erbschein verzichten. Unklar ist, ob man sich streng an diesem Wortlaut zu orientieren hat, sodass die Verzichtserklärungen aller *„Antragsteller"* genügen, oder ob neben den Antragstellern auch alle (nichtantragstellenden) *„Miterben"* den Verzicht erklären müssen.

Nach einer im Vordringen befindlichen Ansicht soll nur die Verzichtserklärungen der Antragsteller, nicht aber sämtlicher Erben erforderlich sein.[104] Für diese Auffassung wird zunächst der klare Wortlaut, der von „Antragstellern" und nicht „Erben" spricht, angeführt.[105] Zudem spreche der Sinn und Zweck sowie der Wille des Gesetzgebers, durch den quotenlosen Erbschein eine zügige Erbscheinerteilung zu gewähren, für das Abstellen nur auf die Antragsteller.[106] Die übrigen Miterben hätten sonst, so die Befürchtung, eine Blockademöglichkeit.[107]

Die andere Meinung geht demgegenüber davon aus, dass der Verzicht auf die Erbquoten von sämtlichen Miterben erklärt werden muss.[108] Wenn ein quotenloser Erbschein erteilt wurde, obwohl nicht alle Miterben ihren Verzicht erklärt haben, sei der quotenlose Erbschein einzuziehen.[109] Es solle nach dieser Auffassung auch nicht genügen, dass der Antragsteller angibt, sämtliche Miterben hätten den Verzicht erklärt und sodann eidesstattlich versichert, dass ihm nichts bekannt ist, was der Richtigkeit seiner Angaben entgegensteht. Denn die Tragweite des Verzichts auf die Quoten ist von solcher Bedeutung, dass die Versicherung des Antragstellers die tatsächliche Verzichtserklärung der Miterben nicht ersetzen kann.[110]

89 Obwohl der Wortlaut eindeutig scheint, überzeugt die zweitgenannte Ansicht, die die Verzichtserklärungen sämtlicher Miterben verlangt. Andernfalls könnte einem Miterben seine Miterbenstellung aufoktroyiert werden, ohne ihm mitzuteilen, in welcher Höhe er an dem Nachlass beteiligt ist. Insoweit unterscheidet sich die Sachlage fundamental von der Erteilung eines Quotenerbscheins nur durch einen der Miterben nach § 352a Abs. 1 S. 2 FamFG. Hier ist das Nachlassgericht nämlich angehalten, detailliert zu prüfen, ob und in welcher Höhe die Erbenstellung besteht. Zudem über-

104 OLG Düsseldorf ZEV 2020, 167; OLG Hamm ZEV 2023, 158; BeckOGK-BGB/*Fröhler*, § 2353 Rn 388 ff.; Bumiller/Harders/Schwamb/*Harders*, FamFG, § 352a Rn 5; *Kollmeyer*, NJW 2021, 1136; *Egidy/Volmer*, Rpfleger 2015, 433 (435); *Rohr*, DNotZ 2023, 179 (187 ff.); *Rottmann*, ZEV 2024, 286 (287 ff.); *Strähuber*, MittBayNot 2021, 56.

105 Vgl. OLG Hamm ZEV 2023, 158; *Rohr*, DNotZ 2023, 179 (187).

106 *Rottmann*, ZEV 2024, 286 (287 ff.); *Rohr*, DNotZ 2023, 179 (188 ff.).

107 *Rohr*, DNotZ 2023, 179 (190 f.).

108 OLG München ZEV 2020, 166; OLG Bremen NJW 2021, 1171; OLG Frankfurt ErbR 2022, 632 (634); MüKo-FamFG/*Grziwotz*, § 352a Rn 18; Haußleiter/*Schemmann*, FamFG, § 352a Rn 5; BeckOK-FamFG/*Schlögel*, § 352a Rn 3; Prütting/Helms/*Zorn*, FamFG, § 352a Rn 26; *Zimmermann*, ZEV 2020, 170.

109 OLG Frankfurt ErbR 2022, 632.

110 Keidel/*Zimmermann*, FamFG, § 352a Rn 14.

zeugt die wiederholt bemühte Argumentation der Beschleunigung des Erbscheinerteilungsverfahrens nicht. Zum einen können die Verzichtserklärungen der Miterben ohne formale Hürden gegenüber dem Nachlassgericht abgegeben werden (s. Rdn 91). Die Einholung der Verzichtserklärungen dürfte daher bei Einvernehmen unter den Miterben das Verfahren nicht übermäßig verlängern. Zum anderen droht bei Uneinigkeit ohnehin der Widerspruch mit der Folge der Aussetzung des Verfahrens nach § 352e Abs. 2 S. 2 FamFG. Die vielbeschworene Beschleunigung wird dann nicht erreicht. Qualitativ zeitigt überdies ein quotenloser Erbschein für einen Miterben, der meint, durch die Zuwendung eines einzelnen Gegenstandes überhaupt nicht Erbe, sondern nur Vermächtnisnehmer geworden zu sein, erhebliche Rechtsfolgen (vgl. etwa §§ 1967 ff., §§ 2058 ff. BGB). Ohne ihm eine konkrete Erbquote zuzuteilen, wird man schwer argumentieren können, weshalb ihm gegen seinen Willen die Erbenstellung aufgezwängt werden soll.[111] Insbesondere im Verhältnis zum Finanzamt und einer möglichen Erbschaftssteuerverpflichtung kann es dem betroffenen Erben daran gelegen sein, mit der Ausweisung als Miterbe zugleich auch seine Erbquote zu kennen.

Da die Streitfrage bislang allerdings nicht höchstrichterlich geklärt ist und beide Sichtweisen gute Argumente kennen, empfiehlt sich für die Praxis, die Verzichtserklärungen sämtlicher Miterben für die Erteilung eines quotenlosen Erbscheins einzuholen.

(2) Rechtsnatur und Form der Verzichtserklärung

Wiewohl sämtliche Erben den Verzicht auf Aufnahme der Quoten zu erklären haben, ist **90** es nicht erforderlich, den Verzicht zeitgleich mit der Antragsstellung kundzutun.[112] Die Formulierung in § 352a Abs. 2 S. 2 FamFG, dass „in dem Antrag" verzichtet werden muss, gilt nur für die Verzichtserklärungen der Antragsteller. Die übrigen Erben können den Verzicht gegenüber dem Nachlassgericht auch noch nach Antragstellung abgegeben. Die Verzichtserklärung ist eine **einseitige empfangsbedürftige Verfahrenserklärung**, die gegenüber dem Nachlassgericht abzugeben ist. Bis zur Erteilung des Erbscheins ist die Verzichtserklärung **widerruflich**.[113]

Die Erklärung des Verzichts ist an sich formlos möglich. Er muss aber **ausdrücklich** **91** gegenüber dem Nachlassgericht erklärt werden.[114] Die Erben können ihn dabei insbesondere schriftlich oder zur Niederschrift der Geschäftsstelle des zuständigen Nachlassgerichts abgeben (§ 25 Abs. 1 FamFG). Sinnvoll kann es zudem sein, die Erklärung analog § 23 Abs. 1 S. 5 FamFG zu unterschreiben.[115]

111 A.A. explizit *Rohr*, DNotZ 2023, 179 (191).
112 OLG München ZEV 2020, 166; Keidel/*Zimmermann*, FamFG, § 352a Rn 13.
113 OLG München ZErb 2020, 255; Haußleiter/*Schemmann*, FamFG, § 352a Rn 5; Keidel/*Zimmermann*, FamFG, § 352a Rn 13.
114 OLG München ZEV 2020, 166.
115 Wie hier Haußleiter/*Schemmann*, FamFG, § 352a Rn 5.

c) Muster quotenloser Erbschein

92 ▼

Muster 2.14: Quotenloser Erbschein

Herr , geb. am ,

verstorben am ,

zuletzt wohnhaft in ,

ist beerbt worden von

seiner Ehefrau , geb. am , wohnhaft in ,

seinem Sohn , geb. am , wohnhaft in , und

seiner Tochter , geb. am , wohnhaft in .

▲

93 Der quotenlose gemeinschaftliche Erbschein ist ebenso wie der gemeinschaftliche Erbschein mit Quoten inhaltlich ausgestaltet, freilich ohne Angabe der Erbteile.

d) Ergänzung der Erbquoten

aa) Muster Antrag Ergänzung der Erbquoten

94 ▼

Muster 2.15: Antrag auf Ergänzung eines quotenlosen Erbscheins

Vor mir, dem Notar mit dem Amtssitz in , erschien heute, am , in meinen Amtsräumen in

Herr ,

geb. am ,

wohnhaft in .

Der Erschienene erklärt:

Sachstand

Am verstarb meine Schwester, die Erblasserin, Frau , in . Sie war geb. am in .

Zum Zeitpunkt ihres Todes hatte die Erblasserin ihren gewöhnlichen Aufenthalt in Heidelberg, Deutschland.

Das Amtsgericht hat am unter dem Az. den quotenlosen Erbschein nach der Erblasserin erteilt. Es wurden drei Ausfertigungen erteilt. Sie sind in der Anlage zu diesem Antrag beigefügt.

Antrag

Der Antragsteller beantragt beim zuständigen Nachlassgericht die Ergänzung des erteilten Erbscheins um die Erbteile. Nach Ermittlung der Werte des Immobiliarvermögens ergeben sich folgende Erbquoten:

Erben sind

a) der Bruder ,	geb. am ,	(Antragsteller),	zu $\frac{1}{3}$,
b) die Schwester ,	geb. am ,		zu $\frac{1}{6}$ und
c) die Schwester ,	geb. am		zu $\frac{1}{2}$.

Diesem Antrag sind beigefügt:

- Kopien der Wertgutachten eines vereidigten Sachverständigen
- Kontoauszüge der Konten der Erblasserin, die diese zum Zeitpunkt ihres Todes hatte, mit dem Kontostand zum Zeitpunkt des Erbfalls.

Die weiteren Erben sind mit der Ergänzung des erteilten Erbscheins entsprechend der vorstehenden Erbteile einverstanden.

Eidesstattliche Versicherung

[...]

Vollzugsauftrag, Belehrungen, Hinweise, Schlussbestimmungen

[...]

▲

Anmerkung: Muster in Anlehnung an *Grziwotz*.[116]

bb) Unzulässigkeit der Erteilung eines zweiten Erbscheins mit Quoten

Die Erben haben – wie gesehen – die Wahlmöglichkeit, ob sie einen Erbschein mit oder 95
ohne Quote beantragen. Sofern sie sich für den quotenlosen Erbschein entscheiden, können sie später nicht einen weiteren Antrag auf Erteilung eines Erbscheins nunmehr mit Quoten stellen. Denn Verfahrensgegenstand des Erteilungsverfahrens ist der Erbfall. Mit der Erteilung des quotenlosen Erbscheins, der alleine wegen fehlender Angaben der Erbteile nicht nach § 2361 BGB eingezogen werden kann, ist das Verfahren demnach abgeschlossen.[117]

116 *Grziwotz*, notar 2016, 353, 357.
117 Keidel/*Zimmermann*, FamFG, § 352a Rn 16; Müko-FamFG/*Grziwotz*, § 352a Rn 20.

cc) Inhalt des Ergänzungsantrags

96 Möglich ist allerdings die Ergänzung des quotenlosen Erbscheins um die Erbteile. Im FamFG ist die Ergänzung nicht vorgesehen. Ein entsprechender Ergänzungsantrag ist nach allgemeiner Meinung aber statthaft.[118] Der Antrag kann nach § 352a Abs. 1 S. 2 FamFG von jedem Erben gestellt werden und hat in Ansehung der Ergänzungen den Anforderungen der §§ 352 f. FamFG zu entsprechen. Es sind nach § 352 Abs. 1 S. 1 Nr. 8, Abs. 2 Nr. 3, § 352a Abs. 2 S. 1 FamFG analog naturgemäß die Erbquoten anzugeben. Hinsichtlich dieser Angaben ist nach § 352 Abs. 3 S. 3 FamFG eine weitere eidesstattliche Versicherung erforderlich.[119] Grundsätzlich ist die eidesstattliche Versicherung nach § 352a Abs. 4 FamFG analog von allen Erben abzugeben. Häufig lässt das Nachlassgericht aber die Versicherung nur eines oder mehrerer Erben ausreichen. Es empfiehlt sich daher, die Erklärung in den Ergänzungsantrag aufzunehmen, dass die übrigen Miterben mit der Ergänzung entsprechend der vorgetragenen Quoten einverstanden sind. Das Nachlassgericht ist an diese Erklärung aber nicht gebunden und kann daher auch die Versicherungen der übrigen Miterben verlangen.

dd) Kosten

97 Für die Ergänzung fallen **keine Gerichtsgebühren** an, da das GNotKG keinen Gebührentatbestand zur Ergänzung von Erbscheinen kennt. Die Ergänzung ist bereits mit der Verfahrensgebühr nach Nr. 12210 KV GNotKG abgegolten. **Auslagen** sind aber zu erheben.

98 **Notarkosten** fallen für die Beurkundung der eidesstattlichen Versicherung auch bei der Ergänzung an. Sie sind aber anders als bei der erstmaligen Erteilung des Erbscheins (§ 40 GNotKG) nicht aus dem vollen Wert des Nachlasses zum Zeitpunkt des Erbfalls, sondern aus einem Teilwert von 20–50 Prozent dieses Wertes anzusetzen.[120]

C. Einsetzung eines Nacherben

I. Vorbemerkung

99 Ist Vor- und Nacherbfolge angeordnet, so wird der Erblasser im Wege einer sukzessiven Erbfolge zunächst vom Vorerben und nach Eintritt des Nacherbfalls vom Nacherben beerbt (§§ 2100, 2139 BGB). Im Erbscheinsverfahren ist daher zu unterscheiden zwischen dem Erbschein für den Vorerben vor Eintritt der Nacherbfolge (siehe hierzu nachstehend unter II. Rdn 100 ff.) und dem Erbschein für den Nacherben nach Eintritt der Nacherbfolge (siehe

118 Keidel/*Zimmermann*, FamFG, § 352a Rn 17; *Zimmermann*, Erbschein, Rn 470; Bumiller/Harders/Schwamb/*Harders*, FamFG, § 352a Rn 6; Müko-FamFG/*Grziwotz*, § 352a Rn 20; BeckOGK-BGB/*Neukirchen*, § 2361 Rn 21.

119 *Grziwotz*, notar 2016, 353, 357.

120 Müko-FamFG/*Grziwotz*, § 352a Rn 20.

hierzu nachstehend unter III. Rdn 116 ff.). Antragsberechtigt ist bis zum Eintritt der Nacherbfolge nur der Vorerbe, nicht jedoch der Nacherbe. Der Nacherbe kann erst nach Eintritt des Nacherbfalls einen Erbschein beantragen.[121] Der Vorerbe wiederum hat grundsätzlich nur bis zum Eintritt des Nacherbfalls ein Antragsrecht (zum Sonderfall des nachträglichen Vorerben-Erbscheins siehe nachstehend unter III. 4. Rdn 125 ff.).

II. Erbschein vor Eintritt der Nacherbfolge

1. Erbscheinsantrag für den alleinigen Vorerben

a) Muster Erbscheinsantrag für den alleinigen Vorerben

▼ 100

Muster 2.16: Erbscheinsantrag für den alleinigen Vorerben 2.16

Notarieller Urkundseingang

Sachstand

Am verstarb der Erblasser, Herr A. Er war geboren am in . Zum Zeitpunkt seines Todes hatte er seinen gewöhnlichen Aufenthalt in , Deutschland. Er war ausschließlich deutscher Staatsangehöriger. Der Erblasser war in zweiter Ehe verheiratet mit der Antragstellerin, Frau B. Im Zeitpunkt des Todes des Erblassers hatte keiner der Ehegatten einen Antrag auf Scheidung oder Aufhebung der Ehe gestellt.

Aus der ersten Ehe des Erblassers, die rechtskräftig geschieden wurde, sind zwei Kinder hervorgegangen, nämlich C und D. Weitere Abkömmlinge hatte der Erblasser nicht, insbesondere sind aus der zweiten Ehe keine Kinder hervorgegangen.

Weitere Personen, durch die die Antragstellerin von der Erbfolge ausgeschlossen oder ihr Erbteil gemindert würde, sind und waren nicht vorhanden. Weitere sonstige Beteiligte im Sinne des § 345 Abs. 1 FamFG sind der Antragstellerin nicht bekannt.

Der Erblasser hinterließ eine letztwillige Verfügung vom (eigenhändig verfasstes Einzeltestament), eröffnet vom Amtsgericht – Nachlassgericht – unter Az. . In diesem Testament hat der Erblasser A seine Ehefrau B zur befreiten Vorerbin und seine beiden erstehelichen Kinder C und D zu Nacherben eingesetzt. Der Nacherbfall tritt ein mit dem Tod der Vorerbin. Wegen des weiteren Testamentsinhalts wird auf die Nachlassakte Bezug genommen.

Weitere Verfügungen von Todes wegen hatte der Erblasser nicht errichtet.

Ein Rechtsstreit über das Erbrecht ist nicht anhängig.

121 *Zimmermann*, Erbschein, Rn 353; Müko-FamFG/*Grziwotz*, § 352b Rn 26; BeckOK-FamFG/*Schlögel*, § 352b FamFG, Rn 1, 9.

Die Antragstellerin hat die Erbschaft angenommen. Dies folgt aus der heutigen Antragstellung und aus der Tatsache, dass die Ausschlagungsfrist bereits abgelaufen ist.

Eidesstattliche Versicherung

[siehe Rdn 1]

Antrag

Die Antragstellerin beantragt beim zuständigen Nachlassgericht die Erteilung eines Erbscheins, der folgende Erbfolge ausweist:

A, geb. am ___, verstorben am ___, ist aufgrund des vorgenannten Testaments beerbt worden von B, geb. am ___, allein.

Nacherbfolge ist angeordnet.

Der Nacherbfall tritt ein mit dem Tod der Vorerbin. Die Vorerbin ist von allen gesetzlichen Beschränkungen befreit.

Nacherben sind C und D. Ersatzweise sind für jeden Nacherben jeweils dessen im Zeitpunkt des Nacherbfalls vorhandene Abkömmlinge eingesetzt. Sind solche nicht vorhanden, tritt Anwachsung unter den verbleibenden Nacherben ein. Die Ersatznacherbeinsetzung ist jeweils auflösend bedingt darauf angeordnet, dass der jeweilige Nacherbe sein Anwartschaftsrecht auf die Vorerbin überträgt. Die Nacherbenanwartschaftsrechte sind nicht vererblich.

Vollzugsauftrag, Belehrungen, Hinweise, Schlussbestimmungen

[siehe Rdn 1]

▲

b) Erläuterungen

aa) Besondere Inhalte

101 Für den Erbscheinsantrag und den Erbschein bei angeordneter Nacherbfolge gilt – neben der allgemeinen Vorschrift des § 352 FamFG – ergänzend § 352b Abs. 1 FamFG. Demnach sind im Antrag – ebenso wie im Erbschein selbst – anzugeben:

- die Anordnung der Nacherbfolge sowie die Voraussetzungen für ihren Eintritt (siehe nachstehend Rdn 102 ff.),
- die Person des Nacherben (siehe nachstehend Rdn 105),
- ggf. ein Vermerk zur (Un-)Vererblichkeit des Nacherbenanwartschaftsrechts (siehe nachstehend Rdn 108) und
- etwa gem. § 2136 BGB angeordnete Befreiungen von den Beschränkungen der §§ 2113 ff. BGB (siehe nachstehend Rdn 127 ff.) sowie Vorausvermächtnisse zugunsten des Vorerben (siehe nachstehend Rdn 121).

bb) Anordnung der Nacherbfolge sowie Voraussetzungen für deren Eintritt

Die Nacherbfolge kann vom Erblasser ausdrücklich angeordnet sein, sie kann der Verfügung von Todes wegen jedoch auch im Wege der Auslegung entnommen werden oder sich aus den gesetzlichen Regelungen in §§ 2101, 2104 und 2105 BGB ergeben (sogenannte Fälle der konstruktiven Vor- und Nacherbfolge).[122] In sämtlichen Fällen ist der Nacherbenvermerk („Nacherbfolge ist angeordnet“) in den Erbscheinsantrag und den Erbschein des Vorerben aufzunehmen. Betrifft die Nacherbfolge nur einen der Miterben, ist sie in seinem Teilerbschein bzw. im gemeinschaftlichen Erbschein hinsichtlich seiner Person zu vermerken. Auch sofern die Nacherbfolge nur einen Bruchteil der Erbschaft des Alleinerben oder einen Teil des Erbteils eines Erben betrifft, ist dies im Erbschein deutlich zu machen (siehe hierzu unten Rdn 134 ff.). 102

Anzugeben ist ferner, unter welchen Voraussetzungen die Nacherbfolge eintritt. Ist durch den Erblasser nichts anderes verfügt, so tritt die Nacherbfolge ein mit dem Tod des Vorerben (§ 2106 Abs. 1 BGB). Weitere mögliche Ereignisse sind z.B. die Wiederverheiratung des Vorerben oder die Geburt eines Kindes des Vorerben oder auch der Eintritt eines sonstigen Ereignisses (z.B. sog. Verwirkungsklauseln).[123]

Sofern die Anordnung der Nacherbfolge nur unter einer Bedingung angeordnet ist, z.B. Wiederverheiratung des Vorerben, so ist auch dies im Erbschein zu vermerken.[124] Eine solche Bedingung kann – muss jedoch nicht – zugleich den Nacherbfall eintreten lassen.

Formulierungsbeispiele (siehe hierzu auch Rdn 141): 103

- Für den Fall der Wiederverheiratung ist Nacherbfolge angeordnet; der Nacherbfall tritt ein mit dem Tod des Vorerben.

(Anm.: Anordnung der Nacherbfolge aufschiebend bedingt auf die Wiederverheiratung, Eintritt des Nacherbfalls jedoch erst mit Ableben des Vorerben.)

- Nacherbfolge ist angeordnet; der Nacherbfall tritt ein mit der Wiederverheiratung oder dem Tod des Vorerben.

(Anm.: Anordnung der Nacherbfolge unbedingt, Eintritt des Nacherbfalls entweder mit Ableben oder ggf. bereits vorher mit der Wiederverheiratung.)

Anmerkung: Zum Formulierungsbeispiel siehe *Köster*.[125]

122 Nieder/Kössinger/*R. Kössinger/Zintl*, § 10 Rn 6; Grüneberg/*Weidlich*, § 2113 Rn 6; MüKo-BGB/*Leipold*, § 2074 Rn 13; MüKo-BGB/*Lieder*, § 2104 Rn 1 und § 2105 Rn 1 ff.

123 Siehe hierzu MüKo-BGB/*Leipold*, § 2074 Rn 41 und *Wacke*, DNotZ 1990, 403; vgl. auch BGH ZEV 2024, 373 (Abschluss einer Berufsausbildung durch den Nacherben).

124 Bumiller/Harders/*Schwamb*, FamFG § 352b Rn 4; *Köster*, Rpfleger 2000, 90 (92).

125 *Köster*, Rpfleger 2000, 90 (92).

104 Der Nacherbenvermerk im Erbschein steht nicht zur Disposition der Beteiligten. Auf die Eintragung des Nacherbenvermerks im Erbschein kann daher nicht verzichtet werden, auch nicht mit Zustimmung aller Nacherben.[126] Allerdings unterbleibt die Eintragung eines Nacherbenvermerks, wenn zum Zeitpunkt des Erbscheinsantrags die Vor- und Nacherbfolge nicht mehr besteht. Dies kann z.B. dann der Fall sein, wenn der Nacherbe sein Anwartschaftsrecht auf den Vorerben übertragen hat und dieser dadurch Vollerbe geworden ist, z. B weil keine Ersatznacherben vorhanden sind (siehe hierzu Rdn 146), ferner dann, wenn der Nacherbe bereits verstorben ist und für diesen Fall weder ein Ersatznacherbe eingesetzt noch die Nacherbenanwartschaft vererblich ist.[127] Das Gleiche gilt, wenn eine für die Nacherbfolge angeordnete auflösende Bedingung eingetreten ist.[128] Bei vollständigem Wegfall der Nacherbfolge ist ein gewöhnlicher Erbschein ohne Nacherbenvermerk zu erteilen. Wurde bereits ein Erbschein mit Nacherbenvermerk erteilt, so führt der Wegfall der Nacherbfolge zur Unrichtigkeit des Erbscheins. Er ist einzuziehen.[129]

cc) Person des Nacherben

105 Im Erbschein für den Vorerben sind die Nacherben anzugeben. Dennoch handelt es sich es nicht etwa um einen gemeinschaftlichen Erbschein gem. § 352a FamFG, da Vor- und Nacherbe mangels gleichzeitiger Erbenstellung keine Erbengemeinschaft bilden. Die Nacherbfolge und die Nacherben werden im Erbschein des Vorerben gem. § 352b Abs. 1 S. 1 FamFG nur deshalb angegeben, um die beschränkte Rechtsstellung des Vorerben zu verlautbaren.[130] Die Eintragung dient also dem Schutz des Nacherben vor unzulässigen Verfügungen des Vorerben, die kraft öffentlichen Glaubens des Erbscheins sonst wirksam sein könnten. Gleichzeitig kann dem Erbschein entnommen werden, wessen Zustimmung zu bestimmten Verfügungen des Vorerben (§ 2113 BGB) benötigt wird.[131] Der Nacherbenvermerk im Erbschein des Vorerben ist jedoch kein Zeugnis für das Erbrecht des Nacherben (siehe hierzu Rdn 116). Daher werden im Erbschein des Vorerben hinsichtlich der Nacherben auch keine Erbquoten angegeben.[132]

106 Die Nacherben sind im Interesse des Rechtsverkehrs und im Hinblick darauf, dass im Grundbuch ein Nacherbenvermerk einzutragen ist (§ 51 GBO) möglichst genau und kon-

126 MüKo-FamFG/*Grziwotz*, § 352b Rn 9; Staudinger/*Herzog*, BGB, § 2353 Rn 616.

127 Siehe hierzu MüKo-FamFG/*Grziwotz*, § 352b Rn 22, 23; BeckOK-FamFG/*Schlögel*, § 352b FamFG, Rn 2, 8.

128 Bumiller/Harders/*Schwamb*, § 352b Rn 10.

129 Zur Frage, ob das Nachlassgericht von Amts wegen tätig werden muss, siehe Staudinger/*Herzog*, BGB, § 2353 Rn 634 und MüKo-FamFG/*Grziwotz*, § 352b Rn 25.

130 BGH ZEV 2024, 373 (375); MüKo-FamFG/*Grziwotz*, § 352b Rn 25; Staudinger/*Herzog*, BGB, § 2353 Rn 603, 608.

131 MüKo-BGB/*Mayer*, 6. Aufl. 2013, § 2363 Rn 9.

132 BeckOK-FamFG/*Schlögel*, § 352b FamFG, Rn 5.

kret zu bezeichnen, in der Regel also mit Namen, Vornamen und Geburtsdaten. Ist eine namentliche Nennung (noch) nicht möglich, z.B. weil die Nacherben noch nicht (abschließend) bekannt sind, so erfolgt eine Beschreibung in abstrakter Weise, z.B. als Zugehörige zu einem bestimmten Verwandten- oder Personenkreis, um so eine spätere Identifizierung zu ermöglichen.[133] Sind einzelne der Nacherben bekannt, andere jedoch noch nicht, so werden die bekannten Nacherben konkret, die unbekannten abstrakt bezeichnet, z.B. wie folgt:

Formulierungsbeispiel 107

Nacherben sind die im Zeitpunkt des Nacherbfalls vorhandenen Kinder des Vorerben, nach derzeitigem Stand sind dies A, B und C.[134]

Abzustellen ist hinsichtlich der Nacherben auf den Zeitpunkt der Antragstellung bzw. der Erbscheinserteilung. Etwaige zwischen Erbfall und Erbscheinserteilung eingetretene Veränderungen werden also berücksichtigt. Ist z.B. ein Nacherbe zwischen Erbfall und Erbscheinserteilung verstorben, so ist dieser in den Erbschein nicht mehr aufzunehmen, sondern – bei Vererblichkeit der Nacherbenanwartschaft – dessen Erben (siehe Rdn 119 f.) bzw. – bei vorrangig angeordneter Ersatznacherbfolge – die einrückenden Ersatznacherben.[135] Ist das Nacherbenrecht nicht vererblich und ist auch kein Ersatznacherbe eingesetzt, so fällt die Nacherbschaft insgesamt weg, der Vorerbe wird also Vollerbe und erhält einen Erbschein ohne Nacherbenvermerk (siehe hierzu Rdn 104).

Auch die Ersatznacherben sowie die Nach-Nacherben sind in den Erbschein des Vorerben aufzunehmen (siehe hierzu Rdn 129 ff.).

dd) Vermerk zur Vererblichkeit der Nacherbenanwartschaft

Nach h.M. ist jedenfalls bei Abweichung vom gesetzlichen Regelfall ein Vermerk zur 108
Vererblichkeit bzw. zur Unvererblichkeit des Nacherbenanwartschaftsrechts aufzunehmen. Bei einer unbedingt angeordneten Nacherbfolge ist grundsätzlich von Vererblichkeit auszugehen (§ 2108 Abs. 2 S. 1), während bei einer nur bedingt angeordneten Nacherbfolge (siehe hierzu Rdn 102 f.) gem. §§ 2108 Abs. 2 S. 2, 2074 BGB die Unvererblichkeit die Regel ist. Allerdings ist auf die Auslegungsregeln des § 2108 Abs. 2 BGB immer nur dann zurückzugreifen, wenn der Erblasser ausdrücklich oder konkludent nichts anderes angeordnet hat. Streitig ist hierbei insbesondere, ob aus einer ausdrücklich (§ 2096 BGB) oder im Wege der Auslegungsregel des § 2069 BGB ermittel-

133 BeckOK-FamFG/*Schlögel*, § 352b FamFG, Rn 5.

134 Siehe hierzu OLG München BeckRS 2017, 107907; a.A. ablehnend zur Aufnahme der „derzeitigen" Nacherben jedoch OLG Frankfurt NJW-RR 2024, 753 und *Bestelmeyer*, RPfleger 2024, 723 (729).

135 Zum Verhältnis zwischen §§ 2096, 2069 und 2108 BGB siehe etwa Nieder/Kössinger/*R. Kössinger/Zintl*, § 10 Rn 80.

ten Ersatzerbeinsetzung ein Ausschluss der Vererblichkeit zu folgern ist.[136] Ergibt die Testamentsauslegung bei unbedingt angeordneter Nacherbfolge, dass die Vererblichkeit ausgeschlossen ist, so ist dies – als Abweichung vom gesetzlichen Regelfall – im Erbschein zu vermerken.[137] Bei Schweigen des Erbscheins wäre ansonsten von Vererblichkeit auszugehen. Ist die Nacherbfolge hingegen bedingt angeordnet (siehe hierzu Rdn 102 f.), so ist gesetzlicher Regelfall die Unvererblichkeit. Falls die Auslegung jedoch ergibt, dass der Erblasser das Anwartschaftsrecht vererblich ausgestalten wollte, ist ein entsprechender Vermerk nötig.[138]

109 *Beispiel*

Beinhaltet ein Ehegattentestament eine gegenseitige Vollerbeinsetzung (im Sinne der sog. Einheitslösung) mit Wiederverheiratungsklausel[139] so ist mit der h.M. davon auszugehen, dass der Ehegatte auflösend bedingter Vollerbe und gleichzeitig aufschiebend bedingter Nacherbe ist. Daher liegt grundsätzlich ein Fall des § 2108 Abs. 2 S. 2 BGB vor, also Nichtvererblichkeit des Anwartschaftsrecht. Sollte die konkrete Auslegung des Testaments allerdings etwas anderes ergeben, so ist die Vererblichkeit des Nacherbenrechts in den Erbschein aufzunehmen.

110 *Beispiel*

Wurde hingegen die sog. Trennungslösung (unbedingt) gewählt und tritt durch die Wiederverheiratungsklausel der Nacherbfall vorgezogen ein, so ist grundsätzlich von § 2108 Abs. 2 S. 1 BGB auszugehen, also von der Vererblichkeit. Ergibt die Auslegung des Testaments hingegen die Unvererblichkeit des Nacherbenrechts, so ist dies im Erbschein zu vermerken.

111 Zulässig dürfte sein, im Erbschein zur Vererblichkeit des Anwartschaftsrechts im Zweifel Stellung zu nehmen, um insoweit für Klarheit im Rechtsverkehr zu sorgen.[140]

Nach h.M. kann der Erblasser die Vererblichkeit des Nacherbenanwartschaftsrecht im Übrigen nicht nur (konkludent oder ausdrücklich) ausschließen, sondern auch einschrän-

136 MüKo-BGB/*Lieder*, § 2102 Rn 10 f.; Staudinger/*Avenarius*, BGB, § 2108 Rn 13 ff.; siehe hierzu auch OLG Brandenburg ErbR 2024, 144 und BGH NJW 1963, 1150.

137 *Zimmermann*, Erbschein, Rn 367; MüKo-BGB/*Lieder*, § 2108 Rn 8; *Köster*, Rpfleger 2000, 90 (95); Staudinger/*Herzog*, BGB, § 2353 Rn 619; MüKo-BGB/*Mayer*, 6. Aufl. 2013, § 2363 Rn 10; BeckOK-FamFG/*Schlögel*, § 352b FamFG, Rn 4.

138 *Zimmermann*, Erbschein Rn 368, *Köster*, Rpfleger 2000, 90 (95); Staudinger/*Herzog*, BGB, § 2353 Rn 619; MüKo-BGB/*Mayer*, 6. Aufl. 2013, § 2363 Rn 10; abw. wohl Firsching/Graf/*Krätzschel*, § 38 Rn 128 ff.: Vermerk bei Unvererblichkeit auch in diesem Fall nötig.

139 Siehe zu den Wiederverheiratungsklauseln z.B. *Völzmann*, RNotZ 2012, 1 sowie nachfolgend Abschnitt VIII. Rdn 141.

140 Auch wenn im Erbschein Ersatznacherbfolge ausgewiesen ist, sollte zur Unvererblichkeit ausdrücklich Stellung genommen werden, ähnlich auch Staudinger/*Avenarius*, BGB, § 2108 Rn 19.

ken. Allerdings nicht in der Weise, dass die Vererblichkeit gegenständlich auf einzelne Nachlassgegenstände beschränkt angeordnet wird.[141] Zulässig ist jedoch die Einschränkung auf einen Bruchteil der Erbschaft des Alleinerben oder auf einen Bruchteil des Erbteils eines Miterben sowie auch die Anordnung, dass sich das Nacherbenrecht nur vererbt, wenn bestimmte Personen Erben des Nacherben werden.[142]

Formulierungsbeispiele:

Das Nacherbenanwartschaftsrecht des Nacherben X ist vererblich/nicht vererblich.

Bei teilweiser Vererblichkeit:

Das Nacherbenanwartschaftsrecht des Nacherben X ist hinsichtlich der Hälfte seines Anteils vererblich.

Das Nacherbenanwartschaftsrecht des Nacherben X ist vererblich, aber nur, soweit zu Erben des Nacherben dessen Abkömmlinge berufen sind.

Hinzuweisen ist darauf, dass die Feststellung zur Vererblichkeit des Nacherbenrechts im Erbschein des Vorerben keine Bindungswirkung für den Erbschein des Nacherben nach Eintritt des Nacherbfalls entfaltet.[143]

2. Teilerbschein bei Nacherbfolge

a) Muster Teilerbscheinsantrag bei Nacherbfolge

▼ 112

Muster 2.17: Erbscheinsantrag Teilerbschein bei Nacherbfolge 2.17

Notarieller Urkundseingang

Sachstand

[…]

Eidesstattliche Versicherung

[siehe Rdn 1]

Antrag

Der Antragsteller beantragt beim zuständigen Nachlassgericht die Erteilung eines Erbscheins, der folgende Erbfolge ausweist:

141 MüKo-BGB/*Lieder*, § 2108 Rn 12; arg.: Verstoß gegen den Grundsatz der Universalsukzession.

142 OLG Hamm BeckRS 2022, 49009; OLG Celle BeckRS 2015, 14322; *Ruby/Schiller*, ZEV 2016, 26 (27); MüKo-BGB/*Lieder*, § 2108 Rn 11 f.

143 Bumiller/Harders/*Schwamb*, § 352b Rn 7; siehe hierzu auch BGH ZEV 2024, 373 (375).

A, geb. am , verstorben am , ist beerbt worden von B, geb. am , zu ein Halb.

Hinsichtlich des Erbteils von B ist Nacherbfolge angeordnet.

Die Nacherbfolge tritt ein mit dem Tod des B oder dessen Wiederverheiratung.

Nacherbe des B ist C.

Vollzugsauftrag, Hinweise, Belehrungen, Schlussbestimmungen

[siehe Rdn 1]

▲

b) Erläuterungen

113 Ebenso wie bei der Vollerbschaft kann auch bei Nacherbfolge ein sogenannter Teilerbschein (§ 2353 Alt. 2 BGB) beantragt und erteilt werden. In einem solchen Teilerbschein wird die Erbfolge nicht für sämtliche berufenen Erben erschöpfend dargestellt, sondern nur für einzelne oder mehrere Miterben. Mit einem bloßen Teilerbschein kann der Vorerbe sich zwar hinsichtlich seines Erbteils als Erbe legitimieren. Allerdings scheidet eine Verfügung über den Anteil an einzelnen Nachlassgegenständen wegen § 2033 Abs. 2 BGB auch dann aus, wenn der Nacherbe zustimmt. Sofern allerdings die Übertragung des Erbteils beabsichtigt ist, kann ein Interesse daran bestehen, einen Teilerbschein zu erwirken. Sind die Miterben teils unbekannt, teils bekannt, so kann hinsichtlich der bekannten Erben ein Teilerbschein erwirkt und – vorausgesetzt, es ist das erforderliche Sicherungsinteresse gem. § 1960 Abs. 1 BGB gegeben – hinsichtlich der unbekannten Erben u.U. eine Nachlasspflegschaft angeordnet werden, um so eine Erbauseinandersetzung zu erreichen.[144] Im Übrigen kann ein Teilerbschein dann sinnvoll und nötig sein, wenn zwar ein notarielles Testament vorliegt, aber ein Miterbe die Erbschaft ausgeschlagen hat. Denn in diesem Fall ist die Erbfolge infolge der Ausschlagung durch das notarielle Testament nicht mehr vollständig nachgewiesen im Sinne des § 35 Abs. 1 S. 2 GBO (siehe hierzu § 6 Rdn 6).

Für den Erbscheinsantrag im vorstehenden Beispielsfall wird unterstellt, dass das Nacherbenrecht entsprechend dem gesetzlichen Regelfall (§ 2108 Abs. 2 S. 1 BGB) vererblich ist. Auf eine entsprechende ausdrückliche Feststellung wurde hier verzichtet. Der gestellte Erbscheinsantrag geht ferner davon aus, dass keine Ersatznacherben eingesetzt wurden. Daher wird im Antrag nur der Nacherbe bezeichnet (siehe hierzu Rdn 130).

144 Der Anspruch der bekannten Miterben gem. § 2042 BGB bzw. deren Auseinandersetzungsinteresse allein rechtfertigen nach h.M. jedoch eine Teilnachlasspflegschaft nicht, und zwar weder gem. § 1961 BGB noch gem. § 1960 Abs. 1 BGB: OLG Düsseldorf FGPrax 2019, 182; OLG Düsseldorf FGPrax 2020, 134; OLG Braunschweig ZEV 2020, 34; weitergehend jedoch *Zimmermann*, Erbschein, Rn 344 sowie *Zimmermann*, FGPrax 2004, 198 (199).

3. Gemeinschaftlicher Erbschein (ein Vollerbe, mehrere Vorerben mit unterschiedlichem Eintritt der Nacherbfolge)

a) Muster Erbscheinsantrag (ein Vollerbe, mehrere Vorerben mit unterschiedlichem Eintritt der Nacherbfolge)

▼ 114

Muster 2.18: Erbscheinsantrag gemeinschaftlicher Erbscheinsantrag, mehrere Vorerben 2.18

Notarieller Urkundseingang

Sachstand

[…]

Eidesstattliche Versicherung

[siehe Rdn 1]

Antrag

Der Antragsteller beantragt beim zuständigen Nachlassgericht die Erteilung eines Erbscheins, der folgende Erbfolge ausweist:

A, geb. am   , verstorben am   , ist beerbt worden von

B, geb. am   , zu ½,

C, geb. am   , zu ¼,

D, geb. am   , zu ¼.

Hinsichtlich der Erbteile von B und C ist jeweils Nacherbfolge angeordnet.

Der Nacherbfall tritt hinsichtlich der B mit deren Tod oder mit deren Wiederverheiratung ein, hinsichtlich des C mit dessen Tod.

Nacherbe der B ist D.

Nacherbe des C ist E. Bezüglich des Nacherben E ist Ersatznacherbfolge angeordnet. Ersatznacherben sind die bei Eintritt des Nacherbfalls vorhandenen Abkömmlinge des E. Die Vererblichkeit des Nacherbenrechts des E ist ausgeschlossen.

Vollzugsauftrag, Hinweise, Belehrungen, Schlussbestimmungen

[siehe Rdn 1]

▲

b) Erläuterungen

115 Ist nur hinsichtlich einzelner Erben Nacherbfolge angeordnet, so muss dies im gemeinschaftlichen Erbschein klar zum Ausdruck gebracht werden. Gleiches gilt, sofern hinsichtlich mehrerer Nacherben Unterschiede bestehen hinsichtlich des Eintritts der Nacherbfolge, der Nacherben sowie der eingesetzten Ersatznacherben oder der Vererblichkeit des Nacherbenrechts. Enthält der Erbschein keine Aussage zu Ersatznacherbfolge, so bedeutet dies, dass eine solche nicht angeordnet ist (vorstehend gilt dies in Bezug auf den Nacherben D). Enthält der Erbschein keine Aussage zur (Un-)Vererblichkeit des Nacherbenanwartschaftsrechts, so ist – bei unbedingt angeordneter Nacherbfolge – von Vererblichkeit auszugehen (vorstehend gilt dies in Bezug auf den Nacherben D). Ist eine Ersatznacherbfolge angeordnet, so ist dies im Erbschein unter Bezeichnung der Ersatznacherben in den Erbschein aufzunehmen (dies gilt vorstehend in Bezug auf den Nacherben E). Ist die Nacherbenanwartschaft bei unbedingt angeordneter Nacherbfolge nicht vererblich, so ist dies zu vermerken (dies gilt vorstehend in Bezug auf den Nacherben E), und zwar zur Klarstellung auch dann, wenn Ersatznacherben eingesetzt sind, da deren Einsetzung nicht automatisch die Vererblichkeit ausschließt (siehe hierzu Rdn 129 f.).

III. Erbschein nach Eintritt der Nacherbfolge

1. Vorbemerkung

116 Nach Eintritt des Nacherbfalls fällt die Erbschaft dem Nacherben an (§ 2139 BGB). Dem Nacherben steht ab diesem Zeitpunkt das Antragsrecht für einen Erbschein zu.[145] Ein solcher ist zum Nachweis des Erbrechts des Nacherben auch erforderlich. Denn der dem Vorerben erteilte Erbschein ist kein tauglicher Nachweis für das Erbrecht des Nacherben.[146] Der Nacherbenvermerk im Erbschein des Vorerben dient allein dazu, die für den Vorerben geltenden Beschränkungen zu verlautbaren.[147] Der Erbschein des Vorerben kann daher nach Eintritt des Nacherbfalls nicht als Erbnachweis gem. § 35 Abs. 1 S. 1 GBO verwendet werden. Eine Grundbuchberichtigung zugunsten des Nacherben aufgrund des Erbscheins des Vorerben ist also nicht möglich. Auch aufgrund eines im Grundbuch gem. § 51 GBO eingetragenen Nacherbenvermerks und einer Sterbeurkunde kann das Grundbuch nicht berichtigt werden, mag der Nacherbfall auch mit dem Tod des Vorerben eingetreten sein.[148]

145 *Zimmermann*, Erbschein, Rn 353; Müko-FamFG/*Grziwotz*, § 352b Rn 26; BeckOK-FamFG/*Schlögel*, § 352b FamFG, Rn 9.

146 OLG München ZEV 2011, 587; OLG München DNotZ 2013, 153.

147 BGH ZEV 2024, 373 (375).

148 OLG Zweibrücken NJW-RR 2011, 525; BGH NJW 1982, 2499; OLG München ZEV 2011, 587; *Zimmermann*, Erbschein, Rn 11, 351 f.

Auch entfalten die Angaben zur Nacherbfolge, zu den Nach- und Ersatznacherben sowie die Angaben zur Vererblichkeit der Nacherbenanwartschaft im Erbschein des Vorerben keine Bindungswirkung für den Erbschein des Nacherben.[149]

Nach h.M. ist der dem Vorerben erteilte Erbschein nach Eintritt der Nacherbfolge einzuziehen. Die vorherige Einziehung oder Kraftloserklärung des dem Vorerben erteilten Erbscheins ist jedoch nicht Voraussetzung für die Erteilung des Erbscheins an den Nacherben.[150]

2. Alleiniger Nacherbe

a) Muster Erbscheinsantrag alleiniger Nacherbe

117

Muster 2.19: Erbscheinsantrag alleiniger Nacherbe 2.19

Notarieller Urkundseingang

Sachstand

[…]

Eidesstattliche Versicherung

[siehe Rdn 1]

Antrag

Der Antragsteller beantragt beim zuständigen Nachlassgericht die Erteilung eines Erbscheins, der folgende Erbfolge ausweist:

A, geb. am   , verstorben am   , ist mit dem infolge des Todes der Vorerbin B am   eingetretenen Nacherbfall beerbt worden von C, geb. am   , allein.

Das Erbrecht erstreckt sich nicht auf das im Grundbuch von   eingetragene Grundstück, welches durch Vorausvermächtnis gem. § 2110 Abs. 2 BGB der Vorerbin ohne Nacherbenbindung zugefallen und damit aus dem Nachlass ausgeschieden ist.

Vollzugsauftrag, Belehrungen, Hinweise, Schlussbestimmungen

[siehe Rdn 1]

149 Bumiller/Harder/*Schwamb*, § 352b Rn 11.
150 MüKo-FamFG/*Grziwotz*, § 352b Rn 26; BeckOK-FamFG/*Schlögel*, § 352b FamFG, Rn 9.

b) Erläuterungen

118 Beim Erbschein für den Nacherben nach Eintritt des Nacherbfalls handelt sich um einen gewöhnlichen Erbschein, in den keine Angaben gem. § 352b Abs. 1 FamFG aufgenommen werden. Im Erbschein wird der Nacherbe als Erbe des Erblassers ausgewiesen; bezeichnet wird er schlicht als Erbe, nicht als Nacherbe. Zusätzlich ist im Erbschein anzugeben, dass und zu welchem Zeitpunkt der Nacherbfall eingetreten ist.[151] Besonderheiten gelten, wenn eine weitere Nacherbfolge angeordnet ist. Dann handelt es sich beim Erbschein nach Eintritt der ersten Nacherbfolge wiederum um einen Erbschein für den Vorerben (i.S.d. § 352b Abs. 1 FamFG), in den der erste Nacherbe nunmehr als Vorerbe und der weitere Nacherbe als Nacherbe eingetragen werden (siehe hierzu Rdn 132 ff.).

119 Ist der primär eingesetzte Nacherbe vor Eintritt der Nacherbfolge weggefallen (z.B. durch Vorversterben nach dem Erbfall, aber vor Eintritt des Nacherbfalls), so wird unmittelbar der für ihn eingesetzte Ersatznacherbe in den Erbschein aufgenommen (unterstellt, dass nach dem Testamentsinhalt eine Vererblichkeit der Nacherbenanwartschaft nicht besteht).[152] Ist die Nacherbenanwartschaft hingegen vererblich und verstirbt der Nacherbe zwischen Erbfall und Nacherbfall, so wird der Erblasser von den Erben des Nacherben beerbt. Im Erbschein wird dies nach richtiger Ansicht wie folgt verlautbart:[153]

> *Formulierungsbeispiel*
>
> A ist mit dem infolge des Todes der Vorerbin B am (…) eingetretenen Nacherbfall beerbt worden von den Erben des am (…) verstorbenen Nacherben C.

120 Zum Nachweis der Rechtsnachfolge nach dem verstorbenen Nacherben ist ein gesonderter Erbschein zu beantragen. Zum vollständigen Beleg der Rechtsnachfolge sind also zwei Erbscheine nötig.

Nach a.A. können in den Erbschein nach dem Erblasser unmittelbar die Erben des verstorbenen Nacherben aufgenommen werden, z.B. wie folgt:

> *Formulierungsbeispiel*
>
> A ist mit dem infolge des Todes der Vorerbin B am (…) eingetretenen Nacherbfall beerbt worden von den Erben des am (…) verstorbenen Nacherben C, nämlich von D und E zu je ein Halb.

Dies erscheint jedoch grundsätzlich nicht statthaft, da so in einem Erbschein zwei Erbfolgen bescheinigt würden.[154] Ein solches Vorgehen ist nur in Gestalt eines soge-

151 MüKo-FamFG/*Grziwotz*, § 352b Rn 26; Staudinger/*Herzog*, BGB, § 2353 Rn 637; BeckOK-FamFG/*Schlögel*, § 352b FamFG, Rn 9.

152 MüKo-FamFG/*Grziwotz*, § 352b Rn 26.

153 *Köster*, Rpfleger 2000, 133 (142); *Zimmermann*, Erbschein, Rn 384.

154 *Zimmermann*, Erbschein, Rn 384; *Köster*, Rpfleger 2000, 133 (142).

nannten Sammelerbscheins zulässig (siehe Rdn 39). Bei einem solchen werden in einer Urkunde zwar zwei Erbfolgen bescheinigt, jedoch handelt es sich in der Sache um zwei verschiedene Erbscheine, die nur räumlich in einer Urkunde enthalten sind. Voraussetzung ist also das zwei vollständige Erbscheinsanträge gestellt sind und dasselbe Nachlassgericht zuständig ist.

Sofern dem Vorerben ein Vorausvermächtnis zugewandt wurde, ist im Erbschein nach Ein- 121
tritt des Nacherbfalls ebenfalls[155] zu vermerken, dass sich das Erbrecht nicht auf diese Gegenstände bezieht.[156] Im vorstehenden Beispiel wurde davon ausgegangen, dass ein solches Vorausvermächtnis hinsichtlich eines Einzelgrundstücks angeordnet war. Wurde hingegen ein Universalvorausvermächtnis zugunsten des Vorerben angeordnet und auf diese Weise die Nacherbfolge gegenständlich beschränkt auf einen oder mehrere bestimmte Nachlassgegenstände, so muss auch dies im Erbschein des Nacherben ausgesprochen werden, wobei entweder eine negative oder eine positive Formulierung möglich ist.[157]

> *Formulierungsbeispiele:*
>
> Das Erbrecht erstreckt sich – mit Ausnahme des Grundbesitzes (...) – nicht auf das gesamte sonstige Vermögen des Erblassers, welches durch Vorausvermächtnis gem. § 2110 Abs. 2 BGB dem Vorerben ohne Nacherbenbindung zugefallen ist.
>
> (Alternativformulierung: Das Erbrecht erstreckt sich infolge von zugunsten des Vorerben angeordneten Vorausvermächtnissen (§ 2110 Abs. 2 BGB) lediglich auf folgendes Grundstück: (...).)

Beim Erbscheinsantrag nach Eintritt des Nacherbfalls kann das Nachlassgericht von einer 122
eidesstattlichen Versicherung gem. § 352 Abs. 3 S. 4 FamFG absehen, wenn bereits für den Vorerben vor Eintritt des Nacherbfalls ein Erbschein beantragt worden war und außer dem Eintritt des Nacherbfalls (z.B. Tod des Vorerben) keine weiteren Veränderungen eingetreten sind (siehe hierzu Rdn 21).[158]

Für den Erbschein nach Eintritt der Nacherbfolge gilt kostenrechtlich zwar ebenfalls § 40 Abs. 1 S. 1 GNotKG, allerdings ist nach h.M. Bezugszeitpunkt für die Nach-

155 Für den Erbschein vor Eintritt des Nacherbfalls gilt dies natürlich auch, siehe Rdn 101; siehe im Übrigen BayObLG BeckRS 2004, 8217 sowie die Fundstellen in den folgenden beiden Fußnoten; anders ist dies jedoch, wenn bei mehreren Vorerben nur einem von ihnen ein Vorausvermächtnis zugewendet wurde, da das Vorausvermächtnis dann nach h.M. keine unmittelbare dingliche Wirkung hat, siehe OLG Frankfurt NJW-RR 2024, 753; OLG Hamm NJW-RR 2020, 891; MüKo-FamFG/*Grziwotz*, § 352b Rn 20.

156 OLG München MittBayNot 2015, 416; *Zimmermann*, Erbschein, Rn 379; MüKo-BGB/*Lieder*, § 2110 Rn 11; *Fröhler*, BWNotZ 2005, 1; *Schäuble*, ZEV 2016, 675 (679); *Kollmeyer*, ZEV 2019, 125; *Bestelmeyer*, RPfleger 2020, 626 (633).

157 OLG München MittBayNot 2015, 416 m. Anm. *Braun*; *Schäuble*, ZEV 2016, 675; *Fröhler*, BWNotZ 2005, 1; *Kollmeyer*, ZEV 2019, 125; OLG Brandenburg BeckRS 2023, 31755; OLG Hamburg FGPrax 2016, 133; für eine negative Formulierung *Kroll-Ludwigs*, DNotZ 2015, 387 (390).

158 Staudinger/*Herzog*, BGB, § 2353 Rn 277; MüKo-FamFG/*Grziwotz*, § 352b Rn 26.

lassbewertung nicht der Tod des Erblassers (Erbfall), sondern der Zeitpunkt des Nacherbfalls.[159]

3. Gemeinschaftlicher Erbschein – mehrere Vorerben (Nacherbfolge eingetreten nur hinsichtlich eines von mehreren Vorerben)

a) Muster Erbscheinsantrag (Nacherbfolge eingetreten nur hinsichtlich eines von mehreren Vorerben)

123 ▼

2.20 **Muster 2.20: Erbscheinsantrag gemeinschaftlicher Erbschein, Nacherbfolge nur bei einem Vorerben eingetreten**

Notarieller Urkundseingang

Sachstand

[…]

Eidesstattliche Versicherung

[siehe Rdn 1]

Antrag

Der Antragsteller beantragt beim zuständigen Nachlassgericht die Erteilung eines Erbscheins, der folgende Erbfolge ausweist:

A, geb. am   , verstorben am   , ist beerbt worden von:

B, geb. am   , zu ½ sowie

D, geb. am   , zu ½.

Hinsichtlich des B ist Nacherbfolge angeordnet. Der Nacherbfall tritt ein mit dem Tod des Vorerben. Nacherbe ist E. Die Vererblichkeit des Nacherbenrechts ist ausgeschlossen.

D ist zur Erbfolge gelangt durch den infolge des Todes des Vorerben C am   eingetretenen Nacherbfall.

Vollzugsauftrag, Belehrungen, Hinweise, Schlussbestimmungen

[siehe Rdn 1]

▲

159 MüKo-FamFG/*Grziwotz*, § 352b Rn 26, Bormann/Diehn/Sommerfeldt/*Pfeiffer*, GNotKG § 40 Rn 3; Korintenberg/*Sikora*, GNotKG § 40 Rn 31.

b) Erläuterungen

Ist eine Nacherbfolge nur hinsichtlich eines Nacherben bereits eingetreten, während hin- 124
sichtlich eines anderen der Nacherbfall noch nicht vorliegt, so besteht jedenfalls ein Antragsrecht des Vorerben (im Beispiel Person B). Neben einem Teilerbschein kann der Vorerbe einen gemeinschaftlichen Erbschein beantragen, der teilweise ein Erbschein für den Vorerben und teilweise ein Erbschein für den Nacherben ist. Auch der bereits eingetretene Nacherbe (im Beispiel Person D) hat ein Antragsrecht in Bezug auf den vorgenannten gemeinschaftlichen Erbschein. Die parallelen Antragsrechte bestehen deshalb, da zwischen dem Vorerben und dem bereits eingetretenen Nacherben eine echte Erbengemeinschaft nach dem Erblasser vorliegt.

4. Erbschein für den Vorerben nach Eintritt der Nacherbfolge (Vorausvermächtnis an den Vorerben)

a) Muster Erbscheinsantrag

▼ 125

Muster 2.21: Erbscheinsantrag des Vorerben nach Eintritt der Nacherbfolge bei Vorausvermächtnis an den Vorerben 2.21

Notarieller Urkundseingang

Sachstand

[…]

Eidesstattliche Versicherung

[siehe Rdn 1]

Antrag

Der Antragsteller beantragt beim zuständigen Nachlassgericht die Erteilung eines Erbscheins, der folgende Erbfolge ausweist:

A, geb. , verstorben am , war beerbt worden von B, geb. am , allein.

B war jedoch infolge angeordneter Nacherbfolge nur Vorerbin. Eintrittsvoraussetzung für den Nacherbfall war der Tod der Vorerbin. Als Nacherbe für B war C eingesetzt.

Der Nacherbfall ist eingetreten durch das Ableben der B am .

Das Recht des Nacherben erstreckt sich infolge eines zugunsten der Vorerbin B angeordneten Vorausvermächtnisses (§ 2110 Abs. 2 BGB) nicht auf das Grundstück .[160]

(Alternativ bei Universalvermächtnis: Das Recht der Nacherben erstreckte sich – mit Ausnahme des Grundstücks – nicht auf das gesamte sonstige Vermögen des A, welches der Vorerbin B als Vorausvermächtnis (§ 2110 Abs. 2 BGB) zugewendet wurde.)

Vollzugsauftrag, Belehrungen, Hinweise, Schlussbestimmungen

[siehe Rdn 1]

▲

b) Erläuterungen

126 Ein Antragsrecht des Vorerben besteht grundsätzlich nur bis zum Eintritt des Nacherbfalls (siehe Rdn 99). Danach hat grundsätzlich nur noch der Nacherbe das Recht, einen Erbschein zu beantragen. Nach h.M. ist ein dem Vorerben erteilter Erbschein nach Eintritt des Nacherbfalls einzuziehen. Ausnahmsweise ist dem Vorerben jedoch auch nach Eintritt der Nacherbfolge ein Erbschein zu erteilen, wenn hierfür ein entsprechendes Rechtsschutzbedürfnis besteht.[161] Ein solches kann z.B. dann gegeben sein, wenn der Vorerbe im Wege des Vorausvermächtnisses Nachlassgegenstände ohne Nacherbenbindung erhalten hat und hinsichtlich jener Gegenstände nach Eintritt des Nacherbfalls ein Erbnachweis zu führen ist. Sofern der Nacherbfall durch den Tod des Vorerben eintritt (§ 2106 Abs. 1 BGB), steht das Antragsrecht in diesem Fall den Erben des Vorerben zu (als sog. Erbeserben). Hat der Erblasser etwa dem Vorerben ein Grundstück im Wege eines Vorausvermächtnisses ohne Nacherbenbindung zugewendet und hat der Vorerbe es lebzeitig unterlassen, das Grundbuch auf sich zu berichtigen, so müssen die Erben des Vorerben für einen grundbuchtauglichen Erbnachweis sorgen können.[162] Daher ist es in diesem Fall zulässig, dass der Vorerbe (bzw. dessen Erben) nach Eintritt des Nacherbfalls noch nachträglich einen Erbschein in Bezug auf die Vorerbfolge beantragt. Dieser entspricht inhaltlich dem Erbschein vor Eintritt des Nacherbfalls, das Vorausvermächtnis zugunsten des Vorerben wird in den Erbschein aufgenommen. Zusätzlich wird vermerkt, dass und wann der Nacherbfall eingetreten ist. Anstelle eines solchen „nachträglichen Vorerbenerbscheins“ wird es auch für zulässig erachtet, einen „gegenständlich beschränkten Vollerbschein“ zu beantragen, der ausweist, dass der Vorerbe aufgrund eines Vorausvermächt-

160 Siehe auch *Zimmermann*, Erbschein, Rn 365.

161 MüKo-BGB/*Grziwotz*, § 2353 Rn 25; *Zimmermann*, Erbschein, Rn 353, 380; Staudinger/*Herzog*, BGB, § 2353 Rn 41.

162 *Fröhler*, BWNotZ 2005, 1 (3).

nisses gem. § 2110 Abs. 2 BGB den Erblasser hinsichtlich bestimmter (Einzel-)Gegenstände beerbt hat.[163]

IV. Befreiung des Vorerben von gesetzlichen Beschränkungen

1. Muster Befreiung des Vorerben von gesetzlichen Beschränkungen

▼ 127

Muster 2.22: Erbscheinsantrag bei Befreiung des Vorerben von gesetzlichen Beschränkungen 2.22

Notarieller Urkundseingang

Sachstand

[…]

Eidesstattliche Versicherung

[siehe Rdn 1]

Antrag

Der Antragsteller beantragt beim zuständigen Nachlassgericht die Erteilung eines Erbscheins, der folgende Erbfolge ausweist:

A, geb. am ______, verstorben am ______, ist beerbt worden von B, geb. am ______, allein. Nacherbfolge ist angeordnet. Der Nacherbfall tritt ein mit dem Tod des Vorerben.

Nacherben sind C und D.

Der Vorerbe ist von allen in § 2136 BGB genannten Beschränkungen befreit. / Der Vorerbe ist von den gesetzlichen Beschränkungen befreit. / Der Vorerbe ist zur freien Verfügung über den Nachlass berechtigt. (= jeweils umfassende Befreiung)

Oder:

Der Vorerbe ist hinsichtlich des zum Nachlassvermögen gehörenden unbeweglichen Vermögens insoweit von § 2113 Abs. 1 BGB befreit, als es um Belastungen (nicht jedoch Veräußerungen) geht. (= Befreiung von einzelnen Beschränkungen)

163 Siehe hierzu *Langenfeld/Fröhler*, S. 790 (M 275) mit Formulierungsvorschlag, der beide Varianten mit Haupt- und Hilfsantrag verknüpft.

Oder:

Der Vorerbe ist hinsichtlich des Grundstücks von den Beschränkungen des § 2113 Abs. 1 BGB befreit. / Der Vorerbe ist hinsichtlich des zum Nachlass gehörenden unbeweglichen Vermögens von den Beschränkungen des § 2113 Abs. 1 BGB befreit, ausgenommen jedoch das Grundstück . (= gegenständlich beschränkte Befreiungen)

Oder:

Der Vorerbe ist von allen in § 2136 BGB genannten Beschränkungen befreit. Diese Befreiung endet jedoch im Falle der Wiederverheiratung des Vorerben. (= auflösend bedingt erteilte Befreiung)

Oder:

Der Vorerbe ist im Verhältnis zum Nacherben C von allen in § 2136 BGB genannten Beschränkungen befreit. (= Befreiung nur im Verhältnis zu einzelnen Nacherben)

Vollzugsauftrag, Belehrungen, Hinweise, Schlussbestimmungen

[siehe Rdn 1]

▲

2. Erläuterungen

128 Soweit der Erblasser den Erben nicht gem. § 2136 BGB befreit hat, unterliegt der Vorerbe den Beschränkungen der §§ 2113 ff. BGB. Gesetzlicher Regelfall ist also die nichtbefreite Vorerbschaft. Im Erbscheinsverfahren wirkt sich dies in der Weise aus, dass etwaige Befreiungen von den Verfügungsbeschränkungen in den Erbschein aufzunehmen sind, während im Übrigen, also bei Schweigen des Erbscheins, von nicht befreiter Vorerbenstellung auszugehen ist. Zwar erwähnt § 352b Abs. 1 S. 2 FamFG nur den Fall des § 2137 BGB (weitest mögliche Befreiung). Allerdings gebietet der Normzweck es, auch die Befreiung von einzelnen Verfügungsbeschränkungen sowie auch gegenständlich beschränkte Befreiungen in den Erbschein aufzunehmen.[164] Nur so kann die Rechtsstellung des Vorerben korrekt wiedergegeben werden. Nicht in den Erbschein aufgenommen werden hingegen etwa erteilte Befreiungen von den schuldrechtlichen Verpflichtungen des Vorerben, da diese nur das Verhältnis zum Nacherben betreffen

164 BeckOK-BGB/*Litzenburger*, BGB § 2136 Rn 13.

und daher für den Rechtsverkehr nicht relevant sind.[165] Im Erbscheinsverfahren sind also nur Befreiungen von § 2113 Abs. 1 und § 2114 BGB von Bedeutung.

V. Einsetzung von Ersatznacherben

1. Muster Einsetzung von Ersatznacherben

▼ 129

Muster 2.23: Einsetzung von Ersatznacherben

Notarieller Urkundseingang

Sachstand

[...]

Eidesstattliche Versicherung

[siehe Rdn 1]

Antrag

Der Antragsteller beantragt beim zuständigen Nachlassgericht die Erteilung eines Erbscheins, der folgende Erbfolge ausweist:

A, geb. am   , verstorben am   , ist beerbt worden von B, geb. am   , allein. Nacherbfolge ist angeordnet. Der Nacherbfall tritt ein mit dem Tod der Vorerbin.

Nacherben sind C und D.

Es ist Ersatznacherbfolge angeordnet. Ersatznacherben für C sind E, F und G.

Ersatznacherben für D sind dessen im Zeitpunkt des Nacherbfalls vorhandene Abkömmlinge.

Die Nacherbenrechte sind jeweils nicht vererblich.

Vollzugsauftrag, Belehrungen, Hinweise, Schlussbestimmungen

[siehe Rdn 1]

▲

165 MüKo-BGB/*J. Mayer*, 6. Aufl. 2013, BGB § 2363 Rn 17; *Zimmermann*, Erbschein, Rn 361, Staudinger/*Herzog*, BGB, § 2353 Rn 624; BeckOK-BGB/*Litzenburger*, BGB § 2136 Rn 15.

2. Erläuterungen

130 Unter den Begriff des Nacherben gem. § 352b Abs. 1 S. 1 FamFG fällt auch der Ersatznacherbe. Zwar bedarf es bei zustimmungspflichtigen Verfügungen des Vorerben (§ 2113 BGB) nur der Zustimmung der Nacherben, nicht jedoch der Ersatznacherben.[166] Dennoch hat der Rechtsverkehr ein Interesse daran, zu erfahren, ob bei Wegfall des Nacherben gleichzeitig die Nacherbfolge insgesamt wegfällt oder in der Person des Ersatznacherben fortdauert. Daher sind in den Erbschein auch die Ersatznacherben aufzunehmen, und zwar unabhängig davon, ob deren Einsetzung ausdrücklich oder stillschweigend bzw. unter Berücksichtigung der gesetzlichen Auslegungsregeln (z.B. § 2069 BGB) erfolgt ist. Wenn hingegen keine Ersatznacherben eingesetzt wurden, bedarf dies im Erbschein keiner ausdrücklichen Erwähnung. In diesem Fall wird im Erbschein also nur der Nacherbe erwähnt.

Der Ersatznacherbe ist – ebenso wie der Nacherbe – möglichst genau zu bezeichnen, nach Möglichkeit also namentlich. Allerdings stehen die Ersatznacherben in vielen Fällen noch nicht individualisiert bzw. abschließend fest. Dann sind sie in abstrakter Weise zu bezeichnen. Sind einzelne Ersatznacherben bekannt, ist aber noch offen, ob sich der Kreis künftig noch erweitert bzw. verändert, so sollten die bekannten Ersatznacherben bereits im Erbschein angegeben werden, mit dem Zusatz, dass noch weitere Personen hinzutreten können.[167] Nach anderer Auffassung ist bei nicht namentlich benennbaren Personen nur ein allgemeiner Hinweis auf die Ersatznacherbfolge in den Erbschein aufzunehmen (z.B.: „Es ist Ersatznacherbfolge angeordnet." oder „Ersatznacherbfolge gilt gem. § 2069 BGB als angeordnet." oder „Ersatznacherben sind die im Zeitpunkt des Eintritts des Nacherbfalls vorhandenen Abkömmlinge des Vorerben.").[168] Im Hinblick auf das umstrittene Verhältnis zwischen Ersatznacherbfolge und Vererblichkeit des Nacherbenrechts (§§ 2096, 2069, 2108 Abs. 2 BGB), erscheint es sinnvoll, den Ausschluss der Vererblichkeit ggf. im Erbschein ausdrücklich anzugeben.[169]

166 OLG München ZEV 2015, 347; BGH NJW 1963, 2320.

167 Firsching/Graf/*Krätzschel*, § 38 Rn 135; MüKo-FamFG/*Grziwotz*, § 352b Rn 16; a.A. *Bestelmeyer*, RPfleger 2024, 723 (729).

168 Staudinger/*Herzog*, BGB, § 2353 Rn 615; OLG Frankfurt NJW-RR 2024, 753; *Bestelmeyer*, RPfleger 2024, 723 (729).

169 Die Anordnung einer Ersatznacherbfolge schließt die Vererblichkeit der Nacherbenanwartschaft nicht zwingend aus, da sie (nur) für den Fall der Ausschlagung angeordnet sein kann, siehe Staudinger/*Herzog*, BGB, § 2353 BGB Rn 615.

VI. Einsetzung von Nach-Nacherben

1. Muster

a) Einsetzung von Nach-Nacherben, Erbscheinsantrag vor Eintritt des ersten Nacherbfalls

▼ 131

Muster 2.24: Einsetzung von Nach-Nacherben, Erbscheinsantrag vor Eintritt des ersten Nacherbfalls 2.24

Notarieller Urkundseingang

Sachstand

[...]

Eidesstattliche Versicherung

[siehe Rdn 1]

Antrag

Der Antragsteller beantragt beim zuständigen Nachlassgericht die Erteilung eines Erbscheins, der folgende Erbfolge ausweist:

A, geb. am ___, verstorben am ___, ist beerbt worden von B, geb. am ___, allein.

Es ist Nacherbfolge angeordnet. Nacherbe ist C. Der Nacherbfall tritt ein mit dem Tod des Vorerben.

Für den Nacherben C ist eine weitere Nacherbfolge angeordnet. Die weitere Nacherbfolge tritt ein mit dem Tod des Nacherben C. Weitere Nacherben und Ersatznacherben für C sind D und E.

Die Vererblichkeit sämtlicher Nacherbenrechte ist ausgeschlossen.

Vollzugsauftrag, Belehrungen, Hinweise, Schlussbestimmungen

[siehe Rdn 1]

▲

b) Erbscheinsantrag nach Eintritt des ersten Nacherbfalls

132 ▼

Muster 2.25: Erbscheinsantrag nach Eintritt des ersten Nacherbfalls

2.25 Notarieller Urkundseingang

Sachstand

[…]

Eidesstattliche Versicherung

[siehe Rdn 1]

Antrag

Der Antragsteller beantragt beim zuständigen Nachlassgericht die Erteilung eines Erbscheins, der folgende Erbfolge ausweist:

A, geb. am , verstorben am , ist beerbt worden von C, geb. am , allein.

Der Nacherbfall ist infolge des Todes der Vorerbin B eingetreten am .

Es ist (weitere) Nacherbfolge angeordnet. Die Nacherbfolge tritt ein mit dem Tod des Vorerben C. Nacherben des C sind D und E. Die Vererblichkeit der Nacherbenrechte ist ausgeschlossen.

Vollzugsauftrag, Belehrungen, Hinweise, Schlussbestimmungen

[siehe Rdn 1]

▲

2. Erläuterungen

133 Die Anordnung einer weiteren (mehrfachen) Nacherbfolge ist zulässig. Der Erblasser kann also für den Nacherben wiederum einen Nacherben („Nach-Nacherben“) einsetzen, wodurch der erste Nacherbe seinerseits (nur) Vorerbe wird (vgl. § 2109 BGB, dort auch zur zeitlichen Grenze). Auch die Nach-Nacherben sind vollwertige Nacherben im Sinne des § 352b Abs. 1 FamFG und daher in den Erbschein des Vorerben aufzunehmen.[170]

170 BayObLG NJW-RR 1990, 199; auch die Nachnacherben müssen – anders als die Ersatznacherben – bei zustimmungsbedürftigen Rechtsgeschäften (§§ 2113 ff. BGB) des Vorerben ihre Zustimmung erteilen: OLG Zweibrücken ZEV 2011, 321.

Wird nach Eintritt des ersten Nacherbfalls ein Erbschein für den ersten Nacherben erteilt, so ist dieser wiederum ein Vorerbschein (§ 352b Abs. 1 FamFG).

VII. Quotenmäßig beschränkte Einsetzung von Nacherben

1. Muster

a) Antrag Erbschein bei quotenmäßig beschränkter Nacherbeneinsetzung eines Alleinerben

▼ 134

Muster 2.26: Erbscheinsantrag bei quotenmäßig beschränkter Nacherbeneinsetzung eines Alleinerben 2.26

Notarieller Urkundseingang

Sachstand

[...]

Eidesstattliche Versicherung

[...]

Antrag

Der Antragsteller beantragt beim zuständigen Nachlassgericht die Erteilung eines Erbscheins, der folgende Erbfolge ausweist:

A, geb. am , verstorben am ,

ist beerbt worden von B, geb. am , allein.

Für den Fall der Wiederverheiratung ist Nacherbfolge für ½ des Nachlasses angeordnet.

Der Nacherbfall tritt ein mit der Wiederverheiratung. Nacherben sind C und D.

Vollzugsauftrag, Belehrungen, Hinweise, Schlussbestimmungen

[...]

▲

b) Antrag Erbschein bei quotenmäßig beschränkter Nacherbeneinsetzung eines Miterben

135 ▼

Muster 2.27: Erbscheinsantrag bei quotenmäßig beschränkter Nacherbeneinsetzung eines Miterben

Notarieller Urkundseingang

Sachstand

[…]

Eidesstattliche Versicherung

[…]

Antrag

Der Antragsteller beantragt beim zuständigen Nachlassgericht die Erteilung eines Erbscheins, der folgende Erbfolge ausweist:

A, geb. am   , verstorben am   ,

ist beerbt worden von:

B, geb. am   , zu $^{1}/_{2}$,

C, geb. am   , zu $^{1}/_{4}$ sowie

D, geb. am   , zu $^{1}/_{4}$.

Nacherbfolge für $^{1}/_{2}$ des Anteils des Vorerben B, also $^{1}/_{4}$ des Gesamtnachlasses, ist angeordnet.

Der Nacherbfall tritt ein mit dem Tod des Vorerben. Nacherben sind C und D zu gleichen Teilen.

Vollzugsauftrag, Belehrungen, Hinweise, Schlussbestimmungen

[…]

▲

2. Erläuterungen

136 Die Nacherfolge kann durch den Erblasser auf einen Bruchteil des Erbteils eines Erben beschränkt werden. Das ist etwa in Kombination mit einer Wiederverheiratungsklausel denkbar, wenn der Erblasser seinen Ehegatten bei Eingehung einer zweiten Ehe nur

noch als unbeschränkten Vollerben eines Bruchteils einsetzen und im Übrigen eine andere Person bedenken möchte (siehe Muster Rdn 134).[171] Zweckmäßig können solche Teilquoten-Nacherbschaften sein, um dem längerlebenden Ehegatten jedenfalls für einen Bruchteil am Nachlass die freie (letztwillige) Verfügungsmöglichkeit offen zu halten. Im Erbschein ist die **quotenmäßige Beschränkung zu vermerken**, also anzugeben, für welchen Bruchteil die Nacherbfolge und für welchen Bruchteil die Erbfolge unbeschränkt angeordnet ist.[172] Der Erbschein hat dabei genau zu bezeichnen für welchen Erben und für welchen Bruchteil des Erben die Nacherbfolge gilt (siehe zur quotenmäßigen Beschränkung eines Alleinerben Muster Rdn 134; siehe zur quotenmäßigen Beschränkung eines Miterben Muster Rdn 135).

VIII. Bedingungen und Befristungen

1. Bedingungen/Befristungen für den Eintritt des Nacherbfalls

Für jede angeordnete Vor- und Nacherbschaft ist der Zeitpunkt des Eintritts der Nacherbfolge **137**
bedeutend. Ist in der letztwilligen Verfügung nichts hierzu geregelt, tritt die Nacherbfolge mit dem Tod des Vorerben ein, § 2106 Abs. 1 BGB. Dies ist im Erbschein zu vermerken (siehe oben Rdn 102). Möglich ist es aber auch, dass der Erblasser selbst durch Bedingungen oder Befristungen entschieden hat, wann der Nacherbfall eintreten soll. Er kann dabei den **Zeitpunkt des Nacherbfalls**, in dem der Vorerbe seine Erbenstellung verliert und der Nacherbe den Erblasser beerbt, von einer aufschiebenden **Bedingung** (Ereignis, Vornahme einer Handlung etc.) oder von einer aufschiebenden **Befristung** (Tod des Vorerben; Erreichen eines bestimmten Alters des Vorerben etc.) abhängig machen. Im Erbschein sind nach § 352b Abs. 1 S. 1 FamFG auch diese Bedingungen oder Befristungen anzugeben, da der Erbschein zu vermerken hat, unter welchen Voraussetzungen die Nacherbfolge eintritt.

2. Bedingungen/Befristungen für die Anordnung der Vor- und Nacherbfolge

a) Allgemeines

Die unter 1. (Rdn 137) dargestellten Bedingungen/Befristungen zum Eintritt des Nach- **138**
erbfalls sind zu unterscheiden von den hier unter 2. (Rdn 138 ff.) erwähnten **Bedingungen/Befristungen der Anordnung der Vor- und Nacherbfolge**. Der Erblasser kann

171 Siehe so den Fall des BayObLGZ 1961, 200.

172 BayObLG NJW 1958, 1683, 1684; BayObLG NJW 1966, 662, 663; OLG München DNotZ 2015, 385; DNotI-Report 2018, 171, 172; MüKo-FamFG/*Grziwotz*, § 352b Rn 9; Staudinger/*Herzog*, BGB, § 2353 Rn 467; BeckOGK-BGB/*Deppenkemper*, § 2139 Rn 51; *Technau*, BWNotZ 1984, 63, 64; *Zimmermann*, Erbschein, Rn 369.

testamentarisch regeln, ob und unter welchen Voraussetzungen der eingesetzte Erbe überhaupt Vorerbe sein soll. Trifft der Erblasser hierzu keine Aussage und ordnet stattdessen ohne weitere Voraussetzungen die Vor- und Nacherbschaft nach §§ 2100 ff. BGB an, so erwirbt der eingesetzte Vorerbe unmittelbar mit dem Erbfall die den Beschränkungen der §§ 2113 ff. BGB unterfallende Vorerbenstellung. Der Erblasser kann zudem die Anordnung der Vor- und Nacherbschaft von **aufschiebenden** oder **auflösenden Bedingungen** oder **Befristungen** abhängig machen. Er kann etwa bestimmen, dass A Vollerbe wird, außer A heiratet nochmals, dann wird A nur Vorerbe und B Nacherbe. An der beschränkten Verfügungsbefugnis des Vorerben (§§ 2113 ff. BGB) ändert die bedingte/befristete Vor- und Nacherbeneinsetzung nichts.[173] A ist bereits beim Erbfall (aufschiebend bedingter) Vorerbe. Da die Bedingungen mitbestimmen, unter welchen Voraussetzungen die Nacherbfolge eintritt, sind sie nach § 352b Abs. 1 S. 1 FamFG („unter welchen Voraussetzungen sie eintritt") im Erbschein des (Vor-)Erben zum Ausdruck zu bringen.[174] Der Vermerk zeigt dem Rechtsverkehr, dass der Erbschein ein Erbrecht ausweist, das den Verfügungsbeschränkungen der §§ 2113 ff. BGB unterfällt und ggf. die Mitwirkung des Nacherben erforderlich macht.[175]

Beispiele

Als Bedingungen kommen etwa in Betracht:[176]

- Kinderloses Versterben des Vorerben
- Wiederverheiratung
- Vorerbe erlebt bestimmten Zeitpunkt nicht, z.B. als Gesellschafter die Volljährigkeit oder bestimmtes Alter
- Vorerbe verfügt nicht über den Nachlass

b) Formulierungshilfen

139 Im Erbschein für den Vorerben sind sämtliche in § 352b Abs. 1 FamFG festgelegten Informationen aufzunehmen, also neben der Person des Nacherben auch die Voraussetzungen unter denen die Nacherbfolge eintritt. Somit sind auch die **aufschiebenden** Bedingungen/Befristungen der Vor- und Nacherbfolge wiederzugeben. Sie können wie folgt vermerkt werden:

173 Vgl. RGZ 156, 181 f.; BayObLGZ 1966, 227 (231); MüKo-BGB/*Musielak*, § 2269 Rn 54; *Jünemann*, ZEV 2000, 81 (82).

174 *Technau*, BWNotZ 1984, 63, 64; BeckOK-FamFG/*Schlögel*, § 352b Rn 3; siehe zum Vermerk der Bedingung ergänzend RGZ 156, 172, 181; MüKo-FamFG/*Grziwotz*, § 352b Rn 14; *Köster*, RPfleger 2000, 90, 95; *Zimmermann*, Erbschein, Rn 368.

175 MüKo-FamFG/*Grziwotz*, § 352b Rn 14; zum Mitwirkungsrecht der bedingt eingesetzten Nacherben vgl. OLG Hamm DNotZ 1970, 360; Grüneberg/*Weidlich*, BGB, § 2113 Rn 6.

176 Vgl. *Technau*, BWNotZ 1984, 63, 64.

Formulierungsbeispiel: Vermerk aufschiebende Bedingung/Befristung
„Für den Fall … ist Nacherbfolge angeordnet.“[177]

Im Erbschein für den Vorerben sind die **auflösenden** Bedingungen/Befristungen der Vor- und Nacherbfolge wie folgt zu vermerken: 140

Formulierungsbeispiel: Vermerk auflösende Bedingung/Befristung
„Nacherbfolge ist angeordnet. Für den Fall … entfällt die Nacherbfolge.“

c) Aufschiebende Bedingung – Wiederverheiratungsklausel

Praktische Bedeutung hat vor allem die aufschiebend bedingt angeordnete Vor- und Nacherbfolge bei sog. **Wiederverheiratungsklauseln** (siehe schon oben Rdn 103). Der Erblasser hat hier verschiedene Möglichkeiten, die Wiederverheiratung zu regeln (v.a. Vermächtnislösung oder Vorerbschaft). Soll die Wiederverheiratung durch die Anordnung einer Vorerbschaft geregelt werden, bestehen wiederum verschiedene Optionen.[178] Die Wiederverheiratung kann dabei entweder Bedingung für die Vor- und Nacherbfolge sein und/oder Bedingung für den Eintritt des Nacherbfalls. Der Testamentsgestalter hat dabei darauf zu achten, dass die Wiederverheiratungsklausel nicht sittenwidrig wird, weil in unzulässiger Weise auf die Eheschließungsfreiheit des überlebenden Ehegatten Einfluss genommen wird.[179] Um die Sittenwidrigkeit zu verhindern, empfiehlt es sich, den Nacherbfall für die *gesamte Erbschaft* nicht direkt an die Wiederverheiratung zu knüpfen, sondern die Gestaltung so zu wählen, dass dem Ehegatten zumindest sein gesetzliches Erbrecht verbleibt.[180] Mit diesen grundlegenden Gedanken vorangestellt, sieht sich der den Erbscheinsantrag beurkundende Notar im Wesentlichen folgenden Gestaltungsmöglichkeiten ausgesetzt, die wie nachfolgend beschrieben im Erbschein(-santrag) formuliert werden können: 141

- Vor- und Nacherbfolge unbedingt (sog. Trennungslösung); Nacherbfall tritt ein mit Wiederverheiratung oder mit Tod des Vorerben (Beachte: bei Eintritt der Nacherbfolge mit Wiederverheiratung für die gesamte Erbschaft droht Sittenwidrigkeit [s.o.][181]):

  Formulierungsbeispiel
  Nacherbfolge ist angeordnet. Der Nacherbfall tritt ein mit der Wiederverheiratung oder dem Tod des Vorerben.

177 Formulierung nach *Technau*, BWNotZ 1984, 63, 64.
178 Vgl. ausführlich zu verschiedenen Wiederverheiratungsklauseln MüKo-BGB/*Musielak*, § 2269 Rn 47 ff.; Krug/Rudolf/Kroiß/Bittler/*Seiler-Schopp*, NotarFormulare Erbrecht, S. 420 f.
179 Vgl. grundlegend BVerfG NJW 2004, 2008 (Hohenzoller-Entscheidung).
180 Vgl. Uricher/*Uricher*, Erbrecht, § 7 Rn 318; *Tanck*, ZErb 2015, 297.
181 Uricher/*Uricher*, Erbrecht, § 7 Rn 318; *Tanck*, ZErb 2015, 297.

- Anordnung der Vor- und Nacherbfolge aufschiebend bedingt auf die Wiederverheiratung, Eintritt des Nacherbfalls jedoch erst mit Ableben des Vorerben:

> *Formulierungsbeispiel*
>
> Für den Fall der Wiederverheiratung ist Nacherbfolge angeordnet. Der Nacherbfall tritt ein mit dem Tod des Vorerben.

- Anordnung der Vor- und Nacherbfolge aufschiebend bedingt auf die Wiederverheiratung, Eintritt des Nacherbfalls tritt direkt ein, also mit Wiederverheiratung (u.a. bei quotenmäßig beschränkter Nacherbeneinsetzung anzutreffen, siehe Muster Rdn 134; bei Anordnung für die gesamte Erbschaft droht Sittenwidrigkeit[182]):

> *Formulierungsbeispiel*
>
> Für den Fall der Wiederverheiratung ist Nacherbfolge angeordnet. Der Nacherbfall tritt ein mit der Wiederverheiratung.

d) Auflösende Bedingung

142 Die Vor- und Nacherbschaft kann zudem unter der auflösenden Bedingung stehen, dass der Vorerbe abweichend letztwillig verfügt. Eine solche Anordnung kommt in Betracht, wenn der Erblasser dem Vorerben die Möglichkeit geben möchte, sich nach dem Erbfall von den Beschränkungen der Vorerbschaft zu lösen oder sie zu ändern. Eine solche auflösende Bedingung ist grundsätzlich zulässig und verstößt nicht gegen § 2065 BGB, obwohl der Eintritt der Bedingung vom Willen des Bedachten abhängt (sog. Potestativbedingung). Das ist jedenfalls für Potestativbedingungen anzunehmen, bei denen der Erblasser seinen Willen vollständig gebildet hat und in seine Überlegungen das mögliche, wenn auch willensabhängige künftige Ereignis einbezogen hat.[183] Der Erblasser wird eine solche Verfügung nur treffen, wenn er dem Vorerben vertraut und es ihm gerade nicht darauf ankommt, den endbedachten Nacherben unbedingt abzusichern. Im Erbschein ist eine solche **auflösende Bedingung** zu vermerken:

> *Formulierungsbeispiel*
>
> „Nacherbfolge ist angeordnet. Für den Fall einer Erbeinsetzung (letztwillige Verfügung) durch den Vorerben entfällt die Nacherbfolge.“

182 Uricher/*Uricher*, Erbrecht, § 7 Rn 318; *Tanck*, ZErb 2015, 297.

183 BGH DNotZ 1954, 402, 404; OLG Stuttgart FGPrax 2005, 221, 222; OLG München MittBayNot 2018, 50, 51 Rn 17; MüKo-BGB/*Leipold*, § 2065 Rn 19; Grüneberg/*Weidlich*, BGB, § 2065 Rn 6; *Lange/Kuchinke*, Erbrecht, § 27 I 7 b; KölnerFormularbuch-Erbrecht/*Hartmann*, Kap. 5 Rn 157 ff. m.w.N.

IX. Erbschein nach Übertragung der Nacherbenanwartschaft

1. Allgemeines

Ein Nacherbe erwirbt mit dem Tod des Erblassers bereits ein sog. Nacherbenanwartschaftsrecht. Dieses Anwartschaftsrecht ist grundsätzlich nach § 2108 Abs. 2 S. 1 BGB **vererblich** und nach allgemeiner Meinung gemäß §§ 413, 398 BGB **übertragbar**.[184] Ist die Nacherbschaft unter einer aufschiebenden Bedingung angeordnet, so ist im Zweifel das Nacherbenrecht jedoch nicht vererblich, §§ 2108 Abs. 2 S. 2, 2074 BGB. Bevor auf die Auslegungsregeln des § 2108 Abs. 2 BGB zurückgegriffen werden darf, ist zunächst die letztwillige Verfügung des Erblassers auszulegen. Es darf kein der Auslegungsregeln entgegenstehender Wille des Erblassers erkennbar sein. Der Erblasser kann etwa bestimmen, dass bei Wegfall des Nacherben überhaupt keine Nacherbfolge eintreten soll, oder dass an die Stelle des vorverstorbenen Nacherben andere Nacherben (sog. Ersatznacherben) treten.[185] Für die Übertragbarkeit des Nacherbrechts besteht keine gesetzliche Auslegungsregel. Der Erblasser kann in seiner letztwilligen Verfügung aber ebenso wie die Vererblichkeit nach herrschender Meinung auch die Übertragbarkeit ausschließen.[186] Fehlt es an einem solchen Ausschluss, bleibt es bei der Übertragbarkeit. 143

Die **Verfügung** über das Nacherbenanwartschaftsrecht bedarf der **notariellen Form** des § 2033 Abs. 1 BGB analog.[187] Ebenso ist das **Verpflichtungsgeschäft** analog §§ 2371, 2385 BGB beurkundungsbedürftig.[188] Die wirksame Übertragung des Nacherbenanwartschaftsrechts führt allerdings nicht dazu, dass der Erwerber Nacherbe wird. Wer Nacherbe wird, kann nur von dem Erblasser bestimmt werden. Allerdings tritt der Erwerber voll in die Vermögensposition des Nacherben ein. Mit Eintritt des Nacherbfalls fällt dem Erwerber daher direkt und ohne Durchgangserwerb der Nachlass an.[189] 144

Die Rechtswirkung der Übertragung des Nacherbenrechts zeitigen unterschiedliche Folgen, je nachdem an wen die Anwartschaft übertragen wird. Damit einher ergeben sich unterschiedliche Schlüsse für die Angaben in Erbscheinen. Wird die Anwartschaft etwa an den Vorerben übertragen, wird der Vorerbe durch den wirksamen Erwerb unter bestimmten Voraussetzungen Vollerbe (siehe 2. Rdn 146 ff.). Bei Übertragung an einen Dritten bleibt die Nacherbfolge dagegen in jedem Fall bestehen (siehe 3. Rdn 153). 145

184 RGZ 1010, 185, 188 ff.; BGHZ 37, 319, 326; OLG Braunschweig ZErb 2020, 293, 294; *Leipold*, Erbrecht, Rn 686; *Köster*, RPfleger 2000, 133; MüKo-BGB/*Lieder*, § 2100 Rn 51 ff.

185 Vgl. statt vieler *Leipold*, Erbrecht, Rn 684.

186 RGZ 170, 163, 168; MüKo-BGB/*Lieder*, § 2100 Rn 53; Grüneberg/*Weidlich*, BGB, § 2100 Rn 13; *Leipold*, Erbrecht, Rn 687; **a.A.** Staudinger/*Avenarius*, BGB, § 2100 Rn 76; *Haegele*, RPfleger 1971, 130.

187 RGZ 170, 163, 169; MüKo-BGB/*Lieder*, § 2100 Rn 60; *Leipold*, Erbrecht, Rn 687; *Köster*, RPfleger 2000, 133.

188 MüKo-BGB/*Lieder*, § 2100 Rn 60; *Leipold*, Erbrecht, Rn 687.

189 MüKo-FamFG/*Grziwotz*, § 352b Rn 23; *Lange/Kuchinke*, Erbrecht, § 28 VII 3 e γ; Staudinger/*Avenarius*, BGB, § 2100 Rn 82.

2. Übertragung der Nacherbenanwartschaft auf Vorerben

a) Übertragung aller Nacherbenanwartschaften – Konsolidation

146 Der Nacherbe kann seine Anwartschaft auf den Vorerben übertragen. Wenn keine Ersatznacherbfolge oder Nach-Nacherbfolge angeordnet ist und der Nacherbe seine Anwartschaft auf den Vorerben überträgt, geht das Anwartschaftsrecht im Wege der **Konsolidation** unter.[190] Sofern mehrere Nacherben vorhanden sind, müssen zur Konsolidation alle Anwartschaftsrechte auf den Vorerben übertragen werden. Im Übrigen haben die Mitnacherben nach § 2034 BGB analog ein Vorkaufsrecht hinsichtlich der Nacherbenanwartschaft.[191] Wenn **Nach-Nacherben** vorhanden sind, müssen auch sie ihre sämtlichen Anwartschaften übertragen, damit der Vorerbe zum Vollerben wird.[192] Gleiches gilt für eingesetzte **Ersatznacherben**.

Mit der Konsolidation besteht das Nacherbenanwartschaftsrecht nicht mehr. Der Vorerbe wird zum Vollerben. Wenn die Übertragung bereits vor der Erbscheinserteilung erfolgt ist, wird aufgrund der nunmehrigen Vollerbeneigenschaft im Erbschein für den vormaligen Vorerben kein Nacherbenvermerk gem. § 352b Abs. 1 FamFG eingetragen.[193] Im Erbscheinsverfahren ist der notarielle Übertragungsvertrag zum Nachweis der Konsolidation dem Nachlassgericht vorzulegen,[194] und zwar in öffentlich beglaubigter Form (vgl. § 352 Abs. 3 S. 1 FamFG). Sollte bereits ein Erbschein für den Vorerben mit Nacherbenvermerk erteilt worden sein, so ist dieser Erbschein wegen Unrichtigkeit nach § 2361 BGB einzuziehen.[195]

> *Hinweis Erbschein nach Übertragung der Nacherbenanwartschaft*
>
> Nach Übertragung des Anwartschaftsrechts und Eintritt der Konsolidation wird für den vormaligen Vorerben ein Vollerbschein erteilt, wenn keine Nach-Nacherben oder Ersatznacherben eingesetzt sind oder sämtliche Nach-Nacherben und Ersatznacherben ihrerseits ihre schwachen Anwartschaftsrechte auf den Vorerben übertragen haben. Nacherbenvermerke oder Verfügungsbeschränkungen sind nicht in den Erbschein aufzunehmen. Der Erbschein entspricht dem Erbschein eines unbeschränkten Alleinerben (siehe oben Rdn 23).

190 BGH ZEV 1995, 453; MüKo-BGB/*Grziwotz*, Anh. § 2353 Rn 86; *Burandt/Rojahn/Gierl*, Erbrecht, § 352b Rn 23; *Muscheler*, ZEV 2012, 289.
191 MüKo-BGB/*Lieder*, § 2100 Rn 60; *Köster*, RPfleger 2000, 133, 135.
192 MüKo-BGB/*Lieder*, § 2100 Rn 56.
193 KG JFG 18, 223; OLG Köln ZEV 2018, 138; OLG Braunschweig, ZErb 2020, 293; MüKo-FamFG/*Grziwotz*, § 352b Rn 23.
194 *Köster*, RPfleger, 2000, 133, 135.
195 LG Berlin DNotZ 1976, 569; MüKo-FamFG/*Grziwotz*, § 352b Rn 23.

b) Übertragung bei Vorhandensein von weiteren Nacherben und Nach-Nacherben

aa) Muster Erbscheinsantrag nach Übertragung des Nacherbenrechts auf den Vorerben bei Vorhandensein eines Nach-Nacherben

▼ 147

Muster 2.28: Erbscheinsantrag nach Übertragung des Nacherbenrechts

Notarieller Urkundseingang 2.28

Sachstand

[...]

Eidesstattliche Versicherung

[...]

Antrag

Der Antragsteller beantragt beim zuständigen Nachlassgericht die Erteilung eines Erbscheins, der folgende Erbfolge ausweist:

A, geb. am , verstorben am ,

ist beerbt worden von B, geb. am , allein.

Es ist Nacherbfolge angeordnet. Nacherbe ist C. Der Nacherbfall tritt ein mit dem Tod des Vorerben.

Für den Nacherben C ist eine weitere Nacherbfolge angeordnet. Die weitere Nacherbfolge tritt ein mit dem Tod des Nacherben C. Weitere Nacherben und Ersatznacherben für C sind D und E.

Die Nacherbenrechte sind jeweils nicht vererblich.

Die Beschränkung des Vorerben zugunsten des Nacherben C ist durch Übertragung des Nacherbrechts auf den Vorerben entfallen.

Vollzugsauftrag, Belehrungen, Hinweise, Schlussbestimmungen

[...]

▲

bb) Erläuterungen

Der Nacherbe kann sein Nacherbrecht – wie gesehen – an den Vorerben übertragen. Der 148
Vorerbe wird *insoweit* Vollerbe. Sind also neben dem übertragenden Nacherben weitere

Nacherben vorhanden oder ist Nach-Nacherbschaft angeordnet, bleibt zugunsten der übrigen Nacherben/Nach-Nacherben eine quotenmäßige Nacherbenbeschränkung des Vorerben bestehen.[196] Es bietet sich an, im Erbschein die gesamte angeordnete Nacherbfolge mit entsprechenden Vermerken nachzuvollziehen und zusätzlich zu vermerken: „Die Beschränkungen des Vorerben sind zugunsten des Nacherben (…) durch Übertragung des Nacherbrechts auf den Vorerben entfallen."[197]

c) Übertragung bei Vorhandensein von Ersatznacherben

aa) Muster Erbscheinsantrag nach Übertragung des Nacherbenrechts auf den Vorerben bei angeordneter Ersatznacherbfolge

149 ▼

Muster 2.29: Erbscheinsantrag nach Übertragung bei Ersatznacherbfolge

2.29 Notarieller Urkundseingang

Sachstand

[…]

Eidesstattliche Versicherung

[…]

Antrag

Der Antragsteller beantragt beim zuständigen Nachlassgericht die Erteilung eines Erbscheins, der folgende Erbfolge ausweist:

A, geb. am   , verstorben am   ,

ist beerbt worden von B, geb. am   , allein. Nacherbfolge ist angeordnet. Der Nacherbfall tritt ein mit dem Tod der Vorerbin.

Nacherbe ist C.

Es ist Ersatznacherbfolge angeordnet. Ersatznacherben für C sind D, E und F.

Die Nacherbenrechte sind jeweils nicht vererblich.

Die Beschränkung des Vorerben zugunsten des Nacherben C ist durch Übertragung des Nacherbrechts auf den Vorerben entfallen.

196 *Technau*, BWNotZ 1984, 63, 66.
197 Vorschlag geht zurück auf *Technau*, BWNotZ 1984, 63, 66; ebenso *Köster*, RPfleger 2000, 133, 135.

Vollzugsauftrag, Belehrungen, Hinweise, Schlussbestimmungen

[...]

▲

bb) Erläuterungen

Der Nacherbe kann trotz angeordneter Ersatznacherbschaft grundsätzlich über seine Nacherbenanwartschaft ohne Zustimmung des Ersatznacherben verfügen.[198] Die Rechtsstellung des Ersatznacherben wird durch diese Verfügung nicht beeinträchtigt. Das Anwartschaftsrecht des erstberufenen Nacherben ist insbesondere kein unbedingtes Recht, wenn der Erblasser einen **Ersatznacherben benannt** *und* zusätzlich die **Unvererblichkeit des Nacherbenrechts** angeordnet hat. Es steht dann unter der vom Erblasser letztwillig gesetzten auflösenden Bedingung des Todes seines Inhabers vor dem Eintritt des Nacherbfalls.[199] Der Vorerbe kann nur diese auflösend bedingte Anwartschaft erwerben. Es tritt also keine Konsolidation ein. Die Ersatznacherben haben nämlich ein berechtigtes Interesse daran, dass es ohne ihre Zustimmung nicht zu einer Konsolidation kommt und der Vorerbe zum Vollerben wird.[200] Wenn der Nacherbe also vor dem Nacherbfall wegfällt, erstarkt das schwache Anwartschaftsrecht des Ersatznacherben[201] zum vollen Nacherbenanwartschaftsrecht. Aus diesen Gründen ist auch nach der Übertragung des Nacherbenrechts bei Erbscheinserteilung die Ersatznacherbfolgenbeschränkung unter Nennung der Personen der Ersatznacherben im Erbschein zu vermerken (s.a. Rdn 130).[202] Zudem bietet sich der Vermerk an, dass die Beschränkungen der Nacherbfolge zugunsten des erstberufenen Nacherbens durch die Übertragung der Nacherbenanwartschaft insoweit erloschen sind.[203] Tritt nun der Ersatznacherbfall, also Tod des Nacherben,[204] vor Eintritt des Nacherbfalles ein, tritt der Ersatznacherbe in die Stellung des Nacherben ein. Die auflösende Bedingung wäre eingetreten, weshalb der Vorerbe fortan nur noch beschränkter Vorerbe wäre. 150

Anders ist es, wenn zwar eine Ersatznacherbschaft angeordnet ist, allerdings die **Vererblichkeit des Nacherbenanwartschaftsrechts** vom Erblasser angeordnet ist, was 151

198 OLG Köln NJW 1955, 633, 634; BayObLGZ 1970, 137 (142) = NJW 1970, 1794; OLG München NJW-RR 2018, 71 (73) Rn 28; Grüneberg/*Weidlich*, BGB, § 2100 Rn 13; *Muscheler*, ZEV 2012, 289, 290.

199 BayObLG NJW 1970, 1794, 1795; OLG Schleswig ZEV 2010, 574; MüKo-FamFG/*Grziwotz*, § 352b Rn 23; im Erg. ebenso, aber mit anderer dogmatischen Begründung (eigenständiges AnwR des Ersatzerben) *Muscheler*, ZEV 2012, 289, 292.

200 Vgl. OLG München NJW-RR 2018, 71 (73) Rn 22; MüKo-BGB/*Lieder*, § 2100 Rn 56.

201 Zur dogmatischen Einordnung der Ersatznacherbenstellung als Anwartschaftsrecht MüKo-BGB/*Lieder*, § 2100 Rn 56.

202 *Technau*, BWNotZ 1984, 63, 66; *Köster*, RPfleger 2000, 133, 135.

203 Siehe – wie schon oben – *Technau*, BWNotZ 1984, 63, 66.

204 Beachte: Es kommt nicht auf den Vorerben als Anwartschaftsrechtsinhaber, sondern auf den Nacherben an, da nur die Befugnis aus der Nacherbschaft, nicht aber die Nacherbenstellung übertragen werden kann (!).

denkbar ist. In dieser Situation wäre der Ersatznacherbe mit seinem Recht weitgehend ausgeschlossen, wenn der Nacherbe seine Nacherbschaft angenommen hat. Die Annahme der Nacherbschaft kann bereits nach dem Erbfall erklärt werden und wird in der Regel konkludent in der Übertragung des Nacherbenanwartschaftsrechts liegen.[205] Der Ersatzerbfall könnte dann nur noch eintreten, wenn nach Tod des erstberufenen Nacherben die Annahme der Erbschaft durch seine Nacherben angefochten wird oder sie für erbunwürdig erklärt werden. Solche entfernten Möglichkeiten werden nach herrschender Meinung nicht in den Erbschein aufgenommen.[206]

152 *Hinweis*

Der Erbscheinsantrag kann bei Vererblichkeit des Nacherbenrechts und nach Übertragung der Nacherbenanwartschaft auf den Vorerben ohne Angabe eines Nacherbenvermerks gefasst werden. Der daraufhin erlassene Erbschein unterscheidet sich dann nicht von einem gewöhnlichen (gemeinschaftlichen) Voll-Erbschein ohne Nacherbenbeschränkung.

3. Übertragung der Nacherbenanwartschaft auf weiteren Nacherben oder Dritten

153 Das Nacherbenrecht kann auch auf Dritte oder andere Nacherben übertragen werden. In diesen Fällen scheidet die Möglichkeit einer Konsolidation aus, da Erwerber gerade nicht der Vorerbe ist. Die Übertragung der Anwartschaft führt zwar dazu, dass der Erwerber in die Stellung des Nacherben einrückt und im Falle des Nacherbfalls ohne Durchgangserwerb die durch das Nacherbenanwartschaftsrecht vermittelten Vermögenspositionen am Nachlass erwirbt. Allerdings wird er – wie eingangs bereits erwähnt – nicht Nacherbe. Aus diesem Grunde beeinflusst die Übertragung des Nacherbenrechts an Dritte oder andere Nacherben nicht das Erbscheinsverfahren. Die Übertragung ist nicht im Erbschein zu vermerken.[207] Es bleibt trotz der Übertragung dabei, dass der veräußernde Nacherbe unter Beachtung der Vorgaben des § 352b Abs. 1 FamFG in den Erbschein einzutragen ist und nicht der Erwerber. Ansonsten würde der Erbschein die Richtigkeit der Übertragung der Nacherbenanwartschaft bezeugen, was nicht Zweck des Erbscheins ist.[208]

205 MüKo-FamFG/*Grziwotz*, § 352b Rn 23 Fn 73; Staudinger/*Avenarius*, BGB, § 2100 Rn 82; zur Annahme der Nacherbschaft bereits nach dem Erbfall vgl. etwa Burandt/Rojahn/*Lang*, Erbrecht, § 2142 BGB Rn 12.

206 OLG Köln MittRhNotK 1990, 223, 224; *Lange/Kuchinke*, Erbrecht, § 39 V Fn 179; Müko-FamFG/*Grziwotz*, § 352b Rn 23; **a.A.** *Köster*, RPfleger 2000, 133, 135 Fn 178.

207 BayObLG ZEV 2002, 27; OLG Braunschweig ZErb 2004, 297, 298; OLG Köln ZEV 2018, 138, 140 Rn 24; Müko-FamFG/*Grziwotz*, § 352b Rn 24; *Köster*, RPfleger 2000, 133, 134; Soergel/*Zimmermann*, BGB, § 2363 Rn 5; *Lange/Kuchinke*, Erbrecht, § 28 VII 3 e γ; **a.A.** KG JFG 20, 17, 21.

208 Müko-FamFG/*Grziwotz*, § 352b Rn 24.

D. Testamentsvollstreckervermerk im Erbschein (§ 352b Abs. 2 FamFG)

I. Allgemeines

Das Testamentsvollstreckerzeugnis (§ 2368 S. 1 BGB) ist heute ein gängiges Mittel[209] zur Legitimation des Testamentsvollstreckers im Rechtsverkehr. Blickt man in die Entstehungsgeschichte des BGB zurück, zeigt sich, dass die gegenwärtige Gesetzeslage und Rechtspraxis keinesfalls so selbstverständlich ist, wie sie uns heute erscheinen mag. Bevor im Folgenden der „Testamentsvollstreckervermerk im Erbschein" behandelt wird, soll zunächst der nötige historische Hintergrund für das Verständnis der Ausgestaltung im Gesetz geschaffen werden. **154**

Der historische Gesetzgeber des Bürgerlichen Gesetzbuches (BGB) stand dem Testamentsvollstreckerzeugnis sowohl im Sinne einer Bestallungsurkunde (wie z.B. beim Vormund), als auch im Sinne eines Legitimationspapiers (in Analogie zum Erbschein) zunächst kritisch gegenüber. Deshalb war auch im ersten Entwurf des BGB keine „urkundliche Bescheinigung seiner[210] Ernennung" durch das Nachlassgericht vorgesehen.[211] In den **Motiven** zum BGB wurde es vielmehr als ausreichend angesehen, dass der Testamentsvollstrecker seine Legitimation durch Vorlage der seine Ernennung enthaltenden Urkunde, d.h. der letztwilligen Verfügung,[212] nachweist. Im Erbschein war die Aufnahme der Testamentsvollstreckung als solcher durch Vermerk aber bereits vorgesehen (§ 2075 Abs. 2 BGB-E). Die Aufnahme auch der Person des Testamentsvollstreckers wurde hingegen nicht bestimmt, weil es hier u.a. zu einem Wechsel kommen könne.[213] Alle **155**

209 Neben dem (nunmehr) Europäischen Nachlasszeugnis (ENZ) und der öffentlich beurkundeten Verfügung von Todes wegen nebst Eröffnungsniederschrift in beglaubigter Abschrift und Amtsannahmenachweis (ggfs. durch gesondertes (Annahme-)Zeugnis des Nachlassgerichts; dazu § 4, Muster 4.16.

210 D.h. des Testamentsvollstreckers.

211 *Mugdan*, Die gesammten Materialien zum Bürgerlichen Gesetzbuch für das Deutsche Reich, Bd. V, 1899, S. 117.

212 Zum besseren Verständnis: Im ersten Entwurf zum BGB wurde mit Rücksicht auf die Gefahr der falschen Wiedergabe des Erblasserwillens und der Verfälschung und Unterdrückung echter Testamente von der Aufnahme des privatschriftlichen Testaments als Institut abgesehen (vgl. *Mugdan*, Die gesammten Materialien zum Bürgerlichen Gesetzbuch für das Deutsche Reich, Bd. V, 1899, S. 257 f.). Auch die Redaktionskommission für die zweite Lesung hatte dem Antrag, das eigenhändig errichtete Testament zuzulassen, abgelehnt (vgl. Prot. V S. 326 und 328). Schließlich fand das eigenhändige Testament jedoch im Hinblick auf seine bequeme und kostensparende Errichtung sowie die mit ihm in einzelnen Landesteilen bereits gemachten positiven Erfahrungen Eingang in das BGB (vgl. Kommissionsbericht des Reichstages Nr. 440c S. 16 f., abgedr. bei *Mugdan*, Die gesammten Materialien zum Bürgerlichen Gesetzbuch für das Deutsche Reich, Bd. V, 1899, S. 886 f.).

213 *Mugdan*, Die gesammten Materialien zum Bürgerlichen Gesetzbuch für das Deutsche Reich, Bd. V, 1899, S. 302 f.

weiteren Informationen zur Testamentsvollstreckung seien daher der letztwilligen Verfügung zu entnehmen.[214]

156 In den **Protokollen** zum BGB wurde die Frage, ob dem Testamentsvollstrecker ein Zeugnis seiner Rechtsstellung zu erteilen sei, erneut aufgegriffen. Einerseits wurden hier die Unterschiede zum Vormund und (damals) Konkursverwalter betont, die sich nur durch die gerichtliche Bestallung ausweisen könnten und deren Stellung für das Gericht „niemals zweifelhaft" sei, während sich die Testamentsvollstreckerernennung nachträglich als (z.B. durch ein Testament späteren Datums) widerrufen herausstellen könnte.[215] Dem wurde andererseits entgegen gehalten, dass die die Testamentsvollstreckerernennung enthaltende Verfügung als Legitimation nicht ausreichen[216] und insbesondere bei umfangreichen Testamenten dem Rechtsverkehr nicht zugemutet werden könne, diese zu prüfen.[217] So sei doch stets eine gerichtliche Bescheinigung über die Amtsannahme erforderlich und eine solche sogar unumgänglich, wenn die Ernennung auf Ersuchen des Erblassers durch das Nachlassgericht zu erfolgen habe.[218] Von den Gegenstimmen wurde darauf hingewiesen, dass ein Analogiebedürfnis zum Erbschein als Legitimationspapier nicht bestehe, während andere auf die Stellung des Vorerben hinwiesen und darauf, dass auch diesem ein Nachweis seiner Rechtsstellung (Vorerbschein) gewährt werde.[219] Überdies trete gerade der Testamentsvollstrecker, insbesondere im Fall einer Dauervollstreckung, nicht jedoch die Erben, mit Dritten in geschäftlichen Verkehr.[220] Die den Schutz gutgläubiger Dritter nicht berücksichtigende Bescheinigung gemäß § 1892a BGB-E[221] genüge den Erfordernissen des Rechtsverkehrs nicht. Der Erbschein legitimiere hingegen

214 *Mugdan*, Die gesammten Materialien zum Bürgerlichen Gesetzbuch für das Deutsche Reich, Bd. V, 1899, S. 303.

215 *Mugdan*, Die gesammten Materialien zum Bürgerlichen Gesetzbuch für das Deutsche Reich, Bd. V, 1899, S. 841.

216 *Mugdan*, Die gesammten Materialien zum Bürgerlichen Gesetzbuch für das Deutsche Reich, Bd. V, 1899, S. 842.

217 *Mugdan*, Die gesammten Materialien zum Bürgerlichen Gesetzbuch für das Deutsche Reich, Bd. V, 1899, S. 843.

218 *Mugdan*, Die gesammten Materialien zum Bürgerlichen Gesetzbuch für das Deutsche Reich, Bd. V, 1899, S. 842.

219 *Mugdan*, Die gesammten Materialien zum Bürgerlichen Gesetzbuch für das Deutsche Reich, Bd. V, 1899, S. 843.

220 *Mugdan*, Die gesammten Materialien zum Bürgerlichen Gesetzbuch für das Deutsche Reich, Bd. V, 1899, S. 843.

221 Dieser lautete im Beschlussvorschlag: „Der Vollstrecker erhält auf Antrag von dem Nachlaßgerichte eine Bescheinigung, aus welcher die Ernennung, die Annahme und die in der letztwilligen Verfügung enthaltenen Bestimmungen über die Vollstreckung ersichtlich sein sollen." / „Dem Vollstrecker ist auf Antrag von dem Nachlaßgerichte eine Bescheinigung über seine Ernennung sowie über die Annahme des Amtes zu ertheilen. Hat der Erblasser über die Befugnisse des Vollstreckers oder über die Vollstreckung seiner Anordnungen besondere Bestimmungen getroffen, so sind auch diese in die Bescheinigung aufzunehmen. Der Vollstrecker hat die Bescheinigung nach der Beendigung des Amts dem Nachlassgerichte zurückzugeben." Keiner der Beschlussvorschläge wurde letztlich angenommen.

lediglich den Erben. Die bestehende Lücke sei daher durch ein Zeugnis über die Rechtsstellung des Testamentsvollstreckers zu schließen.

Hinsichtlich des Inhalts des Zeugnisses wurde in den Protokollen ausgeführt, dass regelmäßig davon auszugehen sei, dass dem Vollstrecker die gesetzlich vorgesehenen Befugnisse zustünden und deshalb, wenn insoweit keine Beschränkungen vorlagen, keine weiteren Angaben erforderlich wären.[222] Hinsichtlich der Wirkungen des Zeugnisses bestand Einigkeit darüber, dass dieses – anders als der Erbschein – wegen der Natur der Vollstreckung, die sowohl als Abwicklungs-, wie Dauertestamentsvollstreckung zeitlich begrenzt sei, keine Gewähr dafür biete, dass das Amt des Vollstreckers noch bestehe, wohl aber dafür, dass eine Vollstreckung in rechtsgültiger Weise angeordnet sei und sie den angegebenen bzw. gesetzlichen Inhalt habe.[223] 157

Zum Europäischen Nachlasszeugnis als Nachweis der Befugnisse eines Testamentsvollstreckers (Art. 63 Abs. 2 lit. c) EuErbVO) führt *Ungerer* in § 5 dieses Buches aus. An dieser Stelle sei nur angemerkt, dass der EuGH bereits am 17.1.2019[224] entschieden hat, dass die Verwendung des Formblatts zum Europäischen Nachlasszeugnis nur fakultativ ist. Die von *Hertel*[225] vorgeschlagene „Mantellösung" (d.h. Mantelurkunde mit Formblatt als Anlage) wird sich daher regelmäßig nicht mehr anbieten. Vielmehr wird der Notar sein eigenes Muster, welches selbstverständlich die erforderlichen Angaben zu enthalten hat, verwenden. Das Europäische Nachlasszeugnis ist als Testamentsvollstreckerzeugnis jedoch aufgrund seiner kurzen Gültigkeitsdauer von sechs Monaten (Art. 70 Abs. 3 EuErbVO) jedenfalls in Fällen der Dauertestamentsvollstreckung nicht geeignet. Ein eigenständiges europäisches Testamentsvollstreckerzeugnis gibt es hingegen (bislang) nicht. 158

II. Anordnung der Testamentsvollstreckung

Die Anordnung von Testamentsvollstreckung bewirkt grds. eine Verwaltungs- und Verfügungsbeschränkung des Erben gemäß §§ 2205, 2211 f. BGB. Als solche ist sie in öffentlichen Re-gistern bei den (jedenfalls formal) zur Erbschaft gehörenden Einzelgegenständen, z.B. dem **Grundbuch** (§ 52 GBO), dem Schiffs- und Schiffsbauregister (§§ 55, 74 SchRegO) und dem Register für Pfandrechte an Luftfahrzeugen (§ 86 LuftRG) einzutragen. Dadurch soll v.a. ein gutgläubiger Erwerb durch Dritte (z.B. gemäß § 892 Abs. 1 BGB) und die damit verbundene Schmälerung des Nachlasses bzw. Ersetzung durch schuldrechtliche Ausgleichsansprüche (z.B. gemäß §§ 687 Abs. 2, 681 S. 2, 667; 159

222 *Mugdan*, Die gesammten Materialien zum Bürgerlichen Gesetzbuch für das Deutsche Reich, Bd. V, 1899, S. 843.

223 *Mugdan*, Die gesammten Materialien zum Bürgerlichen Gesetzbuch für das Deutsche Reich, Bd. V, 1899, S. 844.

224 EuGH DNotZ 2019, 460 = ZEV 2019, 350 = FamRZ 2019, 645 = NotBZ 2019, 133 (m Anm *Becker*).

225 Rauscher/*Hertel*, Art. 65 EU-ErbVO, Rn 8.

816 BGB) bei einer Verfügung durch den bzw. die Erben verhindert werden. Dies dient dem Schutz der Nachlassgläubiger und der Verwirklichung des Erblasserwillens.

160 Die Eintragungsfähigkeit und ggfs. -pflichtigkeit im **Handelsregister** ist durch den BGH jedenfalls für die Dauervollstreckung an Kommanditbeteiligungen entschieden.[226] In der Gesellschafterliste einer GmbH ist hingegen nach überwiegender Meinung kein Testamentsvollstreckervermerk aufzunehmen (arg. e § 16 Abs. 3 GmbHG).[227]

161 Die Aufnahmepflicht im **Erbschein**[228] ergibt sich hingegen ausdrücklich aus § 352b Abs. 2 FamFG (bzw. § 2364 Abs. 1 BGB a.F.). Sie dient der Verlautbarung der Verfügungsbeschränkung des Erben gegenüber Dritten und korrespondiert mit dem Öffentlichen Glauben des Erbscheins (§§ 2365–2367 BGB). Es besteht aber keine Vermutung dafür, dass die durch den Vermerk zum Ausdruck gebrachte Verfügungsbeschränkung auch tatsächlich (noch) besteht (vgl. § 2365 BGB).[229]

III. § 352b FamFG

162 § 352b Abs. 2 FamFG bestimmt, dass die Ernennung eines Testamentsvollstreckers durch den „Erblasser“ (vgl. § 2197 BGB) im Erbschein anzugeben ist. Dies wird erweiternd dahingehend ausgelegt, dass jede Bestimmung bzw. Ernennung eines Testamentsvollstreckers, also auch durch einen Dritten gemäß § 2198 BGB oder das Nachlassgericht (§ 2200 BGB)[230] im Erbschein anzugeben ist.[231] Dies gilt darüber hinaus auch schon vor der eigentlichen Bestimmung bzw. Ernennung des Testamentsvollstreckers und vor der Amtsannahme.[232] Richtet sich die Erbfolge nach ausländischem Erbrecht, so sind zudem mit der deutschen Testamentsvollstreckung funktionell-vergleichbare Institute ausländischer Rechtsordnungen, wobei hier vieles umstritten ist, im Erbschein zu vermerken, vorausgesetzt die Testamentsvollstreckerbefugnisse erfassen auch den inländischen Nachlass.[233] Als Kriterien einer funktionellen Ver-

226 BGH MittBayNot 2012, 304 = DNotZ 2012, 788 = NJW-RR 2012, 730 = ZEV 2012, 335. **A.A.** war noch das KG NJW-RR 1996, 227 = DNotZ 1996, 813 = MittBayNot 1996, 53. Inhaltlich kann der Vermerk auch insoweit wie folgt formuliert werden: „Es ist Testamentsvollstreckung angeordnet.“

227 Noack/Servatius/Haas/*Servatius*, § 40 GmbHG, Rn 25; BGH NZG 2015, 519 = NJW 2015, 1303 = DNotZ 2015, 1121.

228 Aus § 16 Abs. 1 S. 2 Hs. 1 HöfeO wird die Aufnahme auch in das Hoffolgezeugnis gefolgert.

229 Aus der Rspr: OLG Frankfurt, WM 1993, 803 (805).

230 Formulierungsbeispiele für eine solche Ernennung durch das Nachlassgericht finden sich bei Krätzschel/Falkner/Döbereiner/*Krätzschel*, § 19 Rn 27 und 29.

231 BeckOK-FamFG/*Schlögel*, § 352b FamFG, Rn 10; Schulze/*Hoeren*, BGB, § 352b FamFG, Rn 7; Mayer/Bonefeld/*J. Mayer*, S. 56.

232 Mayer/Bonefeld/*J. Mayer*, S. 56; Erman/*Simon*, § 2364 BGB, Rn 1. Die Amtsannahme selbst wird ebenfalls nicht im Erbschein vermerkt. Vgl. *Zimmermann*, Erbschein S. 222.

233 Weiterführend sind hier die Länderberichte in: *Löhnig* u.a. (Hrsg.), Testamentsvollstreckung in Europa, Beiträge zum europäischen Familien- und Erbrecht, Bd. 20, 2018.

gleichbarkeit können dabei die für das Profil der deutschen Testamentsvollstreckung herausgearbeiteten Kriterien *Reimanns*[234] dienen:

- Verdrängende Besitz- und Verfügungsbefugnis des Testamentsvollstreckers gemäß §§ 2205 S. 2, 2211 Abs. 1 BGB,
- Abschirmwirkung der Testamentsvollstreckung gemäß § 2214 BGB,
- Möglichkeit einer Dauervollstreckung gemäß § 2209 BGB, sowie
- fehlende staatliche Aufsicht durch ein Gericht oder eine Behörde (Ausnahmen: §§ 2200, 2216 Abs. 2, 2224, 2227 BGB).

Entscheidend dürften an dieser Stelle allein die verdrängende Verfügungsbefugnis des Testamentsvollstreckers und die damit korrespondierende Verfügungsbeschränkung des Erben sein.

Ein allgemeiner Testamentsvollstreckervermerk im Erbschein könnte demgemäß wie 163
folgt lauten:[235]

▼

Muster 2.30: Allgemeiner Testamentsvollstreckervermerk

Es ist Testamentsvollstreckung angeordnet.

▲

Im Falle einer funktionell vergleichbaren Testamentsvollstreckung ausländischen (Erb-) 164
Rechts, die seit der „Vincent Pierre OberleE" des EuGH[236] grds. nur bei dem Erbrecht von Drittstaaten im deutschen (Fremdrechts-)Erbschein eine Rolle spielt (vgl. einerseits Art. 4, 21 EuErbVO und andererseits Art. 10 f., 34 EuErbVO), könnte wie folgt formuliert werden:[237]

> *Formulierungsbeispiel*
>
> Es ist (z.B.) Willensvollstreckung nach schweizerischem Recht angeordnet.

Im besonderen Fall der Nacherbenvollstreckung (§ 2222 BGB) lautet der Vermerk:[238] 165

▼

Muster 2.31: Nacherbenvollstreckervermerk

Es ist Nacherbentestamentsvollstreckung gemäß § 2222 BGB für jeden Nacherben angeordnet.

▲

234 *Reimann*, ZEV 2015, 510 (511).

235 Dabei unterscheidet sich der Testamentsvollstreckervermerk bei Abwicklungs- und Dauervollstreckung grds. nicht. In beiden Fällen ist die Verfügungsbefugnis des Erben beschränkt. Nur dies wird durch den Testamentsvollstreckervermerk zum Ausdruck gebracht.

236 EuGH ZEV 2018, 465 (m Anm *Reimann*) = NotBZ 2018, 465 (m Anm *Becker*) = NJW 2018, 2309 = ErbR 2018, 503 (m Anm *Mankowski*).

237 *Zimmermann*, Die Testamentsvollstreckung, S. 231 schlägt vor, zusätzlich anzugeben, welche Befugnisse die Erben **nicht** haben: „Den Erben stehen folgende Befugnisse nicht zu: ....".

238 Zum Testamentsvollstreckervermerk bei Vor- und Nacherbfolge s. unten Rdn 177.

166 Da der Erbscheinsantrag so bestimmt gefasst sein muss, dass das Nachlassgericht diesen ohne Ergänzungen oder Einschränkungen erteilen kann, sollte der Testamentsvollstreckervermerk im Erbscheinsantrag durch den Antragsteller mitbeantragt werden (Grundsatz der Antragsbindung). Dies ist jedoch (wohl) nicht zwingend. Insbesondere der Wortlaut des § 352b Abs. 2 FamFG („ist … anzugeben") und der Vergleich mit der Regelung des § 52 GBO im Grundbuchverfahren sprechen dafür, dass der Testamentsvollstreckervermerk auch im Erbschein **von Amts wegen**, also auch ohne ausdrücklichen Antrag, zu vermerken ist.

Fehlt der Testamentsvollstreckervermerk, ist der **Erbschein unrichtig**, wenn und weil er die Verfügungsbefugnisse über den Nachlass abweichend von der materiellen Rechtslage darstellt. Gleiches gilt, wenn die Testamentsvollstreckung als solche, nicht nur das Amt des jeweiligen Testamentsvollstreckers, später wegfällt.[239] Der Erbschein wäre dann nach überwiegender Meinung gemäß § 2361 BGB einzuziehen und neu, ohne Testamentsvollstreckervermerk, zu erteilen. Ein solch eingezogener Erbschein ist nach dem BGH auch kein taugliches Nachweismittel mehr im Grundbuchverfahren gem. § 35 Abs. 1 GBO.[240] Ein (isoliertes) „Zeugnis über die Beendigung der Testamentsvollstreckung" gibt es dagegen nicht.[241] Dem Testamentsvollstrecker steht in diesen Fällen ein Anspruch auf Herausgabe des Erbscheins an das Nachlassgericht gemäß § 2363 Fall 2, 2362 Abs. 1 BGB zu.

167 Zu beachten ist, dass der Vermerk **nicht** in den Erbschein aufzunehmen ist, wenn[242] [243]

- zum Zeitpunkt der Erteilung des Erbscheins[244] durch das Nachlassgericht schon feststeht, dass die Testamentsvollstreckung als solche, nicht nur das Amt des jeweiligen

239 So das BayOBLG NJW-RR 1997, 583; offen gelassen durch OLG Köln FamRZ 1993, 1124 (1125 f.); OLG Hamm DNotZ 1984, 52 f.; *Zimmermann*, Erbschein, S. 224. Nach **a.A.** soll hingegen eine bloße Richtigstellung („Die Testamentsvollstreckung ist mit Wirkung ab … weggefallen") ausreichend sein, da keine Vermutung für die Fortdauer der Testamentsvollstreckung besteht. Hierfür etwa: Erman/*Simon*, § 2364 BGB, Rn 3; Prütting/Helms/*Fröhler*, § 352b FamFG, Rn 33.

240 BGH, Beschl. v. 17.9.2020, V ZB 8/20.

241 *Zimmermann*, Erbschein, S. 225.

242 Nur in einer Fußnote sei der Fall erwähnt, dass die Testamentsvollstreckung nur den Erbteil des B betrifft, der Miterbe A aber einen Teilerbschein beantragt. Auch hier ist die Testamentsvollstreckung **nicht** im Teilerbschein des A, sehr wohl aber im Teilerbschein des B und im gemeinschaftlichen Erbschein, mit der personellen Beschränkung auf B zu erwähnen. Vgl. Erman/*Simon*, § 2364 BGB Rn 2 unter Verweis auf KGJ 43, 94; *Zimmermann*, Erbschein, S. 224.

243 Ebenfalls ist die Testamentsvollstreckung im Erbschein **nicht** in dem Sonderfall interlokaler Nachlassspaltung bei DDR-Vermögen zu erwähnen. Der Testamentsvollstrecker nach DDR-Erbrecht hatte lediglich die Rechtsstellung eines Vertreters der Erben. Eine Beschränkung der Verfügungsbefugnis war jedoch nicht vorgesehen (§ 371 Abs. 2 DDR-ZGB). Dazu: KG DtZ 1996, 217 = Rpfleger 1996, 111 = FamRZ 1996, 569 = ZEV 1996, 234.

244 Aus Praktikabilitätsgründen wird auf diesem Zeitpunkt abgestellt, auch wenn der Erbschein grds. die beim Erbfall objektiv bestehende Rechtslage wiedergibt. Vgl. *Zimmermann*, Erbschein, S. 225.

Testamentsvollstreckers (!) **beendet** ist. Ist kein Ersatztestamentsvollstrecker benannt oder vom Gericht oder einem Dritten zu bestimmen bzw. ernennen, kann dies mit dem Tod des Testamentsvollstreckers (§ 2225 BGB), der Kündigung durch den Testamentsvollstrecker (§ 2226 BGB), der Entlassung des Testamentsvollstreckers (§ 2227 BGB) oder der Nichtannahme des Amtes zusammenfallen.[245] Weiter zählen hierzu die Fälle der Aufgabenerledigung vor Erbscheinserteilung, der Eintritt einer die Testamentsvollstreckung zum Wegfall bringenden auflösenden Bedingung bzw. Befristung vor Erbscheinserteilung sowie der Fristablauf gemäß § 2210 BGB.

- Bei **beaufsichtigender Testamentsvollstreckung** (§ 2208 Abs. 2 BGB),[246] da diese zu keiner dinglichen Beschränkung der Verfügungsbefugnis des Erben führt.
- Bei einer **reinen Vermächtnisvollstreckung** (§ 2223 BGB),[247] da diese nicht den Erben, sondern den Vermächtnisnehmer beschränkt. Etwas anderes gilt aber dann, wenn der Testamentsvollstrecker auch die Erfüllung des Vermächtnisses vorzunehmen hat und insoweit die Verfügungsbefugnis der Erben beschränkt ist.[248] Dies wird regelmäßig zur Absicherung der Vermächtniserfüllung in notariellen Testamenten oder Erbverträgen angeordnet. Hat das Vermächtnis ausnahmsweise dingliche Wirkung (vgl. § 2110 Abs. 2 BGB),[249] so ist dieses, wie auch die Vermächtnisvollstreckung am Vermächtnisgegenstand im (Vor- und Nach-)Erbschein zu vermerken.[250]
- Ich würde dies wie folgt formulieren:

Formulierungsbeispiel

Das Recht des Nacherben erstreckt sich nicht auf den im Grundbuch von (…), Blatt (…), BV-Nr. (…), Flst. Nr. (…) eingetragenen Grundbesitz, der dem Vorerben (…) gemäß § 2110 Abs. 2 BGB als Vorausvermächtnis zugewendet worden ist. Beschränkt auf diesen Vermächtnisgegenstand ist Testamentsvollstreckung angeordnet."

245 Krätzschel/Falkner/Döbereiner/*Krätzschel*, § 38, Rn 145; BeckOK-FamFG/*Schlögel*, § 352b Rn 10; BayObLG Rpfleger 1974, 345; Erman/*Simon*, § 2364 BGB, Rn 2; *Zimmermann*, Erbschein, S. 223 unter Verweis auf BayObLG FamRZ 2003, 1590 (1593) = NJW-RR 2003, 297 = DNotZ 2003, 440.

246 OLG Köln, ZEV 2017, 521 = NJW-Spezial 2017, 583 = FamRZ 2017, 1721 (m Anm *Becker*); Krätzschel/Falkner/Döbereiner/*Krätzschel*, § 38, Rn 145 a.E.; BeckOK-FamFG/*Schlögel*, § 352b Rn 10 a.E.; *Zimmermann*, Erbschein, S. 223; Prütting/Helms/*Fröhler*, § 352b Rn 28 a.E.

247 Krätzschel/Falkner/Döbereiner/*Krätzschel*, § 38, Rn 145 a.E.; BeckOK-FamFG/*Schlögel*, § 352b FamFG, Rn 10 a.E.; BayObLG FamRZ 1991, 986; Bahrenfuss/*Schaal*, § 352b FamFG, Rn 22; Prütting/Helms/*Fröhler*, § 352b FamFG, Rn 29; Mayer/Bonefeld/*J. Mayer*, S. 56; *Zimmermann*, Die Testamentsvollstreckung, S. 219.

248 BeckOK-BGB/*Lange*, § 2223 BGB, Rn 11 a.E., 73. Ed., Stand: 1.2.2025; *ders.*, DNotZ 2018, 804 (815).

249 Zur Konstruktion eines Vindikationslegats durch lebzeitige Vermächtniserfüllung *Becker*, MittBayNot 2019, 417.

250 So etwa ausdrücklich in: Bahrenfuss/*Schaal*, § 352b FamFG, Rn 22. S. hierzu auch: OLG Münster, MittBayNot 2015, 416 (zur Angabe des Vorausvermächtnisses im Nacherbenerbschein), lesenswert dazu: *Fröhler*, BWNotZ 2005, 1 ff.

168 Bei angeordneten **sachlichen, zeitlichen oder persönlichen Beschränkungen** sind auch diese nach überwiegender Meinung[251] bereits in den Erbschein aufzunehmen, wenn dies zur richtigen Darstellung der Verfügungsbeschränkung des Erben erforderlich ist. Dazu unten (Rdn 169 ff.) mehr.

Der **Name des Testamentsvollstreckers** wird – entgegen dem missverständlichen Wortlaut des § 352b Abs. 2 FamFG/§ 2364 Abs. 1 BGB a.F. und im Unterschied zur Nacherbfolge (§ 352b Abs. 1 FamFG) – in dem Vermerk **nicht** angegeben, schon allein deshalb, weil es zu einem Wechsel in der Person des Testamentsvollstreckers kommen könnte.[252] Der Name des Testamentsvollstreckers steht damit allein im Testamentsvollstreckerzeugnis.[253]

IV. Beschränkungen

169 Erfasst die Testamentsvollstreckung den gesamten Nachlass so kann der Vermerk ohne weitere Einschränkungen im Erbschein formuliert werden (s.o. Rdn 163). Es handelt sich um den Normalfall. Denkbar ist jedoch, dass der Erblasser die Testamentsvollstreckung in sachlicher Hinsicht, z.B. auf einzelne Nachlassgegenstände (§ 2208 Abs. 1 S. 2 BGB), in persönlicher Hinsicht, z.B. nur in Bezug auf einen Miterben und/oder in zeitlicher Hinsicht, z.B. nur ab bzw. bis zu einem bestimmten Ereignis, angeordnet hat. In diesen Ausnahmefällen ist bzw. sind die Beschränkung(en) nach überwiegender Meinung bereits im Erbschein und nicht nur im Testamentsvollstreckerzeugnis aufzunehmen. Denn dann verfügt der Erbe – entgegen §§ 2205, 2211 f. BGB – über zusätzliche Befugnisse. Als **Orientierungshilfe** kann hier die Frage dienen, ob die Beschränkung der Befugnisse des Testamentsvollstreckers die Verfügungsbefugnis beim Erben belässt oder nicht. Behält der bzw. ein Erbe die Verfügungsbefugnis, muss die Beschränkung verlautbart werden. Andernfalls genügt der allgemeine Testamentsvollstreckervermerk im Erbschein, während sich die Beschränkung der Testamentsvollstreckerbefugnisse wiederum aus dem Testamentsvollstreckerzeugnis ergibt.

251 Krätzschel/Falkner/Döbereiner/*Krätzschel*, § 38, Rn 147 ff.; BeckOK-FamFG/*Schlögel*, § 352b FamFG, Rn 11, BayOBLG NJW-RR 2005, 1245 = DNotZ 2005, 930 = FamRZ 2006, 147 = FGPrax 2005, 217; Erman/*Simon*, § 2364 BGB, Rn 1; LG Mönchengladbach RPfleger 1982, 382.

252 Vgl. auch *Gietl/Längsfeld*, JA 2013, 854 (856).

253 Der gleichwohl namentlich genannte Testamentsvollstrecker gehört nicht zum Inhalt des Erbscheins, der am öffentlichen Glauben gemäß §§ 2366 f. BGB teilnimmt bzw. dessen unrichtige Angabe zur Unrichtigkeit des Erbscheins i.S.d. § 2361 BGB führt; *Zimmermann*, Erbschein, S. 222 und *ders.*, Die Testamentsvollstreckung, S. 219 weist zu Recht darauf hin, dass bei namentlicher Nennung und entsprechendem weiterem Wortlaut eine äußerliche Zusammenfassung von Erbschein und Testamentsvollstreckerzeugnis (Sammelzeugnis) vorliegen kann.

1. Sachliche Beschränkungen

Ist die Testamentsvollstreckung von vornherein nur bezüglich einzelner oder gar nur 170 eines Nachlassgegenstandes (z.B. Hausgrundstück)[254] angeordnet, so ist dies im Testamentsvollstreckervermerk zum Ausdruck zu bringen, da der Erbe im Übrigen verwaltungs- und verfügungsbefugt bleibt.

▼

Muster 2.32: Sachlich beschränkte Testamentsvollstreckung

Es ist Testamentsvollstreckung angeordnet, jedoch sachlich beschränkt auf die folgenden Nachlassgegenstände: 2.32

z.B. **Amtsgericht** , **Grundbuch von** , **Blatt**

BV-Nr.

Flst. Nr.

GuF, Straße mit qm

samt dessen gesetzlicher Bestandteile, insbesondere aufstehender Gebäude, und Zubehörs sowie allen Eigentümerrechten und Rückgewähransprüchen hinsichtlich eingetragener Rechte, insbesondere Grundpfandrechten, einschließlich der besicherten Verbindlichkeiten.

Alternative (negative Umschreibung)

Es ist Testamentsvollstreckung angeordnet, jedoch mit Ausnahme der folgenden Nachlassgegenstände, die der Verfügungsbefugnis des Testamentsvollstreckers **nicht** unterliegen: (...).

▲

Nicht im Erbschein zu vermerken ist der Eintritt einer nachträglichen (sachlichen) Beschränkung der Testamentsvollstreckung durch wirksame Freigabe nach § 2217 BGB. 171 Hier muss die Löschung des Testamentsvollstreckervermerks im öffentlichen Register des Einzelgegenstandes (z.B. Grundbuch) genügen. Sieht man dies jedoch anders, könnte der Testamentsvollstreckervermerk wie folgt lauten:

> *Formulierungsbeispiel*
>
> Es ist Testamentsvollstreckung angeordnet, jedoch mit Ausnahme des bzw. der folgenden gemäß § 2217 BGB freigegebenen Nachlassgegenstände, die der Verfügungsbefugnis des Testamentsvollstreckers **nicht** mehr unterliegen: ....

254 BayOBLG NJW-RR 2005, 1245 = DNotZ 2005, 930 = FamRZ 2006, 147 = FGPrax 2005, 217.

2. Persönliche Beschränkungen

172 Ist die Testamentsvollstreckung in persönlicher Hinsicht beschränkt, ist dies im (seltenen) Teilerbschein oder (häufigen) gemeinschaftlichen Erbschein unter Beschränkung auf den Erbteil des betroffenen Miterben anzugeben,[255] da die übrigen (Mit-)Erben verwaltungs- und verfügungsbefugt bleiben. Zu den Besonderheiten der Testamentsvollstreckung bei Vor- und Nacherbfolge siehe Rdn 177 ff.

▼

Muster 2.33: Persönlich beschränkte Testamentsvollstreckung

2.33 Es ist Testamentsvollstreckung angeordnet, jedoch persönlich beschränkt auf den Erbteil des Miterben   , geb. am   von 1/x.

Oder:

Es ist Testamentsvollstreckung am Erbteil des Miterben   , geb. am   , von 1/x angeordnet.

▲

3. Zeitliche Beschränkungen

173 Zeitliche Beschränkungen, wie z.B. aufschiebende Bedingungen, können nur dann sinnvoll in den Testamentsvollstreckervermerk aufgenommen werden, wenn sich die Bedingung (§ 158 BGB) oder der Termin (§ 163 BGB) hinreichend bestimmen, insbesondere für den Grundbuchverkehr, im Vermerk bezeichnen lassen.[256] Ist dies nicht der Fall, wird die Testamentsvollstreckung erst mit dem Eintritt der Bedingung oder des Termins im Erbschein vermerkt.

▼

Muster 2.34: Zeitlich beschränkte Testamentsvollstreckung

2.34 Es ist Testamentsvollstreckung angeordnet. Diese ist jedoch aufschiebend bedingt durch den Eintritt von   angeordnet.

Alternative:

Es ist Testamentsvollstreckung angeordnet. Diese ist jedoch aufschiebend befristet durch den Eintritt von   angeordnet.

▲

174 Ist die Testamentsvollstreckung hingegen auf eine bestimmte Zeitdauer beschränkt (d.h. auflösend befristet), z.B. die Vollendung eines bestimmten Lebensjahres des belasteten

255 Krätzschel/Falkner/Döbereiner/*Krätzschel*, § 38, Rn 149; Bahrenfuss/*Schaal*, § 352b Rn 22.

256 Krätzschel/Falkner/Döbereiner/*Krätzschel*, § 38, Rn 150; *Zimmermann*, Erbschein, S. 226; Mayer/Bonefeld/*Mayer*, S. 57.

Miterben oder eines Miterben, so ist dies nach teilweise vertretener Auffassung[257] bereits im Testamentsvollstreckervermerk, nicht nur im Testamentsvollstreckerzeugnis anzugeben. Dies könnte wie folgt formuliert werden.

> *Formulierungsbeispiel Befristete Testamentsvollstreckung*
>
> Es ist Testamentsvollstreckung am Erbteil des Miterben (…), geb. am (…), von **1/x** angeordnet. Diese endet mit Vollendung des 25. Lebensjahres des genannten Miterben (Anm. 1).
>
> *Alternative (Anm. 2)*
>
> Es ist Testamentsvollstreckung angeordnet. Diese endet mit Vollendung des 25. Lebensjahres des Miterben (…), geb. am (…).

Anmerkungen: 175

1. Hierbei handelt es sich i.E. aber um eine (zeitliche) Erweiterung der Befugnisse des Testamentsvollstreckers (gegenüber dem Grundmodell der §§ 2203 ff. BGB) und gerade nicht um eine Beschränkung der Befugnisse des Testamentsvollstreckers. Daher genügt m.E. die Angabe im Testamentsvollstreckerzeugnis.
2. Bei Testamentsvollstreckung am gesamten Nachlass, nicht nur an einem Erbteil.

4. Kombination aus verschiedenen Beschränkungen

Denkbar ist auch eine Kombination aus verschiedenen Beschränkungen, etwa persönlichen und zeitlichen Beschränkungen oder sachlichen und zeitlichen Beschränkungen. 176

▼

Muster 2.35: Kombinierte Beschränkungen

Es ist Testamentsvollstreckung angeordnet. Diese ist jedoch aufschiebend befristet durch den Eintritt von angeordnet. Sie ist zudem sachlich beschränkt auf die folgenden Nachlassgegenstände: 2.35

z.B. **Amtsgericht** , **Grundbuch vom** , **Blatt**

BV-Nr.

Flst. Nr.

GuF, Straße mit qm

samt dessen gesetzlicher Bestandteile, insbesondere aufstehender Gebäude, und Zubehörs sowie allen Eigentümerrechten und Rückgewähransprüchen hinsichtlich

257 MüKo-FamFG/*Grziwotz*, § 352b, Rn 42.

eingetragener Rechte, insbesondere Grundpfandrechten, einschließlich der besicherten Verbindlichkeiten.

▲

V. Testamentsvollstreckervermerk bei Vor- und Nacherbfolge

177 Bei Vor- und Nacherbfolge ist danach zu unterscheiden, ob der Vorerbe und/oder der Nacherbe mit der Testamentsvollstreckung belastet wurden. Hier kommen mehrere auch untereinander kombinierbare Erscheinungsformen der Testamentsvollstreckung in Betracht:[258]

Die **reine Abwicklungsvollstreckung für die Vorerbschaft**. Diese ist nur im Erbschein des Vorerben zu vermerken. Dies könnte bei einem Allein-Vorerben wie folgt formuliert werden.

▼

Muster 2.36: Abwicklungsvollstreckung für die Vorerbschaft

(Vor-)Erbschein

 , geb. am , zuletzt wohnhaft gewesen in , verstorben am in , ist aufgrund gewillkürter Erbfolge unter Anwendung deutschen Rechts von , geb. am , wohnhaft ,

allein

beerbt worden.

Nacherbfolge ist hinsichtlich des gesamten Nachlasses angeordnet. Sie tritt mit dem Tod des Vorerben ein. Der Vorerbe ist von allen Beschränkungen befreit, für die nach dem Gesetz Befreiung erteilt werden kann. Nacherben sind

 , geb. am , wohnhaft ,

 , geb. am , wohnhaft , sowie

 , geb. am , wohnhaft .

Es ist jeweils Ersatznacherbfolge angeordnet. Ersatznacherben sind die jeweiligen Abkömmlinge eines wegfallenden Nacherben nach den Regeln der gesetzlichen Erbfolge erster Ordnung. Die jeweiligen Nacherbanwartschaften sind jeweils weder vererblich noch veräußerlich, wobei eine Veräußerung an den jeweiligen Vorerben zulässig ist. Im Falle einer Veräußerung an den Vorerben entfällt zudem jede Ersatzerbeinsetzung.

258 Übersicht bei: BeckOK-BGB/*Lange*, § 2222 BGB, Rn 1.

Es ist Testamentsvollstreckung angeordnet. Beschwert ist der alleinige Vorerbe , geb. am .

▲

Die **(Dauer-)Testamentsvollstreckung für den Vorerben**, wie z.B. beim Behinderten-, Geschiedenen- oder Überschuldetentestament, beschränkt den Vorerben und ist ebenfalls nur in dessen Erbschein anzugeben. Dabei unterscheidet sich der Testamentsvollstreckervermerk bei Abwicklungs- und Dauervollstreckung grds. nicht. In beiden Fällen ist die Verfügungsbefugnis des Vorerben (über die §§ 2113 ff. BGB hinaus) beschränkt (§§ 2205, 2211 f. BGB). Nur dies wird durch den Testamentsvollstreckervermerk zum Ausdruck gebracht. Die Erweiterung der Rechtsmacht des Testamentsvollstreckers durch Dauervollstreckung ist dagegen im Testamentsvollstreckerzeugnis anzugeben. 178

Formulierungsbeispiel (Dauer-)Testamentsvollstreckung für den Vorerben

(…)

Es ist Testamentsvollstreckung angeordnet. Beschwert ist der alleinige Vorerbe (…), geb. am (…).

Die **Nacherbenvollstreckung (§ 2222 BGB)** ist als Belastung des Vorerben nur in dessen Erbschein aufzunehmen.[259] Der Vermerk könnte lauten: 179

Formulierungsbeispiel Nacherbenvollstreckung

Es ist (ggf. zudem) Nacherbentestamentsvollstreckung gemäß § 2222 BGB für jeden Nacherben angeordnet.

Die **reine Abwicklungsvollstreckung für den bzw. die Nacherben**. Diese ist nur im Erbschein des Nacherben anzugeben. 180

▼

Muster 2.37: Abwicklungsvollstreckung für Nacherben

2.37

Gemeinschaftlicher (Nach-Erbschein)

Mit dessen Tod ist zugleich der Nacherbfall nach dem Tode von geb. , geb. am , verstorben am in , eingetreten. Nacherben sind die Genannten zu unter sich gleichen Teilen, d.h. je $1/2$, geworden.

Es ist Testamentsvollstreckung angeordnet. Beschwert sind alle vorstehend genannten Nacherben.

▲

259 BeckOK-FamFG/*Schlögel*, § 352b Rn 12; Krätzschel/Falkner/Döbereiner/*Krätzschel*, § 38 Rn 145 f.

181 Die **(Dauer-)Testamentsvollstreckung für den Nacherben**, die erst mit dem Nacherbfall (§ 2139 BGB) beginnt, den Nacherben belastet, nicht auch den Vorerben,[260] ist nur im Erbschein des Nacherben anzugeben.[261] Dagegen wird die Testamentsvollstreckung nur für den Erbeserben[262] im Erbschein vermerkt.

Formulierungsbeispiel (Dauer-)Testamentsvollstreckung für den Nacherben

Es ist Testamentsvollstreckung angeordnet. Beschwert sind alle vorstehend genannten Nacherben.

182 Die **Testamentsvollstreckung für die Dauer der Vor- und Nacherbschaft**, die sowohl Vor- als auch Nacherben belastet, ist im Erbschein des Vor- und Nacherben zu vermerken.[263]

Formulierungsbeispiel Testamentsvollstreckung für die Dauer der Vor- und Nacherbschaft

Es ist Testamentsvollstreckung angeordnet. Beschwert ist der alleinige Vorerbe (…), geb. am (…).

Gegebenfalls:

Für jeden Nacherben ist zudem Nacherbenvollstreckung gemäß § 2222 BGB angeordnet.

183 *Formulierungsbeispiel Testamentsvollstreckung im Nacherbschein*

Es ist Testamentsvollstreckung angeordnet. Beschwert sind alle vorstehend genannten Nacherben.

VI. Kosten

184 Der Testamentsvollstreckervermerk ist im notariellen Verfahren der Abnahme der eidesstattlichen Versicherung zur Erlangung eines Erbscheins ebenso wie im Erbscheinserteilungsverfahren beim Nachlassgericht **nicht** gesondert zu bewerten. Der Geschäftswert in beiden Verfahren bestimmt sich nach § 40 GNotKG. Die Gebührentatbestände sind in KV 12210 und 23300 geregelt und sehen jeweils einen Gebührensatz von 1,0 vor.

260 Denkbar wäre auch ein Vermerk mit der Angabe eines späteren Wirksamkeitseintritts. Dieser wäre aber dem Rechtsverkehr nicht zuträglich und sollte daher unterbleiben. Im Übrigen erhält der Nacherbe zum Nachweis seiner Rechtsstellung einen eigenen Erbschein.

261 **A.A.:** KG JW 1938, 1411 (1412); Erman/*Simon*, § 2364 BGB, Rn 2 a.E., der darauf verweist, dass ein so beschränkter Nacherbe nicht wirksam in Verfügungen des Vorerben einwilligen kann (§§ 2113 f., 2120 BGB).

262 Vgl. KGJ 46, 141.

263 BeckOK-FamFG/*Schlegel*, § 352b FamFG, Rn 12.

VII. Prüfungsschema zur Aufnahme eines Testamentsvollstreckervermerks im Erbschein

Als Arbeitshilfe in der Praxis soll der nachstehende Algorithmus die wesentlichen Gedan- 185
kenschritte zur Prüfung der Aufnahme eines Testamentsvollstreckervermerks mit und ohne Zusätze im Erbschein zusammenfassen.

Abb. 1 – Algorithmus zum Testamentsvollstreckervermerk mit/ohne Zusätze im Erbschein

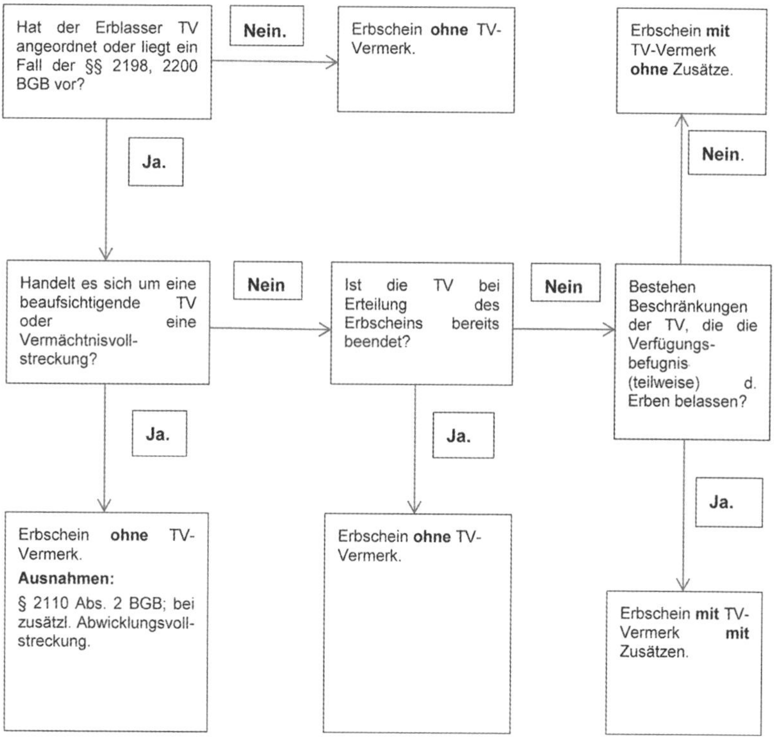

E. Erbschein bei Anwendung ausländischen materiellen Erbrechts

I. Muster Erbscheinsantrag bei Anwendung ausländischen Erbrechts

186 ▼

Muster 2.38: Erbscheinsantrag bei Anwendung ausländischen Erbrechts

Notarieller Urkundseingang

Sachverhalt

Am ___ verstarb der Erblasser ___. Er war geboren am ___ in ___.

Er hatte seinen letzten gewöhnlichen Aufenthalt im Zeitpunkt seines Todes in ___, Deutschland. Der Erblasser war ausschließlich italienischer Staatsangehöriger. Er war zum Zeitpunkt seines Todes in erster Ehe verheiratet mit der Antragstellerin.

Aus dieser Ehe ist ein Kind hervorgegangen, nämlich ___.

Weitere Kinder des Erblassers sind und waren nicht vorhanden.

Weitere Personen, durch die die Antragstellerin von der Erbfolge ausgeschlossen oder ihr Erbteil gemindert würde, sind und waren nicht vorhanden.

Die Antragstellerin hat die Erbschaft angenommen, was hiermit ohne Einschränkungen und Vorbehalte gegenüber dem Nachlassgericht ausdrücklich bestätigt wird.

Ein Rechtsstreit über das Erbrecht ist nicht anhängig, insbesondere hat das pflichtteilsberechtigte Kind des Erblassers keine Herabsetzungsklage erhoben, weder im Inland noch im Ausland. Das Kind hat vielmehr mit schriftlicher Erklärung, die diesem Antrag beigefügt wird, auf das Recht, die Herabsetzungsklage zu erheben, verzichtet.

Der Erblasser hat am 11.10.2016 in München ein eigenhändiges Testament verfasst. In diesem hat er eine Rechtswahl getroffen und für seine Rechtsnachfolge von Todes wegen das Recht seiner Staatsangehörigkeit, also das italienische Recht, für anwendbar erklärt. Testamentarische Alleinerbin ist nach dem Testament seine Ehefrau, also die Antragstellerin. Sein Kind hat der Erblasser im Testament nicht bedacht.

Er hat jedoch hinsichtlich seiner Eigentumswohnung in München (AG München, Grundbuch von ___, Blatt ___) ein Vermächtnis angeordnet, nach dem der Bruder des Erblassers, ___, die vorgenannte Wohnung zu seinem Alleineigentum erhält.

Eine Gerichtsstandsvereinbarung gem. Art. 5 EuErbVO wurde nicht geschlossen. Es wird auch ausdrücklich kein Antrag gem. Art. 6 EuErbVO gestellt. Hierzu verweist die Antragstellerin darauf, dass sämtliche testamentarisch bedachten Personen sowie auch das testamentarisch nicht bedachte Kind des Erblassers ihren gewöhnlichen Aufenthalt in Deutschland haben und hier auch die wesentlichen, zum Nachlass des Verstorbenen gehörenden Vermögensgegenstände belegen sind.

Eidesstattliche Versicherung

[siehe Rdn 1]

Antrag

Ich, die Antragstellerin, beantrage beim zuständigen Nachlassgericht die Erteilung eines Erbscheins wie folgt:

Der Erblasser , geb. am , verstorben am , ist aufgrund des Testaments vom 11.10.2016 bei Anwendung des italienischen Rechts allein beerbt worden von seiner Ehefrau, , geb. am .

Das Erbrecht der Erbin bezieht sich jedoch nicht auf die in München befindliche Wohnung (AG München von , Blatt), hinsichtlich derer ein gemäß dem anwendbaren italienischen Erbrecht dinglich wirkendes Vermächtnis zugunsten eines Dritten angeordnet ist.

Hilfsweise wird beantragt, den Erbschein ohne die Einschränkung hinsichtlich der vorgenannten Wohnung zu erteilen.

Vollzugsauftrag, Belehrungen, Hinweise, Schlussbestimmungen

[siehe Rdn 1]

▲

II. Muster Erbschein bei Anwendung ausländischen Rechts

▼ 187

Muster 2.39: Erbschein bei Anwendung ausländischen Erbrechts

Der Erblasser , geb. am , verstorben am , ist aufgrund gewillkürter Erbfolge beerbt worden von , geb. am , und zwar in Anwendung italienischen Erbrechts. 2.39

Das Erbrecht der Erbin bezieht sich jedoch nicht auf die in München befindliche Wohnung (AG München von , Blatt), hinsichtlich derer ein gemäß dem anwendbaren italienischen Erbrecht dinglich wirkendes Vermächtnis zugunsten eines Dritten angeordnet ist.

▲

III. Erläuterungen

1. Internationale Zuständigkeit

188 Voraussetzung für die Erteilung eines deutschen Erbscheins ist die internationale Zuständigkeit der deutschen Nachlassgerichte. Hierfür ist es grundsätzlich nicht (mehr) erforderlich, dass auch in materieller Hinsicht deutsches Recht zur Anwendung gelangt. Vielmehr kann ein deutscher Erbschein – als sog. Fremdrechtserbschein – auch dann erteilt werden, wenn Erbstatut nicht deutsches, sondern ausländisches Erbrecht ist. Der früher geltende Gleichlaufgrundsatz wurde im Zuge der FamFG-Reform 2009 aufgegeben: Die internationale Zuständigkeit der deutschen Nachlassgerichte hängt nach den Regelungen des FamFG nicht mehr davon ab, welches Sachrecht anwendbar ist, sondern ist gem. § 105 FamFG immer dann gegeben, wenn nach den §§ 343 ff. FamFG eine örtliche Zuständigkeit deutscher Gerichte besteht (Grundsatz der Doppelfunktionalität der Zuständigkeitsnormen). Zu beachten ist allerdings, dass seit Geltung der EuErbVO die nationalen deutschen Regelungen über die internationale Zuständigkeit unionsrechtlich überlagert und verdrängt werden (siehe hierzu auch Rdn 201). Auch die internationale Zuständigkeit für die Erteilung eines deutschen Erbscheins bestimmt sich nunmehr nach den Regelungen der EuErbVO.[264]

Ist die internationale Zuständigkeit gegeben, kann das Nachlassgericht auch bei der Anwendbarkeit ausländischen Rechts einen allgemeinen und nicht auf das Inland beschränkten Erbschein erteilen (Fremdrechtserbschein mit sog. Weltrechtsgeltung). Allerdings hat der Antragsteller auch die Möglichkeit, gem. § 352c FamFG einen territorial auf das Inland beschränkten Erbschein zu beantragen (siehe hierzu Rdn 199 ff.).

Im Beispielsfall ist eine Zuständigkeit der deutschen Nachlassgerichte gem. Art. 4 EuErbVO aufgrund des letzten gewöhnlichen Aufenthalts des Erblassers in Deutschland gegeben. Etwas anderes würde nur gelten, sofern eine Gerichtsstandsvereinbarung gem. Art. 5 EuErbVO getroffen wird oder sich das deutsche Nachlassgericht auf Antrag der Verfahrensparteien gem. Art. 6 EuErbVO für unzuständig erklärt.[265] Im Beispielsfall hatte der Erblasser zwar eine Rechtswahl zum italienischen Recht getroffen, allerdings wurde kein Antrag gem. Art. 6 EuErbVO gestellt. Eine solcher erscheint aufgrund des starken Inlandsbezugs auch nicht als sachgerecht.

2. Typische Konstellationen für den Fremdrechtserbschein

189 Die EuErbVO folgt dem Prinzip des Gleichlaufs von forum und ius, indem sie sowohl die internationale Zuständigkeit als auch das anwendbare Recht in der Regel an den letzten

264 EuGH NJW 2018, 2309 (Rechtssache „Oberle"); MüKo-BGB/*Dutta*, Vorb. zu Art. 4 Rn 7, 8.

265 Zu den Voraussetzungen hierfür siehe OLG Köln ZEV 2020, 230 mit Anm. *Eule*; siehe auch *Marx*, ErbR 2021, 18 (22).

gewöhnlichen Aufenthalt des Erblassers anknüpft.[266] Das zuständige Gericht wendet also in der Regel das eigene Recht an. Allerdings kann es – ausnahmsweise – dennoch dazu kommen, dass ein deutsches Nachlassgericht ausländisches Erbrecht anzuwenden hat, also einen sogenannten Fremdrechtserbschein erteilt, etwa aufgrund einer Rechtswahl eines in Deutschland lebenden Ausländers (Art. 22 EuErbVO, siehe Beispielsfall), aufgrund einer wesentlich engeren Verbindung des Erblassers zu einem anderen Staat (Art. 21 Abs. 2 EuErbVO) oder auch bei gewöhnlichem Aufenthalt des Erblassers in einem Drittstaat, der die Verweisung des Art. 21 Abs. 1 EuErbVO annimmt (sofern in diesem Fall eine subsidiäre Zuständigkeit der deutschen Nachlassgericht im Sinne des Art. 10 EuErbVO besteht). Ferner kann ein Fremdrechtserbschein auch dann zu erteilen sein, wenn bilaterale Staatsverträge Anwendung finden (Art. 75 Abs. 1 EuErbVO: Dt.-Türk. NachlAbk, Dt.-Pers. NiederlAbk sowie Dt.-Sowj. KonsularV).

3. Besonderheiten beim Fremdrechtserbschein

Auch wenn ein Erbschein unter Anwendung ausländischen materiellen Erbrechts erteilt **190**
wird, so bestimmt sich das Erbscheinsverfahren doch stets nach der lex fori, also dem deutschen Recht. Daher unterliegen die Gestaltung und der Inhalt des Erbscheinsantrags und des Erbscheins selbst allein dem deutschen Recht.[267] Aus der Anwendbarkeit der lex fori folgt auch, dass ein Erbschein unabhängig davon erteilt werden kann, ob das anwendbare Erbrecht einen solchen bzw. ein vergleichbares Rechtsinstitut überhaupt kennt.[268] Die Anwendung ausländischen Erbrechts führt allerdings zu gewissen Abweichungen bzw. Anpassungsbedarf im Erbscheinsverfahren.

a) Angewandtes Recht, Berufungsgrund

Nach h.M. sind sowohl im Erbscheinsantrag als auch im Erbschein selbst sowohl das an- **191**
gewandte ausländische Erbrecht (Erbstatut) als auch der Berufungsgrund (gesetzliche oder gewillkürte Erbfolge) anzugeben.[269] Dies folgt aus der Publizitäts- und Legitimationsfunktion des Erbscheins. Der Rechtsverkehr hat ein Interesse an einer Offenlegung der Erbenstellung nach ausländischem Recht, da dieses, z.B. im Bereich der Erbenhaftung, im Verhältnis zum deutschen Recht unterschiedlich ausgestaltet sein kann. Auch kann in ausländischen Rechtsordnungen die Erbenstellung – anders als im deutschen Recht – bei gesetzlicher und gewillkürter Erbfolge unterschiedlich beschaffen sein. Fehlt im

266 Siehe hierzu MüKo-BGB/*Dutta*, Vorb. zu Art. 4 Rn 2f. sowie Art. 21 Rn 4.

267 MüKo-BGB/*Dutta*, Vorb. zu Art. 4 Rn 37.

268 MüKo-BGB/*Dutta*, Vorb. zu Art. 4 Rn 37.

269 OLG Frankfurt BeckRS 2020, 27072; Krätzschel/Falkner/Döbereiner/*Krätzschel*, § 38 Rn 116; zweifelnd hinsichtlich des Berufungsgrundes im Erbschein *Zimmermann*, Erbschein, Rn 429 und auch *Bachmayr*, BWNotZ 2010, 146 (171); im Antrag ist freilich stets (auch beim Eigenrechtserbschein) der Berufungsgrund anzugeben.

Fremdrechtserbschein die Angabe des ausländischen Erbstatuts, so stellt dies nach h.M. einen Einziehungsgrund dar.[270]

b) Erbenstellung

192 Voraussetzung für die Erteilung eines Erbscheins ist, dass die Rechtsstellung des Begünstigten derjenigen eines Erben im Sinne des deutschen Rechts vergleichbar oder zumindest ähnlich ist. Auch wenn das ausländische Recht keine Universalsukzession im engeren Sinne kennt, kann ein Erbschein erteilt werden, wenn es sich z.B. um sogenannte Universalvermächtnisnehmer handelt oder wenn etwaige weitere Nachlassbeteiligte nur Gläubiger von Geldansprüchen sind.[271] Im Beispielsfall des italienischen Rechts ist diese Voraussetzung unproblematisch erfüllt, da dieses die Erbeinsetzung im Sinne einer Gesamtrechtsnachfolge erlaubt (erede universale, siehe art. 588 codice civile).

Im Rechtskreis des Common-Law, insbesondere dem britischen und dem US-amerikanischen Recht, erfolgt hingegen kein unmittelbarer Vermögensübergang auf die gesetzlich oder testamentarisch eingesetzten Begünstigten (distributees, residuary legatees bzw. beneficiaries). Vielmehr geht der Nachlass zunächst auf einen sog. personal representative (executor bei gewillkürter Einsetzung durch den Erblasser oder administrator bei gerichtlicher Bestellung), eine Art Nachlassabwickler, über. Diesem fällt die Aufgabe zu, den Nachlass zu sammeln, Nachlassverbindlichkeiten zu begleichen und sodann den Überschuss bzw. den verbleibenden Nachlass an die Endbegünstigten auszukehren. Nach bislang überwiegender Meinung sind trotz ihrer (vorübergehenden) Vollberechtigung am Nachlass nicht der administrator bzw. der executor (Gleiches gilt i.d.R. auch für den trustee) als Erben in den Erbschein aufzunehmen, sondern die Endbegünstigten (residuary legatees/distributees/beneficiaries).[272] Hierfür spricht, dass die legal representatives funktionell nur eine Art Treuhänderstellung ausüben und ihnen keine endgültige vermögensmäßig Beteiligung am Nachlass zukommt.[273] Zur Frage, inwieweit in den Erbschein ein Vermerk über eine angeordnete Testamentsvollstreckung aufzunehmen ist siehe Rdn 198. Allerdings plädiert eine neuere Auffassung unter Verweis auf die Vollrechtsinhaberschaft der personal representatives und die nur schuldrechtsähnlichen Ansprüche der beneficiaries dafür, die personal representatives als Erben im Sinne des deutschen (Erbscheins-)Rechts zu betrachten.[274] Folgt man dieser Ansicht, erübrigt

270 BayObLGZ 1961, 4 (22); KG Rpfleger 1977, 307; MüKo-BGB/*J. Mayer*, 6. Aufl. 2013, § 2369 Rn 25.

271 MüKo-FamFG/*Grziwotz*, § 352c Rn 30 ff.; MüKo-BGB/*J. Mayer*, 6. Aufl. 2013, § 2369 Rn 29 ff.

272 BeckOK-BGB/*Lorenz*, EGBGB Art. 25 a.F. Rn 37; KG ZEV 2012, 593 (594) zum Recht von Colorado, USA; BayObLGZ 2003, 68 (83) zum Recht von Ontario, Kanada; kritisch jedoch MüKo-BGB/*Dutta*, Vorb. zu Art. 4 Rn 44.

273 MüKo-FamFG/*Grziwotz*, § 352c Rn 36.

274 MüKo-BGB/*Dutta*, Vorb. zu Art. 4 Rn 44; Süß/*Odersky*, ErbR in Europa, Großbritannien Rn 134.

sich die Frage, ob die execution bzw. administration als testamentsvollstreckungsähnliches Rechtsinstitut im Erbschein zu erwähnen ist (siehe Rdn 198).

Weitere Voraussetzung für die Erteilung eines Erbscheins ist die Annahme der Erbschaft. 193
Diese muss nach den Regeln des ausländischen Erbrechts (= Erbstatut) erfolgt sein. Da nicht in allen Rechtsordnungen die Erbschaft dem Erben ohne weiteres („von selbst") anfällt,[275] sollte im Erbscheinsantrag ausdrücklich die Annahme erklärt bzw. sollten jedenfalls Ausführungen über die Annahme der Erbschaft gemacht werden.[276] Die Erklärung im Erbscheinsantrag, also zur Urkunde eines deutschen Notars, erfüllt jedenfalls die Voraussetzungen einer ausdrücklichen Annahmeerklärung in öffentlicher Urkunde gem. dem italienischen Recht (artt. 470 Abs. 1, 474, 475 Abs. 1 Alt. 1 codice civile).[277] Bereits vor Anwendung der EuErbVO war dies der Fall und gilt unter der EuErbVO umso mehr.[278]

c) Einschränkungen der Erbenstellung

aa) Allgemeines

Nach h.M. sind auch Verfügungsbeschränkungen in den Fremdrechtserbschein aufzunehmen, wenn es sich um solche handelt, die den Erben in seiner Verfügungsmacht einschränken und die auch in einen Eigenrechtserbschein gem. § 352b FamFG aufzunehmen wären.[279] Dies gebietet zum einen die Funktion des Erbscheins, der nicht nur das Erbrecht, sondern auch bestehende Verfügungsbeschränkungen auszuweisen hat. Zum anderen folgt dies auch aus der Anwendung des deutschen Verfahrensrechts (lex fori), also den §§ 352 ff. FamFG. 194

bb) Dinglich wirkende Vermächtnisse

Fraglich ist, wie mit ausländischen Vindikationslegaten, also dinglich wirkenden Vermächtnissen im Erbscheinsverfahren umzugehen ist. Nach traditioneller Auffassung wurden ausländische Vindikationslegate in Deutschland nicht anerkannt und demzufolge auch nicht in den Erbschein aufgenommen. Die früher h.M. verweigerte solchen Vermächtnissen unter Verweis auf den numerus clausus des Sachenrechts die Anerkennung und kam zu dem Ergebnis, dass derartige Vermächtnisse in Damnationslegate umzudeuten seien.[280] Nach dem Urteil des EuGH in der Rechtssache Kubicka[281] kann die vor- 195

275 Zu den vier Grundmodellen Vonselbsterwerb, Antrittserwerb, staatliche Einweisung und Treuhandmodell siehe *Schmidt*, ZEV 2014, 455.

276 *Fetsch*, RNotZ 2006, 77 (86).

277 Hausmann-IntErbR/*Hausmann/Trabucchi*, Italien Rn 667.

278 BayObLG NJW 1967, 447; siehe hierzu auch Schmidt, ZEV 2014, 455 (460); MüKo-BGB/*Dutta*, Vorb. zu Art. 4 Rn 33.

279 Krätzschel/Falkner/Döbereiner/*Döbereiner*, § 48 Rn 50; MüKo-BGB/*J. Mayer*, 6. Aufl. 2013, § 2369 Rn 42.

280 BGH ZEV 1995, 298; BayObLGZ 1961, 19.

281 EuGH DNotZ 2018, 33.

malige h.M. jedoch so nicht mehr aufrecht erhalten werden. Zwar ist die Reichweite der Entscheidung in Bezug auf Vindikationslegate nach ausländischem Recht noch nicht abschließend geklärt, insbesondere soweit es um den Vorrang des Sachenrechts bzw. den numerus clausus des Sachenrechts geht.[282] Feststehen dürfte jedoch, dass man ausländischen Vindikationslegaten jedenfalls nicht mehr generell die Anerkennung verweigern kann. Überzeugend erscheint folgende Differenzierung: Handelt es sich bei dem Gegenstand des Vindikationslegats um ein Recht, welches auch im deutschen Sachenrecht in gleicher Weise existiert (z.B. Eigentum an einem Grundstück) und geht es allein um den Modus des Rechtserwerbs („Vonselbsterwerb" versus „rechtsgeschäftliche Übertragung"), so ist das Vindikationslegat als solches anzuerkennen; eine Auflassung hinsichtlich eines Grundstücks ist also nicht erforderlich.[283] Handelt es sich hingegen um eine Rechtsposition, die dem deutschen Sachenrecht nicht bekannt ist oder jedenfalls nicht mit dem gleichen Inhalt existiert (z.B. gesetzliche Nießbrauchsrechte des Ehegatten gem. den romanischen Rechtsordnungen), so besteht ein Vorrang des deutschen Sachenrechts (siehe Art. 1 Abs. 2 lit. k EuErbVO). Derartigen Vermächtnissen ist also die unmittelbare dingliche Wirkung zu versagen, sie sind in Damnationslegate umzudeuten.[284] Sofern hiernach ein ausländisches Vindikationslegat als solches anzuerkennen ist, spricht alles dafür, dieses auch in den deutschen Erbschein als Beschränkungen des Erbrechts aufzunehmen.[285] Denn der Rechtsverkehr hat ein Interesse daran, dass die beschränkte Erbenstellung transparent gemacht wird. Es bietet sich insoweit an, dies im Erbschein in ähnlicher Weise zum Ausdruck zu bringen wie bei Vorausvermächtnissen an den Vorerben gem. § 2110 Abs. 2 BGB (siehe Rdn 121). Im Beispielsfall des italienischen Rechts führt das angeordnete Stückvermächtnis über die Wohnung dazu, dass das Eigentum hieran mit dem Erbfall ipso iure, und ohne dass es hierfür einer Annahmeerklärung oder sonstigen Erfüllungshandlung bedarf, auf den Vermächtnisnehmer (legatario) übergeht (art. 649 codice civile). Daher muss im Erbschein verlautbart werden, dass sich das Erbrecht des Erben hierauf nicht bezieht. Angesichts des strengen Antragsgrundsatzes und der noch unklaren Rechtslage erscheint der hierzu im Beispielsfall gestellte Hilfsantrag jedoch sinnvoll.

196 Offen ist derzeit noch, wie der Begünstigte eines Vindikationsvermächtnisses (Vindikationslegatar) seinen Eigentumserwerb im Rechtsverkehr, z.B. im Grundbuchverfah-

282 *Bandel*, MittBayNot 2018, 99; *Weber*, DNotZ 2018, 16; *Leitzen*, ZEV 2018, 311.

283 *Bandel*, MittBayNot 2018, 99; *Weber*, DNotZ 2018, 16.; siehe hierzu auch OLG Köln ZEV 2020, 218, kein Rechtsschutzbedürfnis für eine Nachlasspflegschaft betreffend die Vermächtniserfüllung, da die unmittelbare dingliche Wirkung eines Vindikationslegats nach ausländischem Recht in Deutschland anzuerkennen ist.

284 *Bandel*, MittBayNot 2018, 99; aA jedoch OLG Saarbrücken ZEV 2019, 640 mit krit. Anm. *Leitzen* und MittBayNot 2020 2020, 146 mit krit. Anm. *Keim*.

285 MüKo-BGB/*Dutta*, Vorb. Art. 4 Rn 46; BeckFormB ErbR/*Eckelskemper/Schmitz*, Form. J V. 8 Anm. 8; *Weber*, DNotZ 2018, 16.

ren, nachweisen kann. Geeignet hierfür dürfte zum einen das Europäische Nachlasszeugnis sein.[286] Der Vindikationslegatar gehört zum Kreis der Antragsberechtigten (Art. 63 Abs. 1 EuErbVO), das dinglich wirkende Vermächtnis ist im Europäischen Nachlasszeugnis auch ausdrücklich zu erwähnen (Art. 68 lit. m), Art. 63 Abs. 2 lit. b EuErbVO). Voraussetzung für ein Europäisches Nachlasszeugnis ist allerdings, dass es in einem anderen Mitgliedstaat verwendet werden soll (siehe Art. 62 Abs. 1, Art. 63 Abs. 1, Art. 65 Abs. 3 lit. f) EuErbVO). Sofern – wie im Beispielsfall – kein solch grenzüberschreitender Bezug, sondern ein reiner Inlandsfall vorliegt, ist der Weg zu einem Europäischen Nachlasszeugnis also verschlossen.[287] Solange der deutsche Gesetzgeber nicht tätig wird, sollte dem Vermächtnisbegünstigten rechtsfortbildend die Möglichkeit eröffnet werden, einen „Legatsschein" zu beantragen.[288] Ein solcher könnte entsprechend einem „gegenständlich beschränkten Vollerbschein" für den vorausvermächtnisweise bedachten Vorerben (§ 2110 Abs. 2 BGB, siehe Rdn 126 a.E. sowie Fn 125) formuliert werden.[289]

cc) Noterbrechte

Problematisch ist der Umgang mit sog. Noterbrechten naher Angehöriger, die nicht nur einen Zahlungsanspruch im Sinne des deutschen Pflichtteilsrechts gewähren, sondern eine unmittelbare („dingliche") Beteiligung als Miterbe am Nachlass. Sofern das Noterbrecht ohne weiteres entsteht, ist der Noterbe in den Erbschein aufzunehmen. Schwieriger ist die Beurteilung von Fällen, in denen das Noterbrecht erst dann als solches besteht, nachdem es geltend gemacht wurde, z.B. in Form einer sogenannten Herabsetzungsklage gegen den Testamentserben (so beispielsweise im italienischen Recht, art. 554 codice civile). Es dürfte zu differenzieren sein wie folgt: Sofern im Zeitpunkt der Erbscheinserteilung das Noterbrecht bereits wirksam geltend gemacht wurde und der Berechtigte damit die Stellung als Noterbe schon erreicht hat, ist er als (Mit-)Erben in den Erbschein aufzunehmen. Hat der Noterbe hingegen rechtswirksam auf sein Noterbrecht bzw. dessen Geltendmachung verzichtet, so kann dem testamentarischen Erben ohne Erwähnung des Noterben ein Erbschein erteilt werden. Streitig ist hingegen, ob und in welcher Form ein Erbschein an den Testamentserben erteilt werden kann, wenn das Noterbrecht zwar noch nicht rechtswirksam durchgesetzt wurde, eine Geltendmachung aber noch möglich ist.[290] Nach dem OLG Frankfurt kann ein Erbschein (ohne beschränkende Vermerke) allein zugunsten des Testamentserben erlassen werden, wenn die Noterben trotz 197

286 *Weber*, DNotZ 2018, 16 (24); OLG Saarbrücken ZEV 2019, 640; OLG Köln ZEV 2020, 218.
287 MüKo-BGB/*Dutta*, Art. 63 Rn 3; OLG München FGPRax 2016, 254; *Schmitz*, RNotZ 2017, 269 (271).
288 *Weber*, DNotZ 2018, 16 (27 ff.); de lege lata zweifelnd jedoch MüKo-BGB/*Dutta*, Vorb. Art. 4 Rn 46.
289 So wohl auch *Weber*, DNotZ 2018, 16 (27); zu einem Formulierungsvorschlag in Bezug auf § 2110 Abs. 2 BGB siehe *Langenfeld/Fröhler*, S. 790 (M 275).
290 Siehe hierzu MüKo-BGB/*Dutta*, Vorb. Art. 4 Rn 52.

Aufforderung durch das Nachlassgericht sich zur Geltendmachung des Rechs nicht erklären oder die Erhebung einer solchen Klage nicht nachweisen.[291] Im Übrigen wird vorgeschlagen, in den Erbschein einen „Vorbehalt der Herabsetzungsklage" aufzunehmen, und zwar in Anlehnung an die Erbscheinserteilung in den sog. Wiederverheiratungsfällen, in denen der überlebende Ehegatte mit seiner gesetzlichen Erbquote unbeschränkter Vollerbe, im Übrigen auflösend bedingter Vollerbe und aufschiebend bedingter Vorerbe ist,[292] z.B. wie folgt:

Formulierungsbeispiel

(…) wurde aufgrund des Testaments vom (…) bei Anwendung des italienischen Erbrechts beerbt von seiner Ehefrau (…) allein. Hinsichtlich eines Anteils von 1/3 steht die Erbberechtigung jedoch unter dem Vorbehalt, dass das noterbberechtigte Kind (…) sein Noterbrecht im Wege eines Herabsetzungsurteils erstreitet.[293]

Sollte der Erblasser einen Noterben zwar testamentarisch zum Miterben eingesetzt haben, aber mit einer Quote, die unterhalb seiner Notrechtserbquote liegt, so könnte auch ein quotenloser Erbschein (§ 352a Abs. 2 FamFG) beantragt werden (siehe Rdn 82 ff.). Eine spätere Klage des Noterben in Bezug auf eine Erbquotenerhöhung zu seinen Gunsten hätte dann keinen Einfluss auf den Inhalt des Erbscheins. Ein Vorbehalt im Erbschein wäre in diesem Fall also nicht nötig.

dd) Vollstrecker, Verwalter

198 Im deutschen Recht ist die Testamentsvollstreckung gem. § 352b Abs. 2 FamFG in den Erbschein aufzunehmen. Daraus folgert die h.M., dass auch Verwaltungsrechte Dritter nach ausländischem Recht im Fremdrechtserbschein zu verlautbaren sind, wenn sie einer deutschen Testamentsvollstreckung vergleichbar sind (siehe hierzu auch Rdn 162 ff.).[294] Hierbei kommt es entscheidend darauf an, ob das Verwaltungsrecht des Dritten den Erben in seiner Verfügungsbefugnis einschränkt oder nicht. Ist dies der Fall, so ist ein entsprechender Vermerk in den Erbschein aufzunehmen. Keine Erwähnung im Erbschein finden hingegen Testamentsvollstreckungen oder ähnliche Rechtsinstitute, die lediglich beauf-

291 OLG Frankfurt ZEV 2014, 159.

292 *Johnen*, MittRhNotK 1986, 57 (69); BayObLGZ 1995, 366 (378); offenlassend BayObLGZ 1961, 4 (18); abw. MüKo-BGB/*Dutta*, Vorb. Art. 4 Rn 52, der dafür plädiert, die Noterben in den Erbschein auch dann aufzunehmen, wenn sie die Herabsetzungsklage noch erheben können.

293 Siehe auch Würzburger Notarhandbuch/*Hertel*, Teil 7 Kap. 4 Rn 165 sowie *Sonnenberger*, IPRax 2002, 174 Fn 43.

294 Krätzschel/Falkner/Döbereiner/*Döbereiner*, § 48 Rn 51; Bengel/Reimann/*Sieghörtner*, § 9 Rn 111; MüKo-BGB/*Dutta*, Vorb. Art. 4 Rn 43 f.; Staudinger/*Herzog*, BGB, § 2353 Rn 680; MüKo-BGB/*J. Mayer*, 6. Aufl. 2013, § 2369 Rn 43 (mit Beispielen zu einzelnen Rechtsordnungen).

sichtigende Wirkung entfalten, ohne die Rechtsmacht der Erben einzuschränken (ähnlich wie § 2208 Abs. 2 BGB[295]).

Umstritten ist, ob die personal representatives (vom Erblasser ernannter executor und gerichtlich bestellter administrator) des Common-Law-Rechtskreises dem deutschen Testamentsvollstrecker vergleichbar sind und daher im Erbschein als Beschränkung des Erbrechts anzugeben sind. Die Rechtsstellung des personal representative (vorrübergehende Vollrechtsinhaberschaft) sowie seine Aufgaben und Befugnisse (Schuldenregulierung und Nachlassauseinandersetzung) mit der damit einhergehenden Beschränkung auf Seiten der Endbegünstigten sprechen dafür, in den Erbschein einen entsprechenden Vermerk aufzunehmen.[296] Die wohl h.M. jedoch lehnt für den administrator – mit unterschiedlicher Begründung[297] – eine Aufnahme in den Erbschein jedoch überwiegend ab.[298] Für den vom Erblasser eingesetzten executor wird hingegen überwiegend die Vergleichbarkeit mit dem deutschen Testamentsvollstrecker bejaht, da seine Einsetzung auf den Erblasserwillen zurückzuführen sei.[299] Eine execution ist daher im Erbschein auch nach der (wohl) h.M. zu erwähnen. Erst recht dürfte dies für den trustee gelten.[300]

> *Formulierungsbeispiel*
>
> Es ist Testamentsvollstreckung nach dem Recht des Staates New York, USA (alt. nach englischem Recht), angeordnet („execution“).[301]

Obsolet würden die vorstehenden Fragen freilich dann, wenn man die personal representatives als Erben im Sinne des deutschen (Erbscheins-)Rechts einstufen würde (siehe hierzu Rdn 192).

295 Zur beaufsichtigenden Testamentsvollstreckung nach dt. Recht siehe OLG Köln FGPrax 2017, 133.

296 Die Befugnisse eines z.B. in England eingesetzten administrators dürften in der Regel auch nicht nur auf die dortige jurisdiction beschränkt sein, sondern grds. auch in Deutschland Geltung beanspruchen; siehe hierzu MüKo-BGB/*Dutta*, Vorb. Art. 4 Rn 43, 47; Süß/*Odersky*, ErbR in Europa, Großbritannien Rn 28; BeckOK-BGB/*Lorenz*, EGBGB Art. 25 a.F. Rn 37.

297 So z.B. die Spaltungstheorie, die allerdings unter Geltung der EuErbVO nicht mehr überzeugend erscheint: Süß/*Odersky*, ErbR in Europa, Großbritannien Rn 28 ff.; *Leitzen*, ZEV 2012, 520 (523); siehe aber auch Bengel/Reimann/*Klinger*, § 9 Rn 281.

298 Krätzschel/Falkner/Döbereiner/*Döbereiner*, § 48 Rn 51; siehe hierzu auch Bengel/Reimann/*Becker*, § 9 Rn 531 ff.

299 Bengel/Reimann/*Sieghörtner*, § 9 Rn 114; teilweise wird jedoch verlangt, der Erblasser müsse den executor mit weitergehenden Aufgaben als der reinen Nachlassabwicklung betraut haben: BayObLGZ 1980, 42 (48); *Leitzen*, ZEV 2012, 520 (523); Krätzschel/Falkner/Döbereiner/*Döbereiner*, § 48 Rn 51.

300 MüKo-BGB/*Dutta*, Vorb. Art. 4 Rn 50.

301 *Odersky*, Abwicklung S. 166.

F. Gegenständlich beschränkter Erbschein (§ 352c FamFG) und Nachlassspaltung

I. Muster Erbscheinsantrag gem. § 352c FamFG

199 ▼

Muster 2.40: Erbscheinsantrag gem. § 352c FamFG

Notarieller Urkundseingang

Sachverhalt

Am ___ 2019 verstarb der Erblasser, Herr ___, in ___, Deutschland.

Er war geboren am ___ in ___.

Zum Zeitpunkt seines Todes hatte er seinen gewöhnlichen Aufenthalt in ___, Deutschland. Er war ausschließlich deutscher Staatsangehöriger.

Der Erblasser war ledig und hat keine Abkömmlinge hinterlassen. Der Erblasser war das Kind der Antragstellerin. Der Vater des Erblassers ist bereits vorverstorben, und zwar ohne weitere Abkömmlinge zu hinterlassen. Weitere Personen, durch die die Antragstellerin von der Erbfolge ausgeschlossen oder ihre Erbteile gemindert würden, sind und waren nicht vorhanden. Weitere sonstige Beteiligte im Sinne des § 345 Abs. 1 FamFG sind der Antragstellerin nicht bekannt.

Verfügungen von Todes wegen hat der Erblasser nicht errichtet, so dass gesetzliche Erbfolge eingetreten ist.

Ein Rechtsstreit über das Erbrecht ist nicht anhängig.

Die Antragstellerin hat die Erbschaft angenommen. Dies folgt aus der heutigen Antragstellung und aus der Tatsache, dass die Ausschlagungsfrist bereits abgelaufen ist.

Neben Vermögensgegenständen im Inland hat der Erblasser auch Vermögen im Ausland hinterlassen, nämlich eine Wohnung in London, England.

Den Wert des im Inland belegenen Nachlasses gibt die Antragstellerin an mit ___.

Erbfolge

Damit ist der Erblasser aufgrund gesetzlicher Erbfolge von der Antragstellerin als Alleinerbin beerbt worden. Das Erbrecht der Antragstellerin beruht auf ihrer Stellung als Mutter des Verstorbenen.

Eidesstattliche Versicherung

[siehe Rdn 1]

Antrag

Die Antragstellerin beantragt beim zuständigen Nachlassgericht die Erteilung eines Erbscheins, der sie als Alleinerbin des Erblassers ausweist. Es wird ferner beantragt, die Wirkungen des Erbscheins gem. § 352c FamFG auf den im Inland belegenen Nachlass zu beschränken.

Vollzugsauftrag, Hinweise, Schlussbestimmungen

[...]

▲

II. Muster Erbschein in Fällen des § 352c FamFG

▼ 200

Muster 2.41: Erbschein in Fällen des § 352c FamFG

E ist beerbt worden von und zu je ein Halb. 2.41

Dieser Erbschein ist gem. § 352c FamFG auf die im Inland befindlichen Nachlassgegenstände beschränkt.

▲

III. Erläuterungen

1. Internationale Zuständigkeit

Auch im Bereich eines geltungsbeschränkten Erbscheins gem. § 352c FamFG muss zunächst die internationale Zuständigkeit der deutschen Nachlassgerichte eröffnet sein. 201 Zu beachten ist insoweit die Rechtsprechung des EuGH in der Rechtssache Oberle.[302] Nach Auffassung des EuGH gelten die Bestimmungen der EuErbVO (Art. 4 ff.) nämlich nicht nur für das Europäische Nachlasszeugnis, sondern auch für den deutschen Erbschein. Ein Rückgriff auf die autonomen deutschen Vorschriften zur internationalen Zuständigkeit (§§ 105, 343 FamFG) ist damit aufgrund des Anwendungsvorrangs der Unionsrechts versperrt.[303] Ein deutscher Erbschein kann somit nur erteilt werden, wenn sich aus den Regelungen der EuErbVO eine Zuständigkeit der deutschen Gericht ergibt.

302 EuGH ZEV 2018, 465; siehe hierzu *Leitzen*, ZEV 2018, 630.
303 Hierzu MüKo-BGB/*Dutta*, Vorb. Art. 4 Rn 7; *Wagner*, NJW 2018, 3284.

202 Lag der letzte gewöhnliche Aufenthalt des Erblassers in Deutschland, so ist gem. Art. 4 EuErbVO die Zuständigkeit der deutschen Nachlassgerichte eröffnet.

Hatte der Erblasser jedoch seinen gewöhnlichen Aufenthalt im Todeszeitpunkt nicht in Deutschland, sondern in einem anderen Mitgliedstaat im Sinne der EuErbVO, so besteht grundsätzlich keine internationale Zuständigkeit der deutschen Nachlassgerichte. Es bleibt daher nur der Weg, ein Europäisches Nachlasszeugnis im Aufenthaltsstaat des Erblassers zu beantragen und mit diesem das Erbrecht auch in Deutschland nachzuweisen (z.B. gegenüber dem Grundbuchamt, § 35 Abs. 1 S. 1 GBO). Etwas anderes gilt nur in Fällen, in denen ein deutscher Erblasser eine Rechtswahl zum deutschen Recht (Art. 22 EuErbVO) getroffen hatte und über die Regelungen in Art. 5 und 6 EuErbVO eine Zuständigkeit der deutschen Gerichte erreicht wird. Die Rechtsprechung des EuGH führt also zu einer erheblichen Einschränkung des praktischen Anwendungsbereichs des gegenständlich beschränkten Erbscheins.

203 Bei einem Erblasser, der seinen letzten gewöhnlichen Aufenthalt in einem Drittstaat hatte, jedoch Inlandsvermögen hinterlässt, besteht u.U. eine (subsidiäre) Zuständigkeit der deutschen Nachlassgerichte gem. Art. 10 EuErbVO. Hierbei ist allerdings zu beachten, dass im Falle des Art. 10 Abs. 2 EuErbVO (Erblasser weder Deutscher noch gewöhnlicher Aufenthalt in Deutschland innerhalb der letzten fünf Jahre) die Zuständigkeit nur für das Inlandsvermögen besteht.[304] Ein unbeschränkter deutscher Erbschein kann in diesem Fall – mangels gerichtlicher Zuständigkeit – von vornherein nicht erteilt werden, so dass die Geltungsbeschränkung auf das Inland in diesem Fall zwingend ist und nicht von einem Antrag gem. § 352c FamFG abhängt.

2. Besonderheiten des Antrags und Erbscheins

204 § 352c FamFG bietet die Möglichkeit, einen gegenständlich (eigentlich territorial) auf das Inlandsvermögen beschränkten Erbschein zu beantragen. Zulässig ist ein solcher Antrag nur, wenn sowohl im Inland als auch im Ausland Nachlassgegenstände[305] vorhanden sind.[306] Daher ist in einem Erbscheinsantrag, der eine Beschränkung gem. § 352c FamFG enthält, stets darzulegen, dass zum Nachlass auch Vermögen im Ausland gehört. Entgegen der früheren Rechtslage[307] ist für eine Beschränkung gem. § 352c FamFG nicht erforderlich, dass ausländisches Recht zur Anwendung gelangt.[308] Der Erbschein nach § 352c FamFG kann demnach sowohl Eigenrechtserbschein als auch Fremdrechtserb-

304 Siehe etwa OLG Düsseldorf ErbR 2024, 283.

305 Ausreichend ist nach h.M. jedoch auch ein einziger Nachlassgegenstand im Ausland, Krätzschel/Falkner/Döbereiner/*Krätzschel*, § 38 Rn 14.

306 OLG Brandenburg ZEV 2012, 213 (noch zu § 2369 BGB a.F.).

307 Siehe hierzu § 2369 a.F. (vor Inkrafttreten der FamFG-Reform 2009).

308 OLG Brandenburg ZEV 2012, 213.

schein sein.[309] Eine Beschränkung des Erbscheins gem. § 352c FamFG erfolgt nur auf Antrag, andernfalls wird grundsätzlich ein territorial unbeschränkter Erbschein (mit sog. „Weltrechtsgeltung") erteilt.

Ein Antrag gem. § 352c FamFG ist insbesondere unter Kostengesichtspunkten sinnvoll, wenn der Erbschein ausschließlich im Inland benötigt wird, z.B. weil der deutsche Erbschein im Ausland ohnehin nicht anerkannt wird oder weil das Erbrecht im Ausland auch anderweitig nachgewiesen werden kann. Denn für den geltungsbeschränkten Erbschein gem. § 352c FamFG wird für die Geschäftswertermittlung nur das inländische Vermögen herangezogen (§ 40 Abs. 3 GNotKG), während die im Ausland befindlichen Vermögensgegenstände unberücksichtigt bleiben. Für einen unbeschränkten Erbschein hingegen ist als Geschäftswert der Gesamtnachlass gem. § 40 Abs. 1 GNotKG anzusetzen. Im Beispielsfall erfolgt eine Antragsbeschränkung, da ein deutscher Erbschein ein gesondertes Nachlassverfahren in England nicht entbehrlich macht. Daher würde bei einem unbeschränkten Erbschein nur unnötige Kosten entstehen.

Eine Beschränkungsmöglichkeit sieht das Gesetz nur in Bezug auf die im Inland befind- **205**
lichen Gegenstände vor. Sonstige Beschränkungsmöglichkeit eröffnet § 352c FamFG hingegen nicht. Sofern also der Erblasser im Inland sowohl bewegliches als auch unbewegliches Vermögen hinterlassen hat, kann ein Erbschein im Rahmen des § 352c FamFG nicht etwa auf einzelne Inlandsgegenstände beschränkt werden. Auch wenn der Erbe einen Erbnachweis nur für das deutsche Grundbuchamt benötigen sollte, z.B. weil in Bezug auf die Bankkonten ausreichende Vollmachten vorhanden sind, so kann der Erbscheinsantrag nicht gem. § 352c FamFG auf den inländischen unbeweglichen Nachlass beschränkt werden (zum Sonderfall der Nachlassspaltung siehe Rdn 207 ff.).

Der Erbschein kann auch nicht auf das Auslandsvermögen beschränkt werden. Wird für das Inland also kein Erbschein benötigt, z.B. weil über den Nachlass per transmortaler Vollmacht verfügt werden kann und ist dies im Ausland nicht möglich (z.B. weil dieses ein Handeln aufgrund post- oder transmortaler Vollmacht nicht oder nur beschränkt anerkennt[310]), so kann kein gegenständlich beschränkter Erbschein für das Auslandsvermögen (z.B. Auslandskonten) beantragt werden. Es bleibt also nur die Möglichkeit, entweder einen allgemeinen, also nicht wirkungsbeschränkten Erbschein oder aber ein Europäisches Nachlasszeugnis (Art. 62 ff. EuErbVO) zu beantragen. Im Verhältnis zu Mitgliedstaaten der EuErbVO ist im Regelfall das Europäisches Nachlasszeugnis vorzugswürdig, da seine Geltung garantiert ist, im Verhältnis zu Drittstaaten ist im Einzelfall zu prüfen, inwieweit der deutsche Erbschein bzw. das Europäische Nachlasszeugnis anerkannt werden.

309 Krätzschel/Falkner/Döbereiner/*Krätzschel*, § 38 Rn 14.
310 Siehe hierzu *Süß*, ZEV 2008, 69.

206 Der Inhalt des gegenständlich beschränkten Erbscheins folgt grundsätzlich dem Inhalt eines allgemeinen, also unbeschränkten Erbscheins. Auch hinsichtlich seiner sonstigen Rechtswirkungen (Publizität, Gutglaubensschutz) ist er mit einem allgemeinen Erbschein identisch.[311]

Zusätzlich ist jedoch die Beschränkung seines Wirkungsbereichs, also seine Beschränkung auf das Inlandsvermögen, anzugeben. Eine Einzelaufführung der im Inland befindlichen Vermögensgegenstände erfolgt hingegen nicht.[312] Auch wenn also z.B. in Deutschland nur ein einziges Grundstück belegen ist, wird dieses im Erbschein nicht mit Flurstücksnummer, Grundbuchblattstelle o.Ä. erwähnt.

Handelt es sich um einen Fremdrechtserbschein, so sind in den Erbschein (ebenso wie in den Erbscheinsantrag) ferner folgende weitere Angaben aufzunehmen:

- Erbstatut, also das auf die Erbfolge anwendbare ausländische Recht,
- Berufungsgrund, also ob es sich um testamentarische oder gesetzliche Erbfolge handelt.[313]

Handelt es sich um einen Eigenrechtserbschein, bei dem das deutsche Erbrecht aufgrund einer Rückverweisung des ausländischen Kollisionsrecht angewandt wird, so kann, muss jedoch nicht, der Umstand der Rückverweisung in den Antrag und den Erbschein aufgenommen werden.[314]

IV. Muster Erbscheinsantrag bei Nachlassspaltung

207 ▼

Muster 2.42: Erbscheinsantrag bei Nachlassspaltung

2.42

Notarieller Urkundseingang

Sachverhalt

Wie Muster 2.36, mit dem Unterschied, dass der Erblasser seinen letzten gewöhnlichen Aufenthalt (und sein domicile) in London hatte.

Antrag

Es wird beantragt, folgenden Erbschein zu erteilen:

311 MüKo-FamFG/*Grziwotz*, § 352c Rn 22.

312 Krätzschel/Falkner/Döbereiner/*Krätzschel*, § 38 Rn 14; MüKo-FamFG/*Grziwotz*, § 352c Rn 16.

313 Krätzschel/Falkner/Döbereiner/*Krätzschel*, § 38 Rn 116; MüKo-BGB/*Grziwotz*, § 2353 Rn 30.

314 *Fetsch*, RNotZ 2006, 77 (86).

E ist hinsichtlich seiner im Inland belegenen unbeweglichen Nachlassgegenstände in Anwendung deutschen Erbrechts kraft Rückverweisung des englischen Rechts als Alleinerbin beerbt worden von der Antragstellerin.

Eidesstattliche Versicherung

[siehe Rdn 1]

Vollzugsauftrag, Hinweise, Belehrungen, Schlussbestimmungen

[siehe Rdn 1]

▲

V. Erläuterungen

Von der Geltungsbeschränkung gem. § 352c FamFG zu unterscheiden sind Fälle der sogenannten Nachlassspaltung. Von einer solchen spricht man, wenn auf einen Erbfall nicht nur das materielle Erbrecht eines Staates, sondern mehrerer Staaten Anwendung findet. Eine Nachlassspaltung kann auch unter Geltung der EuErbVO auftreten, z.B. wenn der Erblasser seinen letzten gewöhnlichen Aufenthalt und gleichzeitig sein domicile in einem Land des anglo-amerikanischen Rechtskreises (Common-Law-Staat) hatte, in Deutschland jedoch Immobilien hinterlässt.[315] Bei der Verweisung des Art. 21 Abs. 1 EuErbVO auf das Recht des letzten gewöhnlichen Aufenthalts handelt es sich nämlich um eine Gesamtverweisung. Die Common-Law-Staaten knüpfen kollisionsrechtlich traditionell gespalten an, und zwar in der Weise, dass für die Rechtsnachfolge von Todes wegen in das bewegliche Vermögen (movables) das sog. *domicile* und für die Rechtsnachfolge von Todes wegen in das unbewegliche Vermögen (immovables) die *lex rei sitae* maßgebend ist. Daher wird die Verweisung des Art. 21 Abs. 1 EuErbVO hinsichtlich des beweglichen Vermögens angenommen, während es hinsichtlich des in Deutschland belegenen Grundbesitzes zu einer gem. Art. 34 Abs. 1 lit. a EuErbVO beachtlichen Rückverweisung auf das deutsche Recht kommt, die hier angenommen wird.[316] Zu einer Nachlassspaltung kann es im Übrigen auch aufgrund von bilateralen Staatsverträge (Art. 75 Abs. 1 EuErbVO: Dt.-Türk. Nachlass-Abk oder Dt-Sowj. KonsularV) oder aufgrund einer vor dem 17.8.2015 getroffenen gegenständlich beschränkten Rechtswahl (z.B. Art. 25 Abs. 2 EGBGB a.F.) kommen, 208

315 Als loi uniforme ist die EuErbVO auch im Verhältnis zu Drittstaaten anwendbar (Art. 20 EuErbVO).

316 Nach h.M. wird die Verweisungskette bei einem Rückverweis gem. Art. 34 EuErbVO abgebrochen (kein renvoi double), siehe MüKo-BGB/*Dutta*, Art. 34 Rn 3; siehe hierzu OLG Frankfurt MittBayNot 2022, 68 (Rückverweisung des chinesischen IPR wegen in Deutschland belegenen Grundbesitzes).

falls die Rechtswahl nach den Vorgaben des Art. 83 Abs. 2 EuErbVO weiterhin als gültig anzusehen ist.[317]

209 Sofern eine Nachlassspaltung vorliegt, ist jeder der Spaltnachlässe wie ein eigenständiger Nachlass und Erbfall zu behandeln, so als ob verschiedene Erbfälle vorlägen. Dies führt im Erbscheinsverfahren dazu, dass für jeden Spaltnachlass ein eigener Erbschein beantragt werden kann und muss. Beurteilt sich die Rechtsnachfolge hinsichtlich des im Inland belegenen Grundbesitzes nach deutschem Erbrecht, während für die beweglichen Sachen ausländisches Erbrecht gilt, so stehen dem Erben im Erbscheinsverfahren verschiedene Antragsmöglichkeiten zur Verfügung. Ist ein Erbnachweis nur für den Grundbesitz in Deutschland erforderlich (hiervon soll im Beispielsfall ausgegangen werden), so kann – aufgrund der Nachlassspaltung – für den Spaltnachlass „Immobilien in Deutschland" ein isolierter Erbschein beantragt werden.[318] Bei diesem handelt es sich um einen Eigenrechtserbschein. Die gegenständliche Beschränkung folgt in diesem Fall nicht aus § 352c FamFG (der eine solche Beschränkung auf das unbewegliche Inlandsvermögen nicht erlauben würde, siehe Rdn 205), sondern aus der Nachlassspaltung, aufgrund derer eine Beschränkung des Erbscheins auf alle demselben Spaltnachlass unterliegenden Gegenstände zulässig ist. Nach wohl h.M. ist im Erbschein zu vermerken, dass das deutsche Recht aufgrund der Rückverweisung des ausländischen Erbrechts Anwendung findet.[319]

Sofern auch für das bewegliche Vermögen ein Erbnachweis nötig ist, kann auch für jenen Spaltnachlass ein Erbschein beantragt werden. Dieser ist dann Fremdrechtserbschein und kann, bei entsprechendem Antrag, gem. § 352c FamFG auf das inländische bewegliche Vermögen beschränkt werden. Sofern für beide Nachlassmassen ein Erbschein benötigt wird, kann auch ein sog. Doppelerbschein beantragt werden, bei dem beide Erbscheine in eine Urkunde aufgenommen werden.[320]

317 Hierzu MüKo-BGB/*Dutta*, Art. 83 Rn 7 ff.; Rechtswahlen, die ab dem 15.8.2015 getroffen werden, können allerdings keine Nachlassspaltung mehr bewirken, da Art. 22 Abs. 1 EuErbVO nur Gesamtrechtswahlen zulässt.

318 Langenfeld/*Fröhler*, S. 795; *Schaal*, BWNotZ 2007, 154; *Fröhler*, BWNotZ 2008, 183 (187).

319 Krätzschel/Falkner/Döbereiner/*Döbereiner*, § 48 Rn 49; siehe auch OLG Frankfurt BeckRS 2020, 27072.

320 OLG Frankfurt BeckRS 2020, 27072; OLG Nürnberg ZEV 2016, 510; Krätzschel/Falkner/Döbereiner/*Döbereiner*, § 48 Rn 49.

§ 3 Landwirtschaftliches Sondererbrecht

A. Die Bestandteile des landwirtschaftlichen Sondererbrechts

Das landwirtschaftliche Sondererbrecht verfolgt das Ziel, landwirtschaftliche Betriebseinheiten beim Übergang auf die nächste Generation zu erhalten und vor einer Zerschlagung zu bewahren. Klassische Instrumente sind Regelungen zur Nachfolge durch eine einzige Person, den Hoferben, sowie die privilegierte Bewertung der landwirtschaftlichen Betriebseinheit im Verhältnis zu den weichenden Erben und den Pflichtteilsberechtigten. 1

Ein bundeseinheitliches Landwirtschaftserbrecht existiert nicht. Lediglich das Landguterbrecht der §§ 2049, 2312 BGB gilt in sämtlichen Bundesländern. Im Bereich des Landguterbrechts gelten für das Erbscheinsverfahren keine Besonderheiten, so dass uneingeschränkt auf die Erläuterungen und Formulare zum Erbscheinsverfahren verwiesen werden kann. 2

Die Mehrzahl der Bundesländer verfügt über gesonderte Anerbenrechte i.S.d. Art. 64 EGBGB. In Nordrhein-Westfahlen, Niedersachsen, Schleswig-Holstein und Hamburg handelt es sich um die Nordwestdeutsche Höfeordnung (HöfeO), in Bremen um das Bremische Höfegesetz (BremHöfeG), in Rheinland-Pfalz um die Rheinland-Pfälzische Höfeordnung (HO-RhPf), in Hessen um die Hessische Landgüterordnung (HessLandgüterO), in Brandenburg um die dortige Höfeordnung (BbgHöfeOG) sowie in bestimmten Gegenden von Baden-Württemberg um das Badische Gesetz, die geschlossenen Hofgüter betreffend (BadHofgüterG) sowie um das bereits zum 31.12.2000 außer Kraft gesetzte Württembergische Gesetz über das Anerbenrecht (WürttAnerbenG), welches nur noch Bedeutung hat, wenn der Erblasser vor dem 1.1.1930 geboren wurde. 3

Die Anerbenrechte sind weitestgehend fakultativ. Der Eigentümer der landwirtschaftlichen Besitzung hat es in der Hand, sich freiwillig dem Anerbenrecht zu unterwerfen oder seinen Anwendungsbereich zu verlassen. Die Anerbenrechte bewirken im Erbfall eine Sonderrechtsnachfolge in die landwirtschaftliche Besitzung im Wege der Singularsukzession. Die Hessische Landgüterordnung sowie die Anerbenrechte zu Baden-Württemberg gewährten allerdings lediglich ein Übernahmerecht. 4

Das mit Abstand bedeutendste Anerbenrecht ist die Nordwestdeutsche Höfeordnung. Die nachfolgende Darstellung bezieht sich daher schwerpunktmäßig, soweit nichts anderes vermerkt ist, auf dieses Anerbenrecht. 5

Zu dem landwirtschaftlichen Sondererbrecht gehört auch das Zuweisungsverfahren nach den §§ 13 ff. GrdstVG, das in der Praxis nur eine geringe Bedeutung hat. Es greift nur bei gesetzlicher Erbfolge und auch nur dann, wenn kein Anerbenrecht anwendbar ist. Das Zuweisungsverfahren ermöglicht es, dass das Landwirtschaftsgericht einem 6 geeigneten Miterben die landwirtschaftliche Besitzung zu alleinigem Eigentum überträgt.[1] Eine Sondererbfolge ist mit der Zuweisung nicht verbunden. Der Eigentumserwerb vollzieht sich mit der Rechtskraft des Zuweisungsbeschlusses.[2] Der Erbschein wird nach allgemeinem Recht beantragt.

B. Höferecht

I. Die höferechtliche Nachlassspaltung

7 Liegt ein Hof im Sinne der Höfeordnung vor, führt das Ableben des Hofeigentümers zu einer Nachlassspaltung. Die landwirtschaftliche Besitzung geht im Wege der Sonderrechtsnachfolge auf den Hoferben über, das sonstige (hoffreie) Vermögen im Wege der Universalsukzession auf den oder die Erben nach allgemeinem Recht. Die höferechtliche Nachlassspaltung ist mittlerweile allgemein anerkannt.[3] Die Hoferbfolge und die Nachfolge nach allgemeinem Recht hinsichtlich des hoffreien Vermögens bestehen parallel nebeneinander. Der Hoferbe kann auch Allein- oder Miterbe des hoffreien Vermögens sein.

II. Das Verhältnis Hoffolgezeugnis/Erbschein

8 Das Hoffolgezeugnis, geregelt in § 18 Abs. 2 HöfeO,[4] kann als das Pendant des Erbscheins bei der Hofnachfolge angesehen werden. Es bezieht sich ausschließlich auf das Hofvermögen i.S.d. §§ 2, 3 HöfeO. Es erwächst ebenso wie der Erbschein nicht in Rechtskraft.[5]

9 Während es zum Zwecke der Grundbuchumschreibung im allgemeinen Recht nicht zwingend eines Erbscheins bedarf, wenn eine notariell beurkundete letztwillige Verfügung vorliegt (§ 35 Abs. 1 S. 2 GBO), ermöglicht eine notariell beurkundete Hoferbenbestimmung keine Grundbuchumschreibung. § 35 Abs. 1 S. 2 GBO sieht die erleichterte Eigentumsumschreibung nur an Stelle des Erbscheins oder des Europäischen Nachlasszeugnisses, nicht aber an Stelle des Hoffolgezeugnisses vor. Hintergrund ist, dass die Hoferbfolge die von dem Landwirtschaftsgericht gesondert zu prüfende Wirtschaftsfähigkeit des Hoferben voraussetzt.

1 Grundlegende Ausführungen zu den Voraussetzungen der Zuweisung im Beschluss des BGH v. 22.11.2024 – BLw 1/24 NJW 2025, 217.

2 BGH v. 22.11.2024 – BLw 1/24 NJW 2025, 217.

3 BGH v. 30.4.2021 – BLw 2/20 Rn 17; *Graß*, Landwirtschaftserbrecht, § 4 HöfeO Rn 7 ff.; NK-NachfolgeR/*Graß*, § 4 HöfeO Rn 1; Düsing/Martinez/*Düsing/Sieverdingbeck-Lewers*, § 4 HöfeO Rn 4.

4 Bremen: § 31 BremHöfeG; Brandenburg: § 18 Abs. 2 BbgHöfeOG; Rheinland-Pfalz: § 30 HO-RhPf.

5 *Seutemann*, Landwirtschaftssachen, Abschnitt F Kapitel I.1 (S. 235).

Sachlich zuständig für die Ausstellung des Hoffolgezeugnisses ist gem. § 18 Abs. 2 HöfeO das Landwirtschaftsgericht. Für das Verfahren sind nach § 1 Nr. 5 LwVG aufgrund der Verweisung in § 9 LwVG die Vorschriften der §§ 352 ff. FamFG über das Erbscheinsverfahren anzuwenden. 10

Sofern zum Nachlass ein Hof im Sinne der Höfeordnung gehört, ist das Landwirtschaftsgericht nach § 18 Abs. 2 S. 1 Hs. 2 HöfeO auch für die Ausstellung des Erbscheins für den hoffreien Nachlass zuständig.[6] Die Zuständigkeit besteht auch dann, wenn die landwirtschaftliche Besitzung die Hofeigenschaft außerhalb des Grundbuchs verloren haben könnte, jedoch noch ein Hofvermerk im Grundbuch eingetragen ist.[7] Wenn indessen die Besitzung ohne jeden Zweifel die Hofeigenschaft außerhalb des Grundbuchs verloren hat, hat das Landwirtschafsgericht trotz eingetragenen Hofvermerks kein Hoffolgezeugnis, sondern den Erbschein nach allgemeinem Recht zu erteilen.[8] Die Zuständigkeit des Landwirtschaftsgericht für die Ausstellung des Erbscheins besteht auch dann, wenn, aus welchen Gründen auch immer, kein Hoffolgezeugnis beantragt wird. Die Beantragung des Hoffolgezeugnisses sowie des Erbscheins kann auch dann einheitlich erfolgen, wenn der Hoferbe nicht (Mit-)Erbe des hoffreien Vermögens wird. 11

Ebenso wie bei einem Erbschein sind auch im Hoffolgezeugnis alle Beschränkungen des Hoferbrechts zu vermerken.[9] Dazu gehören z.B. die Ernennung eines Testamentsvollstreckers, die Hofvor- und -nacherbschaft sowie das Recht der Verwaltung und Nutznießung des überlebenden Ehegatten.[10] 12

Lehnt das Landwirtschaftsgericht die Erteilung des Hoffolgezeugnisses ab, steht dem Antragsteller die befristete Beschwerde gem. § 9 LwVG, §§ 58 f. FamFG zur Verfügung. Diese ist bei dem Gericht einzulegen, welches den angefochtenen Beschluss erlassen hat, also bei dem Landwirtschaftsgericht. Hilft es der Beschwerde nicht ab, ist sie dem Beschwerdegericht, dem Oberlandesgericht, vorzulegen. In Niedersachsen schließt § 72 Abs. 1 NJG in Verfahren über die Erteilung des Hoffolgezeugnisses die Anwendung des § 58 FamFG aus. Die Beschwerde gegen die Entscheidung ist nicht statthaft. Dies gilt aber nicht für den Fall, dass das Landwirtschaftsgericht einen Feststellungsbeschluss nach § 352e FamFG erlassen hat.[11] 13

6 BGH v. 8.6.1988 – I ARZ 388/88 NJW 1988, 2739.

7 OLG Celle v. 15.4.2011 – 7 W 23/11 BeckRS 2012, 11359; OLG Braunschweig v. 29.6.2021 – 3 W 32/21 FGPrax 2021, 175; *Graß*, Landwirtschaftserbrecht, § 18 HöfeO Rn 61.

8 OLG Celle v. 15.4.2011 – 7 W 23/11 BeckRS 2012, 11359.

9 *Graß*, Landwirtschaftserbrecht, § 18 HöfeO Rn 54; MüKo-BGB/*Grziwotz*, § 2353 Rn 184.

10 *Graß*, Landwirtschaftserbrecht, § 18 HöfeO Rn 54; MüKo-BGB/*Grziwotz*, § 2353 Rn 184.

11 BGH v. 12.5.2023 – BLw 1/22 NJOZ 2023, 986.

III. Grundzüge der Hoferbfolge

14 Da das Landwirtschaftsgericht vor der Ausstellung des Hoffolgezeugnisses die materiellrechtliche Prüfung durchzuführen hat, wer Hoferbe geworden ist, soll sich der Antrag auf Ausstellung des Hoffolgezeugnisses auch an den Prüfungspunkten des Landwirtschaftsgerichts orientieren.

1. Hofeigenschaft

15 Eine land- und forstwirtschaftliche Besitzung ist nach § 1 Abs. 1 S. 1 HöfeO Hof im Sinne der Höfeordnung, wenn ihr Grundsteuerwert mindestens 54.000 EUR beträgt. Eine land- und forstwirtschaftliche Besitzung mit einem geringeren Grundsteuerwert kann Hof im Sinne der Höfeordnung sein, wenn der Grundsteuerwert mindestens 27.000 EUR beträgt und ein Hofvermerk im Grundbuch eingetragen ist, § 1 Abs. 1 S. 1, 3 HöfeO.

Bis zum 31.12.2024 richtete sich die Hofeigenschaft nach dem Wirtschaftswert, dem um den Wohnungswert gekürzten Einheitswert. Insoweit knüpfte die Hofeigenschaft an einen Wirtschaftswert von mindestens 10.000 EUR und bei einem „Kann-Hof“ im Sinne von § 1 Abs. 1 S. 3 HöfeO an einen Wirtschaftswert von mindestens 5.000 EUR an. Aufgrund des Wegfalls der Einheitsbewertung zum 31.12.2024 macht der Gesetzgeber die Hofeigenschaft nunmehr von einem Grundsteuerwert von mindestens 54.000 EUR abhängig.[12]

16 Der Hofeigentümer hat die Freiheit, die Hofeigenschaft durch Abgabe der negativen Hoferklärung und Eintragung im Grundbuch zu beseitigen. Er kann die Hofeigenschaft allerdings durch Abgabe der positiven Hoferklärung und die daran anschließende Eintragung im Grundbuch wieder neu begründen.[13]

17 Die Hofeigenschaft kann nach der Rechtsprechung des BGH auch bei fortbestehendem Hofvermerk entfallen, wenn keine landwirtschaftliche Besitzung mehr vorliegt („Wegfall der Hofeigenschaft außerhalb des Grundbuchs“). Das ist der Fall, wenn die landwirtschaftliche Betriebseinheit im Zeitpunkt des Erbfalls auf Dauer aufgelöst war, weil der Erblasser den Betrieb endgültig eingestellt hatte.[14] Eine erhebliche Bedeutung kommt dabei dem geäußerten Willen des Hofeigentümers zu, dass von der Hofstelle aus nie wieder Landwirtschaft betrieben werden soll. Bestehen Anlasspunkte für den Wegfall der Hofeigenschaft außerhalb des Grundbuchs, der die Ausstellung des Hoffolgezeugnisses ausschließen würde, sollte dies mit dem Antragsteller besprochen und die Einleitung eines höferechtlichen Feststellungsverfahrens gem. § 11 Abs. 1 Buchst. a) HöfeVfO zur

12 Gesetz zur Änderung der Höfeordnung vom 4.12.2024, BGBl I Nr. 395.

13 BGH v. 28.11.2008 – BLw 11/08 NJW-RR 2009, 517; *Roemer*, RNotZ 2015, 556; *Roemer*, AUR 2024, 122; *Roemer*, AUR 2025, 42, 53; Düsing/Martinez/*Düsing/Sieverdingbeck-Lewers*, § 1 HöfeO Rn 52.

14 BGH v. 29.11.2013 – BLw 4/12 juris Rn 39 ff. m.w.N.

Klärung der Hofeigenschaft erwogen werden. Die dann ergehende Entscheidung erwächst in materielle Rechtskraft.[15]

2. Alleineigentümerhof/Ehegattenhof

Grundsätzlich kann nur eine einzelne natürliche Person Hofeigentümer oder Hoferbe sein, § 1 Abs. 1 S. 1 HöfeO. Daneben ist lediglich das gemeinschaftliche Eigentum von Ehegatten bei einem Ehegattenhof möglich, § 1 Abs. 1 S. 1 HöfeO. Dementsprechend können auch Ehegatten zum Hoferben bestimmt werden. Juristische Personen, Personengesellschaften oder Stiftungen können niemals Hofeigentümer oder Hoferbe sein.[16] 18

3. Gesetzliche Hoferbfolge

Die gesetzliche Hoferbfolge der HöfeO unterscheidet sich grundlegend von der gesetzlichen Erbfolge des allgemeinen Erbrechts des BGB. § 5 HöfeO definiert vier Hoffolgeordnungen. Zur ersten Hoferbenordnung zählen die Kinder des Erblassers und deren Abkömmlinge, zur zweiten Hoferbenordnung der Ehegatte, zur dritten Hoferbenordnung die Eltern, wenn der Hof von ihnen stammt, und zur vierten Hoferbenordnung die Geschwister des Erblassers und deren Abkömmlinge. 19

Soweit in einer Hoferbenordnung mehrere Personen als Hoferbe in Betracht kommen, richtet sich die Reihenfolge innerhalb einer Hoferbenordnung nach den Kriterien des § 6 HöfeO. 20

Innerhalb der ersten Hoferbenordnung stellt § 6 Abs. 1 Nr. 1 HöfeO primär darauf ab, wem der Hofeigentümer die Bewirtschaftung des Hofes im Zeitpunkt des Erbfalls auf Dauer übertragen hatte, es sei denn, dass er sich ihm gegenüber die Bestimmung des Hoferben ausdrücklich vorbehalten hatte. In zweiter Linie kommt es nach § 6 Abs. 1 S. 1 Nr. 2 HöfeO darauf an, ob der Erblasser durch die Ausbildung oder durch die Art und den Umfang der Beschäftigung eines Miterben auf dem Hof zu erkennen gab, dass er den Hof übernehmen soll. Erlaubt auch dies keine Bestimmung des Hoferben, kommt es nach § 6 Abs. 1 S. Nr. 3 HöfeO auf das Alter der Miterben an, und zwar in Abhängigkeit davon, ob in der Gegend, in der der Hof liegt, Jüngstenrecht oder Ältestenrecht Brauch ist. Soweit eine Festlegung nach § 6 Abs. 1 S. 1 Nr. 1 oder Nr. 2 HöfeO vorliegt, wird auch von einer „formlosen Hoferbenbestimmung“ gesprochen. Gleichwohl handelt es sich um eine gesetzliche Hoferbenbestimmung.

15 *Becker/Bolte/Lückemeier*, § 18 HöfeO Rn 16.

16 *Graß*, Landwirtschaftserbrecht, § 1 HöfeO Rn 63; NK-NachfolgeR/*Graß*, § 1 HöfeO Rn 21; Lüdtke-Handjery/v. Jeinsen/*Brinkmann*, § 1 HöfeO Rn 44; Düsing/Martinez/*Düsing/Sieverdingbeck-Lewers*, § 1 HöfeO Rn 19.

21 Es liegt auf der Hand, dass es bei der Beantragung des Hoffolgezeugnisses einer eingehenden Darlegung des Sachverhalts bedarf, wenn die Hoferbfolge mit der „formlosen Hoferbenbestimmung" begründet wird.

4. Wirtschaftsfähigkeit des Hoferben

22 Der Hoferbe muss nach § 6 Abs. 6 HöfeO wirtschaftsfähig sein. Die Wirtschaftsfähigkeit setzt voraus, dass der Erbanwärter nach seinen körperlichen und geistigen Fähigkeiten, nach seinen Kenntnissen und auch nach seiner Persönlichkeit in der Lage ist, den Hof ordnungsgemäß zu bewirtschaften.[17] Die Wirtschaftsfähigkeit setzt damit auch voraus, dass der Hofanwärter in der Lage sein muss, den Betrieb in Eigenbewirtschaftung zu führen. Sie muss im Zeitpunkt des Erbfalls vorliegen.[18] Die individuellen Anforderungen richten sich nach dem konkret zu vererbenden Hof. Eine landwirtschaftliche Ausbildung ist keine zwingende Voraussetzung der Wirtschaftsfähigkeit. Es genügt, wenn sich der Prätendent durch langjährige Mithilfe auf dem Hof die für eine ordnungsgemäße Bewirtschaftung erforderlichen Kenntnisse und Fertigkeiten angeeignet hat.

23 Bei Kindern und Jugendlichen gelten Besonderheiten. Sie müssen zwar auch wirtschaftsfähig sein, aber die fehlende Wirtschaftsfähigkeit darf nach § 6 Abs. 6 S. 2 HöfeO nicht auf mangelnde Altersreife zurückzuführen sein. Allerdings ist die positive Prognose erforderlich, dass mit einer gewissen Wahrscheinlichkeit erwartet werden kann, dass das Kind den Hof später bewirtschaften wird,[19] was bei „Stadtkindern" regelmäßig nicht der Fall sein dürfte.[20] Der überlebende Ehegatte muss nicht wirtschaftsfähig sein, § 6 Abs. 6 S. 2 HöfeO.

24 Da mit Ausnahme des überlebenden Ehegatten der Hoferbe zwingend wirtschaftsfähig sein muss, die Wirtschaftsfähigkeit mithin Tatbestandsvoraussetzung der Hoferbfolge ist, bedarf es im Antrag auf Erteilung des Hoffolgezeugnisses einer ausführlichen Darlegung der Wirtschaftsfähigkeit des Antragstellers.

5. Abfindung der weichenden Erben

25 Die Abfindung der weichenden Erben richtet sich nach dem Hofeswert. Hofeswert war bis zum 31.12.2024 das Eineinhalbfache des zuletzt festgestellten Einheitswertes des

17 Dazu sehr lesenswert OLG Schleswig v. 7.7.2022 – 60L WLw 5/22 BeckRS 2022, 16647; Einzelheiten zur Wirtschaftsfähigkeit; ferner bei Düsing/Martinez/*Düsing/Sieverdingbeck-Lewers*, § 6 HöfeO Rn 49 ff.; *Graß*, Landwirtschaftserbrecht, § 6 HöfeO Rn 87 ff.; *Becker/Bolte/Lückemeier*, HöfeO, § 6 Rn 62 ff.; *Wolter*, RdL 2012, 113.

18 BGH v. 7.12.1959 – 3 Wlw 65/59 RdL 1961, 314; vom 4.7.1979 – V BLw 37/78 AgrarR 1979, 304.

19 OLG Hamm v. 23.9.2008 – 10 W 22/08 BeckRS 2008, 24573.

20 OLG Oldenburg v. 11.8.2021 – 10 W 24/19 BeckRS 2021, 47477 Rn 67 ff. m.w.N.

Betriebs der Land- und Forstwirtschaft. Nach dem Wegfall der Einheitswerte zum 31.12.2024 gilt als Hofeswert aufgrund der Neufassung von § 12 Abs. 2 S. 1 HöfeO nunmehr das 0,6-fache des Grundsteuerwerts. Der Abzug von Hofesschulden ist im Umfang von bis zu 80 % des Hofeswerts möglich. Auf den so ermittelten Betrag wird die gesetzliche Erbquote der weichenden Erben angewendet.

Anspruchsberechtigt sind die „Miterben". Damit sind all diejenigen gemeint, die nach der allgemeinen gesetzlichen Erbfolge zum Alleinerben oder zu Miterben berufen wären, falls sich der Hof nach allgemeinem Erbrecht vererbt hätte.[21]

6. Gewillkürte Hoferbfolge

§ 7 Abs. 1 HöfeO gibt dem Eigentümer das Recht, den Hoferben durch Verfügung von Todes wegen frei zu bestimmen, wobei der gewillkürte Hofnachfolger ebenfalls wirtschaftsfähig sein muss. Die Bestimmung einer juristischen Person oder einer Personengesellschaft oder einer Mehrzahl von Personen zum Hoferben ist ausgeschlossen. Möglich ist allerdings die Bestimmung eines Ehepaars zum Hoferben. Dies führt zur Entstehung eines Ehegattenhofes. 26

Die Anordnung der Hofvor- und Hofnacherbfolge ist ebenso möglich wie die Anordnung der Testamentsvollstreckung über das hofgebundene Vermögen.[22] 27

Wenn der Hofeigentümer gesetzkonform eine einzelne Person wirksam zu seinem Hoferben bestimmt hat, richten sich die Ansprüche der weichenden Erben nicht lediglich nach der Pflichtteilsquote, sondern nach der gesetzlichen Erbquote.[23] Dies ist auch dann der Fall, wenn der Hofeigentümer ganz andere Personen als die gesetzlichen Erben zu den Erben seines hoffreien Nachlasses bestimmt hat. Hintergrund ist, dass der Erblasser mit der Bestimmung einer einzelnen Person zum Hoferben nur die gesetzliche Regelung befolgt, dass nur eine einzelne Person Hoferbe werden kann. Daraus kann noch nicht hergeleitet werden, dass die weichenden Erben nur den Pflichtteil erhalten sollen. Ist dies gewollt, muss der Erblasser dies ausdrücklich anordnen, sofern es sich nicht aus den Umständen ergibt. 28

7. Hoferbfolge beim Ehegattenhof

Liegt ein Ehegattenhof vor, wird der überlebende Ehegatte nach § 8 Abs. 1 HöfeO zwingend Hoferbe.[24] Davon abweichende Verfügungen sind unwirksam. 29

21 *Graß*, Landwirtschaftserbrecht, § 12 HöfeO Rn 13 m.w.N. in Fn 16.

22 *Graß*, Landwirtschaftserbrecht, § 7 HöfeO Rn 13, § 16 HöfeO Rn 42.

23 BGH v. 7.10.1958 – V BLw 27/58 NJW 1958, 2114; BGH v. 29.10.1970 – V BLw 8/70 RdL 971, 270; BGH v. 24.11.2006 – BLw 12/06 ZEV 2007, 272; *Graß*, Landwirtschaftserbrecht, § 12 Höfe Rn 173; NK-NachfolgeR/*Graß*, § 12 HöfeO Rn 14; Düsing/Martinez/*Düsing/Sieverdingbeck-Lewers*, § 12 HöfeO Rn 10 f.

24 OLG Brandenburg v. 27.8.2024 – 5 W 73/23 ErbR 2024, 960.

8. Bindungen

30 Die gewillkürte Bestimmung eines Hoferben durch Testament oder Erbvertrag setzt voraus, dass keine Bindung durch eine vorangegangene formlos-bindende Hoferbenbestimmung besteht. Eine solche Bindungswirkung, welche die Unwirksamkeit späterer Verfügungen nach sich zieht, liegt vor bei der vorbehaltslosen und auf Dauer angelegten Übertragung der Bewirtschaftung des Hofes auf einen Miterben der ersten Hoferbenordnung (§§ 6 Abs. 1 S. 1 Nr. 1, 7 Abs. 2 S. 1 HöfeO) sowie bei der Beschäftigung eines Miterben der ersten Hoferbenordnung auf dem Hof, durch die der Erblasser hat erkennen lassen, dass der beschäftigte Miterbe den Hof übernehmen soll (§§ 6 Abs. 1 S. 1 Nr. 2 2. Alt., 7 Abs. 2 S. 2 HöfeO). Die übrigen Formen der formlosen Hoferbenbestimmung sind nicht bindend.

31 Im Antrag auf Erteilung des Hoffolgezeugnisses empfehlen sich Ausführungen, dass Konstellationen einer formlos-bindenden Hoferbenbestimmung, welche zur Unwirksamkeit der antragsgegenständlichen Hoferbenfeststellung führen könnte, nicht vorliegen.

IV. Bestandteile des Antrags auf Erteilung des Hoffolgezeugnisses

32 Ergänzend zu den gesetzlich vorgegebenen Bestandteilen des Antrags auf Erteilung des Hoffolgezeugnisses bzw. eines Erbscheins gem. §§ 352 ff. FamFG und in Anbetracht der Verpflichtung des Landwirtschaftsgerichts, stets auch die spezifischen höferechtlichen Voraussetzungen der Hoferbfolge zu prüfen, muss der Antrag auf Erteilung eines Hoffolgezeugnisses in Anlehnung an die Zusammenstellung von *Seutemann* folgende Bestandteile umfassen:[25]

- Persönliche Daten des Erblassers einschließlich des Datums des Todes
- Persönliche Daten des Antragstellers sowie der weiteren Erben, sofern auch die Erteilung des allgemeinen Erbscheins über das hoffreie Vermögen beantragt wird
- Persönliche Daten der weichenden Erben
- Persönliche Daten vorverstorbener Personen gesetzlicher Erben, insbesondere Ehegatte des Erblassers, Abkömmlinge des Erblassers
- Güterstand des Erblassers
- Darlegung des (Hof-)Erbrechts
- Darlegung, ob und welche Personen vorhanden sind oder vorhanden waren, durch die der Antragsteller von der Hoferbfolge ausgeschlossen oder sein Hoferbteil eingeschränkt würde
- Darlegung zur Existenz einer letztwilligen Verfügung und früherer letztwilliger Verfügungen und ggf. deren Einreichung bei Gericht im Original
- Darlegung, ob ein Rechtsstreit über das (Hof-)Erbrecht anhängig ist

25 *Seutemann*, Landwirtschaftssachen, Abschnitt F Kapitel II. 3 (S. 243 f.).

- Darlegungen zum Hof sowie zum Hofgrundbesitz unter Auflistung sämtlicher Grundbuchblätter, auf die sich der Hofvermerk erstreckt
- Mitteilung des Grundsteuerwerts im Zeitpunkt des Todes des Erblassers
- Darlegung der Wirtschaftsfähigkeit des Antragstellers
- Nähere Darlegungen, falls Vor- und Nacherbschaft angeordnet ist
- Darlegungen zu weiteren Beschränkungen des Hoferbrechts wie Testamentsvollstreckung oder Verwaltungs- und Nutznießungsrechte des überlebenden Ehegatten
- Falls auch der Erbschein für das hoffreie Vermögen beantragt wird: Darlegung, ob für das hoffreie Vermögen ein alleiniger Erbschein oder ein gemeinschaftlicher Erbschein mit welchen Miterben beantragt wird
- Angaben zu den Erbteilen der Erben des hoffreien Vermögens
- Angaben zum Wert des hoffreien Vermögens

V. Hoffolgezeugnis versus höferechtliches Feststellungsverfahren

Ist zu erwarten, dass Miterben der Erteilung des Hoffolgezeugnisses entgegentreten werden mit der Begründung, die landwirtschaftliche Besitzung sei im Zeitpunkt des Erbfalls kein Hof im Sinne der Höfeordnung gewesen, eine wirksame Hoferbenbestimmung des Antragstellers liege nicht vor oder diesem fehle die Wirtschaftsfähigkeit, sollte die Zweckmäßigkeit der Beantragung des nicht in Rechtskraft erwachsenden Hoffolgezeugnisses sorgfältig überlegt und gegenüber den Vorteilen des höferechtlichen Feststellungsverfahrens gem. § 11 Abs. 1 Buchst. g) HöfeVO abgewogen werden. 33

Wird indessen sowohl die Erteilung des Hoffolgezeugnisses beantragt als auch das Feststellungsverfahren eingeleitet, so geht das Feststellungsverfahren dem Erbscheinsverfahren vor, weil es das mit größeren Rechtswirkungen ausgestattete Verfahren ist.[26] 34

VI. Entbehrlichkeit des Hoffolgezeugnisses

Mit Blick auf § 35 Abs. 1 GBO ist die Beantragung des Hoffolgezeugnisses für den Hoferben nahezu unverzichtbar. Nur der Erbschein des allgemeinen Rechts und das Europäisches Nachlassverzeichnis, nicht aber das Hoffolgezeugnis, können durch eine öffentliche Urkunde, in der eine letztwillige Verfügung enthalten ist, ersetzt werden. Lediglich bei einem Ehegattenhof kann für die Eigentumsumschreibung im Grundbuch auf ein Hoffolgezeugnis verzichtet werden, da kraft Gesetzes nur der überlebende Ehegatte Hoferbe werden kann.[27] 35

26 OLG Köln v. 3.6.2003 – 23 WLw 5/03 BeckRS 2003, 8431; OLG Oldenburg v. 11.8.2021 – 10 W 24/19, BeckRS 2021, 47477 Rn 41.

27 OLG Brandenburg v. 27.8.2024 – 5 W 73/23 ErbR 2024, 960.

C. Muster

I. Muster Antrag auf Erteilung des Hoffolgezeugnisses aufgrund gesetzlicher Hoferbfolge

36 ▼

Muster 3.1: Antrag auf Erteilung des Hoffolgezeugnisses aufgrund gesetzlicher Hoferbfolge

Vor mir, der unterzeichnenden Notarin

mit dem Amtssitz in

erschien heute, am ,

Herr ,

geb. am ,

wohnhaft in .

Der Erschienene wies sich aus durch Vorlage seines gültigen Personalausweises mit Lichtbild und erklärte sich damit einverstanden, dass die Notarin eine Kopie für ihre Akten fertigt.

Der Erschienene ersuchte mich um die Beurkundung eines

Antrages auf Erteilung eines Hoffolgezeugnisses

mit folgendem Inhalt:

Der am verstorbene , geb. am , zuletzt wohnhaft gewesen in , ist von Gesetzes wegen hinsichtlich des im Grundbuch von , Blatt , Grundbuchamt , eingetragenen Hofes gem. der Höfeordnung von , geb. am , wohnhaft als Hoferbe beerbt worden.

Hierzu erklärte der Erschienene zu meinem notariellen Protokoll:

1. Angaben des Antragstellers

Am verstarb mein Vater, Herr , geb. am , nachfolgend auch „Erblasser“ oder „Hofeigentümer“ genannt. Er hatte seinen letzten Wohnsitz in . Dort hatte er auch seinen letzten gewöhnlichen Aufenthalt. Der Erblasser war ausschließlich deutscher Staatsangehöriger. Zum Nachlass gehören keine Vermögenswerte im Ausland.

Der Erblasser war in einziger Ehe mit Frau , geb. am , meiner Mutter, verheiratet. Ein Ehevertrag wurde nicht geschlossen. Für die Ehe galt also der gesetzliche

Güterstand der Zugewinngemeinschaft. Zur Zeit des Todes des Erblassers war keine Ehesache anhängig.

Aus der Ehe sind zwei Abkömmlinge hervorgegangen,

1. Ich, der Antragsteller, geb. am , wohnhaft
2. Mein Bruder Herr , geb. am , wohnhaft

Weitere Personen, durch die ich, der Antragsteller, von der Hoferbfolge ausgeschlossen oder eingeschränkt sein könnte, sind und waren nicht vorhanden. Ein Rechtsstreit hinsichtlich des Hofes ist nicht anhängig. Ich habe das Hoferbe angenommen.

Der Erblasser hat nach meinem Kenntnisstand keine letztwillige Verfügung hinterlassen.

Der Erblasser war Eigentümer des im Grundbuch von Blatt als Hof im Sinne der Höfeordnung eingetragenen Grundbesitzes. Es handelt sich um einen Ackerbaubetrieb mit ca. ha Eigentums- und ca. ha Pachtland. Der Hof stand im Alleineigentum des Erblassers.

Ausweislich des beigefügten Grundsteuerwertbescheids des Finanzamts vom betrug der zuletzt festgestellte Grundsteuerwert des Betriebs der Land- und Forstwirtschaft EUR.

2. Weitere Angaben

Ich, der Antragsteller, bin gem. § 5 Nr. 1 HöfeO i.V.m. § 6 Abs. 1 S. 1 Nr. 1 HöfeO von Gesetzes wegen Hoferbe geworden.

Der Erblasser hat mir den Hof bereits vor 20 Jahren auf der Grundlage des kopiert beigefügten Bewirtschaftungsvertrages ununterbrochen und auf Dauer zur Bewirtschaftung überlassen.

Ich bin auch wirtschaftsfähig i.S.v. § 6 Abs. 7 HöfeO. Ich habe eine landwirtschaftliche Ausbildung mit Erfolg absolviert und die Prüfung zum Landwirtschaftsmeister abgelegt. Ich bin auf dem Hof des Erblassers aufgewachsen und bewirtschafte diesen seit 20 Jahren mit Erfolg.

3. Eidesstattliche Versicherung/Antrag und Kosten

Nach Hinweis der Notarin auf die Bedeutung einer eidesstattlichen Versicherung, insbesondere auf die strafrechtlichen Folgen falscher Angaben, versichere ich hiermit an Eides Statt, dass mir nichts bekannt ist, was der Richtigkeit meiner vorstehenden Angaben entgegensteht.

Ich beantrage, der Notarin eine Ausfertigung des Hoffolgezeugnisses zu übersenden.

Ich trage die Kosten dieser Urkunde und die anfallenden Gerichtskosten.

Vorstehende Verhandlung wurde dem Erschienenen von der Notarin vorgelesen, von diesem genehmigt und eigenhändig wie folgt unterschrieben:

▲

II. Erläuterungen

37 Das Formular betrifft den Fall, dass der Hofeigentümer keine letztwillige Verfügung errichtet und dass ein Abkömmling, dem er den Hof seit langer Zeit auf Dauer zur Bewirtschaftung überlassen hatte, das Hoffolgezeugnis beantragt. Neben dem Antragsteller hat der Erblasser die Ehefrau sowie einen weiteren Abkömmling hinterlassen. In dieser Konstellation greift die gesetzliche Hoferbfolge gem. §§ 5 Nr. 1, 6 Abs. 1 S. 1 Nr. 1 HöfeO. Hofspezifisch bedarf es der Darlegung, warum der Antragsteller und nicht der weitere Angehörige der ersten Hoffolgeordnung zur Hofnachfolge berufen und wirtschaftsfähig ist.

Auch wenn in der Überlassung des Hofes zum Zwecke der dauerhaften Bewirtschaftung, die auch im Zeitpunkt des Ablebens des Hofeigentümers noch bestehen muss, eine formlos-bindende Hoferbenbestimmung zu sehen ist, liegt eine Hofnachfolge von Gesetzes wegen vor.

III. Muster Antrag auf Erteilung eines Hoffolgezeugnisses aufgrund einer letztwilligen Verfügung

38 ▼

Muster 3.2: Antrag auf Erteilung eines Hoffolgezeugnisses aufgrund einer letztwilligen Verfügung

Vor mir, der unterzeichnenden Notarin

mit dem Amtssitz in

erschien heute, am ,

Herr ,

geb. am ,

wohnhaft in .

Der Erschienene wies sich aus durch Vorlage seines gültigen Personalausweises mit Lichtbild und erklärte sich damit einverstanden, dass die Notarin eine Kopie für ihre Akten fertigt.

Der Erschienene ersuchte mich um die Beurkundung eines

Antrages auf Erteilung eines Hoffolgezeugnisses

mit folgendem Inhalt:

Der am verstorbene , geb. am , zuletzt wohnhaft gewesen in , ist aufgrund des privatschriftlichen Testamens vom hinsichtlich des im Grundbuch von , Blatt , Grundbuchamt , eingetragenen Hofes gem. der Höfeordnung von , geb. am , wohnhaft , als Hoferbe beerbt worden.

Hierzu erklärte der Erschienene zu meinem notariellen Protokoll:

1. Angaben des Antragstellers

Am verstarb mein Vater, Herr , geb. am , nachfolgend auch „Erblasser" oder „Hofeigentümer" genannt. Er hatte seinen letzten Wohnsitz in . Dort hatte er auch seinen letzten gewöhnlichen Aufenthalt. Der Erblasser war ausschließlich deutscher Staatsangehöriger. Zum Nachlass gehören keine Vermögenswerte im Ausland.

Der Erblasser war in einziger Ehe mit Frau , geb. am meiner Mutter, verheiratet. Ein Ehevertrag wurde nicht geschlossen. Für die Ehe galt also der gesetzliche Güterstand der Zugewinngemeinschaft. Zur Zeit des Todes des Erblassers war keine Ehesache anhängig.

Aus der Ehe sind zwei Abkömmlinge hervorgegangen,

1. Ich, der Antragsteller, geb. am , wohnhaft

2. Mein Bruder Herr , geb. am , wohnhaft

Weitere Personen, durch die ich, der Antragsteller, von der Hoferbfolge ausgeschlossen oder eingeschränkt sein könnte, sind und waren nicht vorhanden. Ein Rechtsstreit hinsichtlich des Hofes ist nicht anhängig. Ich habe das Hoferbe angenommen.

Der Erblasser war Eigentümer des im Grundbuch von Blatt als Hof im Sinne der Höfeordnung eingetragenen Grundbesitzes. Es handelt sich um einen Ackerbaubetrieb mit ca. ha Eigentums- und ca. ha Pachtland. Der Hof stand im Alleineigentum des Erblassers.

Ausweislich des beigefügten Grundsteuerwertbescheids des Finanzamts vom betrug der zuletzt festgestellte Grundsteuerwert des Betriebs der Land- und Forstwirtschaft EUR.

2. Weitere Angaben

Der Erblasser hat das privatschriftliche Testament vom hinterlassen, eröffnet von dem Amtsgericht am zum Az. .

Danach bin ich, der Antragsteller,

(Wohnanschrift)

zum Hoferben eingesetzt.

Ich bin wirtschaftsfähig i.S.v. § 6 Abs. 7 HöfeO. Ich habe eine landwirtschaftliche Ausbildung mit Erfolg absolviert und die Prüfung zum Landwirtschaftsmeister abgelegt. Ich bin auf dem Hof des Erblassers aufgewachsen und bewirtschafte diesen seit 20 Jahren mit Erfolg.

3. Eidesstattliche Versicherung/Antrag und Kosten

Nach Hinweis der Notarin auf die Bedeutung einer eidesstattlichen Versicherung, insbesondere auf die strafrechtlichen Folgen falscher Angaben, versichere ich hiermit an Eides Statt, dass mir nichts bekannt ist, was der Richtigkeit meiner vorstehenden Angaben entgegensteht.

Ich beantrage, der Notarin eine Ausfertigung des Hoffolgezeugnisses zu übersenden.

Ich trage die Kosten dieser Urkunde und die anfallenden Gerichtskosten.

Vorstehende Verhandlung wurde dem Erschienenen von der Notarin vorgelesen, von diesem genehmigt und eigenhändig wie folgt unterschrieben:

▲

IV. Erläuterungen

39 Sachverhalt und Muster unterscheiden sich gegenüber dem vorangegangenen Muster darin, dass der Erblasser in einer privatschriftlichen letztwilligen Verfügung einen Hoferben bestimmt hatte. In dieser Konstellation ist neben der Darlegung der gewillkürten Hoferbenbestimmung insbesondere die Wirtschaftsfähigkeit des Hofprätendenten darzustellen. Gerade bei der gewillkürten Bestimmung des Hoferben hat das Landwirtschaftsgericht bei der Entscheidung des Antrags auf Erteilung des Hoffolgezeugnisses zu klären, ob nicht eine frühere formlos-bindende Hoferbenbestimmung vorliegt, welche zur Unwirksamkeit einer nachfolgenden gewillkürten Hoferbenbestimmung führen würde.

V. Muster Antrag auf Erteilung eines Hoffolgezeugnisses aufgrund notariellen Testaments mit Nacherbschaft

▼

Muster 3.3: Antrag auf Erteilung eines Hoffolgezeugnisses aufgrund notariellen Testaments mit Nacherbschaft 40

Vor mir, der unterzeichnenden Notarin

mit dem Amtssitz in

erschien heute, am ,

Frau , geb. ,

geb. am ,

wohnhaft in .

Die Erschienene wies sich aus durch Vorlage ihres gültigen Personalausweises mit Lichtbild und erklärte sich damit einverstanden, dass die Notarin eine Kopie für ihre Akten fertigt.

Die Erschienene ersuchte mich um die Beurkundung eines

Antrages auf Erteilung eines Hoffolgezeugnisses

mit folgendem Inhalt:

Der am verstorbene , geb. am , zuletzt wohnhaft gewesen in , ist aufgrund notariellen Testaments vom (UR-Nr. Notar mit dem Amtssitz in) hinsichtlich des im Grundbuch von Blatt , Grundbuchamt , eingetragenen Hofes gem. der Höfeordnung von , geborene , geb. am , wohnhaft als Hoferbin beerbt worden.

Nacherbfolge ist angeordnet. Sie tritt mit dem Tode der Vorerbin ein.

Nacherbe ist:

Herr , (Wohnanschrift)

Die Vorerbin ist von Verfügungsbeschränkungen befreit.

Hierzu erklärte die Erschienene zu meinem notariellen Protokoll:

1. Angaben der Antragstellerin

Am verstarb mein Ehemann, Herr , geb. am , nachfolgend auch „Erblasser“ oder „Hofeigentümer“ genannt. Er hatte seinen letzten Wohnsitz in . Dort hatte er auch seinen letzten gewöhnlichen Aufenthalt. Der Erblasser war ausschließlich deutscher Staatsangehöriger. Zum Nachlass gehören keine Vermögenswerte im Ausland.

Der Erblasser war in einziger Ehe mit mir verheiratet. Ein Ehevertrag wurde nicht geschlossen. Für die Ehe galt also der gesetzliche Güterstand der Zugewinngemeinschaft. Zur Zeit des Todes des Erblassers war keine Ehesache anhängig.

Aus der Ehe sind zwei Abkömmlinge hervorgegangen,

1. Die Tochter Frau , geb. am , wohnhaft
2. Der Sohn geb. am , wohnhaft

Weitere Personen, durch die ich, die Antragstellerin, von der Hoferbfolge ausgeschlossen oder eingeschränkt sein könnte, sind und waren nicht vorhanden. Ein Rechtsstreit hinsichtlich des Hofes ist nicht anhängig. Ich habe das Hoferbe angenommen.

Der Erblasser war Eigentümer des im Grundbuch von Blatt als Hof im Sinne der Höfeordnung eingetragenen Grundbesitzes. Es handelt sich um einen Ackerbaubetrieb mit ca. ha Eigentums- und ca. ha Pachtland. Der Hof stand im Alleineigentum des Erblassers.

Ausweislich des beigefügten Grundsteuerwertbescheids des Finanzamts vom betrug der zuletzt festgestellte Grundsteuerwert des Betriebs der Land- und Forstwirtschaft EUR.

2. Weitere Angaben

Der Erblasser hat das notarielle Testament Urkunde des Notars mit dem Amtssitz in zu UR-Nr. für hinterlassen, eröffnet von dem Amtsgericht am zum Az. .

In diesem Testament hat mich der Erblasser zur befreiten Hoferbin und unseren Sohn zum Hofnacherben eingesetzt. Der Hofnacherbfall tritt ein mit dem Tod der Vorerbin.

Als überlebender Ehegatte ist es nach § 6 Abs. 6 Satz 2 der Höfeordnung nicht erforderlich, dass ich wirtschaftsfähig bin.

3. Eidesstattliche Versicherung/Antrag und Kosten

Nach Hinweis der Notarin auf die Bedeutung einer eidesstattlichen Versicherung, insbesondere auf die strafrechtlichen Folgen falscher Angaben, versichere ich hiermit an Eides Statt, dass mir nichts bekannt ist, was der Richtigkeit meiner vorstehenden Angaben entgegensteht.

Ich beantrage, der Notarin eine Ausfertigung des Hoffolgezeugnisses zu übersenden.

Ich trage die Kosten dieser Urkunde und die anfallenden Gerichtskosten.

Vorstehende Verhandlung wurde der Erschienenen von der Notarin vorgelesen, von dieser genehmigt und eigenhändig wie folgt unterschrieben:

VI. Erläuterungen

Das Muster betrifft die im Höferecht noch häufig anzutreffende Konstellation, dass der Hofeigentümer seinen Ehegatten zum Vorerben und einen Abkömmling zum Nacherben bestimmt. Anlass können Versorgungsüberlegungen oder das noch geringe Alter des später zur Nachfolge vorgesehenen Abkömmlings sein. In der Höfeordnung von Rheinland-Pfalz ist die Hofvorerbschaft des Ehegatten sogar die gesetzlich vorgesehene Nachfolge, solange Verwandte der dortigen dritten und vierten Hoferbenordnung noch leben (§ 16 Abs. 2 S. 1 HO-RhPf). 41

Die Anordnung der Hofvor- und -nacherbschaft ist unter Beachtung des Kriteriums der Wirtschaftsfähigkeit unbedenklich möglich. Die Wirtschaftsfähigkeit des Vorerben muss im Zeitpunkt des Erbfalls und die des Nacherben im Zeitpunkt des Nacherbfalls gegeben sein,[28] wobei der überlebende Ehegatte nicht wirtschaftsfähig sein muss (§ 6 Abs. 6 S. 2 HöfeO). 42

Die Anordnung der Nacherbfolge ist eine der Beschränkungen, die im Hoffolgezeugnis des Hofvorerben zwingend zu vermerken ist.[29] Der Hofnacherbe ist im Hoffolgezeugnis des Hofvorerben namentlich zu benennen. Dem Hofnacherben darf ein Hoffolgezeugnis allerdings erst nach Eintritt des Nacherbfalls erteilt werden.[30]

VII. Muster Antrag auf Erteilung eines Hoffolgezeugnisses für einen Nacherben aufgrund notariellen Testaments

43

Muster 3.4: Antrag auf Erteilung eines Hoffolgezeugnisses für einen Nacherben aufgrund notariellen Testaments

3.4

Vor mir, der unterzeichnenden Notarin

mit dem Amtssitz in

erschien heute, am ,

Herr ,

28 *Graß*, Landwirtschaftserbrecht, § 6 HöfeO Rn 110.
29 *Graß*, Landwirtschaftserbrecht, § 18 HöfeO Rn 51; MüKo-BGB/*Grziwotz*, § 2353 Rn 184.
30 BGH v. 31.1.1980 – BLw 29/79, BeckRS 2010, 21280 = AgrarR 1980, 223.

geb. am …,

wohnhaft in ….

Der Erschienene wies sich aus durch Vorlage seines gültigen Personalausweises mit Lichtbild und erklärte sich damit einverstanden, dass die Notarin eine Kopie für ihre Akten fertigt.

Der Erschienene ersuchte mich um die Beurkundung eines

Antrages auf Erteilung eines Hoffolgezeugnisses

mit folgendem Inhalt:

Der am … verstorbene …, geb. am …, zuletzt wohnhaft gewesen in …, ist aufgrund des notariellen Testaments vom … (UR-Nr. … Notar … mit dem Amtssitz in …) hinsichtlich des im Grundbuch von … Blatt …, Grundbuchamt …, eingetragenen Hofes gem. der Höfeordnung von …, geb. am …, wohnhaft … als Hoferbe beerbt worden.

Der Hoferbe ist Nacherbe. Der Nacherbfall ist mit dem Tode des Vorerben am … eingetreten.

Hierzu erklärte der Erschienene zu meinem notariellen Protokoll:

1. Angaben des Antragstellers

Am … verstarb mein Vater, Herr …, geb. am …, nachfolgend auch „Erblasser" oder „Hofeigentümer" genannt. Er hatte seinen letzten Wohnsitz in …. Dort hatte er auch seinen letzten gewöhnlichen Aufenthalt. Der Erblasser war ausschließlich deutscher Staatsangehöriger. Zum Nachlass gehören keine Vermögenswerte im Ausland.

Der Erblasser war in einziger Ehe mit Frau …, geb. …, geb. am …, meiner Mutter, verheiratet. Ein Ehevertrag wurde nicht geschlossen. Für die Ehe galt also der gesetzliche Güterstand der Zugewinngemeinschaft. Zur Zeit des Todes des Erblassers war keine Ehesache anhängig.

Aus der Ehe sind zwei Abkömmlinge hervorgegangen,

1. Ich, der Antragsteller, geb. am …,
2. Meine Schwester Frau …, geb. am …, wohnhaft …

Weitere Personen, durch die ich, der Antragsteller, von der Hoferbfolge ausgeschlossen oder eingeschränkt sein könnte, sind und waren nicht vorhanden. Ein Rechtsstreit hinsichtlich des Hofes ist nicht anhängig. Ich habe das Hoferbe angenommen.

Der Erblasser war Eigentümer des im Grundbuch von Blatt als Hof im Sinne der Höfeordnung eingetragenen Grundbesitzes. Es handelt sich um einen Ackerbaubetrieb mit ca. ha Eigentums- und ca. ha Pachtland. Der Hof stand im Alleineigentum des Erblassers.

Ausweislich des beigefügten Grundsteuerwertbescheids des Finanzamts vom betrug der zuletzt festgestellte Grundsteuerwert des Betriebs der Land- und Forstwirtschaft EUR.

2. Weitere Angaben

Der Erblasser hat das notarielle Testament Urkunde des Notars mit dem Amtssitz in zu UR-Nr. für hinterlassen, eröffnet von dem Amtsgericht am zum Az. .

In diesem Testament hat der Erblasser meine Mutter zur befreiten Hoferbin und mich zum Hofnacherben eingesetzt. Der Hofnacherbfall tritt ein mit dem Tod der Vorerbin.

Die Hoferbin Frau ist am verstorben. Zum Nachweis lege ich eine beglaubigte Abschrift der Sterbeurkunde des Standesamtes zum Aktenzeichen vor.

Ich bin wirtschaftsfähig i.S.v. § 6 Abs. 7 HöfeO. Ich habe eine landwirtschaftliche Ausbildung mit Erfolg absolviert und die Prüfung zum Landwirtschaftsmeister abgelegt. Ich bin auf dem Hof des Erblassers aufgewachsen und bewirtschafte diesen seit 20 Jahren auf der Grundlage eines Bewirtschaftungsvertrages.

3. Eidesstattliche Versicherung/Antrag und Kosten

Nach Hinweis der Notarin auf die Bedeutung einer eidesstattlichen Versicherung, insbesondere auf die strafrechtlichen Folgen falscher Angaben, versichere ich hiermit an Eides Statt, dass mir nichts bekannt ist, was der Richtigkeit meiner vorstehenden Angaben entgegensteht.

Ich beantrage, der Notarin eine Ausfertigung des Hoffolgezeugnisses zu übersenden.

Ich trage die Kosten dieser Urkunde und die anfallenden Gerichtskosten.

Vorstehende Verhandlung wurde dem Erschienenen von der Notarin vorgelesen, von diesem genehmigt und eigenhändig wie folgt unterschrieben:

▲

VIII. Erläuterungen

44 Das Muster betrifft die Konstellation, dass der Hofeigentümer Hofvor- und -nacherbschaft angeordnet hatte und nach dem Ableben des Hofvorerben der Hofnacherbfall eingetreten ist. Insoweit wird auf die Erläuterungen zum vorangegangenen Muster der Beantragung des Hoffolgezeugnisses aufgrund notariellen Testamtens mit Nacherbschaft durch den Hofvorerben Bezug genommen.

IX. Muster Antrag auf Erteilung des Hoffolgezeugnisses aufgrund gesetzlicher Hoferbfolge bei einem Ehegattenhof

45 ▼

Muster 3.5: Antrag auf Erteilung des Hoffolgezeugnisses aufgrund gesetzlicher Hoferbfolge bei einem Ehegattenhof

Vor mir, der unterzeichnenden Notarin

mit dem Amtssitz in

erschien heute, am ,

Frau , geborene ,

geb. am ,

wohnhaft in .

Die Erschienene wies sich aus durch Vorlage seines gültigen Personalausweises mit Lichtbild und erklärte sich damit einverstanden, dass die Notarin eine Kopie für ihre Akten fertigt.

Die Erschienene ersuchte mich um die Beurkundung eines

Antrages auf Erteilung eines Hoffolgezeugnisses

mit folgendem Inhalt:

Der am verstorbene , geb. am , zuletzt wohnhaft gewesen in , ist von Gesetzes wegen hinsichtlich seines Anteils des im Grundbuch von Blatt , Grundbuchamt , eingetragenen Ehegattenhofes gem. der Höfeordnung von , geborene , geb. am , wohnhaft als Hoferbin beerbt worden.

Hierzu erklärte die Erschienene zu meinem notariellen Protokoll:

1. Angaben der Antragstellerin

Am verstarb mein Ehemann, Herr , geb. am , nachfolgend auch „Erblasser" oder „Hofeigentümer" genannt. Er hatte seinen letzten Wohnsitz in . Dort hatte er auch seinen letzten gewöhnlichen Aufenthalt. Der Erblasser war ausschließlich deutscher Staatsangehöriger. Zum Nachlass gehören keine Vermögenswerte im Ausland.

Der Erblasser war in einziger Ehe mit mir verheiratet. Ein Ehevertrag wurde nicht geschlossen. Für die Ehe galt also der gesetzliche Güterstand der Zugewinngemeinschaft. Zur Zeit des Todes des Erblassers war keine Ehesache anhängig.

Aus der Ehe sind zwei Abkömmlinge hervorgegangen,

1. Unsere Tochter Frau , geb. am , wohnhaft
2. Unser Sohn Herr , geb. am , wohnhaft

Weitere Personen, durch die ich, die Antragstellerin, von der Hoferbfolge ausgeschlossen oder eingeschränkt sein könnte, sind und waren nicht vorhanden. Ein Rechtsstreit hinsichtlich des Hofes ist nicht anhängig. Ich habe das Hoferbe angenommen.

Der Erblasser hat nach meinem Kenntnisstand keine letztwillige Verfügung hinterlassen.

Der Erblasser war mit einem Anteil Eigentümer des im Grundbuch von Blatt als Ehegattenhof im Sinne der Höfeordnung eingetragenen Grundbesitzes. Es handelt sich um einen Ackerbaubetrieb mit ca. ha Eigentums- und ca. ha Pachtland. Der Hof stand anteilig im Eigentum des Erblassers und anteilig in meinem Eigentum.

Ausweislich des beigefügten Grundsteuerwertbescheids des Finanzamts vom betrug der zuletzt festgestellte Grundsteuerwert des Betriebs der Land- und Forstwirtschaft EUR.

2. Weitere Angaben

Ich, die Antragstellerin, bin als überlebender Ehegatte gem. § 8 Abs. 1 HöfeO von Gesetzes wegen Hoferbin geworden.

Als überlebender Ehegatte ist es nach § 6 Abs. 6 Satz 2 HöfeO nicht erforderlich, dass ich wirtschaftsfähig bin.

3. Eidesstattliche Versicherung/Antrag und Kosten

Nach Hinweis der Notarin auf die Bedeutung einer eidesstattlichen Versicherung, insbesondere auf die strafrechtlichen Folgen falscher Angaben, versichere ich hiermit an Eides Statt, dass mir nichts bekannt ist, was der Richtigkeit meiner vorstehenden Angaben entgegensteht.

Ich beantrage, der Notarin eine Ausfertigung des Hoffolgezeugnisses zu übersenden.

Ich trage die Kosten dieser Urkunde und die anfallenden Gerichtskosten.

Vorstehende Verhandlung wurde der Erschienenen von der Notarin vorgelesen, von dieser genehmigt und eigenhändig wie folgt unterschrieben:

▲

X. Erläuterungen

46 Soweit ein Ehegattenhof im Sinne von § 1 Abs. 2 HöfeO vorliegt, fällt der Anteil des Erblassers nach der zwingenden Regelung in § 8 Abs. 1 HöfeO dem überlebenden Ehegatten als Hoferben zu. Abweichende Verfügungen sind unzulässig und unwirksam. Die Anordnung der Hofvorerbfolge, welche die vor 1976 geltende Fassung des § 8 HöfeO vorgesehen und die zu dem Phänomen der „Beerbung bei lebendigem Leibe" geführt hatte, indem der überlebende Ehegatte mit dem Ableben des Hofeigentümers auch hinsichtlich des eigenen Hofanteils Vorerbe wurde, ist nunmehr ausgeschlossen. Der überlebende Ehegatte schließt die sonst vorgehenden Abkömmlinge der ersten Hoferbenordnung von der Hoferbfolge aus. Der Ehegattenhof wandelt sich mit dem Ableben eines Ehegatten in einen Alleineigentümerhof um, der geschlossen nach den Vorgaben der Höfeordnung vererbt werden kann.[31] Die Wirtschaftsfähigkeit des überlebenden Ehegatten ist wegen § 6 Abs. 6 S. 2 HöfeO nicht erforderlich.

47 Allein zum Zwecke der Eigentumsumschreibung im Hofgrundbuch bedarf es nicht zwingend der Beantragung und Erteilung des Hoffolgezeugnisses, da eine andere Erbfolge als die des überlebenden Ehegatten ausgeschlossen ist. Zur Eigentumsumschreibung im Hofgrundbuch genügt der Nachweis des Ablebens des Erblassers in der Form des § 29 GBO.[32]

Gleichwohl gibt es Konstellationen, in denen auch für den überlebenden Ehegatten die Einholung des Hoffolgezeugnisses aus tatsächlichen oder rechtlichen Gründen sinnvoll oder erforderlich sein kann, in tatsächlicher Hinsicht etwa dann, wenn ein Geschäftspartner mit den höferechtlichen Nachfolgeregelungen nicht vertraut ist und einen „klassischen" Nachfolgenachweis in Form des Hoffolgezeugnisses wünscht, in rechtlicher Hinsicht, wenn beispielsweise der Erblasser eine mit den höferechtlichen Vorschriften

31 *Graß*, Landwirtschaftserbrecht, § 8 HöfeO Rn 12.
32 OLG Brandenburg v. 27.8.2024 – 5 W 73/23 ErbR 2024, 960 zur identischen Regelung in § 8 BbgHöfeOG.

nicht konforme – und im Zweifel unwirksame – testamentarische Hoferbenbestimmung getroffen hat und das Grundbuchamt eine Entscheidung über die Hoferbfolge vornehmen müsste.[33]

Sollte es eine letztwillige Verfügung des Hofeigentümers geben, die mit § 8 HöfeO unvereinbar ist, bedarf es des Hinweises auf Existenz und Inhalt der Verfügung sowie der Darlegung, warum diese unwirksam ist. 48

XI. Muster Antrag auf Erteilung eines Hoffolgezeugnisses aufgrund einer letztwilligen Verfügung für einen noch nicht 25 Jahre alten Hoferben mit Nutznießungsrecht der Mutter gem. § 14 HöfeO

▼ 49

Muster 3.6: Antrag auf Erteilung eines Hoffolgezeugnisses aufgrund einer letztwilligen Verfügung für einen noch nicht 25 Jahre alten Hoferben mit Nutznießungsrecht der Mutter gem. § 14 HöfeO

Vor mir, der unterzeichnenden Notarin

mit dem Amtssitz in

erschien heute, am ,

Herr ,

geb. am ,

wohnhaft in .

Der Erschienene wies sich aus durch Vorlage seines gültigen Personalausweises mit Lichtbild und erklärte sich damit einverstanden, dass die Notarin eine Kopie für ihre Akten fertigt.

Der Erschienene ersuchte mich um die Beurkundung eines

Antrages auf Erteilung eines Hoffolgezeugnisses

mit folgendem Inhalt:

Der am verstorbene , geb. am , zuletzt wohnhaft gewesen in , ist aufgrund des privatschriftlichen Testaments vom hinsichtlich des im Grundbuch von Blatt , Grundbuchamt , eingetragenen Hofes gem. der Höfeordnung von , geb. am , wohnhaft als Hoferbe beerbt worden.

33 Vgl. *Seutemann*, Landwirtschaftssachen, Abschnitt F Kapitel II 2 Buchst. b (S. 242).

Die Witwe des Erblassers, Frau , geborene , geb. am , wohnhaft , hat das im Grundbuch nicht einzutragende, aber im Hoffolgezeugnis festzustellende Recht der Verwaltung und der Nutznießung am Hof nach Maßgabe von § 14 der Höfeordnung, welches mit der Vollendung des 25. Lebensjahres des Hoferben endet.

Hierzu erklärte der Erschienene zu meinem notariellen Protokoll:

1. Angaben des Antragstellers

Am verstarb mein Vater, Herr , geb. am , nachfolgend auch „Erblasser" oder „Hofeigentümer" genannt. Er hatte seinen letzten Wohnsitz in . Dort hatte er auch seinen letzten gewöhnlichen Aufenthalt. Der Erblasser war ausschließlich deutscher Staatsangehöriger. Zum Nachlass gehören keine Vermögenswerte im Ausland.

Der Erblasser war in einziger Ehe mit meiner Mutter , geb. am verheiratet. Ein Ehevertrag wurde nicht geschlossen. Für die Ehe galt also der gesetzliche Güterstand der Zugewinngemeinschaft. Zur Zeit des Todes des Erblassers war keine Ehesache anhängig.

Der Erblasser hat zwei Abkömmlinge:

1. Ich, der Antragsteller, geb. am , wohnhaft
2. Mein Bruder Herr , geb. am , wohnhaft

Weitere Personen, durch die ich, der Antragsteller, von der Hoferbfolge ausgeschlossen oder eingeschränkt sein könnte, sind und waren nicht vorhanden. Ein Rechtsstreit hinsichtlich des Hofes ist nicht anhängig. Ich habe das Hoferbe angenommen.

Der Erblasser war Eigentümer des im Grundbuch von Blatt als Hof im Sinne der Höfeordnung eingetragenen Grundbesitzes. Es handelt sich um einen Ackerbaubetrieb mit ca. ha Eigentums- und ca. ha Pachtland. Der Hof stand im Alleineigentum des Erblassers.

Ausweislich des beigefügten Grundsteuerwertbescheids des Finanzamts vom betrug der zuletzt festgestellte Grundsteuerwert des Betriebs der Land- und Forstwirtschaft EUR.

2. Weitere Angaben

Der Erblasser hat das privatschriftliche Testament vom hinterlassen, eröffnet von dem Amtsgericht am zum Az. .

Danach bin ich, der Antragsteller,

(Wohnanschrift)

zum Hoferben eingesetzt.

Ich bin wirtschaftsfähig i.S.v. § 6 Abs. 7 HöfeO. Ich habe eine landwirtschaftliche Ausbildung mit Erfolg absolviert. Ich bin auf dem Hof des Erblassers aufgewachsen und habe meinen Vater seit meinem 15. Lebensjahr bei der Bewirtschaftung unterstützt, insbesondere im letzten Jahr vor seinem Ableben, als er die Arbeit auf dem Hof krankheitsbedingt nur noch eingeschränkt verrichten konnte.

Ich werde das 25. Lebensjahr am vollenden. Meiner Mutter Frau , der Witwe des Erblassers, steht das gesetzliche Verwaltungs- und Nutznießungsrecht am Hof gem. § 14 der Höfeordnung zu. Auf dieses Recht hat die Witwe des Erblassers nicht verzichtet.

3. Eidesstattliche Versicherung/Antrag und Kosten

Nach Hinweis der Notarin auf die Bedeutung einer eidesstattlichen Versicherung, insbesondere auf die strafrechtlichen Folgen falscher Angaben, versichere ich hiermit an Eides Statt, dass mir nichts bekannt ist, was der Richtigkeit meiner vorstehenden Angaben entgegensteht.

Ich beantrage, der Notarin eine Ausfertigung des Hoffolgezeugnisses zu übersenden.

Ich trage die Kosten dieser Urkunde und die anfallenden Gerichtskosten.

Vorstehende Verhandlung wurde dem Erschienenen von der Notarin vorgelesen, von diesem genehmigt und eigenhändig wie folgt unterschrieben:

▲

XII. Erläuterungen

50 Das Muster betrifft die Konstellation, dass der Hofeigentümer einen noch nicht 25 Jahre alten Abkömmling zum Hoferben bestimmt und eine Ehefrau hinterlassen hat. Für diese Situation sieht § 14 Abs. 1 HöfeO zur Sicherstellung des überlebenden Ehegatten vor, dass dieser kraft Gesetzes ein Nutzverwaltungsrecht an dem Hof erhält, welches erst mit der Vollendung des 25. Lebensjahres des Hoferben endet. Da es sich um eine erbrechtliche Folge der Ehe handelt, muss der Ehegatte auch erbberechtigt sein, es dürfen also in seiner Person keine Gründe vorliegen, die sein Erbrecht nach allgemeinen Vorschriften ausschließen.[34] Der Hofeigentümer darf die Entstehung des Nutzverwaltungsrecht nicht

34 *Graß*, Landwirtschaftserbrecht, § 14 HöfeO Rn 8.

ausgeschlossen haben, was ihm § 14 Abs. 1 S. 2 Buchst. a) HöfeO durch Ehevertrag oder Verfügung von Todes wegen ermöglichen würde. Das kraft Gesetzes entstandene Nutzverwaltungsrecht ist im Grundbuch nicht eintragungsfähig,[35] gehört aber zu den Beschränkungen, die im Hoffolgezeugnis zwingend vermerkt werden müssen.[36]

51 Dem Nutzverwaltungsberechtigten wird kein gesondertes Zeugnis über sein Nutzverwaltungsrecht erteilt. Der Grund dafür ist darin zu sehen, dass das Nutzverwaltungsrecht im Hoffolgezeugnis zwingend anzugeben ist.[37] Erforderlichenfalls kann der Nutzverwaltungsberechtigte die Erteilung des Hoffolgezeugnisses beantragen, welches dann zwingend das Bestehen des Nutzverwaltungsrechts zu bescheinigen hat.

Dem Nutzverwaltungsberechtigten steht es frei, auf sein Nutzverwaltungsrecht sowie die höferechtlichen Abfindungsansprüche nach § 12 HöfeO zu verzichten, um das übliche Altenteil zu verlangen. Im Falle des Verzichts findet das Nutzverwaltungsrecht im Nachfolgezeugnis keine Erwähnung.

XIII. Muster Antrag auf Erteilung eines Hoffolgezeugnisses und Erbscheins bezüglich des hoffreien Vermögens aufgrund einer letztwilligen Verfügung

52 ▼

Muster 3.7: Antrag auf Erteilung eines Hoffolgezeugnisses und Erbscheins bezüglich des hoffreien Vermögens aufgrund einer letztwilligen Verfügung

Vor mir, der unterzeichnenden Notarin

mit dem Amtssitz in

erschien heute, am ,

Herr ,

geb. am ,

wohnhaft in .

Der Erschienene wies sich aus durch Vorlage seines gültigen Personalausweises mit Lichtbild und erklärte sich damit einverstanden, dass die Notarin eine Kopie für ihre Akten fertigt.

35 *Graß*, Landwirtschaftserbrecht, § 14 HöfeO Rn 11.
36 *Graß*, Landwirtschaftserbrecht, § 18 HöfeO Rn 54.
37 *Graß*, Landwirtschaftserbrecht, § 14 HöfeO Rn 12.

Der Erschienene ersuchte mich um die Beurkundung eines

Antrages auf Erteilung eines Hoffolgezeugnisses sowie eines Erbscheins des hoffreien Vermögens

mit folgendem Inhalt:

Der am … verstorbene …, geb. am …, zuletzt wohnhaft gewesen in …, ist aufgrund des privatschriftlichen Testamens vom … hinsichtlich des im Grundbuch von … Blatt …, Grundbuchamt …, eingetragenen Hofes gem. der Höfeordnung von …, geb. am …, wohnhaft … als Hoferbe sowie als Alleinerbe bezüglich des hoffreien Vermögens beerbt worden.

Hierzu erklärte der Erschienene zu meinem notariellen Protokoll:

1. Angaben des Antragstellers

Am … verstarb mein Vater, Herr …, geb. am …, nachfolgend auch „Erblasser" oder „Hofeigentümer" genannt. Er hatte seinen letzten Wohnsitz in …. Dort hatte er auch seinen letzten gewöhnlichen Aufenthalt. Der Erblasser war ausschließlich deutscher Staatsangehöriger. Zum Nachlass gehören keine Vermögenswerte im Ausland.

Der Erblasser war in einziger Ehe mit Frau …, geb. am … verheiratet. Ein Ehevertrag wurde nicht geschlossen. Für die Ehe galt also der gesetzliche Güterstand der Zugewinngemeinschaft. Zur Zeit des Todes des Erblassers war keine Ehesache anhängig.

Aus der Ehe sind zwei Abkömmlinge hervorgegangen,

1. Ich, der Antragsteller, geb. am …, wohnhaft …
2. Mein Bruder Herr …, geb. am …, wohnhaft …

Weitere Personen, durch die ich, der Antragsteller, von der Hoferbfolge ausgeschlossen oder eingeschränkt sein könnte, sind und waren nicht vorhanden. Ein Rechtsstreit hinsichtlich des Hofes oder hinsichtlich des hoffreien Vermögens ist nicht anhängig. Ich habe das Hoferbe sowie das Erbe hinsichtlich des hoffreien Vermögens angenommen.

Der Erblasser war Eigentümer des im Grundbuch von … Blatt … als Hof im Sinne der Höfeordnung eingetragenen Grundbesitzes. Es handelt sich um einen Ackerbaubetrieb mit ca. … ha Eigentums- und ca. … ha Pachtland. Der Hof stand im Alleineigentum des Erblassers.

Ausweislich des beigefügten Grundsteuerwertbescheids des Finanzamts … vom … betrug der zuletzt festgestellte Grundsteuerwert des Betriebs der Land- und Forstwirtschaft … EUR.

2. Weitere Angaben

Der Erblasser hat das privatschriftliche Testament vom … hinterlassen, eröffnet von dem Amtsgericht … am … zum Az. … .

Danach bin ich, der Antragsteller,

… (Wohnanschrift)

zum Hoferben und zum alleinigen Erben des hoffreien Vermögens eingesetzt.

Ich bin wirtschaftsfähig i.S.v. § 6 Abs. 7 HöfeO. Ich habe eine landwirtschaftliche Ausbildung mit Erfolg absolviert und die Prüfung zum Landwirtschaftsmeister abgelegt. Ich bin auf dem Hof des Erblassers aufgewachsen und bewirtschafte diesen seit 20 Jahren mit Erfolg.

Der Wert des hoffreien Vermögens beträgt ca. … EUR.

3. Eidesstattliche Versicherung/Antrag und Kosten

Nach Hinweis der Notarin auf die Bedeutung einer eidesstattlichen Versicherung, insbesondere auf die strafrechtlichen Folgen falscher Angaben, versichere ich hiermit an Eides Statt, dass mir nichts bekannt ist, was der Richtigkeit meiner vorstehenden Angaben entgegensteht.

Ich beantrage, der Notarin eine Ausfertigung des Hoffolgezeugnisses zu übersenden.

Ich trage die Kosten dieser Urkunde und die anfallenden Gerichtskosten.

Vorstehende Verhandlung wurde dem Erschienenen von der Notarin vorgelesen, von diesem genehmigt und eigenhändig wie folgt unterschrieben:

▲

XIV. Erläuterungen

53 Das Muster betrifft den Fall, dass der Alleineigentümer eines Hofes einen Abkömmling zum Hoferben sowie zum alleinigen Erben des hoffreien Vermögens bestimmt hat. Dementsprechend sind ihm Hoffolgezeugnis und Erbschein in einem einheitlichen Nachfolgezeugnis zu bescheinigen.

Im Antragsverfahren sind die Voraussetzungen zur Erteilung des Hoffolgezeugnisses sowie die Voraussetzungen zur Erteilung des Erbscheins eines alleinigen Erben zu kombinieren.

XV. Muster Antrag auf Erteilung eines Hoffolgezeugnisses und gemeinschaftlichen Erbscheins bezüglich des hoffreien Vermögens aufgrund einer letztwilligen Verfügung

▼ 54

Muster 3.8: Antrag auf Erteilung eines Hoffolgezeugnisses und gemeinschaftlichen Erbscheins bezüglich des hoffreien Vermögens aufgrund einer letztwilligen Verfügung

3.8

Vor mir, der unterzeichnenden Notarin

mit dem Amtssitz in

erschien heute, am

1. Herr ,

   geb. am ,

   wohnhaft in ,

   nachfolgend auch „Erschienener zu 1)" oder „Antragsteller zu 1)" genannt sowie

2. Frau ,

   geb. , Mutter des Erschienenen zu 1)

   nachfolgend auch „Erschienene zu 2)" oder „Antragstellerin zu 2)" genannt,

   geb. am ,

   wohnhaft in .

Die Erschienenen wiesen sich aus durch Vorlage ihrer gültigen Personalausweise mit Lichtbild und erklärten sich damit einverstanden, dass die Notarin Kopien für ihre Akten fertigt.

Der Erschienenen ersuchten mich um die Beurkundung eines

Antrages auf Erteilung eines Hoffolgezeugnisses sowie eines gemeinschaftlichen Erbscheins

mit folgendem Inhalt:

Der am verstorbene , geb. am , zuletzt wohnhaft gewesen in , ist aufgrund des privatschriftlichen Testamens vom hinsichtlich des im Grundbuch von Blatt , Grundbuchamt , eingetragenen Hofes gem. der Höfeordnung von , geb. am , wohnhaft als Hoferbe beerbt worden.

Erben des hoffreien Vermögens sind

1. Herr …, geb. am …, wohnhaft …,
2. Frau …, geb. …, geb. am …, wohnhaft …,

   der Erschienene zu 1) … zu 1/4 und die Erschienene zu 2) … zu 3/4 geworden.

Hierzu erklärten die Erschienenen zu meinem notariellen Protokoll:

1. Angaben der Antragsteller

Am … verstarb Herr …, geb. am …, nachfolgend auch „Erblasser“ oder „Hofeigentümer“ genannt. Er hatte seinen letzten Wohnsitz in …. Dort hatte er auch seinen letzten gewöhnlichen Aufenthalt. Der Erblasser war ausschließlich deutscher Staatsangehöriger. Zum Nachlass gehören keine Vermögenswerte im Ausland.

Der Erblasser war in einziger Ehe mit mir, der Erschienenen zu 2), geb. am … verheiratet. Ein Ehevertrag wurde nicht geschlossen. Für die Ehe galt also der gesetzliche Güterstand der Zugewinngemeinschaft. Zur Zeit des Todes des Erblassers war keine Ehesache anhängig.

Aus der Ehe sind zwei Abkömmlinge hervorgegangen,

1. Ich, der Antragsteller zu 1), geb. am …,
2. der weitere Sohn des Erblassers …, geb. am …, wohnhaft …

Weitere Personen, durch welche ich, der Antragsteller zu 1) von der Hoferbfolge oder beide Antragsteller von der Erbfolge in das hoffreie Vermögen ausgeschlossen oder eingeschränkt sein könnten, sind und waren nicht vorhanden. Ein Rechtsstreit hinsichtlich des Hofes und des Erbrechts der Erben hinsichtlich des hoffreien Vermögens ist nicht anhängig. Ich, der Antragsteller zu 1), habe das Hoferbe und wir, die Antragsteller zu 1) und 2), haben das Erbe hinsichtlich des hoffreien Vermögens angenommen.

Der Erblasser war Eigentümer des im Grundbuch von … Blatt … als Hof im Sinne der Höfeordnung eingetragenen Grundbesitzes. Es handelt sich um einen Ackerbaubetrieb mit ca. … ha Eigentums- und ca. … ha Pachtland. Der Hof stand im Alleineigentum des Erblassers.

Ausweislich des beigefügten Grundsteuerwertbescheids des Finanzamts … vom … betrug der zuletzt festgestellte Grundsteuerwert des Betriebs der Land- und Forstwirtschaft … EUR.

2. Weitere Angaben

Der Erblasser hat das privatschriftliche Testament vom hinterlassen, eröffnet von dem Amtsgericht am zum Az. .

Danach bin ich, der Antragsteller zu 1),

 (Wohnanschrift)

zum Hoferben eingesetzt.

Bezüglich des hoffreien Vermögens hat der Erblasser

1. mich, den Antragsteller zu 1), zu ¼ und
2. mich, die Antragstellerin zu 2), zu ¾

zu Erben eingesetzt.

Ich, der Antragsteller zu 1), bin wirtschaftsfähig i.S.v. § 6 Abs. 7 HöfeO. Ich habe eine landwirtschaftliche Ausbildung mit Erfolg absolviert und die Prüfung zum Landwirtschaftsmeister abgelegt. Ich bin auf dem Hof des Erblassers aufgewachsen und bewirtschafte diesen seit 20 Jahren.

Der Wert des hoffreien Vermögens beträgt ca. EUR.

3. Eidesstattliche Versicherung/Antrag und Kosten

Nach Hinweis der Notarin auf die Bedeutung einer eidesstattlichen Versicherung, insbesondere auf die strafrechtlichen Folgen falscher Angaben, versichern wir, ein jeder einzelner von uns für sich selbst, hiermit an Eides Statt, dass uns nichts bekannt ist, was der Richtigkeit unserer vorstehenden Angaben entgegensteht.

Wir beantragen, der Notarin eine Ausfertigung des Hoffolgezeugnisses sowie des gemeinschaftlichen Erbscheins zu übersenden.

Wir tragen die Kosten dieser Urkunde und die anfallenden Gerichtskosten.

Vorstehende Verhandlung wurde den Erschienenen von der Notarin vorgelesen, von diesen genehmigt und eigenhändig wie folgt unterschrieben:

▲

XVI. Erläuterungen

Dem Muster liegt der Sachverhalt zu Grunde, dass der Hofeigentümer einen Abkömmling zum Alleinerben und diesen Abkömmling zusammen mit dem überlebenden Ehegatten zu Miterben des hoffreien Vermögens bestimmt hat. Angestrebt mit dem Antrag wird eine einheitliche Bescheinigung über die Hofnachfolge und des Erbrechts in das 55 hoffreie Vermögen, also die Kombination aus Hoffolgezeugnis und gemeinschaftlichem Erbschein.

Der Antrag kann von dem Hoferben zusammen mit dem oder den Miterben hinsichtlich des hoffreien Vermögens gestellt werden. Der Antrag auf Erteilung des Hoffolgezeugnisses sowie des gemeinschaftlichen Erbscheins hinsichtlich des hoffreien Vermögens hat daher den Anforderungen zur Beantragung des Hoffolgezeugnisses als auch den Anforderungen bei Beantragung eines gemeinschaftlichen Erbscheins zu entsprechen. Insoweit kann auf die Erläuterungen zu den Anträgen auf Erteilung eines Hoffolgezeugnisses sowie des gemeinschaftlichen Erbscheins verwiesen werden.

Denkbar sind auch weitere Kombinationen, etwa dahin, dass die Beantragung des Hoffolgezeugnisses als Hofvorerbe und ein gemeinschaftlicher Erbschein hinsichtlich des hoffreien Vermögens beantragt wird.

§ 4 Formulierungsvorschläge: Testamentsvollstreckerzeugnis (§ 2368 BGB, §§ 354 f. FamFG)

A. Das Spannungsverhältnis zur General- und Vorsorgevollmacht

Der (vermeintliche) „Siegeszug" der transmortalen General- und Vorsorgevollmacht treibt mitunter bunte Blüten. So hat etwa das LG Münster[1] in Notarkostensachen entschieden, dass die Beurkundung eines Erbscheinsantrags durch den Notar eine unrichtige Sachbehandlung i.S.d. § 21 Abs. 1 S. 1 GNotKG sein kann,[2] wenn dieser weiß, dass der Nachlass nur aus Bankeinlagen besteht und der Erbe über eine transmortale Vollmacht verfügt. *Sikora*[3] hat hier zu Recht auf die Unterschiede zwischen Erbschein und transmortaler Vollmacht hingewiesen. So erstreckt sich eine transmortale Vollmacht nicht auf das Eigenvermögen des Erben. Sie genügt ferner nie zur Erklärung einer grundbuchmäßigen Berichtigungsbewilligung auf die Erben und auch nicht zur handelsrechtlichen Anmeldung des Ausscheidens des Verstorbenen und zur Anmeldung des Erben als neuen Gesellschafter. Der vorsichtige Notar wird gleichwohl vor Beurkundung eines Antrags auf Erteilung eines Erbscheins oder Testamentsvollstreckerzeugnisses nach dem Vorliegen einer trans- bzw. postmortalen General- und Vorsorgevollmacht fragen und dokumentieren, dass gleichwohl ein Erbschein bzw. Testamentsvollstreckerzeugnis beantragt werden sollte. 1

Formulierungsbeispiel Belehrung trans-/postmortale Vollmacht 2

Der Notar hat die Erschienenen zu Beginn der Beurkundung gefragt, ob ein Testamentsvollstreckerzeugnis benötigt werde oder die Abwicklung aufgrund einer trans-/postmortalen Vollmacht oder auf anderem Wege versucht werden soll. Daraufhin erklärten die Erschienenen, dass ein Testamentsvollstreckerzeugnis zur Abwicklung der Erbschaftsangelegenheit notwendig sei, weil … .

Das Verhältnis der transmortalen bzw. postmortalen Vollmacht zur Testamentsvollstreckung stellt sich im Übrigen – in Ermangelung einer ausdrücklichen Regelung[4] in der Testamentsvollstreckungsanordnung und/oder Vollmacht – wie folgt dar. Dabei ist zwischen der General- und Vorsorgevollmacht an den Testamentsvollstrecker selbst[5] und der General- und Vorsorgevollmacht an einen Dritten zu unterscheiden.

1 LG Münster ZEV 2017, 522 = ErbR 2017, 586 = NJW-Spezial 2017, 424.
2 Hierzu auch Korintenberg/*Tiedtke*, § 21 GNotKG Rn 77 f. (andere Nachweise).
3 *Sikora*, NJW 2018, 1572, 1575 f.
4 Hierzu etwa: *Becker*, ZEV 2018, 692 ff. mit Formulierungsvorschlägen.
5 Zur General- und Vorsorgevollmacht des Testamentsvollstreckers vgl. KG NZFam 2019, 216 m. Anm. *Becker* = MittBayNot 2019, 273 (m. Anm. *Reimann*) = ZEV 2019, 27 = DNotZ 2019, 304 m. Anm. *Weber*.

I. General- und Vorsorgevollmacht an den Testamentsvollstrecker („Testamentsvollstreckervollmacht“)

3 Wird dem Testamentsvollstrecker zugleich eine post- bzw. transmortale Vollmacht erteilt, so ermöglicht ihm diese schon vor Beginn seines Amtes gem. § 2202 BGB zu handeln, insbesondere über Nachlassgegenstände zu verfügen.[6] Demnach kann die Vollmacht – je nach Ausgestaltung – die Machtbefugnisse des Testamentsvollstreckers zeitlich, aber auch sachlich erweitern. Eine allgemein bekannte Beschränkung der Verfügungsmacht des Testamentsvollstreckers findet sich in § 2205 S. 3 i.V.m. § 2207 S. 2 BGB. Dieses Schenkungsverbot gilt aber nicht von vornherein auch für den trans- bzw. postmortal Bevollmächtigten. Vielmehr ist die Ausgestaltung der Vollmacht, gegebenenfalls deren Auslegung anhand des Vollmachtzwecks, maßgeblich.[7] Eine Verpflichtung des Erben auch mit seinem Privatvermögen ist dem trans- bzw. postmortal Bevollmächtigten allerdings ebenfalls (vgl. § 2206 S. 1 Hs. 1 BGB – „… für den Nachlass…“) grundsätzlich nicht möglich.[8] Dies erfordert bei einer Erbauseinandersetzung aufgrund transmortaler Vollmacht eine differenzierte Betrachtung, die zwischen dem schuldrechtlichen Teil der Erbauseinandersetzung und dem dinglichen Teil unterscheidet.[9]

4 Verwaltungsanordnungen des Erblassers (§ 2216 Abs. 2 BGB) gelten für den post- bzw. transmortal Bevollmächtigten nicht. In Fällen mit Auslandsberührung kann die post- bzw. transmortale Vollmacht den „Auslandseinsatz des Testamentsvollstreckers“[10] erleichtern, weil Nachweis-[11] und Anerkennungsfragen vermieden werden.[12] Im Grundbuchverkehr ist die Benennung der Erben nicht erforderlich und im Falle des fremdfinanzierten Erwerbs eines Nachlassgrundstücks, u.a. nach dem OLG Frankfurt,[13] auch keine vorherige Grundbuchberichtigung bei Eintragung der Finanzierungsgrundschuld (§ 40 Abs. 1 Fall 4 GBO analog) nötig.[14] Auch das Finanzamt kann mit Blick auf z.B. § 3 Nr. 3 GrEStG grds. keinen formalen Erbnachweis verlangen, sondern muss aufgrund

6 MüKo-BGB/*Zimmermann*, Bd. 10, Vorbem. zu § 2197 Rn 15.

7 MüKo-BGB/*Zimmermann*, Bd. 10, Vorbem. zu § 2197 Rn 14; Beck'sches Notarhandbuch/*Reetz*, Kap. F. Vollmacht Rn 74.

8 MüKo-BGB/*Zimmermann*, Bd. 10, Vorbem. zu § 2197 Rn 14, vorbehaltlich der Zustimmung des Erben (vgl. BGH v. 18.6.1962 – II ZR 99/61, NJW 1962, 1718).

9 OLG Stuttgart, Beschl. v. 11.11.2024, 8 W 303/24, BWNotZ 2025, 102 ff. = ZEV 2025, 326 ff.

10 Frei nach *Reimann*, ZEV 2015, 510.

11 Dieser handelt eben nicht als Testamentsvollstrecker bzw. Partei kraft Amtes, sondern aufgrund gewillkürter Stellvertretung. Vgl. BeckOK-BGB/*Lange*, § 2197 Rn 53.

12 MüKo-BGB/*Schubert*, Bd. 1, 10. Aufl., 2025, § 168 Rn 40 ff.; BeckOK-BGB/*Lange*, § 2197 BGB Rn 48 ff.

13 Vgl. auch OLG Stuttgart, Beschl. v. 17.10.2018, 8 W 311/18, MittBayNot 2019, 315 m. Anm. *Becker* und Beschl. v. 2.11.2018, 8 W 312/18, MittBayNot 2019, 580 m. Anm. *Becker*.

14 OLG Frankfurt v. 27.6.2017, 20 W 179/17, ZNotP 2018, 225 m. Anm. *Becker*; weiterführend *Amann* MittBayNot 2013, 367 (371).

des Amtsermittlungsgrundsatzes (§ 88 Abs. 1 S. 1 AO), die Erbfolge selbst ermitteln. Entsprechendes gilt nach § 76 Abs. 1 FGO für die Finanzgerichte.

Auch die Testamentsvollstreckung im Handels- bzw. Gesellschaftsrecht wird durch eine ergänzend erteilte Vollmacht erleichtert.[15] Eine solche Vollmacht darf freilich nicht missbraucht werden und muss grundsätzlich,[16] jedenfalls aus „wichtigem Grund“, widerruflich ausgestaltet sein. Das Widerrufsrecht steht dabei den Erben und grundsätzlich jedem Erben für sich zu.[17] Aus alldem folgt, dass sich bei der General- und Vorsorgevollmacht für den Testamentsvollstrecker grundsätzlich auch keine Konfusionsproblematik[18] wie bei der General- und Vorsorgevollmacht für den Alleinerben stellt. 5

Zu unterscheiden sind dabei folgende Fälle: 6

Beispielsfälle

Bevollmächtigter	Erbe(n)	Testamentsvollstrecker
A	A	**A**
A	A	**B**
A	A, B	**A**
A	A, B	**C**

Fall 1: Da der Alleinerbe (A) grundsätzlich (Ausnahmen: Mitvollstrecker (§ 2224 BGB), Vermächtnisvollstrecker (§ 2223 BGB); Vermächtniserfüllung) **nicht** zugleich Testamentsvollstrecker sein kann,[19] stellen sich die in der Literatur und Rechtsprechung erörterten Fragestellungen in Bezug auf die Testamentsvollstreckung des A regelmäßig nicht. Ist kein Ersatztestamentsvollstrecker berufen, ist die Testamentsvollstreckeranordnung nämlich unwirksam. Bzgl. der Doppelstellung als Alleinerbe und Bevollmächtigter besteht dagegen die bekannte Konfusionsproblematik.

Fall 2: Ist der bevollmächtigte Alleinerbe (A) mit einer Testamentsvollstreckung zugunsten eines Dritten (B) beschwert, so bleibt seine Vollmacht hingegen bestehen.[20] Siehe auch unten zur „konkurrierenden Vollmacht“, Rdn 8 ff.

Fall 3: Ist ein Miterbe (A) dagegen Testamentsvollstrecker, so tritt seine (grundsätzlich widerrufliche) trans- bzw. postmortale Vollmacht in das oben beschriebene Konkurrenzverhältnis zur Testamentsvollstreckung („Testamentsvollstreckervollmacht“).

15 BeckOK-BGB/*Lange*, § 2205 BGB Rn 32 ff.
16 Zur Strafklausel- bzw. Auflagenlösung s. *Reithmann*, BB 1984, S. 1394 (1397 ff.).
17 BeckOK-BGB/*Lange*, § 2197 BGB Rn 54 ff.; MüKo-BGB/*Zimmermann*, Bd. 10, Vorbem. zu § 2197 Rn 18.
18 Dazu: BeckOK-BGB/*Lange*, § 2197 BGB, Rn 52 m.w.N.
19 Vgl. Prütting/Helms/*Fröhler*, § 354 FamFG, Rn 8; Krätzschel/Falkner/Döbereiner/*Krätzschel*, § 19 Rn 16.
20 Vgl. hierzu: BeckOK-BGB/*Lange*, § 2197 BGB Rn 52 a.E.

Fall 4: Ist einer von mehreren Miterben (A oder B) bevollmächtigt und er oder alle Miterben mit einer Testamentsvollstreckung zugunsten eines Dritten (C) beschwert, so muss das oben (Fall 2) zum Alleinerben Gesagte entsprechend gelten. Siehe auch unten zur „konkurrierenden Vollmacht“, Rdn 8 ff.

7 Die folgende Tabelle ist an *Eckelskemper/Schmitz*[21] angelehnt und verdeutlicht nochmals die Unterschiede zwischen Testamentsvollstreckung und post-/transmortaler Vollmacht:

Abb. 1 – Vergleich Testamentsvollstreckung – Vollmacht

Vergleichskriterium	Testamentsvollstreckung	Vollmacht
Beginn	Es ist zwischen dem Beginn der Testamentsvollstreckung als solcher und dem Amt zu unterscheiden. Letzteres beginnt erst mit Amtsannahme.	Mit Zugang der Vollmachtserklärung, also gegebenenfalls auch schon vor dem Tod des Erblassers.
Verwaltungs-/Verfügungsbefugnis	Je nach Art der Testamentsvollstreckung: Verwaltungs-/Verfügungsbeschränkung der Erben (§§ 2205, 2211 f. BGB).	**Keine** verdrängende Vollmacht möglich. Widerruf aus „wichtigem Grund“ stets möglich.
Schenkungsverbot	§ 2205 S. 3 BGB	Nur wenn ausdrücklich angeordnet. Ggfs. ist dies Auslegungsfrage.
Verpflichtung des Erben mit Eigenvermögen	**Nein.**	**Nein.**
„Rules against perpetuities“ (Regeln gegen die dauerhafte Vermögensbindung)	§§ 2209, 2210 BGB.	**Nein.**
Voreintragungsgrundsatz im Grundbuchverkehr	Durchbrochen gem. § 40 Abs. 2 GBO.	Durchbrochen gem. § 40 Abs. 1 Fall 4 bzw. Abs. 2 GBO analog?
Anerkennung im Ausland	Europäisches Nachlasszeugnis als „Testamentsvollstreckerzeugnis“ als sicherster Weg.	Grundsätzlich keine Anerkennungsprobleme.
Besonderheiten im Personengesellschaftsrecht	Dauervollstreckung als Rechtsproblem. Teils Ersatzlösungen in der Praxis.[22]	Vertretungsschranken im Gesellschaftsvertrag vorhanden?

21 Beck'sches Formularbuch Erbrecht/*Eckelskemper/Schmitz*, C VII 1, S. 272 f.
22 Vgl. hierzu etwa: *Kämper*, RNotZ 2016, 625 ff.

Nur im Exkursweg soll noch folgende Hilfestellung[23] zur Person des Testamentsvollstreckers gegeben werden:

Abb. 2 – Wer kann Testamentsvollstrecker sein?

Person des Testamentsvollstreckers	Zulässigkeit
Alleinerbe	Grds. **Nein**. **Ausnahmen**: Mitvollstrecker (§ 2224), Vermächtnisvollstrecker (§ 2223); Vermächtniserfüllung.
Alleiniger Vorerbe	**Nicht** alleiniger TV über die Vorerbschaft (**Ausnahme**: Mitvollstrecker (§ 2224); Vermächtnisvollstrecker (§ 2223); Vermächtniserfüllung). Aber alleiniger TV über die Nacherbschaft. **Nicht** Nacherbenvollstrecker (§ 2222).
Alleiniger Nacherbe	**Nicht** alleiniger TV über die Nacherbschaft (**Ausnahme**: Mitvollstrecker (§ 2224), Vermächtnisvollstrecker (§ 2223), Vermächtniserfüllung). Aber alleiniger TV über die Vorerbschaft. **Nicht** Nacherbenvollstrecker (§ 2222).
Miterbe	Einer, aber auch alle Miterben können TV sein.
Mitvorerbe	Einer, aber auch alle Mitvorerben können TV über die Vorerbschaft sein. Ein Mitvorerbe kann **auch Nacherbenvollstrecker** (§ 2222)[24] und TV über die Nacherbschaft sein.
Mitnacherbe	Einer, aber auch alle Mitnacherben können TV über die Nacherbschaft sein. Ein Mitnacherbe kann **auch Nacherbenvollstrecker** (§ 2222) und TV über die Vorerbschaft sein.
Vermächtnisnehmer/ Auflagenbegünstigter	Kann TV sein, auch nur mit der einzigen Aufgabe der Erfüllung des z.B. Vermächtnisses.
Vormund/Elternteil/ Betreuer/Pfleger	Grds. **ja**. Es ist aber, z.B. bei einem Elternteil, die Notwendigkeit der Bestellung eines Ergänzungspflegers (§ 1909) im Einzelfall zu prüfen.

II. General- und Vorsorgevollmacht für einen Dritten („konkurrierende Vollmacht")

Ist die General- und Vorsorgevollmacht hingegen einem Dritten, also einer anderen Person als dem Testamentsvollstrecker erteilt, stellt sich die Frage, wie sich diese konkur- 8

23 Aus Soergel/*Becker*, § 2197 BGB Rn 29.
24 BayObLGZ 1989, 183 (186) = NJW-RR 1989, 96.

rierende Vollmacht zur Rechtsmacht des Testamentsvollstreckers verhält. Denkbar sind mehrere Sichtweisen:

Zunächst ist es möglich – unabhängig von der zeitlichen Reihenfolge der Erteilung bzw. Anordnung – von einem generellen Nebeneinander von Vollmacht und Testamentsvollstreckung auszugehen. Diese Sichtweise dominiert vor allem die Rechtsprechung[25] und vermeidet Unsicherheiten in der Auslegung von Vollmacht bzw. Testamentsvollstreckungsanordnung anhand etwa der zeitlichen Abfolge[26] oder der betroffenen Personen. Nach **a.A.** soll der Bevollmächtigte nur dann durch die Testamentsvollstreckung nicht eingeschränkt sein, wenn und soweit der Vollmacht der Wille des Erblassers entnommen werden kann, dass die Rechtsmacht des Testamentsvollstreckers eingeschränkt werden soll.[27] Den generellen Vorrang des Testamentsvollstreckers begründet andererseits *Reimann* unter Hinweis darauf, dass dieser seine Rechtsmacht vom Erblasser, der Bevollmächtigte aber – nach dem Tod des Erblassers – von dem nach §§ 2205, 2211 BGB verfügungsbeschränkten Erben ableite.[28] Zu Recht betonen *Bengel/Dietz*,[29] dass es sich bei dieser Frage um eine Auslegungsfrage von Testamentsvollstreckungsanordnung bzw. Vollmachtserteilung handele. Die Formulierungspflicht des Notars gemäß § 17 Abs. 1 BeurkG verlangt von diesem daher (wohl) eine Klarstellung in Vollmacht und/oder Testamentsvollstreckeranordnung.[30] Das Recht zum Widerruf der Vollmacht steht in diesen Fällen jedem Erben zu, gegebenenfalls auch dem Testamentsvollstrecker, wenn ihm diese Befugnis nicht (ausdrücklich oder konkludent) entzogen wurde (§ 2208 Abs. 1 S. 1 BGB).

B. Der öffentliche Glaube des Testamentsvollstreckerzeugnisses

9 Zur Legitimation des Testamentsvollstreckers im Rechtsverkehr dient das Testamentsvollstreckerzeugnis (§ 2368 BGB). Wie beim Erbschein[31] kann der Rechtsverkehr, z.B. der Bankenverkehr (vgl. § 5 AGB-Banken), deshalb aber nicht stets die Vorlage eines

25 RGZ 88, 345; 106, 186; BGH NJW 1962, 1718; OLG Hamburg v. 5.5.1967, 1 U 221/66, DNotZ 1967, 31, OLG München v. 15.11.2011 – 34 Wx 388/11, ZEV 2012, 376; s. aber auch z.B. MüKo-BGB/*Schubert*, Bd. 1, 10. Aufl., 2025, § 168 Rn 40 m.w.N., der aber ebenfalls auf die Notwendigkeit der Auslegung verweist; ebenso: Beck'sches Notarhandbuch/*Reetz*, Kap. F. Vollmacht Rn 72; s. hierzu auch *Amann*, MittBayNot 2013, 367 (367).

26 So könnte etwa angenommen werden, dass die nachträgliche Testamentsvollstreckeranordnung einen konkludenten Widerruf der erteilten Vollmachten enthalte.

27 So für den bevollmächtigten Erben z.B. MüKo-BGB/*Zimmermann*, 6. Aufl., § 2211 Rn 13.

28 Staudinger/*Reimann*, Bearb. 2016, vor § 2197 Rn 80 und § 2211 Rn 12.

29 Bengel/Reimann/*Bengel/Dietz*, S. 9 f. (Rn 38a, 41a).

30 Vgl. hierzu die (zahlreichen) Formulierungsvorschläge bei *Becker*, ZEV 2018, 692 ff.

31 Z.B. BGH NJW 2016, 2409 = DNotZ 2016, 708 = ZEV 2016, 320 = ZErb 2016, 201.

Testamentsvollstreckerzeugnisses verlangen.[32] Die insoweit relevante Entscheidung des BGH aus dem Jahre 1961 war ausdrücklich den „besonderen Umständen des Falles"[33] geschuldet (dort: Entlassung als Testamentsvollstrecker und Frage der Anerkennung dieser Entlassung in West-Berlin). Prozesskostenrechtlich ist jedoch § 94 ZPO zu bedenken.

Das erteilte Testamentsvollstreckerzeugnis genießt aber nach § 2365 BGB entsprechend 10
i.V.m. § 2368 S. 2 BGB eine Vollständigkeits- und Richtigkeitsvermutung und einen sich daran anschließenden Schutz des guten Glaubens (§§ 2366 f. BGB entsprechend i.V.m. § 2368 S. 2 BGB).[34] Der öffentliche Glaube reicht dabei so weit wie die Richtigkeitsvermutung. Geschützt wird daher der gute Glaube daran, dass der im Testamentsvollstreckerzeugnis Bezeichnete wirklich Testamentsvollstrecker geworden ist (v.a. Wirksamkeit der Ernennung und Amtsannahme) und die gesetzlich vorgesehenen Befugnisse hat bzw. nicht durch andere als in dem Testamentsvollstreckerzeugnis angegebene (z.B. sachliche, persönliche oder zeitliche) Beschränkungen in seiner Verfügungsmacht beschränkt ist.[35]

Anders als beim Erbschein gilt der öffentliche Glaube aber nicht nur für Verfügungs-, 11
sondern auch für Verpflichtungsgeschäfte (Argument: § 2368 Abs. 1 S. 2 BGB a.F./§ 354 Abs. 2 FamFG).[36] Dagegen wird der gute Glaube an

- das Fortbestehen des Amtes trotz Vorliegens gesetzlicher Beendigungsgründe (arg. e § 2368 S. 2 Hs. 2 BGB),[37]
- die Zugehörigkeit eines Gegenstandes zum Nachlass[38] sowie

32 *Zimmermann*, Die Testamentsvollstreckung, S. 217 unter Hinweis auf § 307 BGB. So schon früher: *v. Lübtow*, Erbrecht, 2. Halbbd, 1971, S. 977 m.w.N.

33 Vgl. BGH WM 1961, 479 ff.

34 Legitimiert sich der Testamentsvollstrecker dagegen durch die beglaubigte Abschrift der Eröffnungsniederschrift nebst Verfügung von Todes wegen und Amtsannahmenachweis wird der gutgläubige Dritte im Rahmen der Grundsätze über die Anscheins- bzw. Duldungsvollmacht geschützt. Dazu: Mayer/Bonefeld/*J. Mayer*, Testamentsvollstreckung, 4. Aufl., S. 44.

35 BeckOK-BGB/*Siegmann/Höger*, § 2368 BGB Rn 22, 73. Ed., Stand: 1.2.2025; BGH NJW 2016, 2035 (2037); *v. Lübtow*, Erbrecht, 2. Halbbd, 1971, S. 977; Krätzschel/Falkner/Döbereiner/*Krätzschel*, 12. Aufl, 2022, § 19 Rn 48, 71; Mayer/Bonefeld/*J. Mayer*, Testamentsvollstreckung, 4. Aufl., S. 44.

36 BeckOK-BGB/*Siegmann/Höger*, § 2368 BGB Rn 25, 73. Ed., Stand: 1.2.2025; *v. Lübtow*, Erbrecht, 2. Halbbd, 1971, S. 977; Krätzschel/Falkner/Döbereiner/*Krätzschel*, § 19 Rn 71 a.E.

37 Dabei ist grundsätzlich (**Ausnahme**: Testamentsvollstreckerzeugnis war von Anfang an unwirksam) keine Einziehung oder Kraftloserklärung nötig, wohl aber ein Rückfordern zu den Nachlassakten. Gemäß §§ 2368 S. 2 i.V.m. 2362 BGB hat der Erbe oder der Nachfolger des Testamentsvollstreckers einen Anspruch auf Herausgabe des Testamentsvollstreckerzeugnisses. Der Dritte wird aber geschützt, wenn der Erblasser die Amtsdauer abweichend vom Gesetz begrenzt hat (besonderer Beendigungsgrund), dies im Zeugnis nicht vermerkt ist und der Dritte auf die normale Amtsdauer vertraut (vgl. *v. Lübtow*, Erbrecht, 2. Halbbd, 1971, S. 979 m.w.N.)! Zum Ganzen: *v. Lübtow*, Erbrecht, 2. Halbbd, 1971, S. 978; Bahrenfuss/*Schaal*, FamFG, § 354 FamFG Rn 19, 21; Prütting/Helms/*Fröhler*, FamFG, 4. Aufl., § 354 FamFG Rn 4; Krätzschel/Falkner/Döbereiner/*Krätzschel*, § 19 Rn 48; MüKo-BGB/*Grziwotz*, Bd. 11, § 2368 BGB Rn 45 ff.; Mayer/Bonefeld/*J. Mayer*, Testamentsvollstreckung, 4. Aufl., S. 44.

38 Krätzschel/Falkner/Döbereiner/*Krätzschel*, § 19 Rn 48; Mayer/Bonefeld/*J. Mayer*, Testamentsvollstreckung, S. 44.

- das tatsächliche Bestehen im Testamentsvollstreckerzeugnis angegebener Verfügungsbeschränkungen des Testamentsvollstreckers[39]

nicht geschützt.[40] Der öffentliche Glaube schützt darüber hinaus nur Dritte im Verhältnis zum Nachlass, **nicht** auch den Erben im Verhältnis zum Testamentsvollstrecker.[41]

C. Das Erteilungsverfahren mit Musterantrag (Grundmuster)

12 Das Testamentsvollstreckerzeugnis wird nur im **Antragsverfahren** erteilt (vgl. §§ 2368 S. 1 BGB; §§ 23 ff., 354 FamFG). Insoweit gilt das zum Erbscheinsverfahren oben Gesagte entsprechend. Insbesondere ist der Feststellungsbeschluss von dessen Vollzug durch Erteilung des Testamentsvollstreckerzeugnisses an sich zu unterscheiden und es gilt der Grundsatz der strengen Antragsbindung.[42] Die Folgen der Unaufklärbarkeit einzelner Tatsachen („non liquet") trägt derjenige, dem die jeweils nicht aufklärbare Tatsache zugutekommen würde (Feststellungslast).[43] Bei sich widersprechenden Anträgen oder sonstigen Widerspruch zum erklärten Willen eines Beteiligten wird die Wirksamkeit des Beschlusses ausgesetzt (§§ 354 Abs. 1 Fall 2, 352e Abs. 2 S. 2 FamFG)[44] und das Testamentsvollstreckerzeugnis erst mit dessen Rechtskraft erteilt. Ein Vorbescheid ergeht nicht mehr.[45] Dabei wird der (grds. formfreie) Antrag in der Praxis[46] regelmäßig in Schriftform gestellt. Hält das Nachlassgericht die eidesstattliche Versicherung des Testamentsvollstreckers – mangels zusätzlichen Erkenntnisgewinns – nicht für erforderlich, hat es dabei sein Bewenden (§§ 354 Abs. 1 Fall 2, 352 Abs. 3

39 *v. Lübtow*, Erbrecht, 2. Halbbd, 1971, S. 977; Krätzschel/Falkner/Döbereiner/*Krätzschel*, § 19 Rn 71 a.E.; Mayer/Bonefeld/*J. Mayer*, Testamentsvollstreckung, S. 44.

40 Das Testamentsvollstreckerzeugnis bezeugt auch nicht, wer Erbe geworden ist. Erfolgt etwa zur Klarstellung der Beschränkung der Befugnisse des Testamentsvollstreckers in persönlicher Hinsicht, die Nennung eines Miterben, wird der gute Glaube an dessen Erbenstellung nur durch den Erbschein, nicht durch das Testamentsvollstreckerzeugnis geschützt. Mayer/Bonefeld/*J. Mayer*, Testamentsvollstreckung, S. 44.

41 BGHZ 41, 23 (30) = NJW 1964, 1316 (1319); Krätzschel/Falkner/Döbereiner/*Krätzschel*, § 19 Rn 71 a.E.; Mayer/Bonefeld/*J. Mayer*, Testamentsvollstreckung, S. 45.

42 Krätzschel/Falkner/Döbereiner/*Krätzschel*, § 19 Rn 58 f.; Mayer/Bonefeld/*J. Mayer*, Testamentsvollstreckung, S. 50; *Zimmermann*, Die Testamentsvollstreckung, S. 224 f.

43 Prütting/Helms/*Fröhler*, § 352e FamFG, Rn 47; Krätzschel/Falkner/Döbereiner/*Krätzschel*, § 19 Rn 57 a.E. pauschal: der Antragsteller. Richtig: Mayer/Bonefeld/*J. Mayer*, Testamentsvollstreckung, S. 49, differenzierend, ob es sich um Tatsachen handelt, die seine Stellung als Testamentsvollstrecker begründen. Ebenso: *Zimmermann*, Die Testamentsvollstreckung, S. 222.

44 „...Die sofortige Wirksamkeit des Beschlusses wird ausgesetzt. Die Erteilung des Testamentsvollstreckerzeugnisses wird bis zur Rechtskraft dieses Beschlusses zurückgestellt."

45 Mayer/Bonefeld/*J. Mayer*, Testamentsvollstreckung, S. 51/52; *Zimmermann*, Die Testamentsvollstreckung, S. 226.

46 Zur Form: Krätzschel/Falkner/Döbereiner/*Krätzschel*, § 19 Rn 52; Mayer/Bonefeld/*J. Mayer*, Testamentsvollstreckung, S. 47; Bahrenfuss/*Schaal*, § 354 FamFG Rn 6.

S. 4 FamFG). Andernfalls wird mit der Aufnahme der eidesstattlichen Versicherung (vgl. § 38 BeurkG) der (gesamte) Antrag beurkundet. Die eidesstattliche Versicherung ist hierbei höchstpersönlicher Natur und kann durch einen Vertreter nur im eigenen Namen (aus eigener Kenntnis), nicht aber im fremden Namen abgeben werden.[47] Der Antrag selbst kann hingegen in Vertretung erfolgen.

Antragsberechtigt ist bei mehreren Testamentsvollstreckern grundsätzlich jeder Testamentsvollstrecker, auch Nachlassgläubiger (§§ 792, 896 ZPO), nicht aber der Erbe (str.).[48] Die Antragsberechtigung setzt die Amtsannahme voraus. Diese wird aber regelmäßig zugleich in der Antragsstellung zu sehen sein.[49] Ist die Testamentsvollstreckung aufschiebend bedingt oder aufschiebend befristet angeordnet, kann ein Testamentsvollstreckerzeugnis vor Bedingungs- oder Terminseintritt **nicht** erteilt werden.[50] 13

Haupt- und Hilfsanträge sind zulässig,[51] wenn diese über eine innerprozessuale Bedingung verbunden sind. Im Übrigen ist das Nachlassgericht an den gestellten Antrag gebunden (Grundsatz der strikten Antragsbindung).[52] Daher muss der Antrag so bestimmt gefasst sein, dass das Nachlassgericht diesen ohne Ergänzungen oder Einschränkungen erteilen kann.[53] 14

Zum **Inhalt des Antrags** gehören Angaben zu mindestens folgenden Punkten:[54] 15

- Zeitpunkt des Todes des Erblassers (§§ 354 Abs. 1 Fall 2, 352 Abs. 1 Nr. 1 FamFG), nicht zwingend auch der Sterbeort,
- letzter gewöhnlicher Aufenthaltsort und Staatsangehörigkeit des Erblassers (§§ 354 Abs. 1 Fall 2, 352 Abs. 1 Nr. 2 FamFG),

47 Vgl. *Becker*, ZErb 2018, 332 ff. mit Formulierungsbeispielen zum Erbscheinsverfahren.

48 BeckOK-BGB/*Siegmann/Höger*, § 2368 BGB Rn 7, 73. Ed., Stand: 1.2.2025; Bumiller/Harders/Schwamb/*Harders*, § 354 FamFG Rn 2; BayObLG NJW-RR 1995, 711 (712); Bahrenfuss/*Schaal*, § 354 FamFG, Rn 6; Krätzschel/Falkner/Döbereiner/*Krätzschel*, § 19 Rn 52; **A.A:** *v. Lübtow*, Erbrecht, 2. Halbbd, 1971, S. 976; Mayer/Bonefeld/*J. Mayer*, Testamentsvollstreckung, S. 46; *Zimmermann*, Die Testamentsvollstreckung, S. 220 (differenziert im Einzelfall).

49 Siehe *v. Lübtow*, Erbrecht, 2. Halbbd, 1971, S. 975; Krätzschel/Falkner/Döbereiner/*Krätzschel*, § 19 Rn 55.

50 Z.B. *Zimmermann*, Die Testamentsvollstreckung, S. 220; Mayer/Bonefeld/*J. Mayer*, Testamentsvollstreckung, S. 46 m.w.N.

51 Z.B. *Zimmermann*, Die Testamentsvollstreckung, S. 219; Mayer/Bonefeld/*J. Mayer*, Testamentsvollstreckung, S. 46 m.w.N.

52 Dies folgt aus § 352e Abs. 1 S. 1 FamFG („nur…zu erteilen, … des Antrags…"). Aktuell: OLG Zweibrücken, Beschl. v. 18.2.2025, 8 W 6/25, FGPrax 2025, 88 = BeckRS 2025, 2254.

53 Mayer/Bonefeld/*J. Mayer*, Testamentsvollstreckung, S. 46; *Zimmermann*, Die Testamentsvollstreckung, S. 220 unter Verweis OLG Zweibrücken, FamRZ 1998, 581.

54 BeckOK-BGB/*Siegmann/Höger*, § 2368 BGB, Rn 9 73. Ed., Stand: 1.2.2025; Krätzschel/Falkner/Döbereiner/*Krätzschel*, § 19 Rn 53; Mayer/Bonefeld/*J. Mayer*, Testamentsvollstreckung, S. 47; *Zimmermann*, Die Testamentsvollstreckung, S. 220.

- die Verfügung von Todes wegen, auf der die Testamentsvollstreckung beruht (§§ 354 Abs. 1 Fall 2, 352 Abs. 2[55] Nr. 1 FamFG), gegebenenfalls auch die Ernennung oder Bestimmung durch das Nachlassgericht oder einen Dritten,
- ob und welche sonstigen Verfügungen von Todes wegen vorhanden sind (§§ 354 Abs. 1 Fall 2, 352 Abs. 2 Nr. 2 FamFG),
- ob ein Rechtsstreit über die Ernennung des Testamentsvollstreckers anhängig ist (§§ 354 Abs. 1 Fall 2, 352 Abs. 2 Nr. 3 i.V.m. Abs. 1 Nr. 6 FamFG),
- die Erklärung der Annahme des Testamentsvollstreckeramtes (§§ 354 Abs. 1 Fall 2, 352 Abs. 2 Nr. 3 i.V.m. Abs. 1 Nr. 7 FamFG),
- die Erklärung, welche Art der Testamentsvollstreckung, z.B. Allein- oder gemeinschaftliche Testamentsvollstreckung vorliegt (§§ 354 Abs. 1 Fall 2, 352 Abs. 2 Nr. 3 i.V.m. Abs. 1 Nr. 8 FamFG),
- Umfang der Beschränkungen und/oder Befreiungen des Testamentsvollstreckers gemäß § 354 Abs. 2 FamFG **sowie**
- ob und wenn ja, welche Personen wie weggefallen sind, durch die der Testamentsvollstrecker von seinem Amt ausgeschlossen wäre oder durch die seine Rechtsstellung gemindert werden würde (§§ 354 Abs. 1 Fall 2, 352 Abs. 2 Nr. 3 i.V.m. Abs. 2 S. 2 FamFG).

16 Unschädlich, wenn auch nicht zwingend nötig, sind Angaben zu etwaigen Genehmigungspflichten für die Amtsführung als Testamentsvollstrecker, z.B. bei Beamten,[56] ferner die Aussage, dass die Aufgaben des Testamentsvollstreckers noch nicht erledigt sind[57] oder eine Versicherung dahingehend, dass keine Hinderungsgründe nach § 2201 BGB (z.B. Betreuerbestellung) vorliegen. Notare können dagegen das Amt als Testamentsvollstrecker ohne Erfordernis einer Nebentätigkeitsgenehmigung übernehmen (vgl. § 8 Abs. 4 BNotO).

17 Der Antrag kann auch **trotz Entlassungsantrags** (§ 2227 BGB) gestellt werden.[58] Im Erteilungsverfahren wird nämlich nicht geprüft, ob ein Entlassungsgrund vorliegt.[59] So kann der neue Testamentsvollstrecker auch ein Zeugnis über das Amt seines Vorgängers mit Beendigungsvermerk (siehe unten Rdn 45) erhalten.[60]

55 Da die Testamentsvollstreckung im deutschen Recht einer letztwilligen Verfügung des Erblassers bedarf, ist § 352 Abs. 2 FamFG entsprechend anzuwenden.

56 Krätzschel/Falkner/Döbereiner/*Krätzschel*, § 19 Rn 55.

57 Krätzschel/Falkner/Döbereiner/*Krätzschel*, § 19 Rn 55.

58 Mayer/Bonefeld/*J. Mayer*, S. 105; Bumiller/Harders/Schwamb/*Harders*, § 354 FamFG Rn 2; Bahrenfuss/*Schaal*, § 354 FamFG Rn 10; Prütting/Helms/*Fröhler*, § 354 FamFG Rn 11; *Zimmermann*, Die Testamentsvollstreckung, S. 224 (differenzierend nach Evidenzgesichtspunkten); KG NJW 1964, 1905; OLG Stuttgart DNotZ 1981, 294, OLG München NJW-RR 2010, 1381; OLG Hamburg ZEV 2014, 218.

59 Dagegen wird die Gegenstandslosigkeit der Testamentsvollstreckung bzw. die Beendigung aus sonstigen Gründen, etwa Zeitablaufs sehr wohl geprüft. Statt vieler: Mayer/Bonefeld/*J. Mayer*, Testamentsvollstreckung, S. 50.

60 Bahrenfuss/*Schaal*, FamFG, § 354 FamFG Rn 6, 3. Aufl., 2017.

Ein entsprechendes Musterdokument[61] mit Haupt- und Hilfsantrag und Antrag auf Grundbuchberichtigung könnte wie folgt aussehen. Eine Kurzfassung findet sich im Anschluss daran. Die jeweils als Textbausteine einzufügenden Testamentsvollstreckerzeugnisse finden sich unter Abschnitt D, Rdn 22).

▼ 18

Muster 4.1: Antrag auf Erteilung eines Testamentsvollstreckerzeugnisses (ausführlich)

(Urkundeneingang)

Im folgenden Text sind – unabhängig von Anzahl oder Geschlecht – bezeichnet:

1. **A.A.** auch als „der Erschienene“, (siehe Anm. 1)

2. **N.N.** auch als „der Erblasser“.

Der Notar hat den Erschienenen zu Beginn der Beurkundung gefragt, ob ein Testamentsvollstreckerzeugnis benötigt werde oder die Abwicklung aufgrund einer trans-/postmortalen Vollmacht oder auf anderem Wege versucht werden soll. Daraufhin erklärte, d. Erschienene, dass ein Testamentsvollstreckerzeugnis zur Abwicklung der Erbschaftsangelegenheit notwendig sei, weil (siehe Anm. 2).

Der Erschienene bittet sodann um die Beurkundung des u.a. folgenden

Antrags auf Erteilung eines Testamentsvollstreckerzeugnisses mit eidesstattlicher Versicherung.

A. Antrag auf Erteilung eines Testamentsvollstreckerzeugnisses

I. (Haupt-)Antrag

Es wird die Erteilung eines Testamentsvollstreckerzeugnisses mit folgendem Inhalt und Übermittlung einer einfachen Abschrift zu Händen des beurkundenden Notars sowie je einer Ausfertigung an jeden Erschienenen beantragt:

Bitte je nach Sachlage die nachstehenden Textbausteine für Testamentsvollstreckerzeugnisse einfügen!

61 Weitere Formulierungsbeispiele finden sich z.B. bei Beck'sches Formularbuch/*Najdecki*, 13. Aufl, 2019, VI. Nr. 33; Beck'sches Formularbuch Erbrecht/*Eckelskemper/Schmitz*, 4. Aufl., J. V. 14, S. 1108 ff.; Kölner Formularbuch Erbrecht/*Wegerhoff*, 2. Aufl., S. 1027 ff.; Würzburger Notarhdb./*Baumann*, 5. Aufl., S. 2004 f.; Münchener Anwaltshdb. Erbrecht/*Lorz*, 4. Aufl., S. 1882 f.; Krätzschel/Falkner/Döbereiner/*Krätzschel*, § 19 Rn 63 f.; Kersten/Bühling/*Wegmann*, 25. Aufl., § 102, Rn 86 M (S. 1761); Mayer/Bonefeld/*J. Mayer*, Testamentsvollstreckung, S. 48, 412 f.

II. Angaben gemäß §§ 354, 352–352c FamFG

Unter Bezugnahme auf die Nachlassakten werden hierzu folgende Angaben nach den gesetzlichen Bestimmungen gemacht:

Der Erblasser verstarb am ___ in ___.

Der Erblasser hatte seinen letzten gewöhnlichen Aufenthaltsort in ___ (Bundesrepublik Deutschland) und besaß ausschließlich die ___ (deutsche) Staatsangehörigkeit. Grundbesitz oder sonstiges Vermögen im Ausland sind **nicht** vorhanden. Eine (Erb-)Rechtswahl hat der Erblasser **nicht** getroffen.

Es sind folgende Verfügungen von Todes wegen des Erblassers vorhanden:

Eigenhändiges Einzeltestament vom ___, eröffnet (Anm. 3) durch das Amtsgericht – Nachlassgericht – ___ am ___, Az.: NG ___/___.

Weitere Verfügungen von Todes wegen sind und waren **nicht** vorhanden.

Die Rechtsstellung als Testamentsvollstrecker beruht auf der vorstehend/nachstehend (siehe Anm. 4) genannten Verfügung von Todes wegen:

In dieser Verfügung von Todes wegen wurde der Erschienene durch den Erblasser selbst zum Testamentsvollstrecker ernannt (siehe Anm. 5, 6).

Ein Rechtsstreit über die Rechtsstellung als Testamentsvollstrecker, insbesondere über die Wirksamkeit der vorstehend genannten Verfügung von Todes wegen und die Ernennung, ist **nicht** anhängig.

Der Erschienene erklärt hiermit ausdrücklich die

Annahme

des Amts als Testamentsvollstrecker (siehe Anm. 7). **Gegebenenfalls** auch alle (weiteren) Mitvollstrecker haben das Amt als Testamentsvollstrecker angenommen (siehe Anm. 8).

Hinderungsgründe i.S.d. § 2201 BGB liegen nicht vor, insbesondere hat der Erschienene und auch kein weiterer Mitvollstrecker einen Betreuer zur Besorgung seiner Vermögensangelegenheiten erhalten.

Es handelt sich um eine ___ (Art der Testamentsvollstreckung, z.B. Alleintestamentsvollstreckung, gemeinschaftliche Testamentsvollstreckung).

(Weitere) Personen, durch die der zum Testamentsvollstrecker Berufene von der Rechtsstellung eines Testamentsvollstreckers ausgeschlossen oder seine Rechtsstellung gemindert werden würde, sind und waren **nicht** vorhanden (siehe Anm. 9).

Es bestehen folgende Beschränkungen und/oder Befreiungen des Testamentsvollstreckers:

z.B.

- Der Erblasser hat bestimmt, dass der Testamentsvollstrecker in der Eingehung von Verbindlichkeiten für den Nachlass nicht beschränkt sein soll (siehe Anm. 10).
- Der Testamentsvollstrecker unterliegt bei der Verwaltung des Nachlasses folgenden Beschränkungen: .

III. Begründung

(soweit erforderlich bitte aufnehmen) (siehe Anm. 11)

IV. Eidesstattliche Versicherung, sonstige Beweismittel

Über die Bedeutung einer eidesstattlichen Versicherung und über die Strafbarkeit unrichtiger eidesstattlich versicherter Angaben belehrt, versichert jeder Erschienene hiermit

an Eides statt,

dass ihm **nichts** bekannt ist, was der Richtigkeit der vorstehend gemachten Angaben entgegensteht.

(2) Gegebenenfalls**:** Bei mehreren Testamentsvollstreckern von denen nicht alle anwesend sind:

Der Notar hat weiter darauf hingewiesen, dass die Versicherung an Eides Statt grundsätzlich von allen Testamentsvollstreckern abzugeben ist, sofern nicht das Nachlassgericht die Versicherung eines oder mehrerer Testamentsvollstrecker für ausreichend hält (siehe Anm. 12). Da hier durch die Anforderung der Versicherung der weiteren Testamentsvollstrecker kein weiterer Erkenntnisgewinn zu erwarten ist, wird angeregt, diesen die eidesstattliche Versicherung zu erlassen.

Als weitere Beweismittel werden dem Nachlassgericht mit diesem Antrag folgende Urkunden bzw. sonstigen Nachweise übermittelt: .

V. Vollzug

1. Grundbuch

Nach den gemachten Angaben hat der Erblasser **keinen** Grundbesitz hinterlassen (siehe Anm. 13, 14).

2. Handelsregister

Nach den gemachten Angaben war der Erblasser **nicht** Inhaber eines einzelkaufmännischen Unternehmens oder von Anteilen an Handelsgesellschaften.

VI. Gegebenenfalls Hilfsantrag

Für den Fall, dass der oben gestellte Hauptantrag zurückzuweisen wäre, wird folgender Hilfsantrag (siehe Anm. 15) gestellt:

VII. Angaben gemäß §§ 354, 352–352c FamFG

VIII. Begründung

IX. Eidesstattliche Versicherung, sonstige Beweismittel

X. Vollzug

B. Hinzuziehung weiterer Beteiligter

Die Hinzuziehung weiterer Beteiligter wird **nicht** angeregt/beantragt (Anm. 16).

C. Schlussbestimmungen; dokumentierte Belehrungen

Die Kosten dieser Urkunde und ihres Vollzugs sowie des gerichtlichen Erteilungsverfahrens fallen dem Nachlass zur Last. Kostenberechnung wird an den Erschienenen erbeten. Der Nachlasswert im Zeitpunkt des Erbfalls, wobei Nachlassverbindlichkeiten nicht abgezogen werden dürfen, wird mit EUR angegeben.

Der Notar hat über die rechtliche Bedeutung und Tragweite des Geschäfts belehrt, insbesondere .

Zu erteilen sind folgende Abschriften bzw. Ausfertigungen:

- eine **Ausfertigung** zur Übermittlung an das zuständige Nachlassgericht und eine **beglaubigte** Abschrift an jeden Erschienenen.
- **einfache** Abschrift an den rechtlichen/steuerlichen Berater.

Die Übermittlung des Antrags an das zuständige Nachlassgericht erfolgt durch den Erschienenen selbst (siehe Anm. 17, 18). Der Notar wird hiermit **nicht** beauftragt. Eine Überwachungspflicht trifft ihn daher **nicht**.

Vom Notar vorgelesen, von den Erschienenen genehmigt und

jeweils eigenhändig wie folgt unterschrieben:

▲

Anmerkungen:

1. Auf persönliche Anwesenheit achten. Eine General-/Vorsorgevollmacht berechtigt nicht zur Abgabe der eidesstattlichen Versicherung als höchstpersönlicher Erklärung.
2. Die Rechtsprechung sieht es teilweise als unrichtige Sachbehandlung i.S.d § 21 GNotKG an, wenn ein Erbscheinsantrag beurkundet wird, ohne zu klären, ob eine vorhandene General- und Vorsorgevollmacht zur Nachlassabwicklung, z.B.

Verkauf ohne Voreintragung der Erben, genügt. Dies sollte auf das Testamentsvollstreckerzeugnis übertragbar sein.

3. Alternative (sofern noch nicht eröffnet): „Dieses Testament wurde bisher noch nicht eröffnet. Es wird hiermit die Eröffnung angeregt. Auf eine Ladung zum Eröffnungstermin wird hiermit verzichtet." Die Eröffnung ist keine Zulässigkeitsvoraussetzung.[62]
4. Bei mehreren Verfügungen von Todes wegen bietet es sich an, diese nochmals ausdrücklich zu bezeichnen.
5. Alternative: „In dieser Verfügung von Todes wegen hat der Erblasser das Nachlassgericht gemäß § 2200 BGB ersucht, einen Testamentsvollstrecker zu ernennen. Das Nachlassgericht hat mich durch Beschl. v. (…), Az.: (…) zum Testamentsvollstrecker ernannt."
6. Alternative: „In dieser Verfügung von Todes wegen hat der Erblasser die Bestimmung der Person des Testamentsvollstreckers einen Dritten gemäß § 2198 BGB überlassen. (…) hat diese Bestimmung durch Erklärung gegenüber dem Nachlassgericht in öffentlich beglaubigter Form am (…) abgegeben (Zugang: (…)). Das Bestimmungsrecht des Dritten war zu diesem Zeitpunkt noch nicht erloschen."
7. Alternative: „Der Erschienene erklärt, die Amtsannahme bereits am (…) gegenüber dem Nachlassgericht erklärt zu haben."
8. Im Falle des § 352a Abs. 3 S. 1 FamFG entsprechend.
9. Ansonsten muss gemäß § 352 Abs. 1 S. 2 FamFG entsprechend angegeben werden, in welcher Weise die Person weggefallen ist: „Die folgenden Personen, durch die der zum Testamentsvollstrecker Berufene von der Rechtsstellung eines Testamentsvollstreckers ausgeschlossen oder seine Rechtsstellung gemindert werden würde, sind wie folgt weggefallen: (…)".
10. Eine Angabe zur Befreiung von den Beschränkungen des § 181 BGB ist nicht nötig. Diese Befreiung muss auch im Testamentsvollstreckerzeugnis nicht erwähnt werden.
11. Hier ist eine Gliederung nach folgenden Punkten denkbar:[63]
    - Gültigkeit der Verfügung von Todes wegen,
    - Wirksamkeit der Ernennung/Bestimmung,
    - Amtsannahme,
    - Keine Gegenstandslosigkeit/Beendigung der Testamentsvollstreckung,
    - gegebenenfalls weitere Prüfungspunkte.
12. § 352a Abs. 4 FamFG entsprechend.
13. Alternative: „Der Erblasser hat Grundbesitz hinterlassen, eine Grundbuchberichtigung wird derzeit jedoch nicht gewünscht. Zum Nachlass gehört der folgende

62 Vgl. LG Hagen MittRhNotK 1992, S. 121.

63 Siehe Mayer/Bonefeld/*J. Mayer*, Testamentsvollstreckung, S. 49/50; *Zimmermann*, Die Testamentsvollstreckung, 4. Aufl., S. 223.

Grundbesitz: Grundbuchamt (…), Grundbuch von (…), Blatt (…), BV Nr. (…), Flst. Nr. (…) Gebäude- und Freifläche, (…) mit (…) m^2 im Folgenden auch: Grundbesitz – Weitere Immobilien hat der Erblasser nicht hinterlassen. Der Wert des Grundbesitzes beläuft sich nach Erklärung der Beteiligten auf (…) EURO."

14. Alternative: „Es wird hiermit beantragt, das Grundbuch an allen Grundbuchstellen zu berichtigen und die Erbfolge samt Testamentsvollstreckervermerk im Grundbuch zu vermerken. Der Wert des Grundbesitzes beläuft sich nach Erklärung der Beteiligten auf (…) EURO."
15. Es sind auch mehrere gestaffelte Hilfsanträge möglich.[64] Es handelt sich wohl insoweit nur um einen Beurkundungsgegenstand, da die Versicherungen zusammengehörige/zusammenhängende Vorgänge betreffen. Anders ist dies im Verhältnis zum Grundbuchberichtigungsantrag.[65]
16. Die Beteiligten ergeben sich aus § 345 Abs. 3 FamFG. Danach können die Erben oder Mitvollstrecker hinzugezogen werden.[66]
17. Alternative: Notar als Bote („Die Übermittlung des Antrags an das zuständige Nachlassgericht erfolgt durch den Notar als Boten des Erschienenen. Weitere Aufgaben, insbesondere die Vertretung im Erteilungsverfahren übernimmt der Notar nicht.").
18. Alternative: Notar als Vertreter („Jeder Beteiligte beauftragt und bevollmächtigt den Notar unabhängig von der Wirksamkeit dieser Urkunde, ihn und jeden, in dessen Namen er in dieser Urkunde handelt, im Zusammenhang mit dieser Urkunde, insbesondere in nachlassgerichtlichen Verfahren, zu vertreten, erforderliche Unterlagen einzuholen und zu verwenden und jegliche Erklärungen abzugeben und entgegenzunehmen. Dies gilt nicht für die Zurückweisung dieses Antrags auf Erteilung eines Testamentsvollstreckerzeugnisses oder dessen Einziehung. Diese ist den Beteiligten gegenüber selbst zuzustellen.").

19 ▼

4.2

Muster 4.2: Antrag auf Erteilung eines Testamentsvollstreckerzeugnisses (kurz)

(Urkundeneingang)

Im folgenden Text sind – unabhängig von Anzahl oder Geschlecht – bezeichnet:

1. **A.A.** auch als „der Erschienene",

2. **N.N.** auch als „der Erblasser".

Der Erschienene bittet sodann um die Beurkundung des u.a. folgenden

64 Vgl. OLG Hamm FamRZ 1993, S. 111 ff.
65 Korintenberg/*Sikora*, § 40 GNotKG Rn 61.
66 Zur Reduzierung des Hinzuziehungsermessens: Bahrenfuss/*Schaal*, FamFG, § 354 FamFG Rn 8 m.w.N.

Antrags auf Erteilung eines Testamentsvollstreckerzeugnisses

I. Antrag

Es wird die Erteilung eines Testamentsvollstreckerzeugnisses mit folgendem Inhalt und Übermittlung einer einfachen Abschrift zu Händen des beurkundenden Notars sowie je einer Ausfertigung an jeden Erschienenen beantragt:

Testamentsvollstreckerzeugnis

Bitte je nach Sachlage die nachstehenden Textbausteine einfügen!

II. Angaben gemäß §§ 354, 352–352c FamFG

Unter Bezugnahme auf die Nachlassakten werden hierzu folgende Angaben nach den gesetzlichen Bestimmungen gemacht:

Der Erblasser verstarb am … in ….

Der Erblasser hatte seinen letzten gewöhnlichen Aufenthaltsort in … (Bundesrepublik Deutschland) und besaß ausschließlich die deutsche Staatsangehörigkeit. Grundbesitz oder sonstiges Vermögen im Ausland sind nicht vorhanden. Eine Rechtswahl hat der Erblasser nicht getroffen.

Es sind folgende Verfügungen von Todes wegen des Erblassers vorhanden:

Eigenhändiges Einzeltestament vom …, eröffnet durch das Amtsgericht – Nachlassgericht – … am …, Az.: NG … / ….

Weitere Verfügungen von Todes wegen sind und waren nicht vorhanden.

Die Rechtsstellung als Testamentsvollstrecker beruht auf der nachstehend genannten Verfügung von Todes wegen: ….

In dieser Verfügung von Todes wegen wurde der Erschienene durch den Erblasser selbst zum Testamentsvollstrecker ernannt.

Ein Rechtsstreit über die Rechtsstellung als Testamentsvollstrecker, insbesondere über die Wirksamkeit der vorstehend genannten Verfügung von Todes wegen und die Ernennung, ist nicht anhängig.

Der Erschienene erklärt hiermit ausdrücklich die

Annahme

des Amts als Testamentsvollstrecker.

Hinderungsgründe i.S.d. § 2201 BGB liegen nicht vor, insbesondere hat der Erschienene keinen Betreuer zur Besorgung seiner Vermögensangelegenheiten erhalten.

Es handelt sich um eine (Art der Testamentsvollstreckung, z.B. Alleintestamentsvollstreckung, gemeinschaftliche Testamentsvollstreckung).

(Weitere) Personen, durch die der zum Testamentsvollstrecker Berufene von der Rechtsstellung eines Testamentsvollstreckers ausgeschlossen oder seine Rechtsstellung gemindert werden würde, sind und waren nicht vorhanden.

Es bestehen folgende Beschränkungen und/oder Befreiungen des Testamentsvollstreckers: .

III. Begründung

(soweit erforderlich bitte aufnehmen)

IV. Eidesstattliche Versicherung

Über die Bedeutung einer eidesstattlichen Versicherung und über die Strafbarkeit unrichtiger eidesstattlich versicherter Angaben belehrt, versichert jeder Erschienene hiermit

an Eides statt,

dass ihm nichts bekannt ist, was der Richtigkeit der vorstehend gemachten Angaben entgegensteht.

V. Vollzug

1. Grundbuch

Nach den gemachten Angaben hat der Erblasser **keinen** Grundbesitz hinterlassen.

2. Handelsregister

Nach den gemachten Angaben war der Erblasser **nicht** Inhaber eines einzelkaufmännischen Unternehmens oder von Anteilen an Handelsgesellschaften.

VI. Schlussbestimmungen; dokumentierte Belehrungen

Die Kosten dieser Urkunde und ihres Vollzugs sowie des gerichtlichen Erteilungsverfahrens fallen dem Nachlass zur Last. Kostenberechnung wird an den Erschienenen erbeten. Der Nachlasswert im Zeitpunkt des Erbfalls, wobei Nachlassverbindlichkeiten nicht abgezogen werden dürfen, wird mit EUR angegeben.

Der Notar hat über die rechtliche Bedeutung und Tragweite des Geschäfts belehrt, insbesondere .

Zu erteilen sind folgende Abschriften bzw. Ausfertigungen:

- eine **Ausfertigung** zur Übermittlung an das Nachlassgericht und eine **beglaubigte** Abschrift an jeden Erschienenen.
- **einfache** Abschrift an den rechtlichen bzw. steuerlichen Berater.

Die Übermittlung des Antrags an das Nachlassgericht erfolgt durch den Erschienenen selbst. Der Notar wird hiermit **nicht** beauftragt. Eine Überwachungspflicht trifft ihn daher **nicht**.

Vom Notar vorgelesen, von den Erschienenen genehmigt und

jeweils eigenhändig wie folgt unterschrieben:

▲

Die nachstehende Tabelle (Abb. 3) fasst nochmals den Inhalt des Testamentsvollstrecker- **20**
zeugnisses zusammen, bevor im Folgenden die einzelnen Erscheinungsformen des Testamentsvollstreckerzeugnisses in Formulierungsvorschlägen dargestellt werden. Dabei ist zu beachten, dass für zwei Erbfälle zwar kein einheitliches Testamentsvollstreckerzeugnis, aber ein Sammeltestamentsvollstreckerzeugnis, vergleichbar dem Sammelerbschein, möglich ist. Dessen Formulierung kann sich an den Sammelerbschein anlehnen und könnte im Falle zweier Abwicklungstestamentsvollstreckungen wie folgt lauten:

Formulierungsbeispiel Sammeltestamentsvollstreckerzeugnis **21**

Herr N.N., geb. (...), geb. am (...), wohnhaft/geschäftsansässig: (...) ist unter Anwendung deutschen Rechts zum (alleinigen) Testamentsvollstrecker über den Nachlass der am (...) in (...) verstorbenen Erblasserin, Frau (...), geb. (...), geb. am (...), zuletzt wohnhaft: (...) ernannt worden.

Herr N.N. geb. (...), geb. am (...), wohnhaft/geschäftsansässig: (...) ist unter Anwendung deutschen Rechts zudem zum (alleinigen) Testamentsvollstrecker über den Nachlass des am (...) in (...) verstorbenen Erblassers, Herrn (...), geb. (...), geb. am (...), zuletzt wohnhaft: (...) ernannt worden.

Eine (bloße) Bezugnahme auf die Verfügung von Todes wegen, in der die Testamentsvollstreckung angeordnet wurde, (zur Verringerung des Textumfangs des Testamentsvollstreckerzeugnisses) ist nicht zulässig.[67] Dem Zeugnis muss aus sich heraus der Umfang der Befugnisse des Testamentsvollstreckers zu entnehmen sein. Dies folgt aus der Funktion des Testamentsvollstreckerzeugnis und lässt sich vor dem Hintergrund von § 2 D. I. auch historisch begründen.

67 MüKo-BGB/*Grziwotz*, Bd. 11, § 2368 BGB Rn 36.

Abb. 3 – Tabelle zum Inhalt des Testamentsvollstreckerzeugnisses

Aufzunehmen sind	Nicht aufzunehmen sind
Namentliche Bezeichnung des Erblassers.	**Verwaltungsanordnungen** gemäß § 2216 Abs. 2 S. 1 BGB (z.B. beim Behindertentestament) und sonstige Regelungen, die nur das Innenverhältnis zu den Erben bzw. Vermächtnisnehmern betreffen und keine Verfügungsbeschränkung darstellen.[68]
Namentliche Bezeichnung des Testamentsvollstreckers, bei GbR nunmehr ohne mediatisierende Nennung der Gesellschafter (arg. e § 47 Abs. 2 GBO).	Befreiung von den Beschränkungen des **§ 181 BGB** (str.).[69]
Gegebenenfalls: Abweichungen von der gesetzlichen Verfügungsmacht sowie Beschränkungen und Erweiterungen, die für den rechtsgeschäftlichen Verkehr mit Dritten bedeutsam sind (arg. § 354 Abs. 2 FamFG, Differenzierungsgebot):[70]	**Gesetzliche Grenzen bzw. Beschränkungen** der Testamentsvollstreckung, z.B. aus gesellschaftsrechtlichen Vorgaben.[71]

68 Etwa durch den Zusatz: „Der Testamentsvollstrecker hat den Nachlass nach den Anordnungen im Testament von … zu verwalten." Vgl. BayObLG MittBayNot 1999, 82 ff. = ZEV 1999, 67 ff. = NJW-RR 1999, 1463 f. Dabei wäre bereits problematisch, ob eine solche Bezugnahme auf das Testament überhaupt zulässig ist (s. dort). Ebenso OLG Düsseldorf FamRZ 2014, 330 = BeckRS 2013, 13234 („Der Testamentsvollstrecker darf nur solche Leistungen erbringen, durch die die Leistungen staatlicher Stellen nicht geschmälert werden.").

69 Diese gilt **nicht** im Verhältnis zu Dritten und hat daher im Testamentsvollstreckerzeugnis keinen Platz. So auch z.B. OLG Hamm DNotZ 2004, 808 = ZEV 2004, 288 f. = FGPrax 2004, 241 f. MüKo-BGB/*Grziwotz*, Bd. 11, § 2368 BGB Rn 37, 9. Aufl. 2022; *Zimmermann*, Die Testamentsvollstreckung, 4. Aufl., S. 227. **A.A.**: Bahrenfuss/*Schaal*, FamFG, § 354 FamFG Rn 13 und Prütting/Helms/*Fröhler*, FamFG, § 354 FamFG Rn 12, jeweils ohne Begründung.

70 Allgemein einleitend könnte stets formuliert werden: „Die Rechte des Testamentsvollstreckers sind wie folgt beschränkt (§ 2208 Abs. 1 S. 1 Hs. 2 BGB) oder erweitert: …".

71 Statt vieler: Mayer/Bonefeld/*J. Mayer*, Testamentsvollstreckung, S. 54; *Zimmermann*, Die Testamentsvollstreckung, S. 229.

Aufzunehmen sind	Nicht aufzunehmen sind
z.B.[72] Beschränkung auf Überwachung des Erben (§ 2208 Abs. 2 BGB);[73] Keine Beschränkung in der Eingehung von Verbindlichkeiten für den Nachlass (§ 2207 BGB);[74] Übertragung der Verwaltung als selbstständige Aufgabe (§ 2209 S. 1 BGB);[75] verlängerte Dauer (§ 2210 S. 2 BGB);[76] abweichende Regelung der Befugnisse mehrerer Testamentsvollstrecker (§ 2224 Abs. 1 S. 3 BGB),[77] besondere Beendigungsgründe der Testamentsvollstreckung (z.B. Bedingungen oder Befristungen),[78] besondere Aufgabenkreise, wie Nacherbenvollstreckung gemäß § 2222 BGB[79] und Vermächtnisvollstreckung nach § 2223 BGB (s.u.), negative Teilungsanordnungen,[80] Beschränkung auf einzelne Nachlassgegenstände[81] oder einen Erbteil.[82]	**Rechtsgeschäftliche Erweiterungen der Testamentsvollstreckung**, die auf anderen Rechtsgründen, z.B. trans- bzw. postmortale Vollmacht, beruhen.[83] Die **Erben**, außer die Testamentsvollstreckung ist persönlich beschränkt.[84] Die **zugrundeliegende Verfügung von Todes wegen**.[85] Eine Bezugnahme zur textlichen Entlastung ist unzulässig.

72 Krätzschel/Falkner/Döbereiner/*Krätzschel*, § 19 Rn 61.

73 Z.B. „Die Testamentsvollstreckung ist auf die Beaufsichtigung des/der Erben beschränkt (§ 2208 Abs. 2 BGB)."

74 Z.B. „Der Testamentsvollstrecker ist in der Eingehung von Verbindlichkeiten für den Nachlass nicht beschränkt (§ 2207 S. 1 BGB)."

75 Z.B. „Dem Testamentsvollstrecker ist nur die Verwaltung des Nachlasses übertragen, ohne dass ihm weitere Aufgaben zugewiesen wurden (§ 2209 S. 1 BGB)." / „Dem Testamentsvollstrecker ist auch die Verwaltung des Nachlasses nach Erledigung der ihm sonst zugewiesenen Aufgaben bis … übertragen (§ 2209 S. 2 BGB)."

76 Z.B. „Die Verwaltung dauert bis zum Tode des Erben / des Testamentsvollstreckers oder … fort (§ 2210 S. 2 BGB)."

77 Z.B. „Jeder Mitvollstrecker übt sein Amt allein aus."

78 Z.B. „Die Testamentsvollstreckung endet mit …." Dazu zählt nach dem OLG Düsseldorf auch die Beendigung der Testamentsvollstreckung, „wenn der Vorerbe keine Schulden mehr hat" (vgl. OLG Dü FD-ErbR 2011, 314309 = BeckRS 2011, 02625).

79 Z.B. „Der Testamentsvollstrecker übt bis zum Eintritt der Nacherbfolge die Rechte und Pflichten des Nacherben aus (§ 2222 BGB)."

80 Z.B. „Dem Testamentsvollstrecker ist die Veräußerung von folgenden Gegenständen für die Dauer von…, gerechnet ab dem Erbfall/ bis zum … untersagt."

81 Z.B. „Der Testamentsvollstreckung unterliegen nur die folgenden Gegenstände (§ 2208 Abs. 1 S. 2 BGB): …"

82 Z.B.: „Die Testamentsvollstreckung ist jedoch auf den Erbteil des Miterben …, geb. am …, von 1/x beschränkt. …"

83 Krätzschel/Falkner/Döbereiner/*Krätzschel*, § 19 Rn 61.

84 Die Erben ergeben sich damit grundsätzlich nur aus dem Erbschein.

85 Krätzschel/Falkner/Döbereiner/*Krätzschel*, § 19 Rn 60; MüKo-BGB/*Grziwotz*, Bd. 11, § 2368 BGB Rn 34.

D. Erscheinungsformen des Testamentsvollstreckerzeugnisses

22 Im Folgenden sollen die einzelnen Erscheinungsformen des Testamentsvollstreckerzeugnisses als Textbausteine zum Einfügen im obigen Musterantrag, ausgehend von Alleintestamentsvollstreckerzeugnis, dargestellt werden. Dabei hat sich der Inhalt des Testamentsvollstreckerzeugnis stets an der konkreten Anordnung der Testamentsvollstreckung und den dem Testamentsvollstrecker im Testament oder Erbvertrag zugewiesenen Befugnisse zu orientieren. Dies kann im Einzelfall zu einem sehr umfangreichen Testamentsvollstreckerzeugnis führen.

I. Das Alleintestamentsvollstreckerzeugnis (§§ 354 Abs. 1 Fall 2, 352 FamFG)

23 Das Testamentsvollstreckerzeugnis für den Alleintestamentsvollstrecker könnte (auszugsweise) wie folgt lauten:

> *Formulierungsbeispiel (Allein-) Testamentsvollstreckerzeugnis*
>
> Herr/Frau
>
> **N.N.** (…), geb. (…), geb. am (…), wohnhaft/geschäftsansässig: (…)
>
> ist unter Anwendung deutschen Rechts zum (alleinigen) Testamentsvollstrecker über den Nachlass der/des am (…) in (…) verstorbenen Erblasserin/Erblassers, Frau/Herrn (…), geb. am (…), zuletzt wohnhaft: (…)
>
> ernannt worden.

II. Das gemeinschaftliche Testamentsvollstreckerzeugnis (§§ 354 Abs. 1 Fall 2, 352a FamFG)

24 Wurden mehrere Testamentsvollstrecker benannt, für die ein gemeinschaftliches Testamentsvollstreckerzeugnis beantragt wird, ist § 2224 BGB zu beachten. Hat der Erblasser gemäß § 2224 Abs. 1 S. 3 BGB von Satz 1 (gemeinschaftliche Amtsausübung) und/oder Satz 2 (Amtsausübung bei Wegfall eines Mitvollstreckers) eine abweichende Regelung getroffen (z.B. Befugnis zur jeweils alleinigen Amtsausübung, Benennung eines Ersatztestamentsvollstreckers gemäß § 2197 Abs. 2, Wegfall der Testamentsvollstreckung als solcher),[86] so ist dies im Zeugnis als Abweichung vom gesetzlichen Regelmodell zu ver-

86 Beispiele für abweichende Anordnungen bietet: BeckOK-BGB/*Lange*, § 2224 BGB, Rn 12 f., 73. Ed., Stand: 1.2.2025.

merken (s.o.).[87] Sind keine abweichenden Anordnungen des Erblassers getroffen, so muss das Testamentsvollstreckerzeugnis keine weiteren Angaben für die gemeinschaftliche Amtsführung enthalten.[88] Antragsberechtigt ist jeder Mitvollstrecker (§§ 354 Abs. 1 Fall 2, 352a Abs. 1 S. 2 FamFG). Die Angaben im Antrag auf Erteilung sind gemäß § 352a Abs. 2 bis 4 FamFG entsprechend zu ergänzen.[89]

▼

Muster 4.3: Formulierungsbeispiel: Gemeinschaftliches Testamentsvollstreckerzeugnis 4.3

Gemeinschaftliches Testamentsvollstreckerzeugnis

Herr/Frau

N.N., geb. , geb. am , wohnhaft/geschäftsansässig:

sowie

A.A., geb. , geb. am , wohnhaft/geschäftsansässig:

sind unter Anwendung deutschen Rechts zu gemeinschaftlichen Testamentsvollstreckern über den (gesamten)[90] Nachlass der/des am in verstorbenen Erblasserin/Erblassers, Frau/Herrn , geb. , geb. am , zuletzt wohnhaft:

ernannt worden.

Gegebenenfalls:

Jeder von Ihnen führt sein Amt allein./Zur Amtsführung sind immer zwei Testamentsvollstrecker gemeinschaftlich berechtigt (bei mehr als zwei Testamentsvollstreckern).

oder

Fällt einer von ihnen weg, so tritt Herr/Frau an Stelle des weggefallenen Testamentsvollstreckers./ Fällt einer von ihnen weg, so ist die Testamentsvollstreckung insgesamt beendet.

▲

87 MüKo-BGB/*Zimmermann*, Bd. 10, § 2224 BGB Rn 21 m.w.N.
88 *Zimmermann*, Die Testamentsvollstreckung, S. 229.
89 Krätzschel/Falkner/Döbereiner/*Krätzschel*, § 19 Rn 49 a.E.
90 Zur Abgrenzung zur Nebentestamentsvollstreckung.

III. Das Teil-Testamentsvollstreckerzeugnis bzw. das gemeinschaftliche Teil-Testamentsvollstreckerzeugnis

25 Hat der Erblasser mehrere Testamentsvollstrecker ernannt, kann jeder von ihnen – vergleichbar dem Teilerbschein – auch ein Teil-Testamentsvollstreckerzeugnis beantragen.[91] Hat der Erblasser mindestens drei Testamentsvollstrecker nebeneinander berufen, können z.B. zwei von ihnen auch ein gemeinschaftliches Teil-Testamentsvollstreckerzeugnis beantragen. Dies ist sehr selten. Von einem Formulierungsbeispiel wird daher auch in dieser Auflage abgesehen.

Das Teil-Testamentsvollstreckerzeugnis spielt hingegen v.a. bei Nebenvollstreckern eine Rolle, also wenn der Erblasser, etwa bei Unternehmertestamenten, zwei Testamentsvollstrecker mit unterschiedlichen Aufgabenbereichen eingesetzt hat.

▼

Muster 4.4: Formulierungsbeispiel: Teil-Testamentsvollstreckerzeugnis

Teil-Testamentsvollstreckerzeugnis

Herr/Frau

N.N., geb. , geb. am , wohnhaft/geschäftsansässig:

ist unter Anwendung deutschen Rechts neben[92] Herrn/Frau **A.A.**, geb. , geb. am , wohnhaft/geschäftsansässig: zum Testamentsvollstrecker, jedoch beschränkt auf die folgenden Bereiche des Nachlasses der/des am in verstorbenen Erblasserin/Erblassers, Frau/Herrn , geb. , geb. am , zuletzt wohnhaft: ernannt worden. (folgt möglichst genaue Festlegung).

Gegebenenfalls: Ist die Abgrenzung zweifelhaft, entscheidet **A.A.** über die Zuordnung.

N.N. führt sein Amt allein aus.[93]

▲

IV. Das Testamentsvollstreckerzeugnis bei Abwicklungsvollstreckung

26 Die Abwicklungsvollstreckung stellt den gesetzlichen Normalfall der Testamentsvollstreckung gemäß §§ 2203 ff. BGB dar. Hat der Erblasser daher keine weiteren Anordnun-

91 Vgl. Krätzschel/Falkner/Döbereiner/*Krätzschel*, § 19 Rn 49; MüKo-BGB/*Grziwotz*, § 2368 BGB, Rn 25 m.w.N.

92 Der Mitvollstrecker muss erwähnt werden.

93 Andernfalls sind auch im Teil-Testamentsvollstreckerzeugnis die Mitvollstrecker anzugeben. Vgl. Krätzschel/Falkner/Döbereiner/*Krätzschel*, § 19 Rn 49.

gen getroffen, können die vorstehenden Formulierungsbeispiele **ohne** Zusätze als Musterformulierungen Verwendung finden.

▼

Muster 4.5: Formulierungsbeispiel: (Allein-)Testamentsvollstreckerzeugnis

(Allein-)Testamentsvollstreckerzeugnis

Herr/Frau

N.N., geb. , geb. am , wohnhaft/geschäftsansässig:

ist unter Anwendung deutschen Rechts zum (alleinigen) Testamentsvollstrecker über den Nachlass der/des am in verstorbenen Erblasserin/Erblassers, Frau/Herrn , geb. , geb. am , zuletzt wohnhaft:

ernannt worden.

▲

▼

27 **Muster 4.6: Formulierungsbeispiel: Gemeinschaftliches Testamentsvollstreckerzeugnis**

Gemeinschaftliches Testamentsvollstreckerzeugnis

Herr/Frau

N.N., geb. , geb. am , wohnhaft/geschäftsansässig:

sowie

A.A., geb. , geb. am , wohnhaft/geschäftsansässig:

sind unter Anwendung deutschen Rechts zu gemeinschaftlichen Testamentsvollstreckern über den Nachlass der/des am in verstorbenen Erblasserin/Erblassers, Frau/Herrn , geb. , geb. am , zuletzt wohnhaft:

ernannt worden.

▲

Der Zusatz, „der Erblasser hat angeordnet, dass die Testamentsvollstreckung beschränkt ist auf die Abwicklung des Nachlasses“ ist nach Ansicht des OLG Hamm[94] nicht nur überflüssig, sondern führt zudem zur Unrichtigkeit des Zeugnisses. Da der Begriff „Abwicklung“ vom gesetzlichen Regelmodell der §§ 2203–2206 BGB abweicht und dort nicht erwähnt wird, bringt er gerade keine Abwicklungsvollstreckung zum Ausdruck.

94 OLG Hamm DNotZ 2004, 808 = ZEV 2004, 288 f. = FGPrax 2004, 241 f. Zustimmend: *Zimmermann*, Die Testamentsvollstreckung, S. 232.

V. Das Testamentsvollstreckerzeugnis bei Dauervollstreckung

28 Die Dauervollstreckung (§ 2209 BGB) weicht hingegen vom gesetzlichen Regelfall ab. Sie ist im Testamentsvollstreckerzeugnis deutlich zu machen. Ein Beispiel für eine u.U. häufiger anzutreffende Testamentsvollstreckeranordnung im Rahmen eines z.B. Geschiedenentestaments lautet etwa:[95]

> *Formulierungsbeispiel Testamentsvollstreckeranordnung*
>
> „Ich ordne Testamentsvollstreckung als Dauerverwaltungsvollstreckung an. Der Testamentsvollstrecker hat die Verwaltung fortzuführen, bis mein jüngstes Kind das 25. Lebensjahr vollendet hat. (Der Testamentsvollstrecker ist auch Nacherbenvollstrecker bezüglich aller Nacherben; diese Vollstreckung endet erst mit Beendigung aller Vorerbschaften.)[96] Er ist in der Eingehung von Verbindlichkeiten für den Nachlass nicht beschränkt. Zum Testamentsvollstrecker ernenne ich Herrn N.N. Er ist ermächtigt, einen Nachfolger zu ernennen.[97] Ersatzweise ersuche ich das Nachlassgericht, einen geeigneten Testamentsvollstrecker zu ernennen."

29 Das Testamentsvollstreckerzeugnis hierzu könnte lauten.

▼

Muster 4.7: Formulierungsbeispiel: Testamentsvollstreckerzeugnis bei Dauertestamentsvollstreckung

(Allein-)Testamentsvollstreckerzeugnis

Herr/Frau

N.N., geb. , geb. am , wohnhaft/geschäftsansässig:

ist unter Anwendung deutschen Rechts zum (alleinigen) Testamentsvollstrecker über den Nachlass der/des am in verstorbenen Erblasserin/Erblassers, Frau/Herrn , geb. , geb. am , zuletzt wohnhaft:

ernannt worden.

Der Erblasser hat bestimmt, dass der Testamentsvollstrecker die Verwaltung des (gesamten) Nachlasses fortzuführen hat, bis das jüngste Kind des Erblassers, ,

95 Beck'sches Formularbuch Erbrecht/*Kössinger/Goslich*, 4. Aufl., E I 3, S. 349.

96 Diese Anordnungen werden im Folgenden zunächst ausgeklammert, später im Rahmen des Testamentsvollstreckerzeugnisses bei Vor- und Nacherben jedoch wieder aufgegriffen.

97 Diese Ermächtigung gemäß § 2199 Abs. 2 BGB ist für den Rechtsverkehr mit Dritten nicht relevant und daher nicht im Testamentsvollstreckerzeugnis anzugeben.

geb. am , das 25. Lebensjahr vollendet hat. Der Testamentsvollstrecker ist in der Eingehung von Verbindlichkeiten nicht beschränkt.

▲

VI. Das Testamentsvollstreckerzeugnis bei nur beaufsichtigender Testamentsvollstreckung

Wie bereits ausgeführt, wird die beaufsichtigende Testamentsvollstreckung im Erbschein 30
nicht erwähnt. Sie führt zu keiner Verfügungsbeschränkung des Erben (vgl. § 2208 Abs. 2 BGB). §§ 2205, 2211 und 2214 gelten nicht.[98] Der Testamentsvollstrecker kann aber vom Erben die Ausführung verlangen. Im Testamentsvollstreckerzeugnis ist diese Beschränkung zum Ausdruck zu bringen.[99]

▼

Muster 4.8: Formulierungsbeispiel: Testamentsvollstreckerzeugnis bei nur beaufsichtigender Testamentsvollstreckung 4.8

(Allein-)Testamentsvollstreckerzeugnis

Herr/Frau

N.N., geb. , geb. am , wohnhaft/geschäftsansässig:

ist unter Anwendung deutschen Rechts zum (alleinigen) Testamentsvollstrecker über den Nachlass der/des am in verstorbenen Erblasserin/Erblassers, Frau/Herrn , geb. , geb. am , zuletzt wohnhaft:

ernannt worden.

Der Testamentsvollstrecker hat die Verfügungen des Erblassers nicht selbst zur Ausführung zu bringen. Die Testamentsvollstreckung ist vielmehr auf die Beaufsichtigung der Ausführung der letztwilligen Verfügungen des Erblassers durch die Erben beschränkt. Der Testamentsvollstrecker hat keine Verfügungs- oder Verpflichtungsbefugnisse (siehe Anmerkung).

▲

Anmerkung:

Letzteres wird nur klarstellend angegeben. Die Befugnis vom Erben die Ausführung der letztwilligen Verfügungen verlangen zu können ist gesetzliches Regelmodell (§ 2208 Abs. 2 Hs. 2 BGB) der beaufsichtigenden Testamentsvollstreckung und daher nicht im Testamentsvollstreckerzeugnis anzugeben. Anders, wenn diese Befugnis beschränkt oder ausgeschlossen ist.

98 Z.B. MüKo-BGB/*Zimmermann*, Bd. 11, § 2208 BGB Rn 12; BeckOK-BGB/*Lange*, § 2208 BGB Rn 16, 73. Ed., Stand: 1.2.2025.

99 Vgl. nur BayObLG NJW-RR 1991, 523 = MittRhNotK 1991, 59 = BeckRS 9998, 77254.

VII. Das Testamentsvollstreckerzeugnis bei Vermächtnisvollstreckung

31 Auch die Vermächtnisvollstreckung ist grundsätzlich[100] nicht im Erbschein zu vermerken. Dem Vermächtnisvollstrecker ist auf seinen Antrag jedoch ein entsprechend eingeschränktes Testamentsvollstreckerzeugnis zu erteilen.[101] Der beschränkte Aufgabenkreis und die objektmäßige Begrenzung (d.h. bezogen auf den Vermächtnisgegenstand) ist deutlich zu machen. Die Befugnisse des Vermächtnisvollstreckers richten sich wiederum nach den Anordnungen des Erblassers, insbesondere ob der Testamentsvollstrecker die Beschwerungen selbst zur Ausführung bringen muss (§ 2203 BGB) oder eine nur beaufsichtigende Vermächtnisvollstreckung gewollt war (§§ 2208 Abs. 2, 2223 BGB).[102] Dann wäre ein oben entsprechender Zusatz aufzunehmen.

▼

Muster 4.9: Formulierungsbeispiel: Vermächtnisvollstreckerzeugnis

Vermächtnisvollstreckerzeugnis

Herr/Frau

N.N., geb. , geb. am , wohnhaft/geschäftsansässig:

ist unter Anwendung deutschen Rechts zum (alleinigen) Vermächtnisvollstrecker über den folgenden zum Nachlass der/des am in verstorbenen Erblasserin/ Erblassers, Frau/Herrn , geb. , geb. am , zuletzt wohnhaft: , gehörenden Vermächtnisgegenstands ernannt worden:

z.B. **Amtsgericht , Grundbuch von , Blatt**

BV-Nr.

Flst. Nr. Gebäude- und Freifläche, Musterstraße mit m^2

samt dessen gesetzlicher Bestandteile, insbesondere aufstehender Gebäude, und Zubehörs sowie allen Eigentümerrechten und Rückgewähransprüchen hinsichtlich eingetragener Rechte, insbesondere Grundpfandrechten, einschließlich der besicherten Verbindlichkeiten.

Der Testamentsvollstrecker hat insoweit folgende Aufgaben und Befugnisse:

(folgt möglichst genaue Wiedergabe der zu erfüllenden Untervermächtnisse oder Auflagen).

100 Zu den Ausnahmen s. oben § 2 Rdn 167.
101 Formulierungsvorschlag z.B. bei Prütting/Helms/*Fröhler*, FamFG, § 354 FamFG Rn 21.
102 BeckOK-BGB/*Lange*, § 2223 BGB Rn 6, 73. Ed., Stand: 1.2.2025. Grundlegend: BayObLG NJW-RR 1990, 844 ff. = DNotZ 1991, 548 = MittBayNot 1990, 253 = MittRhNotK 1990, 171.

Gegebenenfalls bei bloß beaufsichtigender Vermächtnisvollstreckung:

Der Testamentsvollstrecker hat die Verfügungen des Erblassers jedoch nicht selbst zur Ausführung zu bringen. Die Testamentsvollstreckung ist auf die bloße Beaufsichtigung der Ausführung der folgenden Untervermächtnisse bzw. Auflagen durch den Vermächtnisnehmer, , geb. am , beschränkt. Der Testamentsvollstrecker hat keine Verfügungs- oder Verpflichtungsbefugnisse.

(folgt möglichst genaue Wiedergabe der zu erfüllenden Untervermächtnisse oder Auflagen).

▲

Anmerkung:

Hat der Testamentsvollstrecker auch das Hauptvermächtnis, hier: Immobilienvermächtnis, zu erfüllen, handelt es sich um **keine** Vermächtnisvollstreckung i.e.S. mehr, sondern um eine Abwicklungsvollstreckung, die auch den Erben beschränkt. Soll der Testamentsvollstrecker den Vermächtnisgegenstand auch nach Erfüllung der Untervermächtnisse bzw. Auflagen verwalten, liegt eine Dauervollstreckung vor.

VIII. Das Testamentsvollstreckerzeugnis bei Vor- und Nacherbfolge, insbesondere das Nacherbentestamentsvollstreckerzeugnis (§ 2222 BGB)

Das Testamentsvollstreckerzeugnis bei Vor- und Nacherbfolge sowie der Sonderfall des 32
Nacherbentestamentsvollstreckerzeugnisses (§ 2222 BGB) sollen im Folgenden anhand des schon oben geschilderten Beispiels eines Geschiedenentestaments dargestellt werden. Die Testamentsvollstreckeranordnung könnte dort wie folgt aussehen:[103]

> *Formulierungsbeispiel Testamentsvollstreckeranordnung*
>
> „Ich ordne Testamentsvollstreckung als Dauerverwaltungsvollstreckung an. Der Testamentsvollstrecker hat die Verwaltung fortzuführen, bis mein jüngstes Kind das 25. Lebensjahr vollendet hat. Der Testamentsvollstrecker ist auch Nacherbenvollstrecker bezüglich aller Nacherben; diese Vollstreckung endet erst mit Beendigung aller Vorerbschaften. Er ist in der Eingehung von Verbindlichkeiten für den Nachlass nicht beschränkt. Zum Testamentsvollstrecker ernenne ich Herrn N.N. Er ist ermächtigt, einen Nachfolger zu ernennen. Ersatzweise ersuche ich das Nachlassgericht, einen Testamentsvollstrecker zu ernennen."

103 Vgl. etwa Beck'sches Formularbuch Erbrecht/*Kössinger/Goslich*, E I 3, S. 349.

33 Das Testamentsvollstreckerzeugnis könnte hierzu wie folgt formuliert werden:

▼

Muster 4.10: Formulierungsbeispiel: Testamentsvollstreckerzeugnis bei Vor- und Nacherbfolge

4.10

Testamentsvollstreckerzeugnis

Herr/Frau

N.N., geb. , geb. am , wohnhaft/geschäftsansässig:

ist unter Anwendung deutschen Rechts zum (alleinigen) Testamentsvollstrecker über den Nachlass (siehe Anm. 1) der/des am in verstorbenen Erblasserin/Erblassers, Frau/Herrn , geb. , geb. am , zuletzt wohnhaft:

ernannt worden.

In Abweichung von den gesetzlichen Bestimmungen hat der Erblasser angeordnet (siehe Anm. 2):

Der Testamentsvollstrecker hat die Verwaltung fortzuführen, bis das jüngste Kind des Erblassers, hier: , geb. am , das 25. Lebensjahr vollendet hat. (siehe Anm. 3) Der Testamentsvollstrecker ist auch Nacherbenvollstrecker bezüglich aller Nacherben; diese Vollstreckung endet erst mit Beendigung aller Vorerbschaften. Er ist in der Eingehung von Verbindlichkeiten für den Nachlass nicht beschränkt.

▲

Anmerkungen:

1. Die Nacherbfolge kann, wie hier, den gesamten Nachlass erfassen. Der Erblasser kann jedoch auch durch entsprechende Gestaltung das Nacherbrecht beschränken, insbesondere durch ein Vorausvermächtnis, z.B. an den alleinigen Vorerben (vgl. § 2110 Abs. 2 BGB). Dann könnte einschränkend formuliert werden: „(…) über den der Nacherbfolge unterliegenden Nachlass (…)“. Der Umfang des Nacherbrechts selbst ergibt sich dabei aus dem Erbschein (z.B. „Nacherbfolge ist hinsichtlich des gesamten Nachlasses angeordnet“ oder „Das Recht des Nacherben erstreckt sich nicht auf (…)“).
2. Wurde hingegen lediglich eine Abwicklungsvollstreckung bzgl. des/der Vorerben angeordnet, beschränkt sich das Testamentsvollstreckerzeugnis auf die vorstehenden Angaben zu Erblasser und Testamentsvollstrecker (s. oben). Der Testamentsvollstrecker gibt hier nach Erledigung seiner Aufgaben den Nachlass an den bzw. die Vorerben heraus.
3. Endet die Vorerben-Testamentsvollstreckung mit dem Nacherbfall ist zu formulieren: „Die Testamentsvollstreckung endet mit dem Eintritt des Nacherbfalls. Gegebe-

nenfalls: Der Nacherbfall tritt ein, wenn (...)." Letzteres ergibt sich jedoch bereits aus dem (Vor-)Erbschein.

Die Nacherbenvollstreckung ist als Zusatz im Testamentsvollstreckerzeugnis wie oben 34
dargestellt zu erwähnen. Der alleinige Vorerbe kann aber – wegen des bestehenden Interessenkonflikts – nicht zum (alleinigen) Nacherbenvollstrecker ernannt werden.[104] Bei isolierter Nacherbentestamentsvollstreckung (§ 2222 BGB) könnte wie folgt formuliert werden:

▼

Muster 4.11: Formulierungsbeispiel: Nacherbentestamentsvollstreckerzeugnis

Nacherbentestamentsvollstreckerzeugnis 4.11

Die Aufgaben und Befugnisse (Anm. 1) des Testamentsvollstreckers sind auf eine Nacherbenvollstreckung gem. § 2222 BGB beschränkt.

Gegebenenfalls: Diese beginnt erst mit . (Anm. 2)

Gegebenenfalls: Sie endet bereits mit . (Anm. 3) /Sie endet erst mit . (Anm. 4)

▲

Anmerkungen:

1. Diese sind auf die Wahrnehmung der Rechte und Pflichten des Nacherben gegenüber dem Vorerben beschränkt, z.B. Erteilung von erforderlichen Zustimmungen nach §§ 2113 ff. BGB. Eine Zustimmung zu unentgeltlichen Verfügungen ist jedoch nicht möglich (Arg. § 2205 S. 3 BGB).[105]
2. Grundsätzlich beginnt diese bereits mit dem Erbfall. Da der Erblasser aber auch einen späteren, abweichenden Zeitpunkt angegeben kann, wäre dieser im Testamentsvollstreckerzeugnis zu vermerken.[106]
3. Grundsätzlich endet die Nacherbentestamentsvollstreckung mit dem Eintritt der Nacherbfolge gemäß § 2136 BGB. Der Erblasser kann jedoch einen früheren Zeitpunkt festlegen.[107]
4. Bei mehrfach gestuften Nacherbfolgen kann die Nacherbenvollstreckung auch erst mit dem Eintritt aller Nacherbfälle enden.[108]

104 BeckOK-BGB/*Lange*, § 2222 BGB Rn 5, Stand: 1.2.2025, 73. Ed. Er kann aber einer von mehreren Nacherbenvollstreckern bei gemeinschaftlicher Amtsausübung sein.

105 Zum Ganzen: BeckOK-BGB/*Lange*, § 2222 BGB Rn 7 f., Stand: 1.2.2025, 73. Ed; Soergel/*Becker*, Bd. 33, 14. Aufl., § 2222 BGB, Rn 11, 15.

106 Vgl. BeckOK-BGB/*Lange*, § 2222 BGB Rn 4, Stand: 1.2.2025, 73. Ed.

107 Vgl. BeckOK-BGB/*Lange*, § 2222 BGB Rn 4, Stand: 1.2.2025, 73. Ed.

108 Vgl. BeckOK-BGB/*Lange*, § 2222 BGB Rn 4, Stand: 1.2.2025, 73. Ed.

35 Ein Testamentsvollstreckerzeugnis bei einer nur gegenüber dem Nacherben bestehenden Testamentsvollstreckung ist – außerhalb des Anwendungsbereichs des § 2222 BGB – erst ab dem Nacherbfall möglich. Für diese gelten keine Besonderheiten. Sie kommt v.a. als Abwicklungs- oder Dauervollstreckung in Betracht und kann nach dem oben dargelegten Mustern formuliert werden. Nachstehend wird der Fall einer sowohl für das Eigenvermögen des Vorerben, wie für das der Nacherbfolge unterliegende Vermögen des (ursprünglichen) Erblassers, ab dem Nacherbfall angeordneten Testamentsvollstreckung mit identischem Testamentsvollstrecker dargestellt. Es handelt sich also um ein seltenes Sammeltestamentsvollstreckerzeugnis (s. oben Rdn 21).

36 ▼

Muster 4.12: Formulierungsbeispiel: Identischer Testamentsvollstrecker

4.12

Testamentsvollstreckerzeugnis

Herr/Frau

N.N., geb. , geb. am , wohnhaft/geschäftsansässig:

ist unter Anwendung deutschen Rechts zum (alleinigen) Testamentsvollstrecker über den Nachlass der/des am in verstorbenen Erblasserin/Erblassers, Frau/Herrn , geb. , geb. am , zuletzt wohnhaft: (Person des Vorerben)

ernannt worden.

Gegebenenfalls: Die Testamentsvollstreckung erfasst neben dem Eigenvermögen des vorstehend genannten Erblassers auch den der Nacherbfolge unterliegenden Nachlass der/des am in verstorbenen, Frau/Herrn , geb. , geb. am , zuletzt wohnhaft: (Person des ursprünglichen Erblassers).

Gegebenenfalls: In Abweichung von den gesetzlichen Bestimmungen wurde angeordnet, dass .

▲

37 **Zusammenfassend** ist daher zwischen den einzelnen Arten der Testamentsvollstreckung bei Vor- und Nacherbfolge wie folgt zu unterscheiden:

- Abwicklungsvollstreckung für den (Vor-)Erbfall,
- Dauervollstreckung für die Dauer der Vorerbschaft,
- Abwicklungsvollstreckung für den (Nach-)Erbfall,
- Dauervollstreckung für den (Nach-)Erbfall, z.B. bei mehrfacher Vor- und Nacherbschaft (gestufter Nacherbfolge),
- Nacherbenvollstreckung i.S.d. § 2222 BGB oder
- Kombinationen aus diesen Formen.

IX. Das (gegenständlich beschränkte) Fremdrechtstestamentsvollstreckerzeugnis (§§ 354 Abs. 1 Fall 2, 352c FamFG)

Das Fremdrechtstestamentsvollstreckerzeugnis bezeugt die Ernennung eines dem deutschen Recht funktionell vergleichbaren „Testamentsvollstreckers" ausländischen Rechts. Es ist dem Fremdrechtserbschein ähnlich. Seit der „Vincent Pierre Oberle" Entscheidung des EuGH[109] ist dieses grundsätzlich aber nur bei dem Erbrecht von Drittstaaten noch relevant (vgl. einerseits Art. 4, 21 EuErbVO und andererseits Art. 10 f., 34 EuErbVO). Das Testamentsvollstreckerzeugnis kann gemäß §§ 354 Abs. 1 Fall 2, 352c Abs. 1 FamFG auch gegenständlich beschränkt, auf den im Inland befindlichen Nachlass, erteilt werden („gegenständlich beschränktes Fremdrechtstestamentsvollstreckerzeugnis").[110] Umstritten ist hierbei v.a. welche Institute ausländischen Rechts (z.B. executor, administrator, trustee des anglo-amerikanischen Rechtskreises) der deutschen Testamentsvollstreckung funktionell vergleichbar sind. Nach *Reimann*[111] sind hierbei vier Kriterien relevant: 38

- Verdrängende Besitz- und Verfügungsbefugnis des Testamentsvollstreckers gemäß §§ 2205 S. 2, 2211 Abs. 1 BGB,
- Abschirmwirkung der Testamentsvollstreckung gemäß § 2214 BGB,
- Möglichkeit einer Dauervollstreckung gemäß § 2209 BGB, sowie
- fehlende staatliche Aufsicht durch ein Gericht oder eine Behörde (Ausnahmen: §§ 2200, 2216 Abs. 2, 2224, 2227 BGB).

Die Rechtsprechung ist hierbei stark einzelfallbezogen und insbesondere bei Änderungen in ausländischen Rechtsordnungen, wie z.B. in Österreich im Jahre 2015,[112] für zukünftige Einordnungsfragen nicht immer verlässlich.[113] Inhaltlich muss das Fremdrechtstestamentsvollstreckerzeugnis neben den allgemeinen Angaben (Name des Testamentsvollstreckers und Erblassers) das angewandte Erbstatut angegeben und – nur so ist dieses auch in der Praxis verwendbar – die Verfügungsbefugnisse des „Testamentsvollstreckers" so genau wie möglich bezeichnen (str.).[114] Erfassen die Befugnisse den im Inland geltenden 39

109 EuGH ZEV 2018, 465 (m. Anm. *Reimann*) = NotBZ 2018, 465 (m. Anm. *Becker*) = NJW 2018, 2309 = ErbR 2018, 503 (m. Anm. *Mankowski*).

110 MüKo-BGB/*Grziwotz*, Bd. 11, § 2368 BGB Rn 30 m.w.N. Eine gegenständliche Beschränkung auf Vermögen im Ausland bzw. auf Vermögen in bestimmten ausländischen Staaten ist dagegen **nicht** möglich. Zum Sonderfall des auf Entschädigungsansprüche beschränktem Testamentsvollstreckerzeugnis s. §§ 180, 181 Abs. 2 BEG.

111 *Reimann*, ZEV 2015, 510 (511).

112 Hierzu z.B. *Meusburger-Hammerer/Wittwer*, ErbR 2016, 542; *Beller/Wahl*, BWNotZ 2016, 68 (70).

113 Weiterführend: MüKo-BGB/*Grziwotz*, Bd. 11, § 2368 BGB Rn 28 m.w.N.

114 MüKo-BGB/*Grziwotz*, Bd. 11, § 2368 BGB Rn 29 m.w.N. **A.A.:** *Zimmermann*, Die Testamentsvollstreckung, S. 231 unter Hinweis auf die mögliche Staatshaftung mit Formulierungsbeispiel für Willensvollstreckung schweizerischen Rechts.

Nachlass nicht, ist der Erteilungsantrag zurückzuweisen. Die bloße Bezugnahme auf ausländische Gesetzestexte entspricht weder der Funktion des Testamentsvollstreckerzeugnisses, noch ist diese zulässig.

▼

4.13 **Muster 4.13: Formulierungsbeispiel: Gegenständlich beschränktes Fremdrechtstestamentsvollstreckerzeugnis**

Gegenständlich beschränktes Fremdrechtstestamentsvollstreckerzeugnis

Herr/Frau

N.N., geb. ___, geb. am ___, wohnhaft/geschäftsansässig: ___

ist unter Anwendung des Rechts des/von ___ (ausländische Rechtsordnung) zum (alleinigen) „Testamentsvollstrecker“ (executor) gegenständlich beschränkt auf den im Inland befindlichen Nachlass, **gegebenenfalls** mit Ausnahme von ___, der/des am ___ in ___ verstorbenen Erblasserin/Erblassers, Frau/Herrn ___, geb. ___, geb. am ___, zuletzt wohnhaft: ___

ernannt worden.

Gegebenenfalls: N.N. stehen hierbei folgende Befugnisse zu: ___ (folgt möglichst genaue Aufzählung).

▲

40 Ebenso ist auch ein gegenständlich beschränktes Eigenrechtstestamentsvollstreckerzeugnis möglich, nachstehend in Form der Abwicklungsvollstreckung dargestellt.[115] Denn § 352c FamFG setzt nicht die Anwendung ausländischen (Erb-)Rechts voraus (arg. Wortlaut („Erbschein“), Zielsetzung der Norm, § 40 Abs. 3 S. 1 GNotKG („eines Erbscheins“).

▼

4.14 **Muster 4.14: Formulierungsbeispiel: Gegenständlich beschränktes Eigenrechtstestamentsvollstreckerzeugnis**

Gegenständlich beschränktes Eigenrechtstestamentsvollstreckerzeugnis

Herr/Frau

N.N., geb. ___, geb. am ___, wohnhaft/geschäftsansässig: ___

ist unter Anwendung deutschen Rechts zum (alleinigen) Testamentsvollstrecker gegenständlich beschränkt auf den im Inland befindlichen Nachlass, **gegebenenfalls**

115 MüKo-BGB/*Grziwotz*, Bd. 11, § 2368 BGB Rn 30; *Zimmermann*, Die Testamentsvollstreckung, S. 230; Mayer/Bonefeld/*J. Mayer*, Testamentsvollstreckung, S. 45 m.w.N. Formulierungsvorschläge in Anlehnung an *Wittkowski*, RNotZ 2010, 102 ff. (zum Erbschein in Erbfällen mit Auslandsberührung).

mit Ausnahme von ___, der/des am ___ in ___ verstorbenen Erblasserin/Erblassers, Frau/Herrn ___, geb. ___, geb. am ___, zuletzt wohnhaft: ___

ernannt worden.

▲

X. Sonstige Zeugnisse

Den Empfang der Annahmeerklärung (§ 2202 BGB) bestätigt das Nachlassgericht durch 41
schlichte **Zugangsbescheinigung** (Eingangsbestätigung) ohne weitere sachliche Prüfung.[116] Diese war grundsätzlich kostenfrei[117] bzw. mit der Gebühr für die Entgegennahme gemäß KV 12410 Abs. 1 Nr. 4 GNotKG i.H.v. 16 EUR abgegolten.[118] Durch das KostRÄG 2021 wurde in KV 12413 GNotKG ein neuer Gebührentatbestand eingeführt, der „das Verfahren über die Erteilung einer Bescheinigung, die die Annahme des Amts als Testamentsvollstrecker bestätigt" mit einer Festgebühr von 55 EUR abgilt. Die Gebühr entsteht neben einer Gebühr für das Verfahren auf Erteilung eines Testamentsvollstreckerzeugnisses, eine Anrechnung findet nicht statt.[119] Der Anwendungsbereich der Kostennorm wird auf die „Amtsannahmebestätigung" begrenzt, wobei sich der Gesetzgeber hier mE der Abgrenzung zum „Annahmezeugnis" (s.u.) nicht bewusst war und deshalb auch in der Gesetzesbegründung nicht klargestellt hat, ob der Kostentatbestand letzteres erfasst oder nicht erfasst.

▼

Muster 4.15: Formulierungsbeispiel: Zugangsbescheinigung 4.15

Bestätigung

In der Nachlasssache ___ ist am ___ beim Amtsgericht – Nachlassgericht – ___ eine Erklärung von Herrn/Frau ___ eingegangen, mit welcher diese/r das ihr/ihm vom Erblasser/von der Erblasserin durch notarielles Einzeltestament/notarielles gemeinschaftliches Testament/notariellen Erbvertrag vom ___ übertragene Amt eines Testamentsvollstreckers annimmt.

116 In der Praxis wird in dieser ausdrücklich darauf hingewiesen, dass diese nicht den Charakter eines Testamentsvollstreckerzeugnisses, auch nicht bzgl. der Annahme, hat (s.u.). Ein Muster findet sich bei Mayer/Bonefeld/*J. Mayer*, Testamentsvollstreckung, S. 413.

117 MüKo-BGB/*Grziwotz*, Bd. 11, § 2368 BGB Rn 57; *Zimmermann*, Die Testamentsvollstreckung, S. 253.

118 So das OLG Braunschweig FGPrax 2019, 83 = ZEV 2019, 175 = BeckRS 2019, 1311. **A.A.** Krätzschel/Falkner/Döbereiner/*Krätzschel*, Nachlassrecht, § 19 Rn 55 unter Verweis auf KV 25104 GNotKG (Festgebühr von 20 EUR).

119 Vgl. hierzu BT-Drucks 19/23484, 60.

Diese Bestätigung ersetzt ***kein*** Zeugnis über die Ernennung zum Testamentsvollstrecker (Testamentsvollstreckerzeugnis). Auch über die Wirksamkeit der zugrunde liegenden Verfügungen ist hiermit ***keine*** Aussage getroffen.

▲

42 Eine weitergehende Funktion hat dagegen das (qualifizierte) **Annahmezeugnis**, das die Rechtswirksamkeit der Annahme nach (sachlicher) Prüfung bezeugen soll.[120] Dessen Charakter und kostenrechtliche Behandlung ist nicht völlig geklärt. Gemeinhin wird dieses als auf die Amtsannahme beschränktes Testamentsvollstreckerzeugnis verstanden. Seit der Vorauflage hat sich das Meinungsbild im Schrifttum dahingehend gewandelt, dass auch insoweit KV 12413 GNotKG zur Anwendung gelangen soll.[121] Dieses Zeugnis enthält aber keine Aussagen über die Befugnisse und die Dauer der Testamentsvollstreckung. In der Praxis ist es selten.

Es könnte wie folgt formuliert sein.

▼

Muster 4.16: Formulierungsbeispiel: Annahmezeugnis

4.16

Annahmezeugnis

Herr/Frau

N.N., geb. , geb. am , wohnhaft/geschäftsansässig:

hat das Amt als Testamentsvollstrecker über den Nachlass der/des am in verstorbenen Erblasserin/Erblassers, Frau/Herrn , geb. , geb. am , zuletzt wohnhaft:

angenommen.

▲

Zusammenfassend kann die Amtsannahme, insbesondere im Grundbuchverfahren, wie folgt nachgewiesen werden:

120 MüKo-BGB/*Grziwotz*, Bd. 11, § 2368 BGB Rn 59; J. Mayer/Bonefeld/*J. Mayer*, Testamentsvollstreckung, S. 62; *Zimmermann*, Die Testamentsvollstreckung, S. 252 f. (mit Übersicht zum Streitstand).

121 Etwa: BeckOK-Kostenrecht/*Felix*, § 40 GNotKG, Rn 28 m.w.N., 48. Ed., Stand: 1.2.2025.

Abb. 4 – Amtsannahme – Grundbuchnachweis

Amtsannahme	■ Testamentsvollstreckerzeugnis, ■ Amtsannahmezeugnis, ■ ***öffentlich*** beglaubigte oder beurkundete Amtsannahmeerklärung **mit** Amtsannahmebescheinigung, **oder** ■ Amtsannahme gegenüber dem Grundbuchamt, wenn Abteilung desselben Amtsgerichts wie Nachlassgericht (str.).

Nach h.L.[122] hat der Testamentsvollstrecker (jedenfalls) keinen Anspruch auf Erteilung eines **Fortbestandszeugnisses** 43

▼

Muster 4.17: Formulierungsbeispiel: Fortbestandszeugnis

Es wird bezeugt, dass das Amt des zum Testamentsvollstrecker über den Nachlass des am ___ verstorbenen Erblassers, Herrn ___, geb. am ___, ernannten Testamentsvollstreckers, Herrn ___, geb. am ___, bis zum heutigen Tage fortbesteht. 4.17

oder

Es wird bezeugt, dass dem Amtsgericht – Nachlassgericht – ___ keine Umstände bekannt sind, wonach das Amt des zum Testamentsvollstrecker über den Nachlass des am ___ verstorbenen Erblassers, Herrn ___, geb. am ___, ernannten Testamentsvollstreckers, Herrn ___, geb. am ___, bis zum heutigen Tage nicht mehr fortbesteht.

▲

oder eines **(Negativ-)Zeugnisses über den Wegfall der Testamentsvollstreckung.**

> *Formulierungsbeispiel: Wegfall der Testamentsvollstreckung* 44
> Es wird hiermit bezeugt, dass die Testamentsvollstreckung beendet ist.

In letzterem Fall ist grundsätzlich das Testamentsvollstreckerzeugnis zurückzugeben, der Erbschein einzuziehen und ohne Testamentsvollstreckervermerk neu zu erteilen.[123] Mit dem eingezogenen Erbschein selbst kann der Nachweis der Erbfolge gem. § 35 Abs. 1 GBO hingegen nicht geführt werden.[124]

122 Z.B.: Prütting/Helms/*Fröhler*, FamFG, § 354 FamFG Rn 19a; Krätzschel/Falkner/Döbereiner/*Krätzschel*, § 19 Rn 70; Mayer/Bonefeld/*J. Mayer*, Testamentsvollstreckung, S. 55, 61 ff.; OLG Köln FGPrax 2011, 86 = MittBayNot 2011, 322 = BeckRS 2011, 9855. **A.A.** (wohl): *Zimmermann*, Die Testamentsvollstreckung, S. 250 f.

123 Mayer/Bonefeld/*J. Mayer*, Testamentsvollstreckung, S. 62 mit Hinweis auf die hohen Kosten dieses Wegs.

124 BGH, Beschl. v. 17.9.2020, V ZB 8/20.

45 Nach **a.A.** genügt ein Beendigungsvermerk auf dem Erbschein. Hingegen kann ein **Testamentsvollstreckerzeugnis über das erloschene Amt** (mit Beendigungsvermerk) erteilt werden, wenn hierfür – etwa zum Nachweis der Wirksamkeit früherer Rechtshandlungen – ein Bedürfnis besteht. Es kann vom früheren Amtsinhaber, wie auch vom Nachfolger beantragt werden.[125]

▼

4.18 **Muster 4.18: Formulierungsbeispiel: Testamentsvollstreckerzeugnis mit Beendigungsvermerk**

(Allein-)Testamentsvollstreckerzeugnis

Herr/Frau

N.N., geb. , geb. am , wohnhaft/geschäftsansässig:

ist unter Anwendung deutschen Rechts zum (alleinigen) Testamentsvollstrecker über den Nachlass der/des am in verstorbenen Erblasserin/Erblassers, Frau/Herrn , geb. , geb. am , zuletzt wohnhaft:

ernannt worden.

Dessen Amt ist seit dem beendet/Die Testamentsvollstreckung ist seit dem beendet.

▲

XI. Exkurs: Der Beschwerdeschriftsatz

46 Gegen den Beschluss des Nachlassgerichts, mit dem der Antrag auf Erteilung eines Testamentsvollstreckerzeugnisses zurückgewiesen wird, ist die (befristete) Beschwerde gemäß §§ 58 ff. FamFG statthaft. Die Beschwerdeberechtigung beurteilt sich nach § 59 FamFG, wobei § 59 Abs. 1 FamFG für Amtsverfahren und § 59 Abs. 2 i.V.m. § 59 Abs. 1 FamFG für Antragsverfahren gilt.[126] Im Antragsverfahren ist danach nur beschwerdeberechtigt, wer zusätzlich zur Beeinträchtigung in seinen Rechten (materielle Beschwer) auch formell beschwert ist.[127] Wird daher der Antrag auf Erteilung eines Testamentsvoll-

125 MüKo-BGB/*Grziwotz*, Bd. 11, § 2368 BGB Rn 61; Mayer/Bonefeld/*J. Mayer*, Testamentsvollstreckung, S. 63; *Zimmermann*, Die Testamentsvollstreckung, S. 250.

126 Für Behörden gilt gemäß § 59 Abs. 3 FamFG eine Sonderregelung.

127 BGH FamRZ 2012, 1131 = BeckRS 2012, 10741 (§ 59 Abs. 2 FamFG enthält keine eigenständige Beschwerdeberechtigung, sondern eine Begrenzung der grds. bestehenden Beschwerdeberechtigung nach § 59 Abs. 1 FamFG). Hierzu: BeckOK-FamFG/*Obermann*, § 59 FamFG Rn 15, 53. Edition, Stand: 1.3.2025.

streckerzeugnisses zurückgewiesen, ist grds.[128] nur der den Antrag stellende Testamentsvollstrecker beschwerdeberechtigt. Auf eine materielle Beschwer anderer Beteiligter, etwa des Erben, kommt es nicht an.[129] Wird dem Antrag dagegen entsprochen, soll es allein auf die materielle Beschwer gemäß § 59 Abs. 1 FamFG ankommen.[130] Beschwerdeberechtigt ist dann v.a. jeder Erbe, nicht aber der Antragsteller (=Testamentsvollstrecker) selbst, da er das Amt nicht annehmen muss. Beschwerdeberechtigt ist auch ein Dritter, der die Rechtsstellung des Testamentsvollstreckers selbst für sich in Anspruch nimmt, sowie bei mehreren Testamentsvollstreckern, auch diejenigen, die den Antrag selbst nicht gestellt haben, aber durch den Erteilungsbeschluss in ihren Rechten beeinträchtigt sein könnten.[131] In Nachlasssachen wird der Wert des Beschwerdegegenstandes regelmäßig 600 EUR gemäß § 61 Abs. 1 FamFG übersteigen. Andernfalls kommt es auf die Zulassung der Beschwerde gemäß § 61 Abs. 2 und 3 FamFG an. Die Beschwerdefrist beträgt grds. einen Monat gemäß § 63 Abs. 1 FamFG.[132] Sie beginnt mit der schriftlichen Bekanntgabe des Beschlusses an die Beteiligten (§ 63 Abs. 3 S. 1 FamFG). Einlegung der Beschwerde und Beschwerdebegründung richten sich nach §§ 64 f. FamFG. Sie ist beim Amtsgericht – Nachlassgericht – gemäß § 64 Abs. 1 S. 1 FamFG einzulegen, um diesen eine nochmalige Überprüfung seiner Entscheidung zu ermöglichen. In der Regel wird das Amtsgericht – Nachlassgericht – aber seine bisherige Rechtsauffassung beibehalten und einen Nichtabhilfebeschluss fassen und diesen samt Nachlassakte an das OLG (s. § 119 Abs. 1 Nr. 1 lit. b) GVG) zur Entscheidung vorlegen (§ 68 Abs. 1 S. 1 FamFG). Dieses kann vor der Entscheidung von Amts wegen eine einstweilige Anordnung erlassen (§ 64 Abs. 3 FamFG).[133] Das Gerichtskostenrisiko liegt bei 872 EUR (zzgl. Auslagen) gemäß KV 12220 GNotKG (1,0 Gebührensatz, höchstens 872 EUR).[134]

128 Ist der Beschwerdeführer nicht Antragsteller, so genügt aber aus Gründen der Prozessökonomie, wenn bei mehreren Testamentsvollstreckern, einer von ihnen den Antrag auf Erteilung des gemeinschaftlichen Testamentsvollstreckerzeugnisses gestellt hat und der Beschwerdeführer diesen im Zeitpunkt der Rechtsmitteleinlegung noch wirksam stellen könnte. Vgl. allgemein hierzu: BeckOK-FamFG/*Obermann*, § 59 FamFG Rn 16, 53. Edition, Stand: 1.3.2025 m.w.N.; Mayer/Bonefeld/*Mayer*, S. 52; *Zimmermann*, Die Testamentsvollstreckung, S. 236.

129 BeckOK-FamFG/*Obermann*, § 59 FamFG Rn 16, 53. Edition, Stand: 1.3.2025.

130 BeckOK-FamFG/*Obermann*, § 59 FamFG Rn 18, 53. Edition, Stand: 1.3.2025.

131 § 60 FamFG regelt das Beschwerderecht Minderjähriger, kann hier aber vernachlässigt werden, da es nur „die Person des Minderjährigen betreffende Angelegenheiten" erfasst. Zum Begriff: BeckOK-FamFG/*Obermann*, § 60 FamFG Rn 8–10a, 53. Edition, Stand: 1.3.2025.

132 Die unbefristete Beschwerde wurde in Nachlasssachen abgeschafft (vgl. BT-Drucks 16/6308, S. 205). Allerdings kann mangels materieller Rechtskraft stets ein anders lautender Antrag auf Erteilung eines Testamentsvollstreckerzeugnisses gestellt werden (Bumiller/Harders/Schwamb/*Harders*, § 352e FamFG, Rn 31 a.E.; BeckOKFamFG/*Schlögel*, § 352e FamFG, Rn 19, 53. Ed., Stand: 1.3.2025). Wird jedoch der gleiche Antrag aufgrund des gleichen Sachverhalts erneut gestellt, so steht dem die formelle Rechtskraft entgegen (Mayer/Bonefeld/*J. Mayer*, S. 51).

133 Zum einstweiligen Rechtsschutz in Nachlasssachen vgl. *Horn/Krätzschel*, ZEV 2018, 14 ff.

134 KV 12421 GNotKG erfasst dagegen Beschwerden in Verfahren über die Ernennung oder Entlassung von Testamentsvollstreckern und über sonstige anlässlich einer Testamentsvollstreckung zu treffenden Anordnungen.

47 Ein Beschwerdeschriftsatz gegen die Zurückweisung des Antrags auf Erteilung eines Testamentsvollstreckerzeugnisses könnte wie folgt formuliert sein. Die Vertretungsbefugnis des Notars folgt hierbei aus § 10 Abs. 2 S. 2 Nr. 2 FamFG in Verbindung mit der z.B. bereits im Antrag auf Erteilung des Testamentsvollstreckerzeugnisses enthaltenen oder später gesondert erteilten Verfahrensvollmacht (s.o. Rdn 18).

48 ▼

Muster 4.19: Beschwerde gegen Zurückweisung des Antrags auf Erteilung eines Testamentsvollstreckerzeugnisses

An das

Oberlandesgericht

– Beschwerdegericht in Nachlasssachen –

Amtsgericht – Nachlassgericht – Az:

Erblasser: , geb. am , verstorben am

Gegen den Zurückweisungsbeschluss des Amtsgerichts – Nachlassgericht – vom , eingegangen am , in der vorstehend bezeichneten Nachlasssache lege ich hiermit im Namen des Antragsstellers, , unter Versicherung des Vorliegens ordnungsgemäßer Verfahrensvollmacht

Beschwerde

ein und beantrage – unter Aufrechterhaltung des ursprünglichen Erteilungsantrags vom – wie folgt zu beschließen:

1. **Auf die Beschwerde des Antragstellers wird der Zurückweisungsbeschluss des Amtsgerichts – Nachlassgericht – vom , Az. , aufgehoben.**
2. **Die Tatsachen, die zur Erteilung des beantragten Testamentsvollstreckerzeugnisses erforderlich sind, werden für festgestellt erachtet. Das beantragte Testamentsvollstreckerzeugnis lautet:**[135] **....**
3. **Das Amtsgericht – Nachlassgericht – wird angewiesen, ein Testamentsvollstreckerzeugnis vorstehenden Inhalts zu erteilen.**[136]

135 Nach bestrittener Auffassung fasst das OLG selbst den Feststellungsbeschluss. Dies wird mit §§ 354 Abs. 1 Fall 2, 352e Abs. 1 S. 1 FamFG begründet. Vgl. BeckOK-FamFG/*Schlögel*, § 352e FamFG Rn 19, 53. Edition, Stand: 1.3.2025; *Gietl/Längsfeld*, JA 2013, 854 (859).

136 Das OLG selbst kann niemals das Testamentsvollstreckerzeugnis erteilen (arg. § 2368 S. 1 BGB „...das Nachlassgericht...“). Ein gleichwohl erteiltes Testamentsvollstreckerzeugnis wäre einzuziehen (str.). **A.A.:** *Zimmermann*, Testamentsvollstreckung, S. 236.

Der Beschwerdewert wird mit EUR angegeben. / Das Nachlassgericht hat die Beschwerde gemäß § 61 Abs. 2 und 3 FamFG ausdrücklich zugelassen.

Begründung:

I.

(bitte kurze Sachverhaltsschilderung einfügen)

II.

Die Beschwerde ist gemäß § 58 Abs. 1 FamFG statthaft. Sie richtet sich gegen einen Beschluss des Nachlassgerichts, der eine sog. Endentscheidung darstellt.

III.

Die Beschwerde wurde form- und fristgerecht gemäß §§ 63 f., 68 Abs. 2 S. 1 FamFG innerhalb eines Monats beim Amtsgericht – Nachlassgericht – eingelegt.

Der Beschwerdeführer ist durch die Zurückweisung des Beschlusses auf Erteilung eines Testamentsvollstreckerzeugnisses in seinen Rechten gemäß § 2368 S. 1 BGB beeinträchtigt (materielle Beschwer).[137] Er ist als Antragsteller zugleich formell beschwert (§ 59 Abs. 2 i.V.m. § 59 Abs. 1 FamFG).[138]

IV.

Die Beschwerde ist begründet. Die Verfahrensvoraussetzungen erster Instanz (insbesondere die Antragsberechtigung) liegen vor. Das beantragte Testamentsvollstreckerzeugnis entspricht der materiellen Rechtslage, weil .[139]

(bitte Begründung einfügen)

, den

137 Hierbei handelt es sich um eine sog. doppelt relevante Tatsache, also eine Tatsache von deren Vorliegen sowohl die Zulässigkeit als auch die Begründetheit des Antrags abhängt. Insoweit genügt die bloße Möglichkeit der Rechtsbeeinträchtigung. Die Rechtsbeeinträchtigung selbst ist dann Gegenstand der Begründetheitsprüfung und davon abhängig, ob der Beschwerdeführer tatsächlich Testamentsvollstrecker geworden ist und damit gemäß § 2368 S. 1 BGB einen Anspruch auf Erteilung eines Testamentsvollstreckerzeugnisses hat. Vgl. allgemein hierzu: BeckOK-FamFG/*Obermann*, § 59 FamFG Rn 13 f., 53. Edition, Stand: 1.3.2025.

138 Ist der Beschwerdeführer nicht Antragsteller, so genügt aus Gründen der Prozessökonomie, wenn bei mehreren Testamentsvollstreckern, einer von ihnen den Antrag auf Erteilung des gemeinschaftlichen Testamentsvollstreckerzeugnisses gestellt hat und der Beschwerdeführer diesen im Zeitpunkt der Rechtsmitteleinlegung noch wirksam stellen könnte. Vgl. allgemein hierzu: BeckOK-FamFG/*Obermann*, § 59 FamFG Rn 16, 53. Edition, Stand: 1.3.2025 m.w.N.

139 Die Beschwerde kann auf neue Tatsachen und Beweismittel gestützt werden (§ 65 Abs. 3 FamFG). Es handelt sich um eine zweite Tatsacheninstanz. Hier sollte daher ggfs. die Gültigkeit der Verfügung von Todes wegen, mit der die Testamentsvollstreckung angeordnet wird, die Wirksamkeit der Ernennung oder Bestimmung zum Testamentsvollstrecker, die Amtsannahme sowie das Fortbestehen der Testamentsvollstreckung begründet werden.

Unterschrift

Notar in

49 Gegen die Entscheidung des OLG ist die Rechtsbeschwerde zum BGH nur statthaft, wenn sie das Beschwerdegericht gemäß § 70 Abs. 1 und Abs. 2 FamFG zugelassen hat. § 70 Abs. 3 FamFG spielt in Nachlasssachen dagegen keine Rolle. Die Sprungrechtsbeschwerde unmittelbar zum BGH kommt nur in Betracht, wenn sie das Rechtsbeschwerdegericht auch gemäß § 75 Abs. 1 Nr. 2 FamFG zulässt.

50 **Abb. 5 – Instanzenzug**

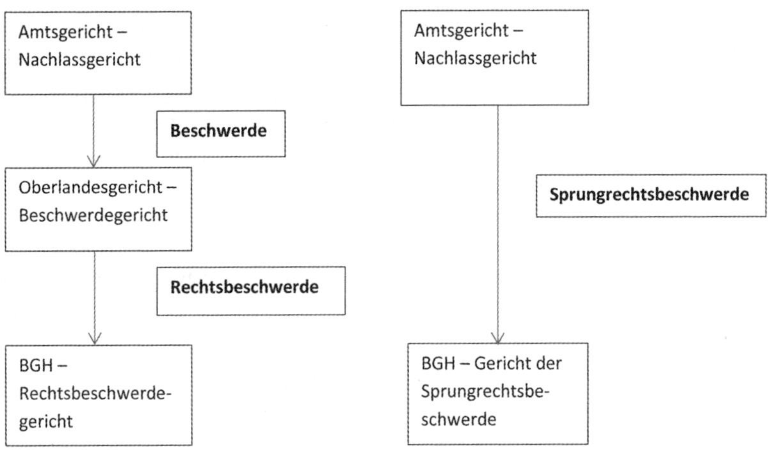

51 Hat sich die angefochtene Entscheidung (z.B. Zurückweisung des Antrags auf Erteilung eines Testamentsvollstreckerzeugnisses) in der Hauptsache erledigt, weil z.B. die Testamentsvollstreckung zwischenzeitlich weggefallen ist, ist es unter den Voraussetzungen des § 62 FamFG möglich, einen Feststellungsantrag des Inhalts zu stellen, „dass die Entscheidung des Nachlassgerichts den Beschwerdeführer in seinen Rechten verletzt hat“. Die Kostenentscheidung folgt den allgemein im Beschwerdeverfahren zu beachtenden Grundsätzen.

E. Kosten

52 Der Geschäftswert bei Notar und Nachlassgericht bestimmt sich nach § 40 Abs. 5 GNotKG und beträgt – aufgrund eines pauschalen Abschlags von 80 % – nur 20 % des

Nachlasswerts im Zeitpunkt des Erbfalls. Es gilt das Bruttoprinzip (vgl. § 38 S. 1 GNotKG). Nachlassverbindlichkeiten werden nicht abgezogen (§ 40 Abs. 5 S. 1 Hs. 1 GNotKG). Bezieht sich die Testamentsvollstreckung aber nur auf den Erbteil eines Miterben oder einen Teil des Nachlasses gelten gemäß § 40 Abs. 5 S. 1 Hs. 2 GNotKG die Absätze 2 und 3 des § 40 GNotKG entsprechend. Die Art der Testamentsvollstreckung, z.B. Abwicklungsvollstreckung, Dauervollstreckung etc. spielt für den Geschäftswert dagegen keine Rolle.[140] Ebenfalls wirken besondere Vermerke im Testamentsvollstreckerzeugnis nicht gebührenerhöhend.

Die Gebührentatbestände sehen sowohl für das notarielle Verfahren zur Abnahme einer eidesstattlichen Versicherung (KV 23300), als auch für das nachlassgerichtliche Verfahren (KV 12210) im Grundsatz[141] jeweils einen Gebührensatz von 1,0 vor. Werden der Antrag auf Erteilung des Erbscheins und des Testamentsvollstreckerzeugnisses in einer Urkunde beurkundet, liegen verschiedene Gegenstände vor.[142] Dies gilt erst recht, wenn ein Antrag auf Grundbuchberichtigung in die Urkunde mitaufgenommen wird.[143] 53

Zusätzlich zur Gebühr für das Erteilungsverfahren entsteht die Gebühr für die Entgegennahme der Amtsannahmeerklärung (s.o.) nach KV 12410 Nr. 4 GNotKG. Für das Verfahren über die Erteilung einer Bescheinigung, die die Annahme des Amts als Testamentsvollstrecker bestätigt (Amtsannahmebestätigung) fällt eine Festgebühr nach KV 12413 GNotKG an (s. Rdn 41). 54

Die Gebühr für das Verfahren über den Antrag auf Erteilung eines weiteren Testamentsvollstreckerzeugnisses, nicht nur weiterer Ausfertigungen, bezüglich desselben Nachlasses beträgt dagegen 0,3 aus dem Geschäftswert gemäß § 40 Abs. 5 GNotKG (KV 12213 GNotKG). Ausführlich zu den Kosten siehe unter § 7 dieses Buches.

140 *Zimmermann*, Die Testamentsvollstreckung, S. 248; Korintenberg/*Sikora*, GNotKG, § 40 GNotKG, Rn 53 m.w.N.

141 Eine Ermäßigung sehen KV 12211–12214 GNotKG vor.

142 *Zimmermann*, Die Testamentsvollstreckung, S. 249.

143 Korintenberg/*Sikora*, GNotKG, § 40 GNotKG Rn 61.

§ 5 Europäisches Nachlasszeugnis

A. Allgemeines

Das Europäische Nachlasszeugnis wurde durch Art. 62 Abs. 1 EuErbVO[1] eingeführt. Es soll die Abwicklung von Erbfällen mit grenzüberschreitendem Bezug erleichtern.[2] Ein Europäisches Nachlasszeugnis kann in allen Erbfällen ausgestellt werden, die am 17.8.2015 oder danach eingetreten sind.[3] Voraussetzung ist die (beabsichtigte) grenzüberschreitende Verwendung in einem anderen Mitgliedstaat.[4] Seine Wirkungen entfaltet das Nachlasszeugnis aber nicht nur in diesem anderen Mitgliedstaat, sondern auch in allen übrigen Mitgliedstaaten, einschließlich des Mitgliedstaats, in dem es ausgestellt wurde.[5] Ein in Deutschland ausgestelltes Nachlasszeugnis kann also auch im Inland verwendet werden. Bei Vorliegen eines Europäischen Nachlasszeugnisses bedarf es daher grundsätzlich keines Erbscheins mehr. Die Erteilung eines Erbscheins bleibt jedoch möglich.[6] 1

Das Europäische Nachlasszeugnis dient nach Art. 63 EuErbVO dem Nachweis der Rechtsstellung bzw. der Rechte als Erbe, als Vermächtnisnehmer mit unmittelbarer Berechtigung am Nachlass (Vindikationslegat) sowie als Testamentsvollstrecker oder Nachlassverwalter. Aus deutscher Sicht erfüllt das europäische Nachlasszeugnis somit nicht nur die Funktion des Erbscheins, sondern auch des Testamentsvollstreckerzeugnisses.[7] Die zeitlich begrenzte Geltungsdauer der beglaubigten Abschrift des Nachlasszeugnisses (dazu unten Rdn 5) erschwert allerdings dessen Verwendung als Nachweis einer Testamentsvollstreckung, insbesondere im Falle einer Dauer-/Verwaltungsvollstreckung. Das Nachlasszeugnis dient nach Art. 63 Abs. 2 lit. b) EuErbVO auch dem Nachweis der Zuweisung einzelner Nachlassgegenstände an Erben oder Vermächtnisnehmer aufgrund einer dinglich wirkenden Teilungsanordnung oder eines dinglich wirkenden Vermächtnisses.[8] Das Nachlasszeugnis erfasst grundsätzlich den gesamten 2

1 Verordnung (EU) Nr. 650/2012 v. 4.7.2012 (EuErbVO), ABl Nr. L 201 v. 27.7.2012, 107.

2 Vgl. Erwägungsgrund Nr. 67 EuErbVO.

3 Vgl. Art. 83 Abs. 1 EuErbVO.

4 Keine Mitgliedstaaten im Sinne der EuErbVO sind und waren Dänemark, Irland und das Vereinigte Königreich, vgl. MüKo-BGB/*Dutta*, Vorb. Art. 1 EuErbVO Rn 29 f.

5 Vgl. Art. 62 Abs. 3 S. 2, 69 Abs. 1 EuErbVO.

6 Vgl. Art. 62 Abs. 3 S. 1 EuErbVO; zum Verhältnis vom Europäischem Nachlasszeugnis und Erbschein Sternal/*Zimmermann*, FamFG, § 352 Rn 20 ff. Die Beantragung eines Erbscheins neben dem Europäischen Nachlasszeugnis kann im Einzelfall aufgrund der unbeschränkten Geltungsdauer und des stärkeren Gutglaubensschutzes empfehlenswert sein.

7 Dutta/Weber/*Fornasier*, Vorb. Art. 62 EuErbVO Rn 12.

8 MüKo-BGB/*Dutta*, Art. 63 EuErbVO Rn 14 ff. Die Beweiskraft des Nachlasszeugnisses erstreckt sich hingegen nicht auf die Zugehörigkeit eines bestimmten Vermögensgegenstands zum Nachlass, vgl. Erwägungsgrund Nr. 71 EuErbVO; Dutta/Weber/*Fornasier*, Art. 63 EuErbVO Rn 40.

Nachlass des Erblassers. Eine gegenständliche Beschränkung auf in der EU befindliches Nachlassvermögen nach Art. 12 EuErbVO ist nicht möglich.[9] Abgesehen von den Fällen einer subsidiären Zuständigkeit nach Art. 10 Abs. 2 EuErbVO ist auch keine Beschränkung des Nachlasszeugnisses auf das im Inland befindliche Vermögen vorgesehen.[10] Soweit nur die dinglich wirkende Zuweisung bestimmter Nachlassgegenstände an einzelne Erben oder Vermächtnisnehmer im Sinne von Art. 63 Abs. 2 lit. b) EuErbVO nachgewiesen werden soll, kommt jedoch eine Beschränkung auf diese Nachlassgegenstände in Betracht.[11] Zur Beschränkung auf bestimmte Berechtigte siehe unten Rdn 4.

3 Die internationale Zuständigkeit für die Ausstellung eines Europäischen Nachlasszeugnisses richtet sich nach Art. 64 EuErbVO, der auf die Art. 4, 7, 10 und 11 EuErbVO verweist. Hatte der Erblasser seinen letzten gewöhnlichen Aufenthalt in einem Mitgliedstaat, sind nach Art. 4 EuErbVO grundsätzlich dessen Gerichte bzw. Behörden für die Ausstellung des Nachlasszeugnisses zuständig.[12] Das Verfahren für die Ausstellung eines europäischen Nachlasszeugnisses richtet sich nach den Art. 65 ff. EuErbVO. Für Verfahren vor deutschen Gerichten werden die Vorgaben der EuErbVO durch die §§ 33 ff. IntErbRVG ergänzt, welche eigene Vorschriften für die örtliche und sachliche Zuständigkeit sowie das Verfahren enthalten. § 35 Abs. 1 IntErbRVG verweist subsidiär auf das FamFG. Dies bedeutet allerdings nicht, dass die §§ 352 ff. FamFG ergänzend herangezogen werden könnten, denn das Europäische Nachlasszeugnis ist kein Erbschein im Sinne des FamFG.[13] Das Verfahren zur Ausstellung eines europäischen Nachlasszeugnisses ist parallel zum Erbscheinsverfahren ausgestaltet, wenngleich es sich in einigen Punkten von diesem unterscheidet.[14]

4 Das Europäische Nachlasszeugnis wird wie der Erbschein nur auf Antrag ausgestellt.[15] Antragsbefugt sind nach Art. 65 Abs. 1 i.V.m. Art. 63 Abs. 1 EuErbVO nur Erben, Vermächtnisnehmer mit unmittelbarer Berechtigung am Nachlass, Testamentsvollstrecker und Nachlassverwalter.[16] Nachlassgläubiger haben nach wohl herrschender

9 MüKo-BGB/*Dutta*, Art. 64 EuErbVO Rn 7.

10 *Schmitz*, RNotZ 2017, 269, 273 f.

11 Weitergehend Dutta/Weber/*Fornasier*, Art. 63 EuErbVO Rn 39, wonach das Zeugnis auf Antrag des Berechtigten auf einen von mehreren ihm zugewiesenen Nachlassgegenständen beschränkt werden kann.

12 Das Zuständigkeitsregime der EuErbVO gilt bei Erbfällen mit grenzüberschreitendem Bezug auch für die Erteilung nationaler Erbnachweise, vgl. EuGH DNotZ 2018, 699 (Oberle). Hatte der Erblasser seinen letzten gewöhnlichen Aufenthalt in einem anderen Mitgliedstaat können deutsche Gerichte daher grundsätzlich weder ein Europäisches Nachlasszeugnis noch einen Erbschein erteilen, zu Ausnahmen vgl. *Weber*, RNotZ 2018, 454; zum Begriff des grenzüberschreitenden Bezugs vgl. EuGH ZEV 2020, 628.

13 *Dutta*, ZEV 2015, 493, 500.

14 Im Überblick *Dutta*, ZEV 2015, 493, 501 f.

15 Art. 65 Abs. 1 EuErbVO.

16 Nach OLG Schleswig ZEV 2018, 340 soll auch der Nachlasspfleger antragsberechtigt sein; nach OLG Frankfurt a.M. BeckRS 2021, 3330 auch der Nachlassinsolvenzverwalter.

Meinung kein eigenes Antragsrecht.[17] Eine Stellvertretung bei der Antragstellung ist zulässig.[18] Mehrere Berechtigte können den Antrag einzeln oder gemeinsam stellen.[19] An einer dem § 352a FamFG entsprechenden Regelung fehlt es in der EuErbVO und dem IntErbRVG. Dennoch lässt die herrschende Meinung den Antrag eines Berechtigten für die Ausstellung eines gemeinschaftlichen Nachlasszeugnisses genügen.[20] In Betracht kommt dabei sowohl die Ausstellung eines gemeinschaftlichen Nachlasszeugnisses, das sämtliche Rechtsstellungen ausweist, als auch eines Teil-Nachlasszeugnisses oder gemeinschaftlichen Teil-Nachlasszeugnisses.[21] In Abweichung von § 184 S. 1 GVG können deutsche Nachlassgerichte nach § 35 Abs. 2 IntErbRVG Anträge auf Ausstellung eines Europäischen Nachlasszeugnisses auch in fremder Sprache entgegennehmen.

Nach Art. 67 Abs. 1 EuErbVO stellt die Ausstellungsbehörde das Europäische Nachlasszeugnis aus, wenn der zu bescheinigende Sachverhalt nach dem auf die Rechtsnachfolge von Todes wegen anzuwendenden Recht oder jedem anderen auf einen spezifischen Sachverhalt anzuwendenden Recht feststeht.[22] Anders als beim Erbschein werden keine Ausfertigungen des Nachlasszeugnisses erteilt, sondern lediglich beglaubigte Abschriften.[23] Die Gültigkeit der beglaubigten Abschriften ist dabei grundsätzlich auf sechs Monate begrenzt.[24] Wenn das Nachlasszeugnis dem Nachweis der Befugnis eines Erben gegenüber dem Grundbuchamt dienen soll, darf nach Ansicht der Rechtsprechung die Gültigkeitsfrist der beglaubigten Abschrift zum Zeitpunkt der Eintragung in das Grundbuch noch nicht abgelaufen sein.[25] In begründeten Ausnahmefällen kann gemäß Art. 70 Abs. 2 S. 3 EuErbVO eine längere Gültigkeitsfrist beantragt werden.[26] Ist die Gültigkeitsfrist abgelaufen, muss eine Verlängerung der Gültigkeitsfrist oder eine neue beglaubigte Abschrift beantragt werden. Die Erteilung einer beglaubig- 5

17 Dutta/Weber/*Fornasier*, Art. 65 EuErbVO Rn 8; MüKo-BGB/*Dutta*, Art. 65 EuErbVO Rn 7; Grüneberg/*Weidlich*, Anh. zu § 2353 ff. EuErbVO Art. 62, 63 Rn 4; a.A. *Buschbaum/Simon*, ZEV 2012, 525; *Schmitz*, RNotZ 2017, 269, 277, die eine analoge Anwendung der §§ 792, 896 ZPO befürworten.

18 Dutta/Weber/*Fornasier*, Art. 65 EuErbVO Rn 6.

19 MüKo-BGB/*Dutta*, Art. 65 EuErbVO Rn 4.

20 MüKo-BGB/*Dutta*, Art. 65 EuErbVO Rn 4; *Schmitz*, RNotZ 2017, 269, 275.

21 Dutta/Weber/*Fornasier*, Art. 63 EuErbVO Rn 33; MüKo-BGB/*Dutta*, Art. 65 EuErbVO Rn 4; Grüneberg/*Weidlich*, Anh. zu § 2353 ff. EuErbVO Art. 62, 63 Rn 4; *Schmitz*, RNotZ 2017, 269, 275 f.

22 Näher MüKo-BGB/*Dutta*, Art. 67 EuErbVO Rn 10 ff.

23 Art. 70 Abs. 1 EuErbVO. Die formellen Anforderungen an die beglaubigte Abschrift ergeben sich aus dem Unionsrecht. Das deutsche Grundbuchrecht stellt keine strengeren Anforderungen, vgl. KG DNotZ 2023, 869.

24 Art. 70 Abs. 3 EuErbVO. Nach § 42 S. 1 IntErbRVG beginnt die Frist mit der Erteilung der beglaubigten Abschrift.

25 KG DNotZ 2020, 120 mit Anm. *Weber*; OLG München MittBayNot 2021, 157; a.A. MüKo-BGB/*Dutta*, Art. 69 Rn 4 (unter Verweis auf EuGH ZEV 2021, 518 Rn 38 ff.).

26 Allerdings ist auch dann keine unbefristete Gültigkeit möglich; eine von der Ausstellungsbehörde mit dem Vermerk „unbefristet“ versehene beglaubigte Abschrift ist sechs Monate gültig, vgl. EuGH ZEV 2021, 581 mit Anm. *Zander*.

ten Abschrift kann auch von Dritten (z.B. Nachlassgläubigern) beantragt werden, wenn sie ein berechtigtes Interesse nachweisen. Die beglaubigte Abschrift kann, solange sie gültig ist, ohne weitere Förmlichkeiten in anderen Mitgliedstaaten verwendet werden. Eine Legalisation oder Apostille ist nicht erforderlich.[27]

6 Die Wirkungen des Europäischen Nachlasszeugnisses ergeben sich aus Art. 69 EuErbVO. Gem. Art. 69 Abs. 2 EuErbVO wird vermutet, dass die Rechtsstellung bzw. die Rechte oder Befugnisse als Erbe, Vermächtnisnehmer, Testamentsvollstrecker oder Nachlassverwalter tatsächlich im bescheinigten Umfang bestehen und keinen Bedingungen oder Beschränkungen unterliegen, die nicht im Zeugnis angegeben sind.[28] Diese Vermutungswirkung gilt insbesondere im Hinblick auf Eintragungen in Register.[29] § 35 Abs. 1 und 2 GBO stellt dementsprechend ausdrücklich klar, dass der Nachweis der Erbfolge oder der Befugnis eines Testamentsvollstreckers durch ein Europäisches Nachlasszeugnis geführt werden kann. Der gute Glaube des Rechtsverkehrs an die Richtigkeit des bescheinigten Sachverhalts wird durch Art. 69 Abs. 3 und 4 EuErbVO geschützt.[30] Im Vergleich zum Erbschein ist der Gutglaubensschutz jedoch weniger stark ausgeprägt.[31]

7 Nach Art. 71 Abs. 1 EuErbVO kann die Ausstellungsbehörde das Nachlasszeugnis auf Antrag oder von Amts wegen berichtigen. Eine Änderung oder ein Widerruf nach Art. 71 Abs. 2 EuErbVO sind auf Antrag und – sofern das nationale Recht dies vorsieht – von Amts wegen möglich. Deutsche Nachlassgerichte können das Nachlasszeugnis nach § 38 S. 2 IntErbRVG von Amts wegen widerrufen. Eine Änderung darf demgegenüber nur auf Antrag erfolgen. Die Wirkungen eines potentiell unrichtigen Nachlasszeugnisses können nach Art. 73 EuErbVO von der Ausstellungsbehörde oder dem Rechtsmittelgericht einstweilen ausgesetzt werden. Gegen Entscheidungen der Ausstellungsbehörde können die antragsberechtigten Personen nach Art. 72 EuErbVO Rechtsmittel einlegen. In Deutschland ist nach § 43 IntErbRVG die Beschwerde zum Oberlandesgericht statthaft. Gegen dessen Entscheidung findet wiederum nach § 44 IntErbRVG die Rechtsbeschwerde zum BGH statt, wenn sie vom Oberlandesgericht zugelassen wurde.

27 Art. 74 EuErbVO.

28 Darüber hinaus wird vermutet, dass die im Zeugnis festgestellten Tatsachen, die der bescheinigten Rechtsstellung zugrunde liegen, zutreffend sind, vgl. MüKo-BGB/*Dutta*, Art. 69 EuErbVO Rn 9 ff. Zur Widerlegkeit und zu den Grenzen der Richtigkeitsvermutung OLG München ZEV 2020, 233 mit Anm. *Süß*; OLG München MittBayNot 2021, 157 mit Anm. *Ackermann*.

29 Art. 69 Abs. 5 EuErbVO.

30 Dabei kommt es nicht darauf an, wer das Nachlasszeugnis beantragt hat, vgl. EuGH NJW 2021, 2421.

31 Zum Umfang des Gutglaubensschutzes MüKo-BGB/*Dutta*, Art. 69 EuErbVO Rn 13 ff.; *Schmitz*, RNotZ 2017, 269, 285.

B. Muster

Die Verwendung des amtlichen Antragsformulars nach Art. 65 Abs. 2 EuErbVO i.V.m. Anhang 4 (Formblatt IV) der Durchführungsverordnung zur EuErbVO[32] ist nicht verpflichtend.[33] Das Europäische Nachlasszeugnis selbst muss demgegenüber zwingend unter Verwendung des Anhangs 5 (Formblatt V) der vorgenannten Durchführungsverordnung ausgestellt werden.[34] Um die Bearbeitung des Antrags durch das Nachlassgericht zu erleichtern, orientieren sich die nachfolgenden Muster an dem Formblatt IV, ohne jedoch dessen Komplexität zu übernehmen. 8

I. Gesetzliche Erbfolge

1. Muster (gesetzliche Erbfolge)

▼ 9

Muster 5.1: Antrag auf Ausstellung eines Europäischen Nachlasszeugnisses zur Bescheinigung der Erbenstellung aufgrund gesetzlicher Erbfolge

UVZ-Nr.

Vor mir, dem Notar

mit dem Amtssitz in

erscheint/erscheinen heute in der Geschäftsstelle in :

ausgewiesen durch

und erklärt/erklären zur Niederschrift folgenden

Antrag auf Ausstellung eines Europäischen Nachlasszeugnisses mit eidesstattlicher Versicherung

32 Verordnung (EU) 1329/2014 v. 9.12.2014, ABl Nr. L 359 v. 16.12.2014, 30; Anhang 4 (Formblatt IV) berichtigt, ABl Nr. L 9 v. 14.1.2016, 14; Anhang 5 (Formblatt V) berichtigt, ABl Nr. L 195 v. 23.7.2015, 49.

33 EuGH DNotZ 2019, 460 (Brisch).

34 Art. 65 Abs. 2 S. 2 EuErbVO; nach Ansicht des OLG Bremen ZEV 2024, 548 führt es allerdings nicht zwingend zur Unwirksamkeit, wenn erforderliche Angaben nicht in dem Formblatt, sondern auf einem mit dem Formblatt fest verbundenen Blatt enthalten sind.

I. Sachverhalt

1. Angaben zum Antragsteller

Antragsteller ist/sind

a) Frau …, geborene …, geboren am … in …, wohnhaft in …, verwitwet. Frau … ist deutsche Staatsangehörige. Sie war die Ehefrau des Erblassers;

b) Frau …, geborene …, geboren am … in …, wohnhaft in …, verheiratet. Frau … ist deutsche Staatsangehörige. Sie ist die Tochter des Erblassers;

c) Herr …, geb. am … in …, wohnhaft in …, ledig. Herr … ist deutscher Staatsangehöriger. Er ist der Sohn des Erblassers.

2. Zweck des Zeugnisses

Das Zeugnis wird in einem anderen Mitgliedstaat als Nachweis der Rechtsstellung und/oder der Rechte des Erben benötigt:

Zum Nachlass gehört Grundbesitz in Spanien. Die Antragsteller beabsichtigen, sich zum Zwecke der Grundbuchberichtigung in Spanien auf ihre Rechtsstellung und Rechte als Erben zu berufen.

3. Angaben zum Erblasser und zu dessen (ehemaligen) Ehegatten bzw. Lebenspartnern

Erblasser ist Herr …, geb. am … in …, zuletzt wohnhaft in … . Der Erblasser ist am … in … verstorben. Er hatte seinen letzten gewöhnlichen Aufenthalt in …, Deutschland, und war ausschließlich deutscher Staatsangehöriger.

Der Erblasser war zum Zeitpunkt seines Todes in erster und einziger Ehe mit Frau … verheiratet. Zum Zeitpunkt der Eheschließung am … vor dem Standesamt in … hatten beide Ehegatten ausschließlich die deutsche Staatsangehörigkeit und ihren gewöhnlichen Aufenthalt in Deutschland. Ihren ersten gemeinsamen gewöhnlichen Aufenthalt nach der Eheschließung hatten die Ehegatten ebenfalls in Deutschland. Einen Ehevertrag haben die Ehegatten nicht geschlossen. Eine Rechtswahl haben sie nicht getroffen. Ein Ehescheidungs-, Eheaufhebungs- oder Ehenichtigkeitsverfahren war zum Zeitpunkt des Todes des Erblassers nicht anhängig.

4. Weitere Angaben

Der Erblasser hat keine Verfügungen von Todes wegen hinterlassen. Eine Rechtswahl hinsichtlich der Rechtsnachfolge von Todes wegen hat er nicht getroffen.

Als Erbe(n) aufgrund gesetzlicher Erbfolge kommt/kommen in Betracht:

a) Die Ehefrau des Erblassers, Frau , zu $\frac{1}{2}$ Anteil;

b) Die Tochter des Erblassers, Frau , zu $\frac{1}{4}$ Anteil;

c) Der Sohn des Erblassers, Herr , zu $\frac{1}{4}$ Anteil.

Sonstige Personen, durch die die vorgenannte(n) Person(en) von der Erbfolge ausgeschlossen oder ihr Erbteil gemindert würde, sind und waren nicht vorhanden.

Die vorgenannte(n) Person(en) hat/haben die Erbschaft angenommen.

Ein Gericht oder eine sonstige Behörde war und ist nicht mit der Erbsache als solcher befasst. Es ist kein Rechtsstreit in Bezug auf die zu bescheinigende Rechtsstellung bzw. die Rechte oder Befugnisse als Erbe(n) anhängig.

II. Eidesstattliche Versicherung

Der Notar belehrt über die Bedeutung einer eidesstattlichen Versicherung und über die strafrechtlichen Folgen einer vorsätzlich oder fahrlässig falsch abgegebenen eidesstattlichen Versicherung.

Jeder Erschienene erklärt:

Ich versichere an Eides statt, dass mir nichts bekannt ist, was der Richtigkeit der vorstehenden Angaben entgegensteht.

III. Zu bescheinigende Rechtsfolgen

Der Erblasser wurde in Anwendung deutschen Rechts aufgrund gesetzlicher Erbfolge beerbt von:

a) Frau zu $\frac{1}{2}$ Anteil;

b) Frau zu $\frac{1}{4}$ Anteil;

c) Herrn zu $\frac{1}{4}$ Anteil.

IV. Antrag und Kosten

Der/Die Antragsteller beantragt/beantragen beim

Amtsgericht – Nachlassgericht –,

ein Europäisches Nachlasszeugnis mit dem vorgenannten Inhalt auszustellen und ihm/ihnen sowie dem amtierenden Notar jeweils eine beglaubigte Abschrift zu erteilen.

Die Kosten dieser Urkunde und ihrer Durchführung trägt/tragen . Der Nachlasswert wird mit EUR angegeben.

Die vorstehende Niederschrift wurde vom Notar vorgelesen, von dem/der/den Erschienenen genehmigt und eigenhändig wie folgt unterschrieben:

▲

2. Erläuterungen (gesetzliche Erbfolge)

10 Im vorliegenden Fall hat der Erblasser eine Ehefrau und zwei Kinder hinterlassen. Er hatte seinen letzten gewöhnlichen Aufenthalt in Deutschland und hat keine Verfügung von Todes wegen errichtet, so dass die gesetzliche Erbfolge nach deutschem Recht greift. Im Nachlass befindet sich eine Immobilie in Spanien. Zum Zwecke der Grundbuchberichtigung muss dort der Nachweis der Erbenstellung erbracht werden. Sämtliche Miterben stellen den Antrag auf Ausstellung eines (gemeinschaftlichen) Nachlasszeugnisses.

11 Der **Inhalt des Antrags** auf Ausstellung eines Europäischen Nachlasszeugnisses richtet sich nach Art. 65 Abs. 3 EuErbVO i.V.m. § 36 Abs. 1 IntErbRVG. In Abschnitt I Nr. 1 des Musters sind die von Art. 65 Abs. 3 lit. b) EuErbVO vorgegebenen Angaben zum **Antragsteller** enthalten. Hier könnte auch auf den Urkundeneingang verwiesen werden, allerdings müssten dann entweder über § 26 Abs. 2 DONot hinausgehende Angaben in den Urkundeneingang aufgenommen oder die übrigen Angaben an dieser Stelle ergänzt werden. Der Übersichtlichkeit halber fasst das Muster alle von Art. 65 Abs. 3 lit. b) EuErbVO vorgegebenen Angaben an dieser Stelle zusammen. Die EuErbVO sieht darüber hinaus die Angabe einer Identifikationsnummer vor, sofern eine solche vorhanden ist. Hier kommt etwa die Angabe der Geburtsregisternummer oder auch der Sozialversicherungs- oder Steueridentifikationsnummer in Betracht. Indes ist die Angabe einer Identifikationsnummer zur Beschreibung des zu bescheinigenden Sachverhalts in der Regel nicht erforderlich, sodass deren Angabe nach Art. 65 Abs. 3 EuErbVO entfallen kann.[35] An dieser Stelle wären nach Art. 65 Abs. 3 lit. c) EuErbVO auch Angaben zu etwaigen Vertretern der Antragsteller zu machen.

12 Abschnitt I Nr. 2 des Musters enthält die nach Art. 65 Abs. 3 lit. f) EuErbVO erforderliche Angabe des beabsichtigten **Verwendungszwecks des Nachlasszeugnisses**. Das europäische Nachlasszeugnis ist nach Art. 63 Abs. 1 EuErbVO zur Verwendung durch Erben, dingliche Vermächtnisnehmer, Testamentsvollstrecker oder Nachlassverwalter bestimmt, die sich in einem anderen Mitgliedstaat auf ihre Rechtsstellung berufen oder ihre Rechte bzw. Befugnisse ausüben müssen. Die bloße Behauptung, das Nachlasszeugnis solle in einem anderen Mitgliedstaat verwendet werden, genügt nicht. Vielmehr ist der Verwendungszweck im Antrag substantiiert darzulegen.[36]

35 Ebenso Beck'sches Formularbuch Erbrecht/*Eckelskemper/Schmitz*, Formular J.V.9 Rn 7.

36 OLG München NJW-RR 2016, 1233; Grüneberg/*Weidlich*, Anh. zu § 2353 ff. EuErbVO Art. 62, 63 Rn 4.

Abschnitt I Nr. 3 des Musters enthält die nach Art. 65 Abs. 3 lit. a) EuErbVO erforderlichen Angaben zum **Erblasser**. Zur Angabe einer Identifikationsnummer gilt das oben in Rdn 11 Gesagte. Erstaunlicherweise verlangt Art. 65 Abs. 3 lit. a) EuErbVO keine Angaben zum **letzten gewöhnlichen Aufenthalt** des Erblassers, sondern lediglich die Angabe seiner Anschrift im Zeitpunkt seines Todes. Vor dem Hintergrund der zentralen Bedeutung des letzten gewöhnlichen Aufenthalts dürften Angaben hierzu dennoch als verpflichtend anzusehen sein. Jedenfalls handelt es sich um nützliche Angaben im Sinne des Art. 65 Abs. 3 lit. m) EuErbVO. 13

Abschnitt I Nr. 3 des Musters enthält ferner die in Art. 65 Abs. 3 lit. d) EuErbVO vorgesehenen Angaben zum **Ehegatten oder Lebenspartner des Erblassers** sowie zu etwaigen früheren Ehegatten oder Lebenspartnern. Frühere Ehen und Lebenspartnerschaften dürften in der Regel nicht relevant und ihre Angabe damit nach Art. 65 Abs. 3 EuErbVO entbehrlich sein. Zur Angabe einer Identifikationsnummer gilt das oben in Rdn 11 Gesagte. Nach Art. 65 Abs. 3 lit. j) EuErbVO sind darüber hinaus Angaben zu etwaigen vom Erblasser geschlossenen **Eheverträgen oder Lebenspartnerschaftsverträgen** zu machen. Sofern dem Antrag keine Abschrift beigefügt wird, ist anzugeben, wo sich die Urschrift befindet. Nicht im Katalog des Art. 65 Abs. 3 EuErbVO enthalten sind **Angaben zum Güterstand**. Da im Nachlasszeugnis jedoch der Güterstand des Erblassers anzugeben ist,[37] sollten im Antrag entsprechende Angaben gemacht werden.[38] Von Bedeutung sind insbesondere solche Angaben, die eine Bestimmung des Güterstatuts ermöglichen. 14

In Abschnitt I Nr. 4 des Musters sind die **weiteren Angaben** nach Art. 65 Abs. 3 lit. e), g), h), i), k) und l) EuErbVO zusammengefasst. Hierzu gehört nach lit. i) zunächst die Angabe, ob der Erblasser eine **Verfügung von Todes wegen** hinterlassen hat und, falls keine Abschrift beigefügt wird, die Angabe, wo sich die Urschrift befindet. Eine zusätzliche Erklärung darüber, ob eine **Rechtswahl** getroffen wurde, ist nicht vorgeschrieben, jedoch zweckmäßig. Nach lit. h) muss zudem der **Sachverhalt** angegeben werden, auf den der Antragsteller die von ihm geltend gemachte Berechtigung am Nachlass stützt. An dieser Stelle sollte auch ein etwaiger Erbverzicht Erwähnung finden.[39] Im vorliegenden Fall genügt der Hinweis auf die gesetzliche Erbfolge. Anzugeben sind nach lit. e) zudem die **sonstigen möglichen Berechtigten** aufgrund einer Verfügung von Todes wegen oder gesetzlicher Erbfolge (außer den Antragstellern und dem Ehegatten bzw. Lebenspartner).[40] Im vorliegenden Fall würde daher die Erklärung genügen, dass außer den Antragstellern und dem Ehegatten keine sonstigen möglichen Berechtigten vorhan- 15

37 Vgl. Art. 68 lit. h) EuErbVO.
38 Vgl. Art. 65 Abs. 3 lit. m) EuErbVO.
39 Vgl. MüKo-BGB/*Dutta*, Art. 65 EuErbVO Rn 11.
40 Es kommt der in Art. 63 Abs. 1 EuErbVO genannte Personenkreis in Betracht.

den sind. Der Übersichtlichkeit halber werden im Muster dennoch sämtliche (mögliche) Erben nach der gesetzlichen Erbfolge einschließlich ihrer Erbquoten genannt. Bei der Angabe der Erbquoten ist im vorliegenden Fall auch das **güterrechtliche Viertel des Ehegatten** aus § 1371 Abs. 1 BGB zu berücksichtigen, da es im Nachlasszeugnis auszuweisen ist.[41] Nach lit. k) ist anzugeben, ob einer der (möglichen) Erben die **Annahme oder Ausschlagung der Erbschaft** erklärt hat. Denkbar wäre auch die Angabe, dass bislang keine Erklärung abgegeben wurde.[42] Weiter verlangt lit. g) gegebenenfalls die Angabe des **Gerichts oder der sonstigen zuständigen Behörde**, das oder die mit der Erbsache als solcher befasst ist oder war. Die Art der Befassung muss nicht angegeben werden. Eine Negativerklärung ist ebenfalls nicht vorgeschrieben, dürfte aber zweckmäßig sein. Schließlich ist nach lit. l) eine Erklärung des Inhalts abzugeben, dass nach bestem Wissen des Antragstellers **kein Rechtsstreit** in Bezug auf den zu bescheinigenden Sachverhalt anhängig ist. Besondere Bedeutung erlangt diese Erklärung vor dem Hintergrund, dass ein Nachlasszeugnis nach Art. 67 Abs. 1 Unterabs. 2 lit. a) EuErbVO nicht ausgestellt werden darf, wenn Einwände gegen den zu bescheinigenden Sachverhalt anhängig sind. Dies ist dahingehend zu verstehen, dass die Ausstellungsbehörde nicht streitig über die zu bescheinigende Rechtsstellung entscheiden darf, wenn im Ausstellungsverfahren materiell-rechtliche Einwände möglicher Berechtigter erhoben werden, es sei denn diese Einwände wurden bereits in einem anderen Verfahren rechtskräftig zurückgewiesen.[43]

16 Abschnitt II des Musters enthält die nach Art. 66 Abs. 3 EuErbVO i.V.m. § 36 Abs. 2 S. 1 IntErbRVG erforderliche **eidesstattliche Versicherung**. Die eidesstattliche Versicherung ist höchstpersönlicher Natur; sie kann nicht durch einen Bevollmächtigten abgegeben werden.[44] Bei Geschäftsunfähigen muss die Versicherung vom gesetzlichen Vertreter abgegeben werden.[45] Die eidesstattliche Versicherung kann nicht wirksam vor einem ausländischen Notar abgegeben werden.[46] Nach § 36 Abs. 2 S. 2 IntErbRVG kann sie jedoch einzelnen oder allen Antragstellern erlassen werden, wenn das Nachlassgericht sie für nicht erforderlich hält.

41 EuGH DNotZ 2018, 785 (Mahnkopf); zu den Auswirkungen der erbrechtlichen Qualifikation des § 1371 Abs. 1 BGB *Süß*, DNotZ 2018, 742.

42 Die Beantragung eines Europäischen Nachlasszeugnisses dürfte freilich regelmäßig als stillschweigende Annahme der Erbschaft auszulegen sein.

43 EuGH ZEV 2025, 189 mit Anm. *J. Schmidt*; BeckOGK/*J. Schmidt*, EuErbVO Art. 67 Rn 9; a.A. zuvor OLG Stuttgart ZEV 2021, 320.

44 Vgl. BeckOK-FamFG/*Schlögel*, § 352 Rn 28.

45 Vgl. BeckOK-FamFG/*Schlögel*, § 352 Rn 28. Zunehmend wird allerdings auch die Abgabe durch einen Vorsorgebevollmächtigten zugelassen, vgl. OLG Düsseldorf ZEV 2019, 422; OLG Bremen ZEV 2021, 762 mit Anm. *Zimmermann*, 277.

46 Vgl. BeckOK-FamFG/*Schlögel*, § 352 Rn 28.

Die Angabe der sich aus der Subsumtion des Sachverhalts unter die einschlägigen Normen ergebenden (und in das Nachlasszeugnis aufzunehmenden) **Rechtsfolgen** in Abschnitt III des Musters ist nicht verpflichtend, aber üblich und empfehlenswert. Zum Ausweis des güterrechtlichen Viertels des Ehegatten siehe oben Rdn 15. Die Ermittlung der Rechtsfolgen ist Sache des Nachlassgerichts. Auf die Rechtsfolgen muss sich die eidesstattliche Versicherung daher nicht beziehen. 17

Abschnitt IV des Musters enthält den **Antrag** auf Ausstellung eines europäischen Nachlasszeugnisses sowie auf Erteilung beglaubigter Abschriften. **Sachlich zuständig** ist nach § 34 Abs. 4 IntErbRVG ausschließlich das Amtsgericht als Nachlassgericht. Die **örtliche Zuständigkeit** richtet sich nach § 34 Abs. 1 bis 3 IntErbRVG. Sofern die Verfahrensparteien keine Gerichtsstandsvereinbarung nach Art. 5 Abs. 1 Alt. 1 EuErbVO getroffen oder die Zuständigkeit des angerufenen Gerichts ausdrücklich anerkannt haben, ist grundsätzlich das Nachlassgericht ausschließlich örtlich zuständig, in dessen Bezirk der Erblasser seinen letzten gewöhnlichen Aufenthalt im Inland hatte. 18

Dem Antrag sind nach Art. 65 Abs. 3 EuErbVO alle erforderlichen **Schriftstücke** in Urschrift oder in beweiskräftiger Abschrift[47] beizufügen. Dies betrifft insbesondere Personenstandsurkunden sowie – gegebenenfalls – Abschriften von letztwilligen Verfügungen und Eheverträgen. Nach Art. 66 Abs. 2 EuErbVO kann das Nachlassgericht ausnahmsweise auch Nachweise in anderer Form zulassen. Insoweit kann über die Verweisung in § 35 Abs. 1 IntErbRVG auf die §§ 29 ff. FamFG zurückgegriffen werden.[48] 19

Zu den **Kosten** siehe § 7 Rdn 15 ff. 20

47 Dazu näher MüKo-BGB/*Dutta*, Art. 65 EuErbVO Rn 12.
48 MüKo-BGB/*Dutta*, Art. 66 EuErbVO Rn 4.

II. Gewillkürte Erbfolge

1. Muster (gewillkürte Erbfolge)

21 ▼

Muster 5.2: Antrag auf Ausstellung eines Europäischen Nachlasszeugnisses zur Bescheinigung der Erbenstellung aufgrund gewillkürter Erbfolge

(Urkundeneingang)

Antrag auf Ausstellung eines Europäischen Nachlasszeugnisses mit eidesstattlicher Versicherung

I. Sachverhalt

1. Angaben zum Antragsteller

Antragsteller ist/sind

Frau …, geborene …, geboren am … in …, wohnhaft in …, verwitwet. Frau … ist deutsche Staatsangehörige. Sie war die Ehefrau des Erblassers.

2. Zweck des Zeugnisses

Das Zeugnis wird in einem anderen Mitgliedstaat als Nachweis der Rechtsstellung und/oder der Rechte des Erben benötigt:

Zum Nachlass gehört Grundbesitz in Spanien. Die Antragsteller beabsichtigen, sich zum Zwecke der Grundbuchberichtigung in Spanien auf ihre Rechtsstellung und Rechte als Erben zu berufen.

3. Angaben zum Erblasser und zu dessen (ehemaligen) Ehegatten bzw. Lebenspartnern

Erblasser ist Herr …, geb. am … in …, zuletzt wohnhaft in …. Der Erblasser ist am … in … verstorben. Er hatte seinen letzten gewöhnlichen Aufenthalt in …, Deutschland, und war ausschließlich deutscher Staatsangehöriger.

Der Erblasser war zum Zeitpunkt seines Todes in erster und einziger Ehe mit Frau … verheiratet. Zum Zeitpunkt der Eheschließung am … vor dem Standesamt in … hatten beide Ehegatten ausschließlich die deutsche Staatsangehörigkeit und ihren gewöhnlichen Aufenthalt in Deutschland. Ihren ersten gemeinsamen gewöhnlichen Aufenthalt nach der Eheschließung hatten die Ehegatten ebenfalls in Deutschland. Einen Ehevertrag haben die Ehegatten nicht geschlossen. Eine Rechtswahl haben sie nicht getroffen. Ein Ehescheidungs-, Eheaufhebungs- oder Ehenichtigkeitsverfahren war zum Zeitpunkt des Todes des Erblassers nicht anhängig.

4. Weitere Angaben

Der Erblasser hat folgende Verfügung von Todes wegen hinterlassen:

… (nähere Bezeichnung der Verfügung).

Hierin hat er Frau … als Alleinerbin eingesetzt.

Weitere Verfügungen von Todes wegen hat der Erblasser nicht hinterlassen.

Eine Rechtswahl hat der Erblasser nicht getroffen.

Aufgrund der oben genannten Verfügung von Todes wegen kommt/kommen als Erbe(n) in Betracht:

Frau … als Alleinerbin.

Die vorgenannte(n) Person(en) hat/haben die Erbschaft angenommen.

Bei gesetzlicher Erbfolge käme(n) als Erbe(n) in Betracht:

a) Die Ehefrau des Erblassers, Frau …, zu 1/2 Anteil;

b) Die Tochter des Erblassers, Frau …, geborene …, geboren am …, wohnhaft in …, zu 1/4 Anteil;

c) Der Sohn des Erblassers, Herr …, geboren am …, wohnhaft in …, zu 1/4 Anteil.

Ein Gericht oder eine sonstige Behörde war und ist nicht mit der Erbsache als solcher befasst. Es ist kein Rechtsstreit in Bezug auf die bescheinigende Rechtsstellung bzw. die Rechte oder Befugnisse als Erbe(n) anhängig.

II. Eidesstattliche Versicherung

Der Notar belehrt über die Bedeutung einer eidesstattlichen Versicherung und über die strafrechtlichen Folgen einer vorsätzlich oder fahrlässig falsch abgegebenen eidesstattlichen Versicherung.

Jeder Erschienene erklärt:

Ich versichere an Eides statt, dass mir nichts bekannt ist, was der Richtigkeit der vorstehenden Angaben entgegensteht.

III. Zu bescheinigende Rechtsfolgen

Der Erblasser wurde in Anwendung deutschen Rechts aufgrund der oben genannten Verfügung von Todes wegen beerbt von:

Frau … als Alleinerbin.

IV. Antrag und Kosten

Der/Die Antragsteller beantragt/beantragen beim

Amtsgericht – Nachlassgericht –,

ein Europäisches Nachlasszeugnis mit dem vorgenannten Inhalt auszustellen und ihm/ihnen sowie dem amtierenden Notar jeweils eine beglaubigte Abschrift zu erteilen.

Die Kosten dieser Urkunde und ihrer Durchführung trägt/tragen . Der Nachlasswert wird mit EUR angegeben.

Die vorstehende Niederschrift wurde vom Notar vorgelesen, von dem/der/den Erschienenen genehmigt und eigenhändig wie folgt unterschrieben:

▲

2. Erläuterungen (gewillkürte Erbfolge)

22 Der vorliegende Fall entspricht weitgehend dem in Rdn 10 geschilderten Fall. Einziger Unterschied ist, dass der Erblasser eine Verfügung von Todes wegen hinterlassen hat, in der er seine Ehefrau zur Alleinerbin eingesetzt hat. Nur sie stellt den Antrag auf Ausstellung eines Nachlasszeugnisses.

23 Zu Abschnitt I Nrn. 1 bis 3 des Musters siehe oben Rdn 11–14.

24 In Abschnitt I Nr. 4 des Musters sind die **weiteren Angaben** nach Art. 65 Abs. 3 lit. e), g), h), i), k) und l) EuErbVO zusammengefasst. Hier sind nach lit. i) zunächst die vom Erblasser hinterlassenen **Verfügungen von Todes wegen** aufzunehmen. Falls keine Abschrift beigefügt wird, ist zudem anzugeben, wo sich die Urschrift befindet. Eine zusätzliche Erklärung darüber, ob eine **Rechtswahl** getroffen wurde, ist nicht vorgeschrieben, jedoch zweckmäßig. Nach lit. h) muss zudem der **Sachverhalt** angegeben werden, auf den der Antragsteller die von ihm geltend gemachte Berechtigung am Nachlass gründet. Im vorliegenden Fall genügt eine kurze Erläuterung des Inhalts der Verfügung(en) von Todes wegen und der sich daraus ergebenden Erbfolge. An dieser Stelle sollten auch etwaige aus einer Verfügung von Todes wegen folgende **Beschränkungen der Erbenstellung** genannt werden (z.B. Vor-/Nacherbfolge oder Testamentsvollstreckung). Anzugeben sind nach lit. e) zudem die **sonstigen möglichen Berechtigten** aufgrund einer (weiteren) Verfügung von Todes wegen. Die Angabe möglicher Berechtigter aufgrund gesetzlicher Erbfolge wird im Falle der testamentarischen Erbfolge teilweise für entbehrlich erachtet.[49] Gleichwohl dürfte die Angabe in jedem Fall empfehlenswert sein, weil diejenigen, die im Falle der Unwirksamkeit der Verfügung von Todes wegen Erben

49 Beck'sches Formularbuch Erbrecht/*Eckelskemper/Schmitz*, Formular 10 Rn 3; *Schmitz*, RNotZ 2018, 269, 278; a.A. Dutta/Weber/*Fornasier*, Art. 65 EuErbVO Rn 12.

sein würden, potentielle Verfahrensbeteiligte nach § 37 Abs. 1 S. 2 Int-ErbRVG sind. Da im vorliegenden Fall keine weiteren Verfügungen von Todes wegen existieren, würde die Nennung der beiden Kinder als mögliche weitere Berechtigte aufgrund gesetzlicher Erbfolge genügen. Der Übersichtlichkeit halber werden im Muster sämtliche (möglichen) gesetzlichen Erben einschließlich ihrer Erbquoten genannt. Zu den weiteren Angaben siehe oben Rdn 15.

Zu den Abschnitten II bis IV des Musters siehe oben Rdn 16–20. 25

III. Dingliches Vermächtnis (Vindikationslegat)

1. Muster (dingliches Vermächtnis)

▼ 26

Muster 5.3: Antrag auf Ausstellung eines Europäischen Nachlasszeugnisses zur Bescheinigung der Stellung als Vermächtnisnehmer aufgrund eines dinglichen Vermächtnisses (Vindikationslegat) nach ausländischem Erbrecht

(Urkundeneingang)

Antrag auf Ausstellung eines Europäischen Nachlasszeugnisses mit eidesstattlicher Versicherung

I. Sachverhalt

1. Angaben zum Antragsteller

Antragsteller ist/sind

Frau , geboren am in , wohnhaft in , ledig. Frau ist deutsche Staatsangehörige. Sie ist mit dem Erblasser weder verwandt noch verschwägert.

2. Zweck des Zeugnisses

Das Zeugnis wird in einem anderen Mitgliedstaat als Nachweis der Rechtsstellung und/oder der Rechte des Vermächtnisnehmers, der unmittelbare Ansprüche aus dem Nachlass hat, benötigt:

Gegenstand des dinglich wirkenden Vermächtnisses ist unter anderem Grundbesitz in Polen. Der Antragsteller beabsichtigt, sich zum Zwecke der Grundbuchberichtigung in Polen auf die Rechtsstellung und Rechte als Vermächtnisnehmer zu berufen.

3. Angaben zum Erblasser und zu dessen (ehemaligen) Ehegatten bzw. Lebenspartnern

Erblasser ist Herr , geb. am in , zuletzt wohnhaft in . Der Erblasser ist am in verstorben. Er hatte seinen letzten gewöhnlichen Aufenthalt in , Deutschland, und war ausschließlich polnischer Staatsangehöriger.

Der Erblasser war nicht verheiratet oder verpartnert.

4. Weitere Angaben

Der Erblasser hat folgende Verfügung von Todes wegen hinterlassen:

(nähere Bezeichnung der Verfügung).

Hierin hat er Frau im Wege eines dinglich wirkenden Vermächtnisses das Eigentum an dem nachfolgend bezeichneten Grundbesitz in Polen sowie in Deutschland zugewandt: (Grundbesitz jeweils in der für den Grundbuchverkehr am jeweiligen Belegenheitsort erforderlichen Weise bezeichnen).

Zugleich hat der Erblasser für die Rechtsnachfolge von Todes wegen das polnische Recht gewählt.

Weitere Verfügungen von Todes wegen hat der Erblasser nicht hinterlassen.

Aufgrund der oben genannten Verfügung von Todes wegen kommt/kommen als Berechtigt(e) hinsichtlich des oben genannten Vermächtnisgegenstands in Betracht:

Frau .

Die vorgenannte(n) Person(en) hat/haben das Vermächtnis angenommen.

Ohne die Verfügung von Todes wegen käme(n) als Berechtigt(e) hinsichtlich des oben genannten Vermächtnisgegenstands in Betracht:

(Erben nach gesetzlicher Erbfolge).

Ein Gericht oder eine sonstige Behörde war und ist nicht mit der Erbsache als solcher befasst. Es ist kein Rechtsstreit in Bezug auf die zu bescheinigende Rechtsstellung bzw. die Rechte oder Befugnisse als Vermächtnisnehmer anhängig.

II. Eidesstattliche Versicherung

Der Notar belehrt über die Bedeutung einer eidesstattlichen Versicherung und über die strafrechtlichen Folgen einer vorsätzlich oder fahrlässig falsch abgegebenen eidesstattlichen Versicherung.

Jeder Erschienene erklärt:

Ich versichere an Eides statt, dass mir nichts bekannt ist, was der Richtigkeit der vorstehenden Angaben entgegensteht.

III. Zu bescheinigende Rechtsfolgen

Frau ______ ist in Anwendung polnischen Rechts aufgrund der oben genannten Verfügung von Todes wegen als Vermächtnisnehmer eines dinglich wirkenden Vermächtnisses nach dem Erblasser hinsichtlich des oben bezeichneten Vermächtnisgegenstands berufen.

IV. Antrag und Kosten

Der/Die Antragsteller beantragt/beantragen beim

Amtsgericht ______ – Nachlassgericht –,

ein Europäisches Nachlasszeugnis mit dem vorgenannten Inhalt auszustellen und ihm/ihnen sowie dem amtierenden Notar jeweils eine beglaubigte Abschrift zu erteilen.

Die Kosten dieser Urkunde und ihrer Durchführung trägt/tragen ______. Der Wert des Vermächtnisgegenstands wird mit ______ EUR angegeben.

Die vorstehende Niederschrift wurde vom Notar vorgelesen, von dem/der/den Erschienenen genehmigt und eigenhändig wie folgt unterschrieben:

▲

2. Erläuterungen (dingliches Vermächtnis)

27 Im vorliegenden Fall war der Erblasser ausschließlich polnischer Staatsbürger und hatte seinen letzten gewöhnlichen Aufenthalt in Deutschland. Er hat eine Verfügung von Todes wegen hinterlassen, in der er ein dingliches wirkendes Vermächtnis (Vindikationslegat) angeordnet und zugleich für die Rechtsnachfolge von Todes wegen das polnische Recht gewählt hat. Bei dem Vermächtnisgegenstand handelt es sich um Grundbesitz in Polen sowie in Deutschland. Zum Zwecke der Grundbuchberichtigung muss in beiden Staaten der Nachweis der Stellung als Vermächtnisnehmer erbracht werden. Die unmittelbare dingliche Wirkung eines Vindikationslegats, welche das gemäß Art. 22 Abs. 1 EuErbVO vom Erblasser gewählte Recht vorsieht, muss nach der Rechtsprechung des EuGH in Deutschland auch hinsichtlich des Eigentums an deutschen Grundstücken anerkannt werden.[50] Ein solches Vindikationslegat führt somit grundsätzlich den unmittelbaren Eigentumsübergang an dem betreffenden Grundstück herbei. Das deutsche Grundbuch wird durch den Eigentumsübergang unrichtig und ist zu berichti-

50 EuGH DNotZ 2018, 33 (Kubicka); dazu *Bandel*, MittBayNot 2018, 99; *Weber*, DNotZ 2018, 16.

gen. Der Nachweis der Unrichtigkeit kann durch ein entsprechendes Nachlasszeugnis erbracht werden.[51] Im vorliegenden Fall stellt der Vermächtnisnehmer den Antrag auf Ausstellung eines (Teil-)Nachlasszeugnisses, in dem lediglich die Stellung als Vermächtnisnehmer mit unmittelbarer Berechtigung am Nachlass bescheinigt wird.

28 Zu Abschnitt I Nrn. 1 bis 3 des Musters siehe oben Rdn 11–14.

29 In Abschnitt I Nr. 4 des Musters sind die **weiteren Angaben** nach Art. 65 Abs. 3 lit. e), g), h), i), k) und l) EuErbVO zusammengefasst. Hier sind nach lit. i) zunächst die vom Erblasser hinterlassenen **Verfügungen von Todes wegen** aufzunehmen. Falls keine Abschrift beigefügt wird, ist zudem anzugeben, wo sich die Urschrift befindet. Nach lit. h) muss zudem der **Sachverhalt** angegeben werden, auf den der Antragsteller die von ihm geltend gemachte Berechtigung am Nachlass gründet. Im vorliegenden Fall genügt eine kurze Erläuterung des Inhalts der Verfügung von Todes wegen. Im vorliegenden Fall hat der Erblasser ein Vermächtnis mit unmittelbar dinglicher Wirkung (Vindikationslegat) nach ausländischem Recht angeordnet (dazu oben Rdn 27). Nach Art. 68 lit. m) EuErbVO ist ein Verzeichnis der Rechte und/oder Vermögenswerte, die dem Vermächtnisnehmer zustehen, in das Nachlasszeugnis aufzunehmen. Im Antrag sollten daher **Angaben zu den betroffenen Nachlassgegenständen** gemacht werden. Im Falle von Grundbesitz sollte dieser so bezeichnet werden, wie es der Grundbuchverkehr im Belegenheitsstaat erfordert. Die Aufnahme von Nachlassgegenständen in das Nachlasszeugnis kommt grundsätzlich nur bei dinglich wirkenden Vermächtnissen oder dinglich wirkenden Teilungsanordnungen in Betracht. Fraglich ist, ob ausnahmsweise auch darüber hinaus zu Informationszwecken einzelne Nachlassgegenstände (insbesondere Grundstücke) in das Nachlasszeugnis aufgenommen werden können oder gar müssen, wenn das nationale Registerrecht dies für die Eintragung verlangt.[52] In der deutschen Rechtsprechung wurde dies bislang verneint.[53] Der BGH hat die Frage nunmehr dem EuGH zur Entscheidung vorgelegt.[54] An dieser Stelle sollten auch etwaige aus einer Verfügung von Todes wegen folgende **Beschränkungen der Stellung als Vermächtnisnehmer** genannt werden. Anzugeben sind nach lit. e) zudem die **sonstigen möglichen Berechtigten** am Vermächtnisgegenstand aufgrund einer Verfügung von Todes wegen oder gesetzlicher Erbfolge (außer den Antragstellern und dem Ehegatten bzw. Lebenspartner).[55] Da im vorliegenden Fall keine weiteren Verfügungen von Todes wegen existieren, kommen als

51 KG ZEV 2022, 674 mit Anm. *Weinbeck*; OLG Saarbrücken ZEV 2019, 640; zu Einzelheiten *Böhringer*, BWNotZ 2019, 250, 253.

52 Vgl. EuGH DNotZ 2023, 943 mit Anm. *Berner*.

53 OLG München ZEV 2017, 580; OLG Nürnberg ZEV 2017, 579; Beck RS 2023, 54212; OLG Düsseldorf ZEV 2021, 62.

54 BGH ZEV 2025, 113 mit Anm. *Grziwotz*.

55 Es kommt der in Art. 63 Abs. 1 EuErbVO genannte Personenkreis in Betracht.

mögliche Berechtige hinsichtlich des Vermächtnisgegenstands nur die gesetzlichen Erben in Betracht. Zu den weiteren Angaben siehe oben Rdn 15.

Zu den Abschnitten II bis IV des Musters siehe oben Rdn 16–20. 30

IV. Testamentsvollstreckung

1. Muster (Testamentsvollstreckung)

▼ 31

Muster 5.4: Antrag auf Ausstellung eines Europäischen Nachlasszeugnisses zur Bescheinigung der Stellung als Testamentsvollstrecker

(Urkundeneingang)

Antrag auf Ausstellung eines Europäischen Nachlasszeugnisses mit eidesstattlicher Versicherung

I. Sachverhalt

1. Angaben zum Antragsteller

Antragsteller ist/sind

Herr ___, geboren am ___ in ___, wohnhaft in ___, verheiratet. Herr ___ ist deutscher Staatsangehöriger. Er ist mit dem Erblasser weder verwandt noch verschwägert.

2. Zweck des Zeugnisses

Das Zeugnis wird in einem anderen Mitgliedstaat für die Ausübung der Befugnisse des Testamentsvollstreckers benötigt:

___ (Ausführungen zum Verwendungszweck).

3. Angaben zum Erblasser und dessen (ehemaligen) Ehegatten bzw. Lebenspartnern

Erblasser ist Herr ___, geb. am ___ in ___, zuletzt wohnhaft in ___. Der Erblasser ist am ___ in ___ verstorben. Er hatte seinen letzten gewöhnlichen Aufenthalt in ___, Deutschland und war ausschließlich deutscher Staatsangehöriger.

Der Erblasser war nicht verheiratet oder verpartnert.

4. Weitere Angaben

Der Erblasser hat folgende Verfügung(en) von Todes wegen hinterlassen:

___ (nähere Bezeichnung der Verfügung).

Hierin hat der Erblasser die Testamentsvollstreckung angeordnet und Herrn … zum Testamentsvollstrecker eingesetzt. Die Anordnung der Testamentsvollstreckung erstreckt sich auf den gesamten Nachlass. Die Befugnisse des Testamentsvollstreckers umfassen: … (Nähere Bezeichnung der Befugnisse).

Weitere Verfügungen von Todes wegen hat der Erblasser nicht hinterlassen.

Eine Rechtswahl hat der Erblasser nicht getroffen.

Herr … nimmt das Amt als Testamentsvollstrecker hiermit an.

Ein Gericht oder eine sonstige Behörde war und ist nicht mit der Erbsache als solcher befasst. Es ist kein Rechtsstreit in Bezug auf die zu bescheinigende Rechtsstellung bzw. die Rechte oder Befugnisse als Testamentsvollstrecker anhängig.

II. Eidesstattliche Versicherung

Der Notar belehrt über die Bedeutung einer eidesstattlichen Versicherung und über die strafrechtlichen Folgen einer vorsätzlich oder fahrlässig falsch abgegebenen eidesstattlichen Versicherung.

Jeder Erschienene erklärt:

Ich versichere an Eides statt, dass mir nichts bekannt ist, was der Richtigkeit der vorstehenden Angaben entgegensteht.

III. Zu bescheinigende Rechtsfolgen

Herr … ist in Anwendung deutschen Rechts aufgrund der oben genannten Verfügung von Todes wegen zum Testamentsvollstrecker mit den oben genannten Befugnissen hinsichtlich des gesamten Nachlasses des Erblassers ernannt.

IV. Antrag und Kosten

Der/Die Antragsteller beantragt/beantragen beim

Amtsgericht … – Nachlassgericht –,

ein Europäisches Nachlasszeugnis mit dem vorgenannten Inhalt auszustellen und ihm/ihnen sowie dem amtierenden Notar jeweils eine beglaubigte Abschrift zu erteilen.

Die Kosten dieser Urkunde und ihrer Durchführung trägt/tragen …. Der Wert des Nachlasses wird mit … EUR angegeben.

Die vorstehende Niederschrift wurde vom Notar vorgelesen, von dem/der/den Erschienenen genehmigt und eigenhändig wie folgt unterschrieben:

▲

2. Erläuterungen (Testamentsvollstreckung)

Im vorliegenden Fall wurde der Antragsteller aufgrund einer Verfügung von Todes wegen zum Testamentsvollstrecker hinsichtlich des gesamten Nachlasses des Erblassers ernannt. Der Testamentsvollstrecker stellt den Antrag auf Ausstellung eines (Teil-) Nachlasszeugnisses, in dem – ähnlich einem Testamentsvollstreckerzeugnis – nur die Rechtsstellung und Befugnisse als Testamentsvollstrecker bescheinigt werden. 32

Zu Abschnitt I Nrn. 1 bis 3 des Musters siehe oben Rdn 11–14. 33

In Abschnitt I Nr. 4 des Musters sind die **weiteren Angaben** nach Art. 65 Abs. 3 lit. e), g), h), i), k) und l) EuErbVO zusammengefasst. Hier sind nach lit. i) zunächst die vom Erblasser hinterlassenen **Verfügungen von Todes wegen** aufzunehmen. Falls keine Abschrift beigefügt wird, ist zudem anzugeben, wo sich die Urschrift befindet. Nach lit. h) muss zudem der **Sachverhalt** angegeben werden, auf den der Antragsteller die von ihm geltend gemachte Berechtigung am Nachlass gründet. Im vorliegenden Fall genügt eine kurze Erläuterung des Inhalts der Verfügung von Todes wegen, aus der sich die Ernennung zum Testamentsvollstrecker ergibt. Art. 65 Abs. 3 EuErbVO verlangt keine **Angaben zu den Befugnissen des Testamentsvollstreckers**. Da diese jedoch nach Art. 68 lit. o) EuErbVO im Nachlasszeugnis angegeben werden müssen, dürfte die Aufnahme entsprechender Angaben zweckmäßig sein. Dies gilt insbesondere vor dem Hintergrund, dass auch hinsichtlich der im Nachlasszeugnis konkret genannten Befugnisse der Gutglaubensschutz nach Art. 69 Abs. 2 S. 2 EuErbVO greift. Hinsichtlich der Bezeichnung der einzelnen Befugnisse kann auf den Katalog in Ziffer 4 der Anlage VI zum Formblatt V zurückgegriffen werden. Die Angabe der **sonstigen möglichen Berechtigten** entfällt im vorliegenden Fall, da sie nicht relevant ist. Eine **Erklärung über die Annahme des Amtes als Testamentsvollstrecker** verlangt Art. 65 Abs. 3 EuErbVO nicht. Sie sollte gleichwohl in den Antrag aufgenommen werden, weil das Amt des Testamentsvollstreckers nach § 2202 Abs. 1 BGB erst mit der Erklärung der Annahme gegenüber dem Nachlassgericht beginnt. Weiter verlangt lit. g) gegebenenfalls die Angabe des **Gerichts oder der sonstigen zuständigen Behörde**, das oder die mit der Erbsache als solcher befasst ist oder war. Die Art der Befassung muss nicht angegeben werden. Eine Negativerklärung ist ebenfalls nicht vorgeschrieben, dürfte aber zweckmäßig sein. Schließlich ist nach lit. l) eine Erklärung des Inhalts abzugeben, dass nach bestem Wissen des Antragstellers **kein Rechtsstreit** in Bezug auf den zu bescheinigenden Sachverhalt anhängig ist. Siehe dazu oben Rdn 15. 34

Zu den Abschnitten II bis IV des Musters siehe oben Rdn 16–20. 35

§ 6 Nachlassabwicklung ohne Erbschein

A. Allgemeines

Eine generelle gesetzliche Regelung, die den Erben dazu verpflichtet, seine Erbenstellung im Rechtsverkehr in formalisierter Form nachzuweisen, existiert nicht. Lediglich im Bereich des Grundbuchverfahrens ist § 35 GBO zu beachten, für das Handelsregister gilt § 12 Abs. 1 S. 4 HGB. Es gibt also Fallkonstellationen, in denen die Beantragung eines Erbscheins (oder eines Europäischen Nachlasszeugnisses) entbehrlich ist, weil die eingetretene Rechtsnachfolge auch anderweitig belegt werden kann, z.B. 1

- ohne formalisierten Erbnachweis (siehe hierzu nachfolgend unter B., Rdn 2),
- durch eine notariell beurkundete Verfügung von Todes wegen (siehe hierzu nachfolgend unter C., Rdn 3 ff.),
- durch ein Überweisungszeugnis (siehe hierzu nachfolgend unter E., Rdn 29 ff.).
- Schließlich kann eine Nachlassabwicklung ohne Erbnachweis gelingen, wenn eine geeignete post- oder transmortale Vollmacht vorliegt (siehe hierzu nachfolgend unter D., Rdn 15 ff.).

B. Nachlassabwicklung ohne formalisierten Erbnachweis

Gehören zum Nachlass nur bewegliche Sachen sowie Bankkonten und Depots, jedoch kein Grundbesitz, so kann eine Nachlassabwicklung unter Umständen auch ohne Erbschein gelingen. Ist z.B. ein vom Nachlassgericht eröffnetes handschriftliches Testament vorhanden, welches die Erbfolge eindeutig und zweifelsfrei nachweist, kann seitens einer Bank/Sparkasse in der Regel kein Erbschein verlangt werden.[1] In solchen Fällen kann die Beantragung eines Erbscheins also entbehrlich sein.[2] Gleiches gilt, wenn geeignete trans- oder postmortale Vollmachten vorhanden sind (siehe nachfolgender unter D. Rdn 15 ff.).[3] 2

1 BGH NJW 2016, 2490; BGH ZEV 2014, 41.

2 Siehe hierzu LG Münster ZEV 2017, 522, das – zu weitgehend – sogar falsche Sachbehandlung i.S.d. § 21 Abs. 1 S. 1 GNotKG annimmt, wenn der Notar zur Beantragung eines für die Nachlassabwicklung nicht unbedingt nötigen Erbscheins rät, siehe hierzu auch MüKo-BGB/*Giziwotz*, § 2353 Rn 206; vgl. aber auch LG Augsburg BeckRS 2019, 24100 und 22307, das das Verlangen einer Bank nach Erbscheinsvorlage bei gesetzlicher Erbfolge gebilligt hat.

3 Siehe hierzu LG Memmingen ZEV 2019, 717, das einen Schadensersatzanspruch des Erben gegenüber der Bank bejaht hat, weil diese – trotz Vorliegen einer transmortalen Vollmacht – einen Erbschein für Auszahlungen aus dem Nachlasskonto verlangte.

C. Erbnachweis durch notarielle Verfügung von Todes wegen

I. Allgemeines

3 Gegenüber dem Grundbuchamt kann ein Erbnachweis nur nach den Vorgaben des § 35 GBO geführt werden. Neben Erbschein und Europäischem Nachlasszeugnis ist demnach als Erbnachweis auch eine notariell beurkundete Verfügung von Todes wegen samt Eröffnungsniederschrift geeignet (§ 35 Abs. 1 S. 2 GBO). Im Übrigen kann das Grundbuchamt von der Beibringung formalisierter Erbnachweise nur unter den engen Voraussetzungen des § 35 Abs. 3 GBO absehen, also dann, wenn es um ein geringwertiges Grundstück (Wert unter 3.000 EUR) geht und wenn (zusätzlich) die Beschaffung eines Erbscheins oder eines Europäischen Nachlasszeugnisses nur mit unverhältnismäßigem Aufwand an Kosten oder Mühen möglich ist.[4]

Auch für das Handelsregister bedarf es gem. § 12 Abs. 1 S. 4 HGB regelmäßig eines Erbnachweises in öffentlicher Urkunde. Neben Erbschein und Europäischem Nachlasszeugnis genügt auch hier die Vorlage eines notariellen Testaments samt Eröffnungsniederschrift.[5] Hierzu wird § 35 Abs. 1 S. 2 GBO analog angewendet.[6]

Eine notarielle Verfügung samt Eröffnungsniederschrift ist im Übrigen auch im Rechtsverkehr mit Banken/Sparkassen ein tauglicher Erbnachweis.[7]

II. Nachweis gegenüber dem Grundbuchamt

4 Der Erbschein muss dem Grundbuchamt grundsätzlich in Ausfertigung vorgelegt werden, das Europäische Nachlasszeugnis in beglaubigter Abschrift.[8] Soweit der Rechtsverkehr mit dem Grundbuchamt elektronisch geführt wird und grundsätzlich eine Verpflichtung zur elektronischen Übermittlung von Dokumenten besteht (§ 135 Abs. 1 Nr. 4 GBO), bleibt es für den Erbschein bei der Verpflichtung zur Vorlage der Ausfertigung in Papierform (§ 137 Abs. 1 S. 3 GBO), da es – jedenfalls nach derzeitiger Rechtslage – noch keine elektronische Ausfertigung gibt.[9] Beim Nachweis der Erbfolge gem. § 35 Abs. 1 S. 2 GBO genügt hingegen die Vorlage einer (elektronisch) beglaubigten Abschrift der notariellen Verfügung und der Eröffnungsniederschrift, wobei diese beglaubigte Abschrift nicht notwendigerweise von der Urschrift, sondern auch

4 OLG Jena BeckRS 2015, 14298.

5 BGH ZEV 2016, 320 Tz. 22; siehe auch OLG München ZEV 2018, 469: trotz (hoher) Erbscheinskosten kein Nachweis der Erbfolge durch handschriftliches Testament im Bereich des § 12 Abs. 1 S. 4 HGB.

6 *Zimmermann*, Erbschein, Rn 16.

7 BGH NJW 2005, 2779.

8 Zu beachten ist für das Europäische Nachlasszeugnis auch die Gültigkeitsfrist: KG DNotZ 2020, 120 mit Anm. *Weber*.

9 BeckOK-GBO/*Wilsch*, § 137 Rn 6.

von einer beglaubigten Abschrift gemacht werden kann.[10] Sofern die Grundbuchberichtigung beim selben Amtsgericht erfolgt, kann auch schlicht auf die Nachlassakten Bezug genommen werden.[11] Das Grundbuchamt hat diese Akten dann analog § 32 Abs. 2, 33 Abs. 2 GBO beizuziehen.[12]

Nach richtiger Auffassung ist es nicht erforderlich, dass in der Eröffnungsniederschrift auch die Erbschaftsannahme dokumentiert wurde.[13] Dies käme ohnehin nur dann in Betracht, wenn der Erbe bei der Eröffnung anwesend ist (§ 348 Abs. 2 FamFG) und nicht für den praktischen Regelfall, dass die Eröffnung ohne Präsenz der Erben erfolgt (§ 348 Abs. 3 FamFG). Im Übrigen liegt im Antrag auf Grundbuchberichtigung konkludent auch die Annahme der Erbschaft.[14]

III. Ausnahmsweise Erbschein oder ergänzende eidesstattliche Versicherung erforderlich

Liegt eine notarielle Verfügung von Todes wegen samt Eröffnungsniederschrift vor, kann 5 das Grundbuchamt die Vorlage eines Erbscheins nur verlangen, wenn es die Erbfolge trotz dieser Urkunden nicht für nachgewiesen erachtet (§ 35 Abs. 1 S. 2 Hs. 2 GBO). Allerdings besteht insoweit kein freies Ermessen des Grundbuchamts. Ein Erbschein kann nur verlangt werden, wenn sich bei der Prüfung der Verfügung von Todes wegen hinsichtlich des behaupteten Erbrechts begründete und konkrete (also nicht rein abstrakte oder auf Vermutungen beruhende) Zweifel ergeben, die nur durch weitere Ermittlungen über den tatsächlichen Willen des Erblassers oder sonstige tatsächliche Verhältnisse geklärt werden können.[15] Nach h.M. trifft das Grundbuchamt insoweit eine eigene und umfassende Prüfungspflicht. Nur wenn nach umfassender Prüfung in formeller und inhaltlicher Hinsicht, einschließlich einer umfassenden Auslegung der Verfügung von Todes wegen, und Ausschöpfung der dem Grundbuchamt zur Verfügung stehenden (beschränkten) Beweismittel Zweifel verbleiben, die nur durch weitere, dem Nachlassgericht vorbehaltene Ermittlungen auszuräumen sind, ist es gerechtfertigt, wenn das Grundbuchamt einen Erbschein verlangt.[16] In der Praxis spielen hierbei insbesondere die folgenden Konstellationen eine Rolle:

10 KG FGPrax 1998, 7; *Schöner/Stöber*, Rn 786.

11 *Schöner/Stöber*, Rn 786; BGH NJW 1982 170 (172); BeckOK-GBO/*Wilsch*, § 35 Rn 89.

12 BeckOK-GBO/*Wilsch*, § 35 Rn 89.

13 BeckFormB/*Eckelskemper/Schmitz*, Form. J.V.1. Anm. 1; *Schöner/Stöber*, Rn 786.

14 *Schöner/Stöber*, Rn 786; wenngleich zuzugeben ist, dass der Berichtigungsantrag bei einer Erbengemeinschaft auch von jedem einzelnen Erben allein gestellt werden kann (siehe *Schöner/Stöber*, Rn 780) und damit die Annahme der Miterben noch nicht belegt ist.

15 Siehe hierzu z.B. *Böhringer*, ZEV 2017, 68 sowie Bauer/von Oefele/*Schaub*, GBO § 35 Rn 130; aus der Rechtsprechung siehe etwa OLG Frankfurt NJW-RR 2015, 380; OLG München RNotZ 2013, 125; OLG Hamm ZEV 2014, 609.

16 OLG Hamm ZEV 2017, 455.

1. Eintritt der Ersatzerbfolge

6 Der Eintritt der Ersatzerbfolge allein ist noch Grund, der eine Erbscheinsvorlage gegenüber dem Grundbuchamt erforderlich macht, sofern keine vernünftigen Zweifel am Eintritt der Ersatzerbfolge und der Person des Ersatzerben bestehen. Wurde der Ersatzerbe in der Verfügung ausdrücklich benannt und ist der vorrangig eingesetzte Erbe durch Vorversterben (Nachweis durch Sterbeurkunde) weggefallen, so ist die Erbfolge im Sinne des § 35 Abs. 1 S. 2 Hs. 1 GBO nachgewiesen, ohne dass es eines Erbscheines bedarf. Auch wenn keine ausdrückliche Ersatzerbenbenennung getroffen wurde, kann sich eine solche im Wege der Auslegung aus der notariellen Verfügung selbst ergeben, was für § 35 Abs. 1 S. 2 Hs. 1 GBO ausreichend ist. Hierbei hat das Grundbuchamt auch die gesetzlichen Auslegungsregeln anzuwenden (z.B. § 2102 Abs. 1 BGB, § 2069 BGB;[17] zur fehlenden namentlichen Benennung der Erben siehe Rdn 7). Ist die Ersatzerbfolge allerdings infolge der Ausschlagung eines vorrangig eingesetzten Erben eingetreten, wird überwiegend eine Erbscheinsvorlage für erforderlich gehalten, da das Grundbuchamt nicht abschließend prüfen könne, ob die Ausschlagung wirksam ist (z.B. Form und Frist der Ausschlagung und – vor allem – Verlust des Ausschlagungsrechts wegen vorheriger Annahme).[18]

2. Nicht namentlich genannte Erben bzw. Ersatzerben

7 Sind in der notariellen Verfügung von Todes wegen die Erben nicht zweifelsfrei bestimmt, so kann das Grundbuchamt grundsätzlich die Vorlage eines Erbscheins verlangen (§ 35 Abs. 1 S. 2 Hs. 2 GBO). Allerdings hat das Grundbuchamt im Rahmen seiner Auslegungspflicht zuvor auch etwaige gesetzliche Auslegungsregelungen anzuwenden. Nur wenn danach Zweifel verbleiben, die nur durch weitere, dem Nachlassgericht vorbehaltene Ermittlungen auszuräumen sind, ist Erbscheinsvorlage nötig. Sind die Erben zwar namentlich nicht im Einzelnen benannt, sondern nur dem Personenkreis nach (z.B. „*Schlusserben sind unsere gemeinsamen Kinder zu unter sich gleichen Teilen*“ oder „*Ersatzerben sind die im Erbfall vorhandenen Abkömmlinge des Erben nach den Regeln der gesetzlichen Erbfolge*“), so rechtfertigt dies allein noch nicht das Verlangen des Grundbuchamts nach einem Erbschein.[19] Denn das Grundbuchamt kann und muss nach h.M. im Rahmen des § 35 Abs. 1 S. 2 GBO andere öffentliche Urkunden i.S.d. § 29 GBO heranziehen.[20] Daher genügt es für die namentliche Individualisierung, wenn Personenstandsurkunden vorgelegt werden, die die Abstammungsverhältnisse dokumentieren sowie eine eidesstattliche Versicherung

17 OLG Hamm RNotZ 2013, 633; OLG Saarbrücken BeckRS 2019, 32080.

18 OLG Frankfurt FGPrax 2024, 206; OLG Zweibrücken FGPrax 2022, 203; OLG München MittBayNot 2017, 271; OLG Stuttgart ZEV 2012, 338 (allerdings zu § 12 Abs. 1 S. 4 HGB); OLG Frankfurt NJW-RR 2018, 902; OLG Köln FGPrax 2020, 60 mit Anm. *Dressler-Berlin.*

19 *Schöner/Stöber*, Rn 790; BayObLG DNotZ 2001, 385; a.A. OLG Köln MittRhNotK 1988, 44.

20 OLG Hamm ZEV 2017, 455; OLG München MittBayNot 2017, 271.

dazu vorgelegt wird, dass etwa keine weiteren Kinder vorhanden sind.[21] Denn sowohl bei den Personenstandsurkunden als auch bei der eidesstattlichen Versicherung handelt es sich um öffentliche Urkunden i.S.d. § 29 GBO.[22] Eine eidesstattliche Versicherung ist nach bislang h.M. auch im Grundbuchverfahren statthaft, wenn es um den Nachweis sog. Negativtatsachen geht und auch das Nachlassgericht im Erbscheinsverfahren eine solche genügen lassen würde (siehe § 352 Abs. 3 S. 3 FamFG).[23] Bei der Frage, ob die eidesstattliche Versicherung nur von einem der Beteiligten oder von allen Beteiligten abzugeben ist, steht dem Grundbuchamt ein gewisser Ermessensspielraum zu (§ 352a Abs. 4 FamFG analog).[24] Hierbei spielt eine Rolle, ob aus Sicht des Gerichts eine eidesstattliche Versicherung aller Beteiligten eine erhöhte Richtigkeitsgewähr verspricht oder nicht.[25] Entgegen der bislang h.M. hat nunmehr jedoch das KG entschieden, dass das Grundbuchamt berechtigt ist, gem. § 35 Abs. 1 S. 2 GBO die Vorlage eines Erbscheins zu verlangen, wenn in einem notariellen Testament die als (Nach-)Erben eingesetzten Kinder dort nicht namentlich bezeichnet sind. Zur Begründung führt das KG aus, es bestünde in diesem Falle keine gesetzliche Zuständigkeit des Grundbuchamts zur Abnahme einer eidesstattlichen Versicherung. Daher könne eine eidesstattliche Versicherung – mangels Strafbewehrung – auch keine erhöhte Richtigkeitsgewähr bieten.[26] Es bleibt abzuwarten, wie der BGH in der gegen die Entscheidung des KG eingelegten Rechtsbeschwerde (Aktenzeichen V ZB 40/24) entscheiden wird. Es wäre zu begrüßen, wenn notariell beurkundete Erklärungen der Beteiligten zu Existenz und Identität der nicht namentlich genannten Kinder jedenfalls weiterhin als geeignetes und formgerechtes (§ 29 GBO) Nachweismittel im Grundbuchverfahren angesehen würden (siehe auch Rdn 8).[27] Für die notarielle Praxis ist zu empfehlen, die Erben, soweit möglich, in der Urkunde nicht nur abstrakt zu beschreiben, sondern beim Namen zu nennen.

3. Pflichtteilsstrafklausel

Enthält eine notarielle Verfügung von Ehegatten eine sogenannte automatische Pflichtteilsstrafklausel, nach der die Schlusserbeinsetzung der Kinder auflösend bedingt darauf 8

21 OLG Köln ZEV 2017, 96; OLG München DNotZ 2012, 461; OLG Frankfurt FGPrax 2021, 150; BayObLG DNotZ 2001, 385; OLG Düsseldorf ZEV 2010, 98; DNotI-Report 2006, 109; DNotI-Report 2008; 114 sowie DNotI-Report 2008, 153; *Schöner/Stöber*, Rn 790.

22 OLG Düsseldorf ZEV 2010, 98; OLG Schleswig ZEV 2024, 764.

23 Demharter/*Demharter*, GBO § 35 Rn 41; *Schöner/Stöber*, Rn 790; BeckOK-GBO/*Wilsch*, § 35 Rn 127; OLG Düsseldorf ZEV 2010, 98; OLG München DNotZ 2012, 461; OLG Hamm NJW-RR 1997, 646; KG NJW-RR 2012, 847.

24 DNotI-Report 2006, 109 (111); siehe hierzu auch BayObLG DNotZ 2001, 385.

25 So auch OLG Hamm MittBayNot 2016, 142; OLG Hamm MittBayNot 2012, 146.

26 KG ZEV 2024, 763 und FGPrax 2024, 198 mit Anm. *Stegbauer*; abl. zur Zulässigkeit einer eidesstattlichen Versicherung auch OLG Schleswig ZEV 2024, 764 mit Anm. *Schäfer*; zweifelnd an der Zulässigkeit einer eidesstattlichen Versicherung BGH FGPrax 2022, 97.

27 OLG Schleswig ZEV 2024, 764 mit Anm. *Schäfer*.

ist, dass im Falle des Todes des erstversterbenden Elternteils der Pflichtteil geltend gemacht wird, so führt dies regelmäßig dazu, dass die Grundbuchberichtigung im Schlusserbfall jedenfalls nicht ohne weiteres allein aufgrund der Verfügung von Todes wegen samt Eröffnungsniederschrift möglich ist.[28] Das Grundbuchamt ist in diesem Fall gehalten, für die Nichtgeltendmachung des Pflichtteils einen Nachweis in der Form des § 29 GBO zu verlangen. Nach (jedenfalls bislang) h.M. ist – da es sich um eine negative Tatsache handelt – eine eidesstattliche Versicherung ausreichend.[29] Überwiegend wird hierbei angenommen, dass diese durch sämtliche Erbprätendenten (also sämtlichen Schlusserben) abzugeben sei.[30] Nach a.A. ist eine eidesstattliche Versicherung im Grundbuchverfahren grundsätzlich kein zulässiges Beweismittel (siehe hierzu bereits Rdn 7). Wenn man dem im Ansatz folgt, so sollte es m.E. dennoch möglich sein, die übereinstimmenden notariell abgegebenen Erklärungen aller Erbprätendenten, in der diese bestätigen, dass keiner von ihnen den Pflichtteilsanspruch geltend gemacht hat, als geeignetes und formgerechtes (§ 29 GBO) Beweismittel einzustufen, um die Nachweislücke ohne Erbschein zu schließen.[31] Anderenfalls müsste in solchen Fällen stets ein Erbschein beantragt und vorgelegt werden.[32] Grundsätzlich anders liegen die Dinge, wenn tatsächlich eine Pflichtteilsgeltendmachung erfolgt ist, dadurch eine Enterbung eines Schlusserben eingetreten ist und die übrigen Erben die Grundbuchberichtigung auf sich erstreben. In diesem Fall genügt eine ergänzende eidesstattliche Versicherung nicht für die Grundbuchberichtigung. Denn es soll gerade keine negative Tatsache (Nichtgeltendmachung des Pflichtteils), sondern eine positive Tatsache (Geltendmachung des Pflichtteils) nachgewiesen werden. In dieser Konstellation ist die eidesstattliche Versicherung als Nachweis nicht statthaft. Vielmehr ist ein Erbschein erforderlich.[33] Handelt es sich um sog. Verwirkungsklauseln, bei denen z.B. eine Enterbung für den Schlusserbfall angeordnet ist, sofern das Testament „nicht akzeptiert“ oder – untechnisch gesprochen – „angefochten“ wird, ist in aller Regel ein Erbschein erforderlich. Denn in diesen Fällen der sog. „allgemeinen Verwirkungsklauseln“ bzw. „Verwirkungsklauseln mit unklaren Verhaltensanforderungen“ ist es in der Regel nicht möglich, mit den Beweismittelbeschränkungen, die im Grundbuchverfahren gelten, durch Auslegung des Testaments zu ermitteln, welches Verhalten

28 BGH MittBayNot 2017, 161 zu einer Verwirkungsklausel.

29 OLG Saarbrücken BeckRS 2017, 164881; OLG Hamm MittBayNot 2012, 146 mit Anm. *Reimann*; OLG Frankfurt BeckRS 2013, 06309; OLG München DNotZ 2013, 440; KG NJW-RR 2012, 847; zur eidesstattlichen Versicherung im Erbscheinsverfahren siehe auch OLG Braunschweig ErbR 2019, 658; OLG Naumburg FGPrax 2019, 116; OLG Frankfurt FGPrax 2021, 150; OLG Frankfurt MittBayNot 2012, 229 mit Anm. *Zimmermann*.

30 OLG Hamm MittBayNot 2016, 142; OLG Hamm MittBayNot 2012, 146, *Böhringer*, ZEV 2017, 68 (71); OLG Frankfurt BeckRS 2013, 06309; OLG München DNotZ 2013, 440.

31 So auch OLG Schleswig ZEV 2024, 764 mit Anm. *Schäfer*.

32 So KG ZEV 2024, 763.

33 OLG Hamm ZEV 2014; 609; *Weber*, MittBayNot 2017, 165.

zum Eintritt der Verwirkungsklausel führt und ob dieses Verhalten ggf. gegeben ist.[34] In diesen Fällen ist die Erbfolge folglich als nicht nachgewiesen im Sinne des § 35 Abs. 1 S. 2 Hs. 2 GBO zu betrachten.

Anders stellte sich die Situation bei sogenannten fakultativen Pflichtteilsstrafklauseln dar. Hierunter sind Regelungen zu verstehen, die als Folge des Pflichtteilsverlangens nicht automatisch die Enterbung für den Schlusserbfall regeln, sondern dem Längerlebenden der Ehegatten ein Änderungsrecht einräumen. Solche notariellen Verfügungen sind als Unrichtigkeitsnachweis gem. § 35 Abs. 1 S. 2 GBO grundsätzlich geeignet. Die Existenz einer fakultativen Pflichtteilsstrafklausel führt also per se nicht dazu, dass für die Grundbuchberichtigung eine eidesstattliche Versicherung oder gar ein Erbschein vorzulegen wären.[35] Denn die abstrakte Möglichkeit, einer späteren Änderung der letztwilligen Verfügung durch den Erblasser genügt nicht, um Zweifel an der Maßgeblichkeit der notariellen Verfügung zu begründen.[36] Insoweit gelten die gleichen Grundsätzen wie bei sonstigen Abänderungsvorbehalten (siehe Rdn 12). 9

Praxistipp

Bei der Verwendung von automatischen Pflichtteilsstrafklauseln in notariellen Testamenten/Erbverträgen sollte jedenfalls im Auge behalten werden, dass eine Grundbuchberichtigung gem. § 35 Abs. 1 S. 2 GBO im Schlusserbfall jedenfalls nicht ohne weiteres möglich ist. Je nach Fallkonstellation ist eine ergänzende eidesstattliche Versicherung (sofern keine Geltendmachung des Pflichtteils erfolgt ist) oder gar ein Erbschein (jedenfalls sofern eine Geltendmachung des Pflichtteils erfolgt ist) nötig. Kautelarjuristisch kann anstelle einer automatisch wirkenden Pflichtteilsstrafklausel eine fakultative Pflichtteilsklausel im Sinne einer Abänderungsmöglichkeit oder auch ein freies Änderungsrecht für den Längerlebenden vorgesehen werden.[37] Wird der Pflichtteil nicht geltend gemacht, so kann eine Grundbuchberichtigung in diesem Fall auf der Grundlage des § 35 Abs. 1 S. 2 GBO ohne ergänzende eidesstattliche Versicherung erfolgen (zum Fall der Testamentsänderung nach Geltendmachung bei fakultativer Pflichtteilsstrafklausen siehe Rdn 12).

4. Scheidungsklausel

Gemäß der Auslegungsregeln in §§ 2077 Abs. 1, 2268 Abs. 1 und 2279 Abs. 2 BGB ist 10
eine zugunsten des Ehegatten getroffene Verfügung unwirksam, wenn die Ehe aufgelöst

34 BGH MittBayNot 2017, 161; OLG Saarbrücken ZEV 2022, 288 mit Anm. *Litzenburger* und MittBayNot 2022, 565 mit Anm. *Heiß*.

35 *Weber*, MittBayNot 2017, 163.

36 *Weber*, ZEV 2014, 611.

37 *Weber*, ZEV 2014, 611; DNotI-Report 2002, 129; so auch *Schäfer*, ZEV 2024, 766 und auch *Litzenburger*, ZEV 2022, 288 sowie *Keim*, ZEV 2023, 226.

war oder wenn zum Zeitpunkt des Todes des Erblassers die Voraussetzungen für die Scheidung vorlagen und der Erblasser die Scheidung beantragt oder ihr zugestimmt hatte. Enthält die notarielle Verfügung keine ausdrückliche Regelung, so ist die Möglichkeit, dass die Voraussetzungen des § 2077 Abs. 1 BGB zum Zeitpunkt des Todes des Erblassers vorgelegen haben könnten, in der Regel unbeachtlich.[38] Denn anderenfalls wäre für die Anwendung des § 35 Abs. 1 S. 2 GBO für Verfügungen zugunsten des Ehegatten praktisch kein Raum.[39] Etwas anderes gilt nur, wenn im Einzelfall konkrete (nicht nur rein abstrakte, theoretische) Anhaltspunkte dafür vorliegen, dass die Voraussetzungen des § 2077 Abs. 1 BGB erfüllt waren. Für Testamentsklauseln, die die Auslegungsregel des § 2077 Abs. 1 BGB positiv bestätigen (und damit § 2077 Abs. 3 BGB ausschließen) gilt das Gleiche, also dass die öffentliche Verfügung samt Eröffnungsniederschrift tauglicher Erbnachweis i.S.d. § 35 Abs. 1 S. 2 GBO ist.[40] Eine ergänzende eidesstattliche Versicherung zum Nichtvorliegen eines Scheidungsverfahrens kann nur verlangt werden, wenn konkrete Anhaltspunkte für das Eingreifen der Scheidungsklausel vorhanden sind. Umstritten ist die Rechtslage allerdings für solche Klauseln, die eine Unwirksamkeit der Verfügung bereits für den Fall der Einreichung bzw. Rechtshängigkeit eines Scheidungsantrags vorsehen und nicht darauf abstellen, ob auch die Voraussetzungen der Ehescheidung vorgelegen haben. Das OLG München hat die Meinung vertreten, bei Klauseln, die den Zeitpunkt der Unwirksamkeit gegenüber den gesetzlichen Voraussetzungen des § 2077 Abs. 1 BGB vorverlagern, sei für die Grundbuchberichtigung gem. § 35 Abs. 1 S. 2 GBO eine eidesstattliche Versicherung darüber nötig ist, dass diese Voraussetzungen im konkreten Fall nicht vorgelegen haben.[41] Auch das OLG Naumburg hat sich dieser Sichtweise angeschlossen, wobei es als möglichen ergänzenden Nachweis – abgesehen von einer eidesstattlichen Versicherung – auch eine Bestätigung des Familiengerichts in der Form des § 29 Abs. 3 GBO für ausreichend hält, nach der ein Scheidungsverfahren im Todeszeitpunkt des Erblassers nicht anhängig war.[42] Diese Auffassung überzeugt nicht und auch der BGH hat zwischenzeitlich anders entschieden. Auch wenn eine Scheidungsklausel, abweichend von § 2077 Abs. 1 S. 2 BGB, vorsieht, dass die letztwillige Verfügung bereits dann unwirksam wird, wenn der überlebende Ehegatte Scheidungsantrag gestellt hat, steht dies dem Nachweis der Erbfolge des überlebenden Ehegatten gem. § 35 Abs. 1 S. 2 GBO grundsätzlich nicht entgegen.[43] Die abstrakte Möglichkeit, dass die Voraussetzung einer solchen testamentarischen Scheidungsklausel eingetreten

38 *Böhringer*, ZEV 2017, 68 (71); DNotI-Report 2006, 181.

39 *Lange*, ZEV 2009, 371 (373).

40 KG NJOZ 2013, 1168; *Böhringer*, ZEV 2017, 68, (71).

41 OLG München ZEV 2016, 401 (402).

42 OLG Naumburg MittBayNot 2020, 362 mit Am. *Drexel* sowie Anm. *Böhringer*, NZFam 2019, 442, die jeweils zu Recht Bedenken äußern gegen die Zulässigkeit bzw. Praktikabilität eines solchen familiengerichtlichen „Negativattests".

43 BGH ZEV 2022, 471 m. Anm. *Kollmeyer* und MittBayNot 2022, 553 m. Anm. *Sauer*.

war, muss vielmehr – ebenso wie bei § 2077 Abs. 1 BGB – als Ausnahmefall außer Betracht gelassen werden, sofern keine konkreten anderweitigen Anhaltspunkte vorliegen.[44]

> *Praxistipp*
>
> Bei der Verwendung von Klauseln in Erbverträgen und notariellen gemeinschaftlichen Testamenten, die sich an die Voraussetzungen des § 2077 Abs. 1 BGB anlehnen oder diese in dem Sinne erweitern, dass sie die Unwirksamkeit unabhängig von der Person des den Scheidungsantrag stellenden Ehegatten eintreten lassen, sollte es nach der Klärung durch den BGH bei der Grundbuchberichtigung im Rahmen des § 35 Abs. 1 S. 2 Hs. 1 GBO keine Probleme mehr geben. Auf die Anknüpfung an einen gestellten Scheidungsantrag (gleich welches Ehegatten) sollte in der Scheidungsklausel hingegen nicht verzichtet werden. Bei weitergehenden auflösenden Bedingungen (z.B. Getrenntleben im Sinne des § 1567 BGB, ohne Scheidungsantrag) kann das Grundbuchamt einen Erbschein verlangen.

5. Rücktritt vom Erbvertrag

Beinhaltet ein Erbvertrag ein vertragliches Rücktrittsrecht, so ist nach richtiger Auffassung 11 weder ein Erbschein noch eine eidesstattliche Versicherung erforderlich, um die Erbfolge im Rahmen des § 35 Abs. 1 S. 2 GBO nachzuweisen.[45] Es genügt also die Vorlage einer beglaubigten Abschrift des Erbvertrags samt Eröffnungsniederschrift, um das Grundbuch zu berichtigen. Ein Erbschein ist in diesem Fall nicht nötig, ebenso wenig die Vorlage einer eidesstattlichen Versicherung dazu, dass ein Rücktrittsrecht nicht ausgeübt wurde. Denn der Rücktritt vom Erbvertrag ist eine erbfolgerelevante Urkunde im Sinne der § 34a BeurkG, § 78b BNotO, die vom Notar im Zentralen Testamentsregister registriert wird und daher dem Nachlassgericht sowie dem Grundbuchamt ggf. bekannt würde.[46] Daher ist es praktisch ausgeschlossen, dass ein Rücktritt unerkannt bleibt.[47] Die vorstehenden Grundsätze gelten auch in Bezug auf ein gesetzliches Rücktrittsrecht gem. § 2295 BGB.[48]

6. Änderungsvorbehalt bei Erbvertrag und gemeinschaftlichem Testament

Allein die Existenz eines Abänderungsvorbehalts in einem Erbvertrag oder einem nota- 12 riellen gemeinschaftlichen Testament steht einer Grundbuchberichtigung gem. § 35

44 BGH ZEV 2022, 471; KG NJOZ 2013, 1168; DNotI-Report 2018, 1; DNotI-Report 2006, 181; *Weber*, MittBayNot 2017, 165; *Volmer*, ZEV 2016, 402 (403); *Schöner/Stöber*, Rn 790.

45 OLG Düsseldorf BeckRS 2013, 07411; OLG München MittBayNot 2016, 144; OLG Zweibrücken BeckRS 2016, 266; a.A. zuvor OLG München MittBayNot 2012, 293.

46 OLG München MittBayNot 2016, 144; *Böhringer*, ZEV 2017, 68 (71); *Weber*, MittBayNot 2017, 165.

47 *Weber*, MittBayNot 2017, 165.

48 OLG München DNotZ 2013, 211; *Böhringer*, ZEV 2017, 68 (71).

Abs. 1 S. 2 GBO nicht entgegen. Hier gilt nichts anderes als bei notariellen Einzeltestamenten. Allein die Möglichkeit, dass eine spätere, noch nicht entdeckte letztwillige Verfügung existierten könnte, reicht nicht aus, um dem notariellen Testament samt Eröffnungsniederschrift im Rahmen des § 35 Abs. 1 S. 2 GBO die Tauglichkeit zur Grundbuchberichtigung zu versagen.[49] Etwas anderes kann sich allerdings dann ergeben, wenn der Erbvertrag eine Abänderungsbefugnis vorsieht, die vom Eintreten einer Bedingung abhängig ist (z.B. eine fakultative Pflichtteilsstrafklausel: „*Macht eines unserer Kinder bei Ableben des Erstversterbenden seinen Pflichtteil geltend, so ist der Überlebende dazu berechtigt, die Verfügungen für den Schlusserbfall beliebig abzuändern.*") ***und*** von dieser Befugnis, wiederum durch notarielle Verfügung von Todes wegen Gebrauch, gemacht wurde. Da es dem Grundbuchamt im Rahmen seiner begrenzten Prüfungsmöglichkeiten nicht möglich sein wird, den Bedingungseintritt (Geltendmachung des Pflichtteils) rechtssicher festzustellen, muss für die Grundbuchberichtigung ein Erbschein vorgelegt werden.[50] Eine ergänzende eidesstattliche Versicherung dazu, dass der Pflichtteil nach dem Erstversterbenden geltend gemacht wurde, ist in diesem Fall nicht statthaft, da eine solche als Beweismittel nur für negative, nicht jedoch für positive Tatsachen zulässig ist.

7. Existenz eigenhändiger Testamente

13 Existiert neben der notariellen Verfügung von Todes wegen noch ein später errichtetes handschriftliches Testament, so kann das Grundbuchamt regelmäßig einen Erbschein verlangen, es sei denn, das handschriftliche Testament ist offenbar ungültig, widerrufen oder für die Erbfolge nicht relevant.[51] Letzteres ist auch dann der Fall, wenn das handschriftliche Testament nur ergänzende Verfügungen enthält, die die Erbfolge aus dem notariellen Testament oder Erbvertrag nicht tangieren (z.B. Auflagen, Vermächtnisse) oder die Erbfolge aus dem notariellen Testament nur wiederholen.[52] Enthält das handschriftliche Testament jedoch einen Widerruf früherer Verfügungen von Todes wegen und ist ein solcher auch nicht aufgrund einer z.B. erbvertraglichen Bindungswirkung (§ 2289 Abs. 1 S. 2 BGB) ausgeschlossen, so führt an der Erbscheinsvorlage in der Regel kein Weg vorbei.

49 OLG Frankfurt MittBayNot 1999, 184.

50 Zutreffend *Weber*, MittBayNot 2017, 165.

51 OLG München RNotZ 2016, 320; OLG Frankfurt NJW-RR 2015, 380.

52 Ausreichend für § 35 Abs. 1 S. 2 GBO ist, dass die Erbfolge – entweder ausschließlich oder eben auch – auf einer öffentlichen Verfügung von Todes wegen beruht: OLG Hamm BeckRS 2013, 00426; siehe hierzu auch *Keim*, ZEV 2023, 227 (228).

8. Nachweis der Nacherbfolge

Wurde in der notariellen Verfügung von Todes wegen Vor- und Nacherbfolge angeordnet, so kann nach Eintritt des Erbfalls gem. § 35 Abs. 1 S. 2 GBO die Grundbuchberichtigung auf den Vorerben erfolgen, wobei gleichzeitig von Amts wegen der Nacherbenvermerk gem. § 51 GBO einzutragen ist. Das Grundbuchamt trifft insoweit die Auslegungspflicht nicht nur hinsichtlich der Frage, ob Vor- und Nacherbfolge angeordnet wurde (in der Regel aufgrund der notariellen Beratung der Beteiligten unproblematisch[53]), sondern auch hinsichtlich der Personen der Nacherben und ggf. der Ersatznacherben sowie der etwa angeordneten Befreiungen gem. § 2136 GBO.[54] Mit der notariellen Verfügung kann aber oft auch nach Eintritt des Nacherbfalls eine Grundbuchberichtigung auf den Nacherben ohne Erbschein erreicht werden.[55] Zwar gilt im Anwendungsbereich des § 35 Abs. 1 S. 1 GBO, also bei der Berichtigung aufgrund Erbscheins, dass der Erbnachweis nach Eintritt der Nacherbfolge nur durch Erteilung eines weiteren Erbscheins geführt werden kann. Im Anwendungsbereich des § 35 Abs. 1 S. 2 GBO ist jedoch dann kein Erbschein erforderlich, wenn die Nacherben durch die Vorlage einer notariellen Verfügung samt Eröffnungsniederschrift und der Eintritt der Nacherbfolge in der Form des § 29 GBO nachgewiesen sind.[56] Tritt der Nacherbfall mit dem Tod des Vorerben ein, so kann dies dem Grundbuchamt durch Sterbeurkunde nachgewiesen werden. Sind die Nacherben in der notariellen Verfügung nicht im Einzelnen namentlich bezeichnet (z.B. „Nacherben sind die im Zeitpunkt des Nacherbfalls vorhanden Abkömmlinge des Vorerben"), so besteht nach bislang h.M. für die Nacherben die Möglichkeit, ihr Erbrecht nachzuweisen durch Personenstandsurkunden sowie eine ergänzende eidesstattliche Versicherung darüber, dass keine weiteren Abkömmlinge vorhanden sind (nach a.A. ist ein Erbschein nötig, siehe hierzu auch Rdn 7).[57] 14

D. Post- bzw. transmortale Vollmachten

I. Allgemeines

Bei Vorliegen einer geeigneten trans- oder postmortalen Vollmacht kann eine Nachlassabwicklung unter Umständen ohne Erbschein gelingen. Hierbei geht es jedoch nicht um einen „alternativen Erbnachweis". Denn das Erbrecht bzw. die eingetretene Rechtsnachfolge von Todes wegen kann durch die Vollmacht gerade nicht nachgewiesen werden. 15

53 Siehe jedoch auch OLG Düsseldorf FGPrax 2012, 240: Erbscheinsvorlage nötig, da trotz Auslegung durch das Grundbuchamt unklar, ob Vor- und Nacherbfolge angeordnet wurde.
54 OLG München BeckRS 2012, 04409.
55 Siehe hierzu DNotI-Report 2008, 114.
56 *Schöner/Stöber*, Rn 3025a.
57 DNotI-Report 2008, 114 und DNotI-Report 2022, 131; a.A. jedoch nun KG ZEV 2024, 763.

Daher kann mittels einer Vollmacht auch keine Berichtigung des Grundbuchs auf die Erben erfolgen (keine „Berichtigungsbewilligung“).[58] Denn für die Berichtigung aufgrund des Ablebens des Eigentümers ist in § 35 Abs. 1 GBO eine Sonderregelung enthalten und einer der dort genannten formalisierten Erbnachweise (Erbschein, Europäisches Nachlasszeugnis oder öffentliche Verfügung von Todes wegen samt Eröffnungsniederschrift) nötig.[59] Eine über den Tod hinaus geltende Vollmacht verschafft dem Bevollmächtigten jedoch Rechtsmacht über den Nachlass. Ab dem Erbfall wirkt die Vollmacht für und gegenüber den Erben und versetzt den Bevollmächtigten in die Lage, die Erben – beschränkt auf das Nachlassvermögen – zu verpflichten und über Nachlassgegenstände zu verfügen.[60] Daher kann ein Erbschein entbehrlich sein, wenn der Erbe z.B. beabsichtigt, den im Nachlass vorhandenen Grundbesitz zu veräußern und daher an einer Grundbuchberichtigung auf sich gar nicht interessiert ist.

II. Wirkung über den Tod hinaus

16 Voraussetzung ist, dass die Vollmacht über den Tod des Vollmachtgebers hinaus wirksam bleibt. Gem. §§ 168 S. 1, 672 S. 1, 675 BGB erlischt eine Vollmacht im Zweifel nicht mit dem Tod des Vollmachtgebers. Allerdings ist insoweit primär auf den konkreten Vollmachtsinhalt abzustellen. Eine vom Notar erstellte Vollmacht wird sich in der Regel zum Schicksal der Vollmacht im Todesfall des Vollmachtgebers verhalten („gilt über den Tod hinaus“). Ist eine solche ausdrückliche Bestimmung in der Vollmacht nicht enthalten, bedarf es der Auslegung.[61] Wird eine Vollmacht als Vorsorgevollmacht zur Vermeidung einer gerichtlichen Betreuung erteilt und enthält sie keine Bestimmungen über die transmortale Fortgeltung, so wird daraus verbreitet gefolgert, dass sie mit dem Tod des Vollmachtgebers erlischt, insbesondere dann, wenn nach dem Vollmachtsinhalt der Bezug zur Person und den persönlichen Verhältnissen des Vollmachtgebers im Vordergrund steht und nicht die Übernahme von Vermögensangelegenheiten.[62]

58 *Zimmer*, NJW 2016, 3341 (3343); *Sikora*, NJW 2018, 1572 (1575); DNotI-Report 2024, 123; *Schöner/Stöber*, Rn 796; Bauer/Schaub/*Schaub*, GBO G. Rn 115; LG Heidelberg NJW 1973, 1088; OLG Stuttgart DNotZ 2012, 371.
59 DNotI-Report 2024, 123.
60 DNotI-Report 2015, 65 (67).
61 *Keim*, ErbR 2024, 170.
62 Zu den genannten Auslegungskriterien siehe OLG Karlsruhe ZEV 2024, 248; *Keim*, ErbR 2024, 170; MüKo-BGB/*Schubert*, § 168 Rn 45; OLG München ZEV 2014, 615; OLG Hamm NJW-RR 2003, 800; kritisch hierzu BeckOK-GBO/*Wilsch*, § 35 Rn 78.

III. Form

17 Spezielle Formvorschriften existieren für eine trans- bzw. postmortale Vollmacht zwar nicht, für Grundbuchzwecke muss die Vollmacht allerdings in der Form des § 29 GBO vorliegen.[63] Nach früherer Rechtslage (§ 6 Abs. 2 S. 1 BtBG) genügte – auch für transmortale Vollmachten – die Beglaubigung durch die Betreuungsbehörde, um die Anforderungen des § 29 GBO zu erfüllen.[64] Aufgrund der gesetzlichen Neuregelung in § 7 BtOG hat sich die Rechtslage jedoch geändert.[65] Gem. § 7 Abs. 1 S. 2 BtOG endet die Wirkung der Beglaubigung (nicht die Vollmachtswirkung im materiellen Sinne) mit dem Tod des Vollmachtgebers. Damit scheidet eine Verwendung als transmortale Vollmacht zur Nachlassabwicklung jedenfalls im Grundbuchverfahren und auch im Bereich des Handelsregisters aus.[66] Zu beachten ist, dass gem. der Übergangsvorschrift des § 34 BtOG die Neuregelung in § 7 Abs. 1 S. 2 BtOG nur auf Vollmachten anzuwenden ist, die seit dem 1.1.2023 von der Betreuungsbehörde beglaubigt wurden. Für zuvor bereits beglaubigte Vollmachten bleibt es also bei der Verwendbarkeit transmortaler Vollmachten im Grundbuchverfahren.

IV. Handeln im Namen der Erben

18 Nach allgemeinen Grundsätzen hat der Bevollmächtigte offenzulegen, dass er als Vertreter eines Dritten handelt (Offenkundigkeitsprinzip). Dies bedeutet jedoch nicht, dass eine konkrete Namhaftmachung der Erben erforderlich wäre. Vielmehr genügt insoweit der Hinweis, dass im Namen der Erben des Erblassers gehandelt wird.[67] Grundsätzlich spricht zwar nichts dagegen, die (vermeintlichen) Erben zu Informationszwecken zu benennen. Jedoch sollte in diesem Fall deutlich gemacht werden, dass der Bevollmächtigte jedenfalls auch mit Wirkung für die (wirklichen) Erben handelt, sofern sich später herausstellen sollte, dass andere Personen Erben geworden sind.[68] Die Vollmacht kann im Übrigen auch dann noch verwendet werden, wenn das Grundbuch zwischenzeitlich bereits auf die Er-

63 Bei einer postmortalen Vollmacht bedarf es ferner des Todesnachweises in öffentlich beglaubigter Form (z.B. Sterbeurkunde): Beck'sches Notar-Handbuch/*Krauß*, § 1 Rn 643a.

64 BGH ZEV 2021, 267; a.A. zuvor noch OLG Köln DNotZ 2020, 680; siehe hierzu *Heinemann*, notar 2020, 121 und *Weigl*, DNotZ 2020, 683.

65 *Becker*, MittBayNot 2021, 549; DNotI-Report 2023, 4.

66 *Becker*, MittBayNot 2021, 549; *Grziwotz*, ErbR 2023, 178 (182); zu den Grenzen der Vollmachtsverwendung im Handelsregisterverfahren siehe OLG München FGPrax 2018, 73.

67 OLG München MittBayNot 2022, 226; OLG Frankfurt ZEV 2015, 648; OLG Frankfurt ZEV 2017, 719; OLG Celle DNotZ 2020, 672; zur Frage, ob ein Handeln im Namen des verstorbenen Erblassers als Handeln im Namen der Erben ausgelegt werden kann, siehe OLG Bremen DNotZ 2020, 833 mit Anm. *Goslich* und FamRZ 2020, 1597 mit Anm. *Schmidt*; OLG Frankfurt a.M. NJW-RR 2024, 690 sowie auch *Thelen/Bühler*, NJW 2024, 2950.

68 *Weber*, DNotZ 2018, 884.

ben berichtigt wurde.[69] Einer weiteren Zustimmung der Erben bedarf es auch in diesem Fall nicht, ihnen ist grundsätzlich auch kein rechtliches Gehör zu verschaffen.[70] Denn die Erben werden aufgrund der Vollmacht vertreten. Etwas anderes mag nur dann gelten, wenn konkrete Anhaltspunkte für einen Vollmachtsmissbrauch vorliegen, denen das Grundbuchamt im Rahmen des geltenden Legalitätsprinzips nachzugehen hat.[71]

V. Konfusion bei Bevollmächtigung des Alleinerben?

19 Ein Erlöschen der Vollmacht durch „Konfusion" soll nach vielfach vertretener Ansicht dann eintreten, wenn der Bevollmächtigte gleichzeitig der Alleinerbe des Erblassers ist.[72] Begründet wird dies damit, dass mit dem Erbfall das Eigenvermögen des Erben und die Erbschaft zu einem Vermögen verschmelzen und daher auch etwaige schuldrechtliche Beziehungen zwischen Erblasser und Erben erlöschen; ferner könne niemand sein eigener Vertreter sein (Grundsatz der Personenverschiedenheit im Stellvertretungsrecht).[73] Die vorzugswürdige Gegenmeinung nimmt hingegen an, dass die Vollmacht des Alleinerben nicht erlischt oder jedenfalls im Außenverhältnis weiterhin Legitimationswirkung (§§ 170 bis 173 BGB) entfaltet.[74] Das OLG München differenziert danach, ob sich der Bevollmächtigte seiner Alleinerbenstellung berühmt oder nicht. Beruft sich der Bevollmächtigte darauf, Alleinerbe zu sein, so solle er hiermit den der Vollmacht innewohnenden Rechtsschein selbst zerstören.[75] Nach richtiger Auffassung kann es auf die vom OLG München vorgenommenen Differenzierung nicht ankommen. Es ist vielmehr davon auszugehen, dass die Handlungsmöglichkeiten des Bevollmächtigten, insbesondere im Grundbuchverfahren, durch eine (mögliche oder behauptete) Alleinerbenstellung des Bevollmächtigten nicht tangiert werden. Die Judikate des KG, des OLG Bremen, des OLG Hamburg, des OLG Frankfurt a.M. und des OLG Nürnberg liegen auf dieser Linie und stärken in begrüßenswerter Weise die Verwendung transmortaler Vollmachten.[76]

69 OLG Frankfurt ZEV 2015, 648; *Zimmer*, NJW 2016, 3341.

70 OLG München MittBayNot 2022, 226; OLG Frankfurt ZEV 2015, 648; BGH NJW 1969, 1245.

71 *Schöner/Stöber*, Rn 3579 ff.; zu weitgehend OLG Stuttgart DNotZ 2012, 371 und OLG München DNotZ 2007, 41.

72 OLG Hamm DNotZ 2013, 689; OLG München MittBayNot 2017, 140; *Bestelmeyer*, FGPrax 2016, 208.

73 OLG Hamm DNotZ 203, 689; siehe hierzu auch *Joachim/Lange*, ZEV 2019, 62.

74 KG DNotZ 2021, 703 m. Anm. *Meier*; *Herrler*, DNotZ 2017, 508 (525); *Lange*, ZEV 2013, 343; *Dutta*, FamRZ 2013, 1514; *Zimmer*, NJW 2016, 3341 (3343); *Zimmer*, ZEV 2013, 307 (312); LG Bremen RPfleger 1993, 235; i. Erg. ebenso Beck'sches Notar-Handbuch/*Krauß*, § 1 Rn 643b; allerdings unter Rekurs auf eine in der Vollmacht jedenfalls konkludent enthaltene Ermächtigung i.S.d. § 185 BGB; grds. ablehnend zum Konfusionsgedanken bei der transmortalen Vollmacht *Lieder*, ZfPW 2022, 345.

75 OLG München MittBayNot 2017, 138, 140, 142.

76 OLG Nürnberg MittBayNot 2025, 35; OLG Frankfurt a.M. NJW-RR 2024, 690; OLG Bremen ErbR 2023, 948, KG DNotZ 2021, 703.

Gleichwohl empfiehlt es sich für die Praxis nach dem Grundsatz „Schweigen ist Gold“ bzw. „Weniger ist Mehr“ zwar offenzulegen, dass der Bevollmächtigte für die Erben des verstorbenen Vollmachtgebers handelt, also nicht etwa den Erbfall insgesamt zu verschweigen, aber sich jedenfalls nicht auf die Alleinerbenstellung zu berufen.[77]

Keine Konfusion tritt nach h.M. dann ein, wenn der Bevollmächtigte nicht Alleinerbe, sondern nur Miterbe ist, denn eine Vereinigung der Vermögensmassen tritt aufgrund der gesamthänderischen Gebundenheit der Erben nicht ein.[78]

Für die Frage des Erwerberschutzes (siehe nachstehend X., Rdn 25) spielt die Konfusionsproblematik im Übrigen keine Rolle, da der Erwerber jedenfalls vom Berechtigten erwirbt („Sowieso-Berechtigter“).[79]

VI. Auswirkungen einer Testamentsvollstreckung

Sollte der Erblasser neben der transmortalen Vollmacht durch Verfügung von Todes 20
wegen Testamentsvollstreckung angeordnet haben, so tangiert dies die Vollmacht grundsätzlich nicht. Denn eine über den Tod hinaus geltende Vollmacht kann selbstständig neben einer Testamentsvollstreckung fortbestehen.[80] Der Bevollmächtigte leitet seine Befugnisse schließlich unmittelbar vom Erblasser ab und nicht vom Testamentsvollstrecker. Etwas anderes gilt nur dann, wenn die Auslegung der Vollmacht oder der Testamentsvollstreckungsanordnung ergibt, dass die Vollmacht nach dem Tod in ihrer Wirkung oder Ausübung durch die Testamentsvollstreckung eingeschränkt werden soll.[81] Ist dies jedoch nicht der Fall, so ist eine Zustimmung des Testamentsvollstreckers für das Handeln des Bevollmächtigten ebenso wenig erforderlich wie die Zustimmung der Erben. Allerdings ist zu beachten, dass nach h.M. sowohl die Erben als auch der Testamentsvollstrecker (soweit die Testamentsvollstreckung

77 *Keim*, MittBayNot 2017, 111; *Zimmer*, NJW 2016, 3341; *Wendt*, ErbR 2024, 673 (676); *Meier*, DNotZ 2021, 705; *Thelen/Bühler*, NJW 2024, 2950 (2951); siehe auch *Herrler*, DNotZ 2017, 508, der vorschlägt, sich subsidiär bzw. hilfsweise auf die Alleinerbenstellung zu berufen; so auch Beck'sches Notar-Handbuch/*Krauß*, § 1 Rn 643c.

78 OLG Schleswig ZEV 2015, 225; OLG Celle DNotZ 2020, 672, (675); *Zimmer*, NJW 2016, 3341 (3343), *Wendt*, ErbR 2016, 74; a.A. *Bestelmeyer*, notar 2013, 143.

79 *Becker*, MittBayNot 2019, 315 (318); *Herrler*, DNotZ 2017, 508 (518).

80 BGH ZEV 2022, 719; OLG München ErbR 2013, 33 m Anm. *Wendt*; OLG München ZEV 2012, 376; *Zimmer*, ZEV 2013, 307 (311); *Weidlich*, MittBayNot 2013, 196; Bengel/Reimann/*Dietz*, Rn 36 ff.; abw. *Reimann*, MittBayNot 2012, 227 (229), siehe hierzu auch *Becker*, ZEV 2018, 692 sowie *von Schwander*, RNotZ 2019, 57 (63); *Strobel*, ZEV 2020, 449 sowie *Keim*, ErbR 2024, 170.

81 Zur Auslegung in diesem Zusammenhang siehe insb. Bengel/Reimann/*Dietz*, Rn 38a ff.

reicht) die Vollmacht widerrufen können.[82] Ist dieser Widerruf allerdings nicht erklärt oder besteht jedenfalls der Rechtsschein gem. § 172, 171 BGB fort, so ist die Vollmacht im Rechtsverkehr weiterhin beachtlich.

VII. Auswirkungen einer Nachlassverwaltung oder eines (Nachlass-)Insolvenzverfahrens

21 Zu beachten ist, dass die Anordnung einer Nachlassverwaltung – anders als die Anordnung einer Nachlasspflegschaft – ebenso wie die Eröffnung eines Nachlassinsolvenzverfahrens nach h.M. ohne weiteres zum Erlöschen der Vollmacht führt (§ 1984 Abs. 1 S. 1 BGB i.V.m. § 117 Abs. 1 InsO).[83] Dies dürfte ebenso für den Fall gelten, dass die Insolvenz in der Person eines der Erben vorliegt.[84] Auch hier erlischt also die Vollmacht, nach h.M. finden die Rechtsscheinsgrundsätze der §§ 170 bis 172 BGB keine Anwendung.[85]

VIII. Handlungsmöglichkeiten aufgrund der Vollmacht

22 Sofern die Vollmacht inhaltlich Verfügungen über Grundbesitz abdeckt und in der Form des § 29 GBO vorliegt, kann ein Nachlassgrundstück veräußert werden. In grundbuchrechtlicher Hinsicht gilt für diesen Fall gem. § 40 Abs. 1 S. 1 Alt. 1 GBO eine Ausnahme vom Voreintragungsgrundsatz (§ 39 GBO), da es um die Übertragung eines Rechts geht und die aufgrund der Vollmacht vertretenen Erben von dieser Eintragung betroffen sind.[86] Nach h.M. fällt in den Anwendungsbereich des § 40 Abs. 1 S. 1 Alt. 1 GBO nicht nur die Auflassung, sondern auch die Eintragung einer Auflassungsvormerkung als ein den Erwerb sicherndes Recht, welches nach Vollzug der Eigentumsumschreibung (regelmäßig) zur Löschung gelangt.[87] Lebhaft umstritten ist, ob auch die Belastung von Grundbesitz aufgrund einer transmortalen Vollmacht ohne Voreintragung der Erben möglich ist. Relevant wird dies insbesondere bei Finanzierungsgrundschulden, die im Rahmen eines Verkaufs von Nachlassgrundstücken durch die Käuferseite bestellt werden sollen. Nach herkömmlicher, mittlerweile aber wohl nicht mehr h.M. soll insoweit uneingeschränkt der Voreintragungsgrundsatz des § 39 GBO gelten und damit eine Grundschuld-

82 Grüneberg/*Weidlich*, BGB, 79. Aufl. 2020, Einf v § 2197 Rn 13; Staudinger/*Reimann*, BGB, Vorbem. zu §§ 2197 Rn 92 ff.; *Becker*, ZEV 2018, 692 (693); aA *von Schwander*, RNotZ 2019, 57 (62): nur der Testamentsvollstrecker; *Keim*, ErbR 2024, 170 (180): grundsätzlich nur der Testamentsvollstrecker; differenzierend *Strobel*, ZEV 2020, 449 (455).

83 *Becker*, ZEV 2018, 692; *Becker*, MittBayNot 2019, 316; *von Schwander*, RNotZ 2019, 57 (66).

84 *Becker*, MittBayNot 2019, 316 (317).

85 Siehe hierzu ausf. *Piegsa*, RNotZ 2010, 433 (451/452).

86 OLG Frankfurt DNotZ 2012, 140 (141); OLG München MittBayNot 2022, 226; *Thelen/Bühler*, NJW 2024, 2950 (2952);

87 BGH DNotZ 2018, 914.

eintragung nicht möglich sein.[88] Folgt man dem, so bleibt nur der Weg über § 35 Abs. 1 GBO, also in der Regel die Beantragung eines Erbscheins und Grundbuchberichtigung auf die Erben, falls der Erwerber zur Kaufpreisfinanzierung eine Finanzierungsgrundschuld am Kaufobjekt eintragen muss. Alternativ hierzu kann eine Abwicklung über Notaranderkonto erwogen werden und/oder die Verpfändung des Anspruchs auf Eigentumsverschaffung an die finanzierende Bank, wie dies bei Teilflächenverkäufen praktiziert wird.[89] Demgegenüber haben das OLG Frankfurt, ihm folgend das OLG Köln und auch das OLG Stuttgart, das OLG Celle, das KG, das OLG Karlsruhe und auch das OLG Hamburg entschieden, dass § 40 GBO auch in Bezug auf eine Finanzierungsgrundschuld anwendbar ist, wenn per transmortaler Vollmacht ohne Voreintragung der Erben das Grundstück veräußert wird, da das Handeln des Bevollmächtigten dem eines Nachlasspflegers gleichzustellen sei (analoge Anwendung des § 40 Abs. 1 Alt. 2 Fall 2 GBO).[90] Anders hat das OLG Köln hingegen bei einer „isolierten", also nicht im Zusammenhang mit einem Verkauf des Nachlassgrundstücks einzutragenden Grundschuld entschieden.[91] Die Praxis der Grundbuchämter ist unterschiedlich und – angesichts der divergierenden OLG-Rechtsprechung – vom jeweiligen OLG-Bezirk abhängig. Es empfiehlt sich diesbezüglich ggf. eine vorherige Abstimmung mit dem zuständigen Grundbuchamt im Einzelfall, um Vollzugsschwierigkeiten zu vermeiden.

Inwiefern eine transmortale Vollmacht auch tauglich ist, um im Rahmen eines Erbauseinandersetzungsvertrags ein Nachlassgrundstück auf einen Miterben zu übertragen, ist derzeit noch nicht abschließend geklärt. Überwiegend wird davon ausgegangen, dass es sich bei einer Erbauseinandersetzung (ebenso wie bei einer Erbteilsabtretung und einer Abschichtungsvereinbarung) um ein originär die Erben betreffendes Rechtsgeschäft handelt und daher eine vom Erblasser erteilte Vollmacht hierfür – jedenfalls in schuldrechtlicher Hinsicht – nicht ausreichend ist (der Erblasser hätte ein solches Rechtsgeschäft selbst nie abschließen können).[92] Für die Auflassung gilt dies aufgrund des Abstraktionsprinzips jedoch nicht, die u.U. fehlende causa hinsichtlich des schuldrechtlichen Teils des 23

88 OLG Hamm MittBayNot 2023, 362; OLG Bremen FGPrax 2022, 3; *Kramer*, FGPrax 2019, 14; *Sikora*, NJW 2018, 1572 (1576); *Bestelmeyer*, FGPrax 2018, 107, siehe auch *Becker*, MittBayNot 2022, 341 zur Frage der planwidrigen Regelungslücke als Analogievoraussetzung für die Anwendung des § 40 Abs. 1 GBO.

89 *Weber*, DNotZ 2018, 884.

90 OLG Frankfurt MittBayNot 2018, 247 m. Anm. *Milzer*; OLG Köln FGPrax 2018, 106 mit abl. Anm. *Bestelmeyer*; OLG Stuttgart MittBayNot 2019, 343 mit Anm. *Böttcher*; OLG Stuttgart MittBayNot 2019, 578; OLG Celle MittBayNot 2020, 137 mit Anm. *Becker* sowie DNotZ 2020, 672 mit Anm. *Weigl*; KG FGPrax 2021, 99; OLG Karlsruhe ErbR 2023, 60.

91 OLG Köln MittBayNot 2020, 51 mit Anm. *Ott*; ebenso zur Eintragung eines Nießbrauchs im Rahmen einer Vermächtniserfüllung: OLG Köln FGPrax 2020, 60.

92 OLG Stuttgart BeckRS 2026, 139516; DNotI-Report 2017, 157; *Kroiß/Horn*, NJW 2013, 516 (517); *Weber*, ErbR 2018, 189; *Thelen/Bühler*, NJW 2024, 2950 (2953); Beck'sches Notar-Handbuch/*Krauß*, § 1 Rn 643; siehe jedoch auch LG Stuttgart ZEV 2008, 198 und OLG Celle DNotZ 2020, 672.

Erbauseinandersetzungsvertrags kann daher vom Grundbuchamt wohl auch nicht beanstandet werden.[93] Für die Praxis empfiehlt es sich jedenfalls, auch die Miterben selbst am Auseinandersetzungsvertrag zu beteiligen, also an der Urkunde mitwirken zu lassen.[94]

IX. Innenverhältnis zwischen Bevollmächtigtem und Erben

24 Umstritten ist, an wessen Interessen bzw. Weisungen der Bevollmächtigte nach dem Erbfall sein Handeln auszurichten hat (noch denen des Erblassers oder bereits denen des Erben) und inwieweit der Bevollmächtigte – zumindest im Innenverhältnis – die Zustimmung der vertretenen Erben einholen muss.[95] Daher sollte dem Bevollmächtigten aus Beratersicht empfohlen werden, die Vollmacht ohne Zustimmung der Erben nur auszuüben, wenn es hierfür einen konkreten Auftrag des Erblassers oder einen anderen noch vom Erblasser herrührenden Rechtsgrund gibt.[96]

X. Erwerberschutz

25 Insbesondere bei Kaufverträgen stellt sich die Frage, ob bei einem Verkauf aufgrund post- bzw. transmortaler Vollmacht der Erwerberschutz in gleicher Weise sichergestellt werden kann, wie bei einer vorherigen Grundbuchberichtigung und anschließendem Verkauf durch die Erben.

Nicht vollständig geklärt erscheint, ob bei fehlender Voreintragung der Erben die Möglichkeit eines gutgläubigen Erwerbs gem. § 892 BGB für den Fall besteht, dass der eingetragene Erblasser nur Bucheigentümer war. Zum Teil wird dies bestritten und die Voreintragung der Erben für erforderlich gehalten.[97] Demgegenüber vertritt die h.M. in Literatur und Rechtsprechung zu Recht die Auffassung, ein gutgläubiger Erwerb komme auch ohne Voreintragung der Erben in Betracht, da die Buchposition des Erblassers als Anknüpfungspunkt des gutgläubigen Erwerbs nach dem Rechtsgedanken des § 1922 BGB auch zugunsten der nicht eingetragenen Erben wirkt.[98] Eine gewisse Schutzlücke gibt es jedoch insoweit, als es um Beschränkungen der Verfügungsmacht in der Person des Er-

93 DNotI-Report 2017, 157; *Weber*, ErbR 2018, 189; so nun auch OLG Stuttgart DNotZ 2025, 531; a.A. noch OLG Stuttgart BeckRS 2016, 139516; siehe zur Auflassung an einen Miterben auch OLG Celle DNotZ 2020, 672.

94 Zur Frage, welche Nachweise der Notar hierfür verlangen sollte, siehe *Thelen/Bühler*, NJW 2024, 2950 (2954).

95 Siehe hierzu BGH NJW 1995, 250; *Amann*, MittBayNot 2016, 269; *Sagmeister*, MittBayNot 2013, 107; *Grunewald*, ZEV 2014, 579; *Weidlich*, ZEV 2016, 57 (60); *Keim*, ErbR 2024, 170 (173).

96 *Amann*, MittBayNot 2016, 269; in diesem Sinne auch *Becker*, MittBayNot 2019, 316 (319), der eine Verwendung der Vollmacht unter Verzicht auf den Voreintragungsgrundsatz nur empfiehlt, falls in materieller Hinsicht die Erben bekannt sind und nur ein formeller Erbnachweis fehlt.

97 *Milzer*, MittBayNot 2018, 248 (249); *Sikora*, NJW 2018, 1572 (1576).

98 *Weber*, DNotZ 2018, 884; *Becker*, MittBayNot 2019, 315 (316); *von Schwander*, RNotZ 2019, 57 (73).

ben geht (z.B. unbekannte Insolvenz, siehe vorstehend VII. Rdn 21). Die Anwendung des § 892 Abs. 1 S. 2 BGB setzt hier die Voreintragung des Erben voraus, auf die beim Verkauf durch den transmortal Bevollmächtigten gerade verzichtet wird.[99]

Zu beachten ist ferner, dass durch ein Handeln per Vollmacht die Erben jedenfalls nur mit dem Nachlassvermögen verpflichtet werden können, jedoch nicht mit ihrem Eigenvermögen.[100] Auch dieser Aspekt mag aus Sicht des Erwerbers dafür sprechen, einen Kaufvertrag nicht mit dem post- bzw. transmortal Bevollmächtigten abzuschließen, sondern – nach erfolgter Grundbuchberichtigung – mit den Erben. Im Einzelfall mag erörtert werden, ob der Bevollmächtigte bereit ist, auch im eigenen Namen zu handeln.

Hat der Erblasser Vor- und Nacherbfolge angeordnet, so ist umstritten, ob die vom Erblasser erteilte Vollmacht auch gegenüber den Nacherben gilt und der Bevollmächtigte damit sowohl den Vor- als auch den Nacherben vertreten kann oder ob eine erforderliche Zustimmung der Nacherben (§§ 2113 ff. BGB) von diesen eigens zu erklären ist.[101] Nach wohl h.M. ist davon auszugehen, dass der Bevollmächtigte sämtliche Erben des Erblassers, also auch die Nacherben, vertritt und daher auch die erforderliche Nacherbenzustimmung erteilen kann.[102]

Angesichts der genannten Umstände ist es jedenfalls angebracht, mit den Beteiligten ausdrücklich zu erörtern, inwieweit die Abwicklung eines Grundstückskaufvertrags per transmortaler Vollmacht gewünscht ist, zumal die Kosten für den Erbschein wohl regelmäßig der Verkäufer wird tragen müssen. Letztlich wird also auf Kosten und ggf. auf Risiko des Käufers gespart.[103]

XI. Fazit

Im Ergebnis ist festzuhalten, dass eine über den Tod hinausgeltende Vollmacht regelmäßig einen Erbschein nicht ersetzen kann. Gleichwohl gibt es Fälle, in denen eine Nachlassabwicklung aufgrund einer Vollmacht gelingen kann. Dann wird ein Erbschein nicht benötigt. 26

99 *Becker*, MittBayNot 2019, 316 (317).

100 *Milzer*, MittBayNot 2018, 248 (249); *Sikora*, NJW 2018, 1572 (1575), zutreffend weist *Weber*, DNotZ 2018, 884 (899) allerdings darauf hin, dass auch bei einem Verkauf durch den Testamentsvollstrecker nur der Nachlass, nicht jedoch der Erbe mit seinem Eigenvermögen verpflichtet wird.

101 Siehe hierzu DNotI-Report 2018, 60.

102 OLG Stuttgart MittBayNot 2020, 248 mit Anm. *Suttmann*; *Amann*, MittBayNot 2013, 367; *Becker*, MittBayNot 2019, 319, *von Schwander*, RNotZ 2019, 57 (67); *Weidlich*, ZEV 2016, 57 (64); a.A. jedoch OLG München ZEV 2019, 533 mit zust. Anm. *Kollmeyer*; a.A. auch Staudinger/*Avenarius*, BGB, § 2112 Rn 33 und § 2100 Rn 47; MüKo-BGB/*Lieder*, § 2112 Rn 18; *Bestelmeyer*, RPfleger 2019, 679 (694); *Kollmeyer*, ZEV 2024, 250; ablehnend für den Fall, dass der Vorerbe bevollmächtigt ist, auch *Keim*, ZEV 2020, 1.

103 Kritisch deshalb auch *Keim*, ErbR 2024, 170 (179).

XII. Muster

1. Verkauf eines Nachlassgrundstücks aufgrund transmortaler Vollmacht

27 ▼

Muster 6.1: Verkauf eines Nachlassgrundstücks aufgrund transmortaler Vollmacht

Der Erschienene zu 1. handelt hier nicht im eigenen Namen, sondern für die Erben des verstorbenen und noch im Grundbuch eingetragenen , aufgrund der von diesem erteilten und über den Tod hinaus geltenden notariell beurkundeten Vollmacht vom , die heute in Ausfertigung vorlag und dieser Urkunde in beglaubigter Abschrift beigefügt ist.

Der Erschienene zu 1. garantiert hierzu, dass ihm ein Widerruf der Vollmacht nicht bekannt ist, insbesondere dass ihm ein solcher seitens der Erben nicht zugegangen ist. Er versichert ferner, dass ihm nichts bekannt ist von einer angeordneten Testamentsvollstreckung, einer angeordneten Vor- und Nacherbfolge und auch keine Anhaltspunkte vorliegen für die Eröffnung eines Nachlassinsolvenzverfahrens, eines Nachlassverwaltungsverfahrens oder einer Insolvenz eines Erben.[104]

Der Notar hat auf die Risiken hingewiesen, die sich aus einer fehlenden Voreintragung der Erben des Verstorbenen für den Erwerber ergeben können, insbesondere darauf, dass die Möglichkeit eines gutgläubigen Erwerbs gem. § 892 BGB nicht abschließend geklärt bzw. in ihrer Reichweite begrenzt ist. Er hat auf die Risiken hingewiesen, die sich aus einer etwa angeordneten Vor- und Nacherbfolge ergeben und der Eröffnung eines Nachlassverwaltungs-, eines Nachlassinsolvenzverfahrens oder der Insolvenz eines Erben ergeben können.

▲

2. Erteilung einer transmortalen Vollmacht

28 *Formulierungsbeispiel Erteilung einer transmortalen Vollmacht*

Die Vollmacht berechtigt zur gerichtlichen und außergerichtlichen Vertretung des Vollmachtgebers in allen vermögensrechtlichen Angelegenheiten, soweit eine Stellvertretung rechtlich zulässig ist (ggf. exemplarische Aufzählung der Befugnisse).

Diese Vollmacht erlischt nicht mit dem Tod des Vollmachtgebers, sondern gilt über dessen Tod hinaus. Sie bleibt von einer etwa angeordneten Testamentsvollstreckung unberührt, es besteht insbesondere kein Zustimmungsvorbehalt zugunsten eines etwaigen Testamentsvollstreckers.[105]

104 Siehe hierzu *Weber*, DNotZ 2018, 884 (901).
105 Siehe hierzu *Becker*, ZEV 2018, 692 mit weiteren Formulierungsvorschlägen.

Diese Vollmacht kann jedoch durch jeden meiner Erben oder einen von mir eingesetzten Testamentsvollstrecker widerrufen werden.

(Ggf. Regelung zur zulässigen Vertretung auch der Nacherben: Aufgrund dieser Vollmacht kann der Bevollmächtigte auch etwaige Nacherben vertreten. Die Vollmacht bleibt von einer etwa angeordneten Nacherbenvollstreckung unberührt; Zustimmungsvorbehalte zugunsten eines etwaigen Testamentsvollstreckers bestehen ausdrücklich nicht.

Alt. keine Vertretung der Nacherben: Diese Vollmacht berechtigt jedoch ausdrücklich nicht dazu, Erklärungen für einen eingesetzten Nacherben abzugeben)

E. Überweisungszeugnis gem. § 36 GBO

I. Muster Antrag auf Erteilung eines Überweisungszeugnisses gem. § 36 GBO

▼ 29

Muster 6.2: Antrag auf Erteilung eines Überweisungszeugnisses gem. § 36 GBO

Vor mir, dem Notar mit dem Amtssitz in erschienen heute, am , in meinen Amtsräumen in

Frau ,

geb. am ,

wohnhaft in ,

Herr ,

geb. am ,

wohnhaft in ,

Herr ,

geb. am ,

wohnhaft in

– im Folgenden zusammen „Antragsteller“.

Sachstand

Am verstarb der Erblasser, Herr , in . Er war geb. am in .

Zum Zeitpunkt seines Todes hatte der Erblasser seinen gewöhnlichen Aufenthalt in , Deutschland. Er war ausschließlich deutscher Staatsangehöriger.

Der Erblasser war in erster Ehe verheiratet mit der Antragstellerin, Frau . Für die Ehe galt der ehevertraglich vereinbarte Güterstand der Gütertrennung. Zum Zeitpunkt des Todes hatte keiner der Ehegatten Antrag auf Scheidung oder Aufhebung der Ehe gestellt.

Der Erblasser hat zwei Söhne hinterlassen, die Antragsteller Herrn und Herrn . Weitere Abkömmlinge sind und waren nicht vorhanden, auch keine nichtehelichen oder adoptierten.

Nach Kenntnis der Antragsteller hatte der Erblasser keine Verfügung von Todes wegen hinterlassen, so dass gesetzliche Erbfolge eingetreten ist.

Weitere Personen, durch die die vorstehenden Erben von der Erbfolge ausgeschlossen oder deren Erbteile gemindert würden, sind und waren nicht vorhanden. Weitere sonstige Beteiligte im Sinne des § 345 Abs. 1 FamFG sind den Antragstellern nicht bekannt.

Ein Rechtsstreit über das Erbrecht ist nicht anhängig.

Alle Antragsteller haben die Erbschaft angenommen, was hiermit von allen Antragstellern nochmals bestätigt wird.

Erbfolge

Damit ist der Erblasser aufgrund gesetzlicher Erbfolge beerbt worden von den Antragstellern

Frau zu einem Drittel,

Herrn zu einem Drittel und

Herrn zu einem Drittel.

Eidesstattliche Versicherung

Nach Hinweis des Notars auf die Bedeutung einer eidesstattlichen Versicherung, insbesondere auf die strafrechtlichen Folgen vorsätzlich oder fahrlässig gemachter falscher Angaben, versichern die Erschienenen hiermit an Eides Statt, dass ihnen nichts bekannt ist, was der Richtigkeit ihrer vorstehend gemachten Angaben entgegensteht.

Erbauseinandersetzungsvertrag

Mit notarieller Urkunde des beurkundenden Notars vom heutigen Tage, URNr. („Vorurkunde"), haben die Antragsteller als sämtliche Miterben einen Erbauseinandersetzungsvertrag geschlossen und hierin vereinbart, dass die Ehefrau des Erblassers den folgenden Grundbesitz zum Alleineigentum erhält:

Die Auflassung wurde in der Vorurkunde erklärt und entgegengenommen. Die Eigentumsumschreibung auf die Erwerberin wurde in der Vorurkunde bewilligt und beantragt. Die Vorurkunde wird diesem Antrag in beglaubigter Abschrift beigefügt. Weiteren Grundbesitz hat der Erblasser nicht hinterlassen.

Antrag

Wir beantragen beim zuständigen Nachlassgericht die Erteilung eines Überweisungszeugnisses gem. § 36 GBO, in dem die vorgenannte Erbfolge und das Vorliegen derjenigen Erklärungen bescheinigt werden, die zur Eintragung des Eigentumsübergangs auf Frau als Alleineigentümern in Bezug auf das vorgenannte Grundstück erforderlich sind.

Die Erteilung der Ausfertigung des Zeugnisses an den Notar wird erbeten.

Die zum Nachweis der Angaben erforderlichen öffentlichen Urkunden sind diesem Antrag beigefügt. Etwaige weitere aus Sicht des Nachlassgerichts erforderliche Urkunden sollen unmittelbar bei den Antragstellern angefordert werden.

Den Wert des Grundstücks geben die Antragsteller an mit etwa EUR .

Vollzugsauftrag

Der Notar wird beauftragt und bevollmächtigt, die Antragsteller im Zusammenhang mit dieser Urkunde und der Vorurkunde insbesondere im nachlassgerichtlichen Verfahren sowie im Grundbuchverfahren umfassend zu vertreten, erforderliche Unterlagen einzuholen und zu verwenden und jegliche Erklärungen abzugeben und entgegen zu nehmen.

Belehrungen, Hinweise

[...]

Schlussbestimmungen

Die Kosten dieser Urkunde und die anfallenden Gerichtskosten beim Nachlassgericht sowie dem Grundbuchamt trägt die Antragstellerin Frau . Das zuständige Amtsgericht – Nachlassgericht – erhält eine Ausfertigung dieser Niederschrift. Jeder der Erschienenen erhält eine beglaubigte Abschrift.

Vorgelesen, genehmigt

und eigenhändig unterschrieben:

▲

II. Muster Überweisungszeugnis gem. § 36 GBO

30 ▼

Muster 6.3: Überweisungszeugnis

…, geb. am …,

verstorben am …,

ist beerbt worden von

Frau … zu einem Drittel

Herrn … zu einem Drittel und

Herrn … zu einem Drittel.

Frau …, Herr … und Herr … haben sich hinsichtlich des erbengemeinschaftlichen Grundstücks Flst. … der Gemarkung … (AG …, Grundbuch von … Blatt …) dahingehend auseinandergesetzt, dass dieses auf Frau … als Alleineigentümerin übertragen wird und zur Urkunde des Notars … in … (URNr. …) die entsprechende Auflassung erklärt und die Eigentumsumschreibung auf Frau …

bewilligt.

▲

III. Erläuterungen

1. Allgemeines

31 Das Überweisungszeugnis gem. § 36 GBO (auch: Auseinandersetzungszeugnis) bietet in bestimmten Fällen die Möglichkeit, auch ohne Erbschein die Rechtsnachfolge für Grundbuchzwecke nachzuweisen.[106] Voraussetzung für das Überweisungszeugnis ist ein zum Nachlass gehörendes Grundstück[107] oder Erbbaurecht (erfasst werden auch ein Miteigentumsanteil sowie Wohnungs- und Teileigentum), welches durch Erbfolge auf mehrere Erben in Erbengemeinschaft übergegangen ist und welches nun von einem Miterben erworben wird.[108] Eine Berichtigung des Grundbuchs auf den Alleinerben oder auf die Erben in Erbengemeinschaft kann mittels eines Überweisungszeugnisses also nicht erfolgen. Erwerber des Grundstücks müssen ein oder mehrere Miterben sein (auch möglich: alle Miterben zu Bruchteilen[109]), nicht jedoch ein Dritter. Ein Ver-

106 Siehe hierzu *Zimmermann*, Erbschein, Rn 13; Firsching/Graf/*Krätzschel*, § 40 Rn 47; *Rupp*, notar, 2014, 97.
107 Für zum Nachlass gehörende Grundpfandrechte siehe § 37 GBO.
108 Zur Anwendung des § 36 GBO bei mehrstufigen Erbfällen siehe KG ZEV 2020, 171.
109 Bauer/Schaub/*Schaub*, GBO § 36 Rn 23; *Rupp*, notar, 2014, 97 (99).

mächtnisnehmer kann im Wege eines Überweisungszeugnisses demnach nur dann im Grundbuch eingetragen werden, wenn er zugleich Miterbe ist, es sich also um ein Vorausvermächtnis handelt. Sofern der Anwendungsbereich eröffnet ist und die Beteiligten für außergrundbuchliche Zwecke keinen Erbschein benötigen, kann das Überweisungszeugnis gem. § 36 GBO eine kostengünstige Alternative zum Erbschein darstellen (zu den Kosten siehe Rdn 34).[110]

2. Antrag, Voraussetzungen

Der Antrag ist an das zuständige Nachlassgericht, nicht etwa an das Grundbuchamt zu richten (§ 36 Abs. 1 Alt. 1 GBO).[111] Antragsberechtigt ist jeder einzelne Miterbe. Der Antrag muss also – ebenso wie beim gemeinschaftlichen Erbschein – nicht notwendigerweise durch alle Miterben gestellt werden. Allerdings bedarf es hinsichtlich der Erbauseinandersetzung ohnehin der Mitwirkung aller Miterben. 32

Es müssen alle Voraussetzungen für einen Erbschein gegeben sein (§ 36 Abs. 2 lit. a GBO), des Weiteren muss nachgewiesen werden, dass die für die Eigentumseintragung des erwerbenden Miterben nötigen Erklärungen formgerecht abgegeben wurden (§ 36 Abs. 2 lit. b GBO). Der Wortlaut des § 36 GBO gibt nicht vor, auf welchem Weg die Erbauseinandersetzung erfolgt. In Frage kommen sowohl ein Erbauseinandersetzungsvertrag hinsichtlich des Nachlassgrundstücks mit Auflassung als auch eine Erbteilsabtretung mit Grundbuchberichtigung gem. § 22 GBO oder auch eine sog. Abschichtungsvereinbarung, ebenfalls mit Grundbuchberichtigung gem. § 22 GBO.[112] Soweit Testamentsvollstreckung oder Nacherbfolge angeordnet wurde, ist ein entsprechender Vermerk auch in das Auseinandersetzungszeugnis (und den hierauf gerichteten Antrag) aufzunehmen.[113] Um dem Grundbuchamt die Prüfung zu ermöglichen, ob im Grundbuch des fraglichen Grundstücks ein Nacherbenvermerk (§ 51 GBO) oder ein Testamentsvollstreckervermerk (§ 52 GBO) einzutragen ist, muss ggf. auch verlautbart werden, dass sich die Nacherbfolge bzw. die Testamentsvollstreckung, z.B. aufgrund der Vereinbarungen im Auseinandersetzungsvertrag nicht (mehr) auf das auseinandergesetzte Grundstück bezieht.[114]

110 *Rupp*, notar, 2014, 97 (99) mit konkretem Berechnungsbeispiel.

111 Zu den Zuständigkeiten bei Auseinandersetzung von Gesamtgut siehe § 36 Abs. 1 Nr. 2 und Nr. 3 GBO; zur Sonderzuständigkeit des Notars nach Vermittlung einer Auseinandersetzung gem. §§ 363 ff. FamFG siehe § 36 Abs. 2a GBO.

112 *Rupp*, notar, 2014, 97 (99); BeckOK-GBO/*Zeiser*, § 36 Rn 5.

113 Firsching/Graf/*Krätzschel*, § 40 Rn 46.

114 BeckOK-GBO/*Zeiser*, § 36 Rn 8.

Zum Teil wird vertreten, es sei für jedes Grundstück ein eigenes Überweisungszeugnis nötig, wenn mehrere Nachlassgrundstücke vorhanden sind.[115] Dies überzeugt hingegen nicht. Weder Wortlaut noch Sinn und Zweck des § 36 GBO schließen es aus, dass in einem Überweisungszeugnis die Voraussetzungen für den Rechtsübergang an mehreren Grundstücken (auch an verschiedene Erwerber) bescheinigt werden. Ggf. können dann mehrere Ausfertigungen des Zeugnisses zur Vorlage bei verschiedenen Grundbuchämtern beantragt werden, sofern nicht die Rückgabe des Zeugnisses nach Grundbuchvollzug durch die einzelnen Grundbuchämter abgewartet werden soll.

3. Grundbuchvollzug

33 Das Überweisungszeugnis wird vom zuständigen Nachlassgericht erteilt. Es führt nicht unmittelbar zum Grundbuchvollzug. Dieser ist vielmehr beim Grundbuchamt gesondert zu beantragen.

Hierzu bedarf es

- eines entsprechenden Antrags (§ 13 GBO) beim Grundbuchamt, nach dem der Erwerber der Erbauseinandersetzung/Erbteilsabtretung/Abschichtungsvereinbarung beim Grundbuchamt als Eigentümer eingetragen wird. Dieser Antrag kann entweder bereits in der notariellen Vereinbarung über die Erbauseinandersetzung enthalten sein oder gesondert gestellt werden.
- Vorlage des Überweisungszeugnisses in Ausfertigung (nicht ausreichend ist – ebenso wie beim Erbschein im Rahmen des § 35 Abs. 1 S. 1 GBO – die Vorlage einer beglaubigten Abschrift). Gehören das zuständige Grundbuchamt und das Nachlassgericht zum selben Amtsgericht, so kann anstelle der Vorlage der Ausfertigung auch auf die Nachlassakte verwiesen werden.[116]
- Vorlage der grunderwerbsteuerlichen Unbedenklichkeitsbescheinigung des Finanzamts (§ 22 Abs. 1 GrEStG).[117]

Der notarielle Vertrag über die Erbauseinandersetzung ist dem Grundbuchamt also nicht zwingend vorzulegen, da Eintragungsgrundlage beim Grundbuchamt nur das Überweisungszeugnis ist. Eine Vorlage des Erbauseinandersetzungsvertrags ist freilich dann erforderlich, wenn der Antrag auf Eigentumsumschreibung gem. § 13 GBO nicht gesondert von den Beteiligten bzw. dem Notar gestellt wird, sondern (ausschließlich) im Erbauseinandersetzungsvertrag enthalten ist.

115 *Rupp*, notar, 2014, 97 (99); *Schäfer*, NotBZ 1997, 94.

116 BeckOK-GBO/*Zeiser*, § 36 Rn 9; MüKo-BGB/*Grziwotz*, § 2353 Rn 180.

117 BeckOK-GBO/*Zeiser*, § 36 Rn 6, sofern diese für den Grundbuchvollzug im Einzelfall nicht entbehrlich ist, siehe z.B. Ziffer 7. GBGA des BayStMJ.

4. Kosten

Für die beim Antrag abzugebende eidesstattliche Versicherung fällt gem. KV 23300 GNotKG eine 1,0 Gebühr an. Ebenso wie beim Erbscheinsantrag wird gem. Vorbemerkung 2.3.3 Abs. 2 durch die Gebühr für die eidesstattliche Versicherung gleichzeitig auch die Antragstellung abgegolten. 34

Der Geschäftswert für den Antrag bemisst sich nach § 41 GNotKG, also nach dem Wert des betroffenen Grundbesitzes, nicht nach dem Gesamtwert der Erbschaft. Hierin liegt der entscheidende Unterschied zum Erbscheinsantrag, der das Überweisungszeugnis unter Kostengesichtspunkten interessant macht. Hinsichtlich der Geschäftswertermittlung für das Überweisungszeugnis gelten also die gleichen Grundsätze wie für den früheren Erbschein zu Grundbuchzwecken (§ 107 Abs. 3 KostO a.F.).

Für die Erteilung des Überweisungszeugnisses kommt eine 1,0 Gebühr gem. KV 12210 GNotKG hinzu, und zwar wiederum aus dem Geschäftswert gem. § 41 GNotKG.

Für den Erbauseinandersetzungsvertrag fällt eine 2,0 Gebühr gem. KV 21100 aus dem Wert des vertragsgegenständlichen Grundstücks an.[118] Wird die Auseinandersetzungsvereinbarung nicht gesondert beurkundet, sondern in die Urkunde über den Antrag auf Erteilung des Überweisungszeugnisses aufgenommen, so handelt es sich um verschiedene Beurkundungsgegenstände i.S.d. §§ 109 ff. GNotKG.[119]

Hinsichtlich der Kosten für den Grundbuchvollzug ist darauf hinzuweisen, dass ggf. die Privilegierung nach Anm. 1 zu KV 14110 GNotKG zu gewähren ist. Wird also die 2-Jahresfrist eingehalten, so fallen für die Eintragung des Erwerbers keine Gebühren an. Dies gilt nach richtiger Auffassung nicht nur für den Fall des Erbauseinandersetzungsvertrags im engeren Sinne, also der Auflassung an einen Miterben, sondern auch für die ebenfalls von § 36 GBO erfassten Fälle der Erbteilsabtretung und der Abschichtungsvereinbarung.[120] Dies rechtfertigt sich aus dem Zweck der Vorschrift, der darin liegt, die zeitnahe Auseinandersetzung von Erbengemeinschaften zu fördern und deren Perpetuierung im Grundbuch zu vermeiden.[121] Für welchen der drei Wege der Auseinandersetzung der Erbengemeinschaft sich die Beteiligten entscheiden, ist für die Kostenprivilegierung also unerheblich. 35

118 Etwas anderes kann gelten, wenn eine Erbteilsabtretung oder eine Abschichtungsvereinbarung getroffen wird, da hier ggf. noch weitere Nachlassgegenstände zu berücksichtigen sind.

119 *Rupp*, notar, 2014, 97; BeckFormB ErbR/*Eckelskemper/Schmitz*, Form. J.V. 4. Anm. 3.

120 Bormann/Diehn/Sommerfeldt/*Gutfried*, GNotKG § 144110 Rn 22, 23; *Rupp*, notar 2014, 97 (99).

121 BR Drucksache 517/12, 305; *Rupp*, notar 2014, 99.

F. Zeugnis über die Fortsetzung der Gütergemeinschaft nach § 1507 BGB

I. Antrag auf Erteilung eines Fortsetzungszeugnisses (§ 1507 BGB)

1. Muster Antrag eines Fortsetzungszeugnisses nach § 1507 BGB

36 ▼

Muster 6.4: Antrag auf Erteilung eines Fortsetzungszeugnisses (§ 1507 BGB)

Vor mir, dem Notar … mit dem Amtssitz in …, erschien heute, am …, in meinen Amtsräumen in …

Frau …,

geb. am …,

wohnhaft in ….

Die Erschienene erklärte:

Sachstand

Am … verstarb der Erblasser, Herr …, in …. Er war geb. am … in ….

Zum Zeitpunkt seines Todes hatte der Erblasser seinen gewöhnlichen Aufenthalt in Freiburg im Breisgau, Deutschland. Er war seit Geburt ausschließlich deutscher Staatsangehöriger.

Der Erblasser war der Ehemann der Antragstellerin, Frau …, und mit dieser in erster Ehe verheiratet. Die Antragstellerin besitzt seit Geburt die deutsche Staatsangehörigkeit. Die Eheschließung erfolgte am … vor dem Standesamt in ….

Aus der Ehe des Erblassers sind zwei Kinder hervorgegangen, nämlich … und …. Ein Erbverzicht der gemeinschaftlichen Abkömmlinge liegt nicht vor. Weitere gemeinschaftliche oder einseitige Abkömmlinge hatte der Erblasser nicht.

Am … schlossen der Erblasser und die Antragstellerin einen Ehevertrag vor dem Notar …, mit Amtssitz in … (UR Nummer …). In diesem Ehevertrag sind Gütergemeinschaft und die Fortsetzung der Gütergemeinschaft beim Tod eines Ehegatten vereinbart.

Eine letztwillige Verfügung des Erblassers oder ein weiterer Ehevertrag sind nicht vorhanden.

Eine Ablehnung der fortgesetzten Gütergemeinschaft hat nicht stattgefunden.

Ein Rechtsstreit über die Fortsetzung der Gütergemeinschaft ist nicht anhängig.

Weitere sonstige Beteiligte im Sinne des § 345 Abs. 1 FamFG sind der Antragstellerin nicht bekannt.

Eidesstattliche Versicherung

[…]

Antrag

Die Antragstellerin beantragt beim zuständigen Nachlassgericht die Erteilung eines Zeugnisses über die Fortsetzung der Gütergemeinschaft zwischen der Antragstellerin und den gemeinschaftlichen Abkömmlingen   , geb. am   , und   , geb. am   .

Vollzugsauftrag, Belehrungen, Hinweise, Schlussbestimmungen

[…]
▲

2. Erläuterungen

a) Grundlagen zur fortgesetzten Gütergemeinschaft

Der vertragliche Güterstand der Gütergemeinschaft endet grundsätzlich mit dem Tod eines Ehegatten. **37** Der Anteil des verstorbenen Ehegatten am Gesamtgut gehört dann zum Nachlass, § 1482 BGB. Ist der überlebende Ehegatte bei Beendigung Alleinerbe, so erwirbt er ohne Auseinandersetzung des Gesamtguts den anderen Gesamtgutsanteil, da sich beide Anteile in einer Hand vereinigen. Sind mehrere Erben vorhanden, entsteht ein sog. doppeltes Gesamthandsverhältnis (Gesamthand der Gütergemeinschaft zwischen überlebendem Ehegatten und Erben; Gesamthand der Erbengemeinschaft).[122]

Die Gütergemeinschaft endet allerdings trotz des Todes eines Ehegatten nicht, wenn entweder **38**

- die Ehe vor dem 1.7.1958 geschlossen wurde und die allgemeine Gütergemeinschaft galt, oder
- die Ehe am 1.7.1958 oder später geschlossen wurde und die Ehegatten durch Ehevertrag vereinbaren, dass die Gütergemeinschaft nach dem Tod eines Ehegatten zwischen dem überlebenden Ehegatten und den gemeinschaftlichen Abkömmlingen fortgesetzt wird (§ 1483 Abs. 1 S. 1 BGB).

122 BeckOGK-BGB/*Kappler*, § 1482 Rn 3; MüKo-BGB/*Münch*, § 1482 Rn 3.

Bei der **Eheschließung vor dem 1.7.1958** und Vereinbarung der „allgemeinen Gütergemeinschaft" wird die Gütergemeinschaft ohne besondere Vereinbarung fortgesetzt. War die Fortsetzung nicht gewollt, musste sie ausgeschlossen werden. Für Ehen, die vor dem 1.7.1958 geschlossen wurden und für die der vertragliche Güterstand der allgemeinen Gütergemeinschaft vereinbart ist, bleibt es nach der Übergangsregelung des Art. 8 Abs. 1 Nr. 6 des Gleichberechtigungsgesetzes für Ehen vom 18.6.1957 bei dieser Rechtsfolge. Die allgemeine Gütergemeinschaft wird beim Tod eines Ehegatten also grundsätzlich fortgesetzt.[123]

Im Übrigen wird die Gütergemeinschaft nur fortgesetzt, wenn dies nach § 1483 Abs. 1 S. 1 BGB im Ehevertrag vereinbart ist und die Ehegatten gemeinschaftliche Abkömmlinge haben. Die Gütergemeinschaft wird mit den gemeinschaftlichen Abkömmlingen fortgesetzt, die bei gesetzlicher Erbfolge als Erben berufen wären (§ 1483 Abs. 1 S. 2 BGB). Keine Fortsetzung tritt daher mit gemeinschaftlichen Abkömmlingen ein, die nicht gesetzliche Erben wären (z.B. wegen Erbverzichts) oder die von den Ehegatten durch letztwillige Verfügung nach §§ 1511, 1516 BGB ausgeschlossen wurden.[124] Das **Gesamtgut** fällt bei der fortgesetzten Gütergemeinschaft gemäß § 1483 Abs. 1 S. 3 Hs. 1 BGB nicht in den Nachlass. Es tritt insoweit (in Ansehung des Gesamtguts) **gewillkürte Sonderrechtsnachfolge** ein.[125] Das Vorbehalts- und Sondergut fällt dagegen in den Nachlass; der verstorbene Erblasser wird insoweit nach den allgemeinen erbrechtlichen Vorschriften beerbt, § 1483 Abs. 1 S. 3 Hs. 2 BGB.

Die fortgesetzte Gütergemeinschaft besteht bis zu deren Beendigung. Verschiedene Beendigungstatbestände sind denkbar:

- Wiederverheiratung des überlebenden Ehegatten, § 1493 BGB;
- Tod oder Todeserklärung des überlebenden Ehegatten, § 1494 BGB;
- Aufhebungserklärung des überlebenden Ehegatten oder Aufhebungsvertrag mit allen gemeinschaftlichen Abkömmlingen, § 1492 BGB;
- Verzicht und/oder Tod aller Abkömmlinge, §§ 1490, 1491 BGB. Es vereinigen sich hier alle Anteile in der Person des überlebenden Ehegatten. Ob neben § 1491 BGB auch eine Abschichtung möglich ist, ist unklar.[126]
- Aufhebungsurteil nach Klage eines anteilsberechtigten gemeinschaftlichen Abkömmlings, §§ 1495 f. BGB.

Nach der Beendigung setzen sich der überlebende Ehegatte (bzw. dessen Erben) und die Abkömmlinge über das Gesamtgut nach den §§ 1497 ff. BGB auseinander.

123 Krätzschel/Falkner/Döbereiner/*Krätzschel*, Nachlassrecht, § 40 Rn 21.
124 MüKo-BGB/*Münch*, § 1483 Rn 17.
125 Soergel/Gaul/*Althammer*, BGB, 13. Aufl. 2013, § 1483 Rn 5.
126 Vgl. *Becker*, RNotZ 2013, 535 (538 f.).

b) Zweck und Wirkungen des § 1507 BGB

Im Rechtsverkehr (v.a. gegenüber dem Grundbuchamt) besteht bisweilen das Bedürfnis, 39
die Fortsetzung der Gütergemeinschaft nachzuweisen. Nach § 1507 S. 1 BGB hat das Nachlassgericht auf Antrag dem überlebenden Ehegatten ein Zeugnis über die Fortsetzung der Gütergemeinschaft zu erteilen. Das Zeugnis wirkt als Rechtsscheingrundlage und schützt den Rechtsverkehr bei gutem Glauben an die Richtigkeit des Zeugnisses (§§ 1507 S. 2, 2365 ff. BGB).

Das sog. Fortsetzungszeugnis weist drei verschiedene Tatbestände nach, zunächst den **Eintritt der Fortsetzung**. Zweitens legt es Zeugnis darüber ab, wer **Rechtsnachfolger hinsichtlich des bisherigen Gesamtguts** der Gütergemeinschaft geworden ist.[127] Drittens wird die **Berechtigung am Gesamtgut** des alleinverwaltungsbefugten überlebenden Ehegatten i.S.d. § 1487 Abs. 1 Hs. 2 BGB nachgewiesen.[128] Die Nachweisfunktion ist besonders im Grundbuchverfahren bedeutend, da dort der Nachweis des Eintritts der fortgesetzten Gütergemeinschaft nur durch Zeugnis i.S.d. § 1507 BGB möglich ist, § 35 Abs. 2 GBO (vgl. im Schiffsregisterrecht § 41 Abs. 2 SchRegO). Insbesondere wird der Ehevertrag anders als die letztwillige Verfügung nicht eröffnet, weshalb neben dem Fortsetzungszeugnis auch keine beglaubigte Abschrift einer Eröffnungsniederschrift nebst Anlagen zur Verfügung steht.[129] In Erinnerung ist an dieser Stelle zu rufen, dass das **Fortsetzungszeugnis** nach § 1507 BGB nur nachweist, dass für das **Gesamtgut** die Gütergemeinschaft fortgesetzt wird. Keine Bedeutung hat es für das **Vorbehalts- oder Sondergut**; die Rechtsnachfolge ist hier durch **Erbschein** nachzuweisen. Beide Zeugnisse – Fortsetzungszeugnis und Erbschein – können gemeinsam beantragt werden und in einer Urkunde verbunden werden.[130] Das **zusammengefasste Zeugnis** ist aber unzweckmäßig, da dann die isolierte Einziehung bei Unrichtigkeit eines der Zeugnisse nicht mehr möglich ist.[131]

Denkbar ist neben dem klassischen Fortsetzungszeugnis für die deutsche Gütergemeinschaft nach § 1507 BGB auch die Beantragung eines **Fremdrechtsfortsetzungszeugnis** nach § 1507 BGB analog, wenn nach einem ausländischen Güterstand es ebenfalls zu einer Fortsetzung der Gütergemeinschaft kommt.[132] Erforderlich ist hierfür aber, dass der ausländische Güterstand mit dem deutschen Güterstand nach §§ 1483 ff. BGB **gleich-**

127 BayObLGZ 1954, 79, 81; OLG München BWNotZ 2011, 164, 165; OLG Düsseldorf ZEV 2020, 225, 227 Rn 20; MüKo-BGB/*Münch*, § 1507 Rn 4.

128 Vgl. OLG Hamburg OLGE 14, 234; BeckOGK-BGB/*Papenbreer*, § 1507 Rn 2; zur Alleinverwaltung des überlebenden Ehegatten siehe auch *Becker*, notar 2020, 188.

129 *Becker*, notar 2020, 188 (189 Fn 10).

130 KG OLGE 14, 237; Staudinger/*Thiele*, BGB, 2018, § 1507 Rn 10; *Schäuble*, BWNotZ 2023, 182 (183).

131 BeckOGK-BGB/*Papenbreer*, § 1507 Rn 12.

132 Vgl. OLG Düsseldorf ZEV 2020, 225; KG ZEV 2023, 751 Rn 22; *Schäuble*, BWNotZ 2023, 182 ff.; *Schäfer*, ZEV 2023, 754.

wertig ist.[133] Bejaht wurde die Gleichwertigkeit für die fortgesetzte Gütergemeinschaft nach dänischem Recht,[134] verneint wurde sie für die Anwachsungsklausel nach französischem Güterrecht (clause d'attribution au survivant).[135]

40 Neben dem Zweck, Nachweis zu führen, ist die Qualität des Zeugnisses als **Rechtsscheingrundlage** wichtig (§§ 1507 S. 2, 2365 ff.). Das Fortsetzungszeugnis schützt den guten Glauben an den Eintritt der Fortsetzung der Gütergemeinschaft sowie an die Alleinverwaltungsbefugnis des im Fortsetzungszeugnis ausgewiesenen überlebenden Ehegatten.[136] Nicht geschützt ist aber der gute Glaube an das Vorliegen von Tatsachen, die Voraussetzung für die Erteilung des Fortsetzungszeugnisses selbst sind, also z.B. die rechtliche Stellung einer im Zeugnis ausgewiesenen Person als gemeinschaftlicher Abkömmling.[137] Das kann wegen der Zustimmungspflicht der gemeinschaftlichen Abkömmlinge nach §§ 1487 Abs. 1 Hs. 1, 1424 BGB bei der Verfügung über Grundstücke entscheidungserheblich werden. Die Zustimmungsberechtigung kann nicht durch das Zeugnis nach § 1507 BGB nachgewiesen werden. Stattdessen wären – was i.d.R. unschwer möglich ist – die entsprechenden Geburtsurkunden in der Form des § 29 GBO vorzulegen.

Wiewohl das Fortsetzungszeugnis als Rechtsscheinträger fungiert, kann es **keine umfassende Rechtssicherheit** gewährleisten. Es schützt nur den guten Glauben an den Eintritt der fortgesetzten Gütergemeinschaft, nicht dagegen an dessen Fortbestehen. Da die Aufhebung der fortgesetzten Gütergemeinschaft nach § 1492 BGB jederzeit unschwer möglich ist und überdies mit Beendigung der fortgesetzten Gütergemeinschaft das Zeugnis von selbst kraftlos wird,[138] sind dem Rechtsscheinträger Rechtsunsicherheiten für den Rechtsverkehr immanent.[139]

c) Zuständiges Gericht und Form des Antrags

41 Zuständig ist das **Nachlassgericht** gem. § 1507 S. 1 BGB, § 343 FamFG. Im Ausnahmefall ist allerdings das **Landwirtschaftsgericht** ausschließlich zuständig (§ 1 Nr. 5 LwG; § 18 Abs. 2 HöfeO), wenn zum Nachlass im Geltungsbereich der Höfeordnung ein Hof gehört.[140]

42 Der Antrag auf Erteilung eines Fortsetzungszeugnisses ist an **keine besondere Form** gebunden und nicht fristgebunden.[141] Er kann schriftlich oder zur Niederschrift der Ge-

133 OLG Düsseldorf ZEV 2020, 225 Rn 29; KG ZEV 2023, 751 Rn 24; *Schäuble*, BWNotZ 2023, 182 (188 f.).
134 OLG Düsseldorf ZEV 2020, 225 Rn 28 ff.
135 KG ZEV 2023, 751 Rn 25 ff. m. krit. Anm. *Schäfer*, ZEV 2023, 754.
136 BGH NJW 1974, 1764, 1765; BeckOK-BGB/*Spernath*, § 1507 Rn 1.
137 BGH NJW 1974, 1764, 1765 f.; Staudinger/*Thiele*, BGB, 2018, § 1507 Rn 18.
138 KG NJW 1964, 1905, 1906; BeckOK-BGB/*Spernath*, § 1507 Rn 7.
139 BeckOK-BGB/*Spernath*, § 1507 Rn 7; MüKo-BGB/*Münch*, § 1507 Rn 8; BeckOGK-BGB/*Papenbreer*, § 1507 Rn 13.
140 BeckOK-BGB/*Spernath*, § 1507 Rn 2.
141 BeckOGK-BGB/*Papenbreer*, § 1507 Rn 5; Staudinger/*Thiele*, BGB, 2018, § 1507 Rn 4.

schäftsstelle abgegeben werden (§ 25 FamFG). Wegen des Erfordernisses der eidesstattlichen Versicherung (siehe Rdn 60 ff.) wird der Antrag aber regelmäßig notariell beurkundet.

d) Antragsberechtigung

Antragsberechtigt ist **während des Bestehens der fortgesetzten Gütergemeinschaft** 43 nur der **überlebende Ehegatte**. Die alleinige Befugnis folgt dem Alleinverwaltungsrecht des überlebenden Ehegatten gem. § 1487 Abs. 1 Hs. 2 BGB.[142] Zudem legt der Wortlaut des § 1507 S. 1 BGB („dem überlebenden Ehegatten auf Antrag") diese Antragsberechtigung nahe. Nicht antragsberechtigt sind somit insbesondere die gemeinschaftlichen Abkömmlinge während des Bestehens der fortgesetzten Gütergemeinschaft.[143] Sie können aber nach § 357 FamFG eine Ausfertigung des bereits erteilten Zeugnisses verlangen.[144]

Ausnahmsweise sind neben dem überlebenden Ehegatten auch Gläubiger des überlebenden Ehegatten zum Zwecke der Zwangsvollstreckung antragsberechtigt (§§ 792, 896 ZPO).[145] Gleiches gilt für Gläubiger der gemeinschaftlichen Abkömmlinge, die die Grundberichtigung nach §§ 1485 Abs. 3, 1416 Abs. 3 BGB betreiben.[146]

Nach der Beendigung der fortgesetzten Gütergemeinschaft sind neben den genannten Antragsberechtigten zusätzliche Personen antragsbefugt. So sind nach dem Tod des überlebenden Ehegatten dessen Erben sowie jeder anteilsberechtigte Abkömmling (arg e §§ 1497, 1472 Abs. 3 Hs. 2 BGB [Mitverwaltungsrecht]) antragsbefugt.[147] In diesem Fall steht jedem Erben und gemeinschaftlichen Abkömmling das Antragsrecht einzeln zu.[148]

e) Allgemeiner Inhalt des Antrags, § 354 FamFG i.V.m. § 352 FamFG

Der Inhalt des Antrags auf Erteilung eines Fortsetzungszeugnisses nach § 1507 BGB rich- 44 tet sich gemäß §§ 354 Abs. 1, 352 FamFG, § 1507 S. 2 BGB nach den Vorgaben zur Beantragung eines Erbscheins. Anzugeben ist im Antrag freilich nur, was für das Fortsetzungszeugnis relevant ist.

aa) Zeitpunkt des Todes des verstorbenen Ehegatten

Nach §§ 352 Abs. 1 S. 1 Nr. 1, 354 Abs. 1 FamFG ist zunächst der Zeitpunkt des Todes 45 des verstorbenen Ehegatten anzugeben.

142 OLG Hamburg OLGE 14, 234; BeckOK-BGB/*Spernath*, § 1507 Rn 2; BeckOGK-BGB/*Papenbreer*, § 1507 Rn 3.

143 OLG München BWNotZ 2011, 164, 165; Staudinger/*Thiele*, BGB, 2018, § 1507 Rn 5.

144 Krätzschel/Falkner/Döbereiner/*Krätzschel*, Nachlassrecht, § 40 Rn 29.

145 BeckOK-BGB/*Spernath*, § 1507 Rn 2; MüKo-BGB/*Münch*, § 1507 Rn 2.

146 Krätzschel/Falkner/Döbereiner/*Krätzschel*, Nachlassrecht, § 40 Rn 29.

147 KG OLGE 40, 155; MüKo-BGB/*Münch*, § 1507 Rn 2; BeckOGK-BGB/*Papenbreer*, § 1507 Rn 4.

148 KG JW 1935, 1437; OLG München BWNotZ 2011, 164, 165; BeckOK-BGB/*Spernath*, § 1507 Rn 2; Staudinger/*Thiele*, BGB, 2018, § 1507 Rn 5.

bb) Letzter gewöhnlicher Aufenthalt und Staatsangehörigkeit der Ehegatten

46 Zudem sind gemäß §§ 352 Abs. 1 S. 1 Nr. 2, 354 Abs. 1 FamFG der letzte gewöhnliche Aufenthalt und die Staatsangehörigkeit des verstorbenen Ehegatten aufzunehmen. Der Antrag sollte auch die Staatsangehörigkeit des überlebenden Ehegatten angeben.

cc) Voraussetzungen des Eintritts der fortgesetzten Gütergemeinschaft

47 Des Weiteren ist nach §§ 352 Abs. 1 S. 1 Nr. 3, 354 Abs. 1 FamFG das Verhältnis, auf dem die fortgesetzte Gütergemeinschaft beruht, anzugeben; es sind also die Voraussetzungen für den Eintritt der Fortsetzung (§ 1483 Abs. 1 S. 1 BGB), darzulegen.

(1) Ehevertrag mit Fortsetzungsvereinbarung

48 Zwingend ist zunächst der Ehevertrag mit Datum seines Abschlusses zu bezeichnen, in dem die Fortsetzungsvereinbarung getroffen wurde. Der Ehevertrag ist Grundvoraussetzung für den Eintritt der fortgesetzten Gütergemeinschaft. Zweckmäßig ist zudem die Angabe des Zeitpunkts der Eheschließung. Denn bei Eheschließung und Ehevertrag vor 1.7.1958 wäre die Fortsetzung ohne gesonderte Fortsetzungsvereinbarung angeordnet (siehe oben Rdn 38).

(2) Vorhandensein gemeinschaftlicher Abkömmlinge

49 Darüber hinaus ist das Vorhandensein von gemeinschaftlichen Abkömmlingen zu nennen. Unklar ist, ob es genügt, lediglich das Vorhandensein von gemeinschaftlichen Abkömmlingen zu erwähnen, oder ob zusätzlich die Abkömmlinge mit Namen und Geburtsdatum/Wohnort bezeichnet werden müssen.

Überwiegend wird vertreten, dass die Namen der gemeinschaftlichen Abkömmlinge nicht zwingend anzugeben sind, eine Nennung aber zweckmäßig ist.[149]

Andere Stimmen gehen demgegenüber davon aus, dass in jedem Fall die Namen der gemeinschaftlichen Abkömmlinge anzugeben sind.[150]

Für letztere Sichtweise spricht, dass das Fortsetzungszeugnis auch Zeugnis darüber gibt, wer Rechtsnachfolger in den Anteil des verstorbenen Ehegattens am Gesamtgut geworden ist.[151] Überdies erbringt das Zeugnis im Grundbuchverfahren den vollen Beweis für den Übergang des Gesamtguts auf die im Zeugnis genannten Personen.[152] Ohne Namensnennung wäre eine Grundbuchberichtigung (§ 35 Abs. 2 GBO) nicht möglich. Vor

149 Grüneberg/*Siede*, BGB, § 1507 Rn 4; BeckOK-BGB/*Spernath*, § 1507 Rn 5; BeckOGK-BGB/*Papenbreer*, § 1507 Rn 10; offengelassen OLG München BWNotZ 2011, 164, 165.

150 *Demharter*, GBO, 31. Aufl. 2018, § 35 Rn 50; Krätzschel/Falkner/Döbereiner/*Krätzschel*, Nachlassrecht, § 40 Rn 26; siehe auch Staudinger/*Thiele*, BGB, 2018, § 1507 Rn 7.

151 BayObLGZ 1954, 79, 81; OLG München BWNotZ 2011, 164, 165; MüKo-BGB/*Münch*, § 1507 Rn 4.

152 OLG Düsseldorf ZEV 2020, 225, 227 Rn 20; *Demharter*, GBO, 31. Aufl. 2018, § 35 Rn 54.

diesem Hintergrund empfiehlt es sich, die Angabe der jeweiligen Namen der gemeinschaftlichen Abkömmlinge im Zeugnis zu beantragen.

Darüber hinaus ist es zweckmäßig, im Antrag zu erwähnen, dass die gemeinschaftlichen Abkömmlinge nicht auf ihr Erbrecht verzichtet haben und daher zu gesetzlichen Erben berufen wären (zur Erbunwürdigkeit und Anteilsunwürdigkeit siehe § 1506 BGB). Sofern ein gemeinschaftlicher Abkömmling dagegen nicht zum gesetzlichen Erben berufen wäre, z.B. aufgrund des Erbverzichts, ist dies zwingend anzugeben. Mit solchen gemeinschaftlichen Abkömmlingen wird – wie sich aus § 1483 Abs. 1 S. 2 BGB ergibt – keine Gütergemeinschaft fortgesetzt.[153]

Im Fortsetzungszeugnis wird nicht die Größe der Anteile der gemeinschaftlichen Abkömmlinge verzeichnet,[154] da die Abkömmlinge anders als bei der Erbengemeinschaft wegen §§ 1487 Abs. 1 Hs. 1, 1419 BGB nicht über den Anteil am Gesamtgut verfügen können.[155] 50

Besonderheiten ergeben sich bei **vermissten Abkömmlingen**. Hier können der vermisste Abkömmling und alternativ dessen Kinder nebeneinander im Fortsetzungszeugnis angegeben werden.[156]

dd) Einseitige Abkömmlinge des Erblassers

Siehe unten Rdn 55 ff. 51

ee) Fortgesetzte Gütergemeinschaft ist nicht durch letztwillige Verfügung oder anderweitigen Ehevertrag ausgeschlossen

In dem Antrag ist zwingend anzugeben, ob die fortgesetzte Gütergemeinschaft nach den §§ 1509 ff. BGB durch letztwillige Verfügung, insbesondere durch gemeinschaftliches Testament („Berliner Testament“) gem. §§ 1511, 1516 BGB, oder auf Grundlage eines weiteren Ehevertrags ausgeschlossen ist. Wenn neben dem Ehevertrag keine letztwilligen Verfügungen oder weitere Eheverträge vorhanden sind, genügt der schlichte Hinweis, dass solche nicht vorliegen. 52

ff) Kein Rechtsstreit über das Bestehen der fortgesetzten Gütergemeinschaft anhängig

Weiter ist zu vermerken, ob ein Rechtsstreit über das Bestehen der fortgesetzten Gütergemeinschaft anhängig ist (§§ 354 Abs. 1, 352 Abs. 1 S. 1 Nr. 6 FamFG). 53

153 MüKo-BGB/*Münch*, § 1483 Rn 17.

154 KG OLGE 43, 361; MüKo-BGB/*Münch*, § 1507 Rn 4; Meikel/*Krause*, GBO, 11. Aufl. 2015, § 35 Rn 162; Staudinger/*Thiele*, BGB, 2018, § 1507 Rn 7.

155 Meikel/*Krause*, GBO, 11. Aufl. 2015, § 35 Rn 162.

156 LG Heidelberg NJW 1959, 295; Staudinger/*Thiele*, BGB, 2018, § 1507 Rn 7.

gg) Keine Ablehnung der fortgesetzten Gütergemeinschaft

54 Schließlich ist im Antrag zu erklären, dass der überlebende Ehegatte die Fortsetzung der Gütergemeinschaft nicht nach § 1484 BGB abgelehnt hat (vgl. entsprechend §§ 354 Abs. 1, 352 Abs. 1 S. 1 Nr. 7 FamFG).

f) Angabe einseitiger Abkömmlinge

aa) Muster

55 ▼

Muster 6.5: Antrag auf Erteilung eines Fortsetzungszeugnisses bei Vorhandensein eines einseitigen Abkömmlings

[Not. Eingangsformel]

Sachstand

[…]

Eidesstattliche Versicherung

[…]

Antrag

Die Antragstellerin beantragt beim zuständigen Nachlassgericht die Erteilung eines Zeugnisses über die Fortsetzung der Gütergemeinschaft zwischen der Antragstellerin und den gemeinschaftlichen Abkömmlingen ______, geb. am ______, und ______, geb. am ______. In dem Zeugnis ist zu vermerken, dass $^7/_8$ des ehelichen Gesamtguts zum Gesamtgut der fortgesetzten Gütergemeinschaft geworden ist. Eine Auseinandersetzung mit dem einseitigen Abkömmling ______, geb. am ______, hat bisher nicht stattgefunden.

Vollzugsauftrag, Belehrungen, Hinweise, Schlussbestimmungen

[…]

▲

bb) Erläuterungen

56 Der verstorbene Ehegatte hat unter Umständen neben den gemeinschaftlichen Abkömmlingen noch einseitige Abkömmlinge, die zu Erben berufen sind. Umstritten ist, ob die einseitigen Abkömmlinge in das Fortsetzungszeugnis und dementsprechend auch in den Antrag aufgenommen werden müssen.

Teilweise wird im **Schrifttum** die Auffassung vernommen, dass einseitige Abkömmlinge, die den erstversterbenden Ehegatten beerben, nicht anzugeben sind.[157] Die **herrschende Meinung** geht demgegenüber von der zwingenden Angabe solcher einseitigen Abkömmlinge aus.[158]

Die Diskussion entzündet sich an der Frage, welche Stellung die erbberechtigten einseitigen Abkömmlinge wegen § 1483 Abs. 2 BGB haben. Nach der zuerst genannten Ansicht sind die einseitigen Abkömmlinge trotz ihrer Erbenstellung auf schuldrechtliche Auseinandersetzungs- und Ausgleichsansprüche in Bezug auf das Gesamtgut beschränkt.[159] Konsequent sind sie daher nicht an der Gesamthand beteiligt und demzufolge nicht im Fortsetzungszeugnis auszuweisen. Die herrschende Meinung geht dagegen aufgrund der klaren gesetzgeberischen Ansage des § 1483 Abs. 2 BGB zurecht davon aus, dass sich das Erbrecht und die Erbteile der einseitigen Abkömmlinge so bestimmen, wie wenn fortgesetzte Gütergemeinschaft nicht eingetreten wäre.[160] Dogmatisch entstehen dann **zwei sich überlagernde Gesamthandsgemeinschaften**. Die **übergeordnete Gesamthand** besteht aus dem Anteil des einseitigen Abkömmlings am Gesamtgut der ehelichen Gütergemeinschaft einerseits und dem Anteil der Gesamthand der fortgesetzten Gütergemeinschaft andererseits. Sie ist eine auf Auseinandersetzung gerichtete Gütergemeinschaft (§§ 1483 Abs. 2, 1482, 1471 ff. BGB). Nach der *gesonderten* Auseinandersetzung dieser Gesamthand mit dem einseitigen Abkömmling bleibt die fortgesetzte Gütergemeinschaft als zunächst **untergeordnete und jetzt einzige Gesamthand** bestehen. Die Eintragung der einseitigen Abkömmlinge im Fortsetzungszeugnis ist folgerichtig. Denn zwar tritt der einseitige Abkömmling streng genommen nicht in die fortgesetzte Gütergemeinschaft ein, sondern lediglich in das Gesamtgut und damit in die Abwicklungsgemeinschaft (§§ 1471 ff. BGB). Das hat aber zur Folge, dass die Gütergemeinschaft nicht insgesamt fortgeführt wird, sondern nur in Ansehung des Anteils des überlebenden Ehegattens und der gemeinschaftlichen Abkömmlinge (Anteil der fortgesetzten Gütergemeinschaft) am Gesamtgut.

Beispiel: 57

Ein Erblasser, der im Güterstand der Gütergemeinschaft unter Fortsetzungsvereinbarung gelebt hat, hinterlässt seine Ehefrau, zwei gemeinschaftliche Abkömmlinge und einen einseitigen Abkömmling. Eine letztwillige Verfügung des Erblassers exis-

157 BeckOK-BGB/*Spernath*, § 1507 Rn 5; MüKo-BGB/*Münch*, § 1507 Rn 4.

158 BGH NJW 1974, 1764, 1765; Grüneberg/*Siede*, BGB, § 1507 Rn 4; BeckOGK-BGB/*Papenbreer*, § 1507 Rn 9; Staudinger/*Thiele*, BGB, 2018, § 1507 Rn 8.

159 MüKo-BGB/*Münch*, § 1483 Rn 14.

160 Grüneberg/*Siede*, BGB, § 1483 Rn 3; BeckOGK-BGB/*Papenbreer*, § 1483 Rn 29; Staudinger/*Thiele*, BGB, 2018, § 1483 Rn 21 f.; *Müller*, FamRZ 1956, 339.

tiert nicht. Gesetzliche Erben sind daher die Ehefrau sowie die (gemeinschaftlichen und einseitigen) Abkömmlinge zu je ¼.

	Erbquote	Anteil am Gesamtgut bei hypothetischem Nichteintritt der fortgesetzten Gütergemeinschaft (§ 1483 Abs. 2 BGB)	Anteil am Gesamtgut bei tatsächlicher Fortsetzung der Gütergemeinschaft
F	¼	⅝ (= ½ [eigener Gesamtgutanteil] + ½ [Gesamtgutanteil des E]* ¼ [Erbquote])	⅞ Gesamtgutanteil der fortgesetzten Gütergemeinschaft bestehend aus F, A und B
A	¼	⅛ (=½ [Gesamtgutanteil des E]*¼ [Erbquote])	
B	¼	⅛ (=½ [Gesamtgutanteil des E]*¼ [Erbquote])	
U	¼	⅛ (=½ [Gesamtgutanteil des E]*¼ [Erbquote])	⅛ eigener Gesamtgutanteil

Am Gesamtgut ist der einseitige Abkömmling folglich zu ⅛ beteiligt, da ohne Anordnung der Fortsetzung der Gütergemeinschaft nur der hälftige Anteil des verstorbenen Ehegatten am Gesamtgut zum Nachlass gehört (§ 1482 S. 1 BGB) und ihm folglich ¼ von ½, also ⅛ zusteht.

58 Neben der Person sind auch die Anteile der einseitigen Abkömmlinge am Gesamtgut anzugeben (§ 1483 Abs. 2 BGB).[161] In der Regel wird im Fortsetzungszeugnis aber nicht deren Anteil angegeben, sondern der Anteil am Gesamtgut, an dem die fortgesetzte Gütergemeinschaft weiter besteht.

Fehlt die entsprechende Angabe zum Anteil des einseitigen Abkömmlings im Fortsetzungszeugnis, wird vermutet, dass keine einseitigen Abkömmlinge vorhanden sind. Ist dagegen der einseitige Abkömmling angegeben, wird damit nicht bezeugt, dass er auch Erbe ist. Diesen Nachweis kann man nicht über § 1507 BGB, sondern nur über einen Erbschein führen.[162] Für den Nachweis der Rechtsnachfolge ist daher, insbesondere gegenüber dem Grundbuchamt, neben dem Fortsetzungszeugnis auch die Vorlage eines Erbscheins erforderlich.

g) Bestimmtheit des Antrags

59 Der Antrag muss ebenso wie der Erbscheinsantrag bestimmt gefasst sein.[163] Hierbei sind die oben erwähnten Angaben und die den Antrag begründenden Tatsachen an-

161 Staudinger/*Thiele*, BGB, 2018, § 1507 Rn 8.

162 Meikel/*Krause*, GBO, 11. Aufl. 2015, § 35 Rn 169.

163 BayObLG OLGE 49, 156; BeckOK-BGB/*Spernath*, § 1507 Rn 3; BeckOGK-BGB/*Papenbreer*, § 1507 Rn 5.

zugeben und diese durch öffentliche Urkunden nachzuweisen (§§ 354 Abs. 1, 352 Abs. 3 S. 1 FamFG).

h) Nachweise und eidesstattliche Versicherung

Für den erfolgreichen Antrag auf Erteilung eines Fortsetzungszeugnisses sind die erfor- 60
derlichen Nachweise durch öffentliche Urkunden bzw. eidesstattliche Versicherung zu erbringen. Es gilt im Übrigen der Amtsermittlungsgrundsatz nach § 26 FamFG für das Verfahren auf Erteilung des Fortsetzungszeugnisses.[164]

aa) Nachweise durch öffentliche Urkunden

Durch öffentliche Urkunde sind gemäß §§ 354 Abs. 1, 352 Abs. 3 S. 1, Abs. 1 S. 1 Nr. 1 61
und 3 FamFG nachzuweisen:

- Tod des Erblassers durch Vorlage der Sterbeurkunde in Urschrift oder beglaubigter Abschrift.
- Gütergemeinschaft mit Fortsetzungsvereinbarung. Hierzu ist der notarielle Ehevertrag in Ausfertigung oder beglaubigter Abschrift vorzulegen.
- Vorliegen von gemeinschaftlichen (und ggf. einseitigen) Abkömmlingen durch entsprechende Personenstandsurkunden in Urschrift oder beglaubigter Abschrift.

bb) Eidesstattliche Versicherung

Der Antragsteller hat darüber hinaus an Eides statt zu versichern, dass 62

- die Fortsetzung der Gütergemeinschaft nicht durch neuen Ehevertrag oder Verfügung von Todes wegen (§§ 1509 ff. BGB) ausgeschlossen wurde,
- kein Rechtsstreit über die Fortsetzung der Gütergemeinschaft anhängig ist[165] und
- die Fortsetzung der Gütergemeinschaft nicht nach § 1484 FamFG abgelehnt wurde.

II. Zeugnis auf Fortsetzung der Gütergemeinschaft (§ 1507 BGB)

1. Muster eines Fortsetzungszeugnisses (§ 1507 BGB)

▼ 63

Muster 6.6: Zeugnis über die Fortsetzung der Gütergemeinschaft 6.6

Frau ______, geb. am ______,

wohnhaft in ______,

hat nach dem Tode des Ehegatten

164 BeckOGK-BGB/*Papenbreer*, § 1507 Rn 5 a.E.
165 MüKo-BGB/*Münch*, § 1507 Rn 3; Staudinger/*Thiele*, BGB, 2018, § 1507 Rn 6.

Herrn , geb. am ,

verstorben am ,

zuletzt wohnhaft in ,

die aufgrund Ehevertrags vom , UVZ-Nr. , des Notars , mit dem Amtssitz in , bestehende Gütergemeinschaft fortgesetzt mit

1. Herrn , geb. am , wohnhaft in und
2. Frau , geb. am , wohnhaft in .

[evtl. bei Vorhandensein einseitiger Abkömmlinge ergänzen:]

Außer dem Kind , geb. am , sind keine weiteren einseitigen Abkömmlinge vorhanden. Das Gesamtgut der fortgesetzten Gütergemeinschaft besteht aus (z.B. sieben Achtel [7/8]) Anteil des ehelichen Gesamtguts.

▲

2. Erläuterungen

a) Allgemeines

64 Im Fortsetzungszeugnis sind der verstorbene und der längerlebende Ehegatte sowie der Ehevertrag, in dem die fortgesetzte Gütergemeinschaft angeordnet ist, zu bezeichnen. Des Weiteren sind nach herrschender Meinung sowohl die gemeinschaftlichen Abkömmlinge als auch die unter Umständen vorhandenen einseitigen Abkömmlinge mit Namen zu vermerken (siehe oben Rdn 49). Sind einseitige Abkömmlinge vorhanden, ist zusätzlich der Anteil der fortgesetzten Gütergemeinschaft am Gesamtgut der Ehegatten anzugeben (siehe oben Rdn 56 ff.).

b) Unrichtigkeit des Fortsetzungszeugnisses

aa) Einziehung oder Kraftloserklärung

65 Wenn das Fortsetzungszeugnis unrichtig ist, wird es grundsätzlich eingezogen, §§ 1507 S. 2, 2361 S. 1 BGB. Mit der Einziehung wird das Zeugnis kraftlos. Eine Einziehung kommt etwa in Betracht, wenn sich nachträglich ergibt, dass die fortgesetzte Gütergemeinschaft überhaupt nicht eingetreten ist.[166] Ist das Zeugnis unrichtig, aber nicht zu erlangen, so ist es nach §§ 354 Abs. 1, 353 FamFG für kraftlos zu erklären.

166 Soergel/*Gaul/Althammer*, BGB, 13. Aufl. 2013, § 1507 Rn 7; BeckOGK-BGB/*Papenbreer*, § 1507 Rn 7.

bb) Änderungs-/Ergänzungsvermerk

Anders als bei Erbscheinen[167] ist es beim Zeugnis nach § 1507 BGB möglich, das Zeugnis in bestimmtem Umfang zu ergänzen oder zu berichtigen.[168] **Voraussetzung** der Ergänzung ist, dass die nachträgliche Änderung oder Ergänzung durch einen Umstand begründet ist, der bereits **während des Bestehens der fortgesetzten Gütergemeinschaft eingetreten** ist **oder** – wenn er später eingetreten ist – doch wenigstens **auf die Zeit vor der Beendigung zurückgewirkt** hat und damit das frühere Fortsetzungszeugnis unrichtig gemacht hat.[169] 66

Eine Änderung ist demnach möglich, wenn ein im Zeugnis aufgeführter Abkömmling durch Tod (§ 1490 BGB) oder Verzicht (§ 1491 BGB) wegfällt[170] oder wenn sämtliche gemeinschaftlichen Abkömmlinge wegfallen und damit das Gesamtgut in der Person des überlebenden Ehegatten vereinigt ist.[171] Die Änderung ist im Fortführungszeugnis zu vermerken.

Solche Berichtigungsvermerke können etwa wie folgt gefasst sein: 67

> *Formulierungsbeispiel (einer von mehreren Abkömmlingen stirbt, § 1490 BGB)*
>
> Der gemeinschaftliche Abkömmling … ist am … in … verstorben. Die Gütergemeinschaft wird ab diesem Zeitpunkt nur noch mit den gemeinschaftlichen Abkömmlingen … fortgesetzt.

> *Formulierungsbeispiel (einer von mehreren Abkömmlingen verzichtet, § 1491 BGB)* 68
>
> Der gemeinschaftliche Abkömmling … hat durch Erklärung gegenüber dem Nachlassgericht am … auf seinen Anteil an dem Gesamtgut verzichtet. Die Gütergemeinschaft wird ab diesem Zeitpunkt nur noch mit den gemeinschaftlichen Abkömmlingen … fortgesetzt.

> *Formulierungsbeispiel (einziger anteilsberechtigter Abkömmling stirbt [oder verzichtet], § 1490 S. 3 Hs. 2 BGB)* 69
>
> Der einzige (noch) anteilsberechtigte gemeinschaftliche Abkömmling … ist am … in … verstorben. Dadurch ist durch Anwachsung das gesamte gütergemeinschaftliche Vermögen in der Hand des überlebenden Ehegatten vereinigt.

167 Ausnahmsweise ist bei Erbscheinen eine Ergänzung eines quotenlosen Erbscheins um die Erbquoten möglich, § 2 Rdn 94 ff.

168 KG OLGE 7, 58; KG OLGE 26, 318; Soergel/*Gaul/Althammer*, BGB, 13. Aufl. 2013, § 1507 Rn 4; Beck-OGK-BGB/*Papenbreer*, § 1507 Rn 7; Krätzschel/Falkner/Döbereiner/*Krätzschel*, Nachlassrecht, § 40 Rn 34 f.; Staudinger/*Thiele*, BGB, 2018, § 1507 Rn 14; siehe aber für eine Einziehung in solchen Fällen *Bergerfurth*, NJW 1956, 1506.

169 BayObLG OLGZ 1967, 70, 76.

170 KG OLGE 7, 58.

171 KG OLGE 26, 318.

70 Ergibt sich später, dass diese Änderung allerdings ihrerseits zu Unrecht erfolgt ist, so kann der Änderungsvermerk bei nachgewiesener Unrichtigkeit auch wieder gestrichen werden.[172]

Von vornherein ist eine Berichtigung des Zeugnisses mangels Vorliegens der o.g. Voraussetzungen dagegen nicht angezeigt, wenn nach Beendigung der fortgesetzten Gütergemeinschaft ein gemeinschaftlicher Abkömmling verstirbt und dessen Erben das Recht an der Auseinandersetzungsgemeinschaft erwerben.[173]

c) Kraftloswerden bei Beendigung

71 Mit Beendigung der fortgesetzten Gütergemeinschaft (siehe zu Beendigungsfällen Rdn 38) wird das Fortsetzungszeugnis von selbst kraftlos. Es ist daher – anders als beim Erbschein – keine Kraftloserklärung oder Einziehung i.S.v. § 2361 BGB erforderlich.[174] Die Einziehung bleibt daher auf Fälle der Unrichtigkeit beschränkt.

Wird das Fortsetzungszeugnis erst nach Beendigung der fortgesetzten Gütergemeinschaft beantragt, ist nach herrschender Meinung ein entsprechender **Beendigungsvermerk** in das Zeugnis aufzunehmen, aus dem hervorgeht, dass und wann die fortgesetzte Gütergemeinschaft beendet worden ist.[175] Das Fortsetzungszeugnis kann insbesondere zu Grundbuchzwecken wegen § 35 Abs. 2 GBO auch nach Beendigung der fortgesetzten Gütergemeinschaft erforderlich sein. Denn das Zeugnis wird mit der Beendigung zwar kraftlos; die Kraftlosigkeit erstreckt sich aber nicht auf die Vergangenheit.[176]

> *Formulierungsbeispiel (Beendigungsvermerk)*
>
> Die fortgesetzte Gütergemeinschaft ist mit dem Tod des überlebenden Ehegatten … am … beendet worden.

d) Negativzeugnis

72 Denkbar ist es schließlich, ein Negativzeugnis zu beantragen und zu erteilen. Ein solches Negativzeugnis bezeugt, dass keine Fortsetzung der Gütergemeinschaft nach dem Tod eines Ehegatten vorliegt.[177] Praktisch wird es regelmäßig jedoch nicht erforderlich sein.

172 Krätzschel/Falkner/Döbereiner/*Krätzschel*, Nachlassrecht, § 40 Rn 36.

173 Die Stellung des Abkömmlings ist nach allgemeinen Grundsätzen vererblich, da ein dem § 1490 BGB vergleichbarer Tatbestand für die Zeit nach Beendigung der fortgesetzten Gütergemeinschaft nicht besteht; zum Ganzen BayObLG OLGZ 1967, 70, 74 ff.

174 Krätzschel/Falkner/Döbereiner/*Krätzschel*, Nachlassrecht, § 40 Rn 37.

175 OLG München BWNotZ 2011, 164, 165; Grüneberg/*Siede*, BGB, § 1507 Rn 4; BeckOK-BGB/*Spernath*, § 1507 Rn 4; BeckOGK-BGB/*Papenbreer*, § 1507 Rn 8; Staudinger/*Thiele*, BGB, 2018, § 1507 Rn 7; **a.A.** MüKo-BGB/*Münch*, § 1507 Rn 4.

176 OLG München BWNotZ 2011, 164, 165.

177 MüKo-BGB/*Münch*, § 1507 Rn 6; BeckOGK-BGB/*Papenbreer*, § 1507 Rn 11; Staudinger/*Thiele*, BGB, 2018, § 1507 Rn 12.

Insbesondere kann im Grundbuchverfahren der Nachweis, dass eine fortgesetzte Gütergemeinschaft nicht vereinbart wurde, auch auf andere Weise als durch Vorlage eines Negativzeugnisses (z.B. eidesstattliche Versicherung)[178] erfolgen, sofern die Form des § 29 GBO eingehalten wird.[179]

178 BayObLG NJW-RR 2003, 736.

179 OLG Frankfurt Rpfleger 1978, 412; BayObLG NJW-RR 2003, 736; Staudinger/*Thiele*, BGB, 2018, § 1507 Rn 12.

§ 7 Kosten

A. Gebührensatz

I. Isolierter Erbscheinsantrag

Ein isolierter Erbscheinsantrag ohne Beurkundung einer eidesstattlichen Versicherung wird in der täglichen Praxis kaum vorkommen. Das Nachlassgericht kann dem Antragsteller die eidesstattliche Versicherung erlassen, wenn es diese für nicht erforderlich hält § 352 Abs. 3 S. 4 FamFG. Lediglich in Ausnahmefällen wird das Nachlassgericht auf die eidesstattliche Versicherung verzichten.[1] Ein Anwendungsfall hierfür wäre z.B., dass ein Betreuer für seinen Betreuten einen Erbscheinsantrag stellt. Die eidesstattliche Versicherung im Rahmen des Erbscheinsantrags müsste der Betreuer hier im eigenen Namen und aus eigenen Wissen abgeben,[2] was zumindest einem Berufsbetreuer regelmäßig nicht zumutbar sein dürfte. Daher wird ein Betreuer einen isolierten Erbscheinsantrag stellen, verbunden mit der Bitte um Erlass der eidesstattlichen Versicherung. 1

In einem der wenigen Fälle, in denen auf die eidesstattliche Versicherung verzichtet werden kann, wäre aus notarieller Sicht eigentlich weder eine Beurkundung, noch eine Beglaubigung erforderlich, so dass die isolierte Entwurfsgebühr KV 24102 i.V.m. KV 21201 Nr. 6 GNotKG mit einem Gebührensatz von 0,5 abzurechnen ist.[3] Aus Beweisgründen ist jedoch in einem solchen Fall zu empfehlen, die Unterschrift des Antragstellers zu beglaubigen, was nach Vorbemerkung 2.4.1 Abs. 2 keine zusätzliche Beglaubigungsgebühr verursacht. 2

II. Erbscheinsantrag mit eidesstattlicher Versicherung

Die Gebühren für die notarielle Beurkundung der eidesstattlichen Versicherung bestimmen sich nach KV 23300 GNotKG in Höhe einer 1,0-Gebühr. Soweit mehrere Erben die eidesstattliche Versicherung in einer Urkunde abgeben, entsteht die Gebühr nur einmal.[4] 3

Nach Vorbemerkung 2.3.3 Abs. 2 löst der Antrag auf Erteilung eines Erbscheins neben der eidesstattlichen Versicherung keine weitere Gebühr aus.

1 Siehe hierzu Bumiller/Harders/Schwamb/*Harders*, 13. Aufl. 2022, FamFG § 352 Rn 24; beispielsweise wäre dies möglich, wenn die Verhältnisse so klar und einfach liegen, dass sie die Erbrechtslage ohne Zweifel ergeben oder wenn der Sachverhalt bereits durch ein anderes Erbscheinsverfahren geklärt ist.

2 Bumiller/Harders/Schwamb/*Harders*, 13. Aufl. 2022, FamFG § 352 Rn 23.

3 Korintenberg/*Hey'l*, Rn 41–43.

4 Korintenberg/*Gläser*, KV 23300, Rn 8–10.

III. Antrag auf Erteilung eines Testamentsvollstreckerzeugnisses oder eines Europäischen Nachlasszeugnisses

4 Für den Antrag auf Erteilung eines Testamentsvollstreckerzeugnisses oder eines Europäischen Nachlasszeugnisses gelten die vorstehend dargestellten Grundsätze für die Beantragung des Erbscheins entsprechend.

Besonderheiten ergeben sich für das Europäische Nachlasszeugnis aus der Möglichkeit der Verlängerung der Wirkungsdauer. In diesem Fall ergeben sich alle zur Verlängerung notwendigen Angaben aus dem ursprünglichen Antrag, welcher regelmäßig mit eidesstattlicher Versicherung beurkundet wurde. Daher ist in diesem Fall die Möglichkeit des isolierten Antrags gegeben, so dass lediglich eine 0,5-Gebühr nach KV 24102 i.V.m. KV 21201 Nr. 6 GNotKG zu erheben ist.

IV. Vorzeitige Beendigung des Verfahrens ohne Aufnahme der eidesstattlichen Versicherung

5 Die Gebühr nach KV 23300 GNotKG (Abgabe der eidesstattlichen Versicherung) entsteht mit dem Beginn der Verhandlung über die Aufnahme der eidesstattlichen Versicherung. Wird die Verhandlung begonnen, aber ohne Aufnahme der eidesstattlichen Versicherung beendet, so ermäßigt sich die Gebühr gemäß KV 23301 GNotKG auf 0,3.

> *Beispiel*
>
> Die Erbengemeinschaft bestehend aus den Kindern A und B nach dem Erblasser E möchte einen Erbscheinsantrag aufgrund gesetzlicher Erbfolge beurkunden lassen. Im Termin haben die Beteiligten diverse Unterlagen dabei, unter anderem wird dabei ein notarielles Testament aufgefunden, welches bislang lediglich nicht eröffnet wurde. Aufgrund des Hinweises des Notars, dass das eröffnete notarielle Testament als Erbnachweis ausreichend ist, brechen die Beteiligten die Aufnahme des Erbscheinsantrages ab. Entsprechendes kann gelten, wenn eine transmortale Vollmacht vorgelegt wird und nur Bankguthaben vorhanden ist.

> *Beispiel*
>
> Ein anderes Beispiel hierfür wäre, dass die Beteiligten den Entwurf bei einem Notar fertigen, dann jedoch den Antrag direkt beim Nachlassgericht aufnehmen lassen.

V. Isolierte Amtsannahme des Testamentsvollstreckers

Die Gebühr für den Entwurf der Amtsannahmeerklärung richtet sich nach KV 24102 i.V.m. 21201 Nr. 6 GNotKG, so dass eine 0,5 Gebühr anzusetzen ist. 6

VI. Grundbuchberichtigungsantrag

Soweit ein Grundbuchberichtigungsantrag isoliert oder in die Urkunde des Erbscheinsantrags mit aufgenommen wird, löst dies die Gebühr nach KV 21201 Nr. 4 GNotKG in Höhe von 0,5 aus. 7

B. Geschäftswert

I. Grundsatz

Der Geschäftswert für die Abnahme der eidesstattlichen Versicherung ist in § 40 GNotKG festgelegt. Maßgeblich ist der Wert des Nachlasses im Zeitpunkt des Erbfalls, wobei Verbindlichkeiten des Erblassers, welche bereits beim Erbfall entstanden waren, abzuziehen sind. Erbfallschulden hingegen, d.h. Verbindlichkeiten, welche anlässlich des Erbfalls entstehen, sind nicht abzuziehen. Auch Verbindlichkeiten des Erblassers, welche anlässlich des Erbfalls durch Konfusion erlöschen, sind zu berücksichtigen.[5] 8

Sondervorschriften ergeben sich für Hoferbfolgen aus § 40 Abs. 1 S. 3 GNotKG. Maßgebend ist der Wert des Hofs nach § 48 Abs. 4 Nr. 1 i.V.m. Abs. 1–3 GNotKG. Verbindlichkeiten werden nur eingeschränkt berücksichtigt.[6] Für den hoffreien Nachlass bleibt es dagegen bei den Bestimmungen des § 40 Abs. 1 S. 1 GNotKG.[7] 9

Wird ein Erbscheinsantrag ohne eidesstattliche Versicherung aufgenommen, findet § 40 GNotKG keine Anwendung, sondern § 103 GNotKG.[8] Danach ist der Wert des betroffenen Vermögens oder Bruchteils nach Abzug der Verbindlichkeiten maßgeblich. Bewertungszeitpunkt ist – im Gegensatz zum Fall des § 40 GNotKG – jedoch nicht der Zeitpunkt des Erbfalls, sondern der Wert des betroffenen Vermögens zum Zeitpunkt der Beurkundung, Beglaubigung oder Antragstellung. 10

5 Korintenberg/*Sikora*, § 40 Rn 25–28.
6 BeckOK-KostR/*Felix*, 48. Ed. 1.2.2025, § 40 Rn 48.
7 Korintenberg/*Sikora*, § 40 Rn 32–34.
8 Korintenberg/*Diehn*, § 103 Rn 8.

II. Teilerbschein

11 Ein Teilerbschein bezeugt lediglich das Erbrecht eines Miterben.[9] Wird ein Erbschein daher nur für diesen Zweck beantragt, z.B. weil ein namentlich benannter Erbe in einem notariellen Testament bedacht ist und nun dessen Abkömmlinge an seine Stelle treten, so ist als Geschäftswert gemäß § 40 Abs. 2 GNotKG nur der Anteil des bzw. der Miterben am Nachlass maßgeblich, auf welchen sich der Teilerbschein bezieht. Gleiches gilt auch für den Abzug der Erblasserverbindlichkeiten.

III. Gegenständlich beschränkter Erbschein

12 Gemäß § 352c FamFG kann der Erbschein auch nur für Gegenstände beantragt werden, welche sich im Inland befinden.[10] Gemäß § 40 Abs. 3 GNotKG bleiben in diesem Fall diejenigen Gegenstände, die von der Erbscheinswirkung nicht erfasst werden, bei der Berechnung des Geschäftswerts außer Betracht.

Nachlassverbindlichkeiten werden hier gemäß § 40 Abs. 3 S. 1 Hs. 2 GNotKG insgesamt nicht abgezogen. Es ist jedoch – auf Glaubhaftmachung des Kostenschuldners – gemäß § 40 Abs. 3 S. 2 eine Vergleichsberechnung (Günstigerprüfung) vorzunehmen, ob der Geschäftswert nach § 40 Abs. 1 GNotKG, d.h. der volle Nachlasswert – einschließlich der vom gegenständlich beschränkten Erbschein nicht erfassten Nachlassgegenstände – unter Abzug der Nachlassverbindlichkeiten, geringer ist.[11]

Beispiel

Erblasser E ist in jungen Jahren dauerhaft ins Ausland ausgewandert, ist jedoch noch Eigentümer eines landwirtschaftlichen Grundstücks in Deutschland gewesen. Weiteres Vermögen in Deutschland ist nicht vorhanden. Die Erben, welche den restlichen Nachlass nach ausländischem Recht abwickeln, wollen nun das Grundstück in Deutschland veräußern.

IV. Zeugnis über die fortgesetzte Gütergemeinschaft

13 Auf ein Verfahren, das ein Zeugnis über die Fortsetzung der Gütergemeinschaft (§ 1507 BGB) betrifft, sind die dargestellten Grundsätze entsprechend anzuwenden; an die Stelle des Nachlasses tritt jedoch der halbe Wert des Gesamtguts der fortgesetzten Gütergemeinschaft (§ 40 Abs. 4 GNotKG).

9 § 2353 Alt. 2 BGB.

10 Die Bedeutung des gegenständlich beschränkten Erbscheins wird durch die Möglichkeit eines Europäischen Nachlasszeugnisses weiter reduziert.

11 Korintenberg/*Sikora*, § 40 Rn 42–44.

Keine Anwendung findet diese Bestimmung, wenn durch den Tod des Erblassers, die Gütergemeinschaft beendet ist (§ 1482 BGB). In diesem Fall verbleibt es bei den Bestimmungen des § 40 Abs. 1–3 GNotKG.

Wird im Falle der fortgesetzten Gütergemeinschaft neben dem vorgenannten Zeugnis ein Erbschein für das Vorbehalts- und Sondergut des Erblassers beantragt, so ist hierfür eine 1,0-Gebühr aus dem Wert des vom Erblasser hinterlassenen Vorbehalts- und Sonderguts zu erheben. Nachlassverbindlichkeiten, welche das Vorbehalts- oder Sondergut betreffen, sind in Abzug zu bringen. Verbindlichkeiten des Gesamtguts werden hierbei nicht berücksichtigt.[12]

V. Testamentsvollstreckerzeugnis und Annahmeerklärung

Der Geschäftswert nach § 40 Abs. 5 GNotKG beträgt 20 Prozent des Nachlasswerts im Zeitpunkt des Erbfalls ohne Abzug von Nachlassverbindlichkeiten (Bruttowert). Bezieht sich die Testamentsvollstreckung nur auf einen Teil des Nachlasses oder sind nur einzelne Erbteile betroffen, so ist gemäß § 40 Abs. 5 GNotKG in Verbindung mit § 40 Abs. 2 bzw. Abs. 3 GNotKG nur der von der Testamentsvollstreckung erfasste Nachlass für die Kostenberechnung maßgebend. Ohne Einfluss auf den Geschäftswert und damit auf die Höhe der Gebühren ist die Art der Testamentsvollstreckung, z.B. Abwicklungsvollstreckung, Dauertestamentsvollstreckung.[13] 14

Die Annahme des Amtes als Testamentsvollstrecker löst keine gesonderte Gebühr aus, wenn diese im Antrag auf Erteilung des Testamentsvollstreckerzeugnisses enthalten ist.

Wird die Erklärung zur Amtsannahme vom Notar entworfen, ohne dass zugleich ein Testamentsvollstreckerzeugnis beantragt werden soll, so richtet sich der Geschäftswert der Entwurfsgebühr wiederum nach § 40 Abs. 5 GNotKG.

VI. Europäisches Nachlasszeugnis

Für das Europäische Nachlasszeugnis ergeben sich grundsätzlich keine Abweichungen bei der Geschäftswertermittlung. Es gelten daher die dargestellten Grundsätze des § 40 Abs. 1 bis 3 GNotKG. 15

Eine Besonderheit ergibt sich lediglich im Fall der Verlängerung der Wirkungsdauer des Europäischen Nachlasszeugnisses oder eines isolierten Antrags auf Ausstellung beglaubigter Abschriften. In diesem Fall dürfte der Ansatz eines Teilwerts nach § 36 Abs. 1

12 BeckOK-KostR/*Felix*, 48. Ed. 1.2.2025, GNotKG § 40 Rn 17–19.
13 Korintenberg/*Sikora*, § 40 Rn 51–57.

GNotKG von ca. 10 bis 20 % des nach § 40 Abs. 1 bis 3 GNotKG ermittelten Ausgangswerts sachgerecht sein.[14]

VII. Wertermittlung

16 Zunächst ist festzustellen, dass der kostenrechtliche Nachlassbegriff dem Nachlass im Sinne des § 1922 Abs. 1 BGB entspricht. D.h. dieser beinhaltet die Gesamtheit der vererblichen Rechtsverhältnisse des Erblassers, welche im Wege der Universalsukzession auf den oder die Erben übergehen. Die Wertermittlung der Nachlassgegenstände richtet sich nach den §§ 36 ff. GNotKG, somit ist Grundbesitz gem. § 46 GNotKG mit dem Verkehrswert, landwirtschaftliche Betriebe mit dem Wert nach § 48 GNotKG und Geschäftsanteile mit dem nach § 54 GNotKG ermittelten Wert anzusetzen.

17 Maßgeblicher Zeitpunkt für die Ermittlung des Werts des Nachlasses ist im Rahmen des § 40 GNotKG der Erbfall. Bei Beantragung eines Erbscheins nach Eintritt der Nacherbfolge wird vertreten, dass der Wert des Nachlasses im Zeitpunkt des Nacherbfalls maßgeblich ist, da auch nur dasjenige an den Nacherben fällt (§§ 2106 Abs. 1, 2130 Abs. 1 BGB).[15] Dies würde bedeuten, dass dann aber auch Wertsteigerungen der Nachlassgegenstände und Verbindlichkeiten, welche in der Zwischenzeit zurückgeführt wurden, zu berücksichtigen sind. Im Ergebnis wäre daher in diesem Fall kein Unterschied zur Anwendung des § 103 GNotKG mehr gegeben.

Sofern aufgrund gesellschaftsvertraglicher Regelung eine Gesellschaftsbeteiligung nicht vererblich ist, so ist dieser nicht Nachlassbestandteil und daher auch nicht zu bewerten.[16] Zu berücksichtigen ist jedoch eine Abfindung, welche den ausgeschlossenen Erben zusteht.

Schloss der Erblasser Lebens- und Sterbegeldversicherungen ab und ist Bezugsberechtigter der Erbe oder ein Dritter, liegt ein Vertrag zugunsten Dritter auf den Todesfall vor. Die Leistungen daraus fallen in diesem Fall nicht in den Nachlass. War der Erblasser hingegen Bezugsberechtigter, gehören die Leistungen zur Erbmasse.[17]

18 Beim quotenlosen Erbschein nach § 352a Abs. 2 S. 2 FamFG wird in der Literatur vertreten,[18] dass ein Wertabschlag vorzunehmen sei. Dieser Auffassung ist nicht zu folgen, da sich hierfür weder im Gesetz noch in der Gesetzesbegründung Anhaltspunkte finden, dass

14 So bereits Ländernotarkasse NotBZ 2015, 295. Auch BeckOK-KostR/*Felix*, 48. Ed. 1.2.2025, GNotKG § 40 Rn 8.

15 OLG Hamm FamRZ 2016, 731 f.; BeckOK-KostR/*Felix*, 48. Ed. 1.2.2025, GNotKG § 40 Rn 58–60; Korintenberg/*Sikora*, § 40 Rn 29–31.

16 BeckOK-KostR/*Felix*, 48. Ed. 1.2.2025, GNotKG § 40 Rn 42–44.

17 Korintenberg/*Sikora*, § 40 Rn 20.

18 Korintenberg/*Sikora,* § 40 Rn 39a.

durch den quotenlosen Erbschein eine kostenrechtliche Begünstigung des Antragstellers herbeigeführt werden sollte.[19]

> *Praxistipp*
>
> Gemäß § 40 Abs. 6 GNotKG steht das Steuergeheimnis nach § 30 AO einer Auskunft des Finanzamts nicht entgegen, so dass seitens der Gerichte und Notare Informationen über den Wert und die Zusammensetzung des Nachlasses eingeholt werden können.[20]

C. Mehrere Erklärungen in einer Urkunde

Wesentlicher Anwendungsbereich, dass mehrere Erklärungen in einer Urkunde enthalten sind, dürften folgende Sachverhalte sein: 19

- Es wird ein Erbschein nach einem Erblasser beantragt und in der gleichen Urkunde ein Grundbuchberichtigungsantrag gestellt.
- Es werden in einer Urkunde Erbscheine nach mehreren Erblassern beantragt oder gleichzeitig ein Erbnachweis und ein sonstiges Zeugnis (Testamentsvollstreckerzeugnis oder Zeugnis über die fortgesetzte Gütergemeinschaft) beantragt.

Die Vorschriften der §§ 35 Abs. 1 und 94 Abs. 1 GNotKG sind zu beachten.

D. Vollzugs- und Betreuungsgebühr

Die Beurkundung eines Erbscheinsantrags samt eidesstattlicher Versicherung als sonstiges notarielles Verfahren nach § 85 Abs. 1 Hs. 2 GNotKG schließt die Anwendbarkeit von Hauptabschnitt 2 Abschnitt 1 Unterabschnitt 1 aus, da nach Vorbemerkung 2.2.1.1 Abs. 1 S. 1 dessen Vorschriften nur anzuwenden sind, wenn der Notar eine Gebühr für das Beurkundungsverfahren im Sinne des § 85 Abs. 1 Hs. 1 GNotKG oder für die Entwurfserstellung erhält, die das zugrundeliegende Geschäft betrifft. Anwendung finden die Vorschriften zum Vollzug in besonderen Fällen nach Unterabschnitt 2, Vorbemerkung 2.2.1.2 Nr. 1. 20

Es kommen folgende Vollzugstätigkeiten in Betracht:

- Die Einholung von Personenstandsurkunden durch den Notar nach Vorbemerkung 2.2.1.1 Abs. 1 S. 2 Nr. 1, was die Vollzugsgebühr in Höhe von 0,5 nach KV 22121 GNotKG auslöst. Eine Gebührenprivilegierung für eine solche Tätigkeit ist ausschließlich in den regulären Vollzugsgebühren vorgesehen, nicht jedoch bei den Vollzugsgebühren in besonderen Fällen.

19 BeckOK-KostR/*Felix*, 48. Ed. 1.2.2025, GNotKG § 40 Rn 49, 50.
20 BeckOK-KostR/*Felix*, 48. Ed. 1.2.2025, GNotKG § 40 Rn 61, 62.

- Die Einholung von Zustimmungserklärungen von nicht am Erbscheinsantrag beteiligten Personen (zur Verfahrensbeschleunigung) durch den Notar, welche im Rahmen des Erbscheinsantrags zu hören sind nach Vorbemerkung 2.2.1.1 Abs. 1 S. 1 Nr. 5, was ebenfalls die Vollzugsgebühr in Höhe von 0,5 nach KV 22121 GNotKG auslöst. Treffen die vorgenannten Vollzugstätigkeiten zusammen, fällt die Gebühr nur einmal nach § 93 Abs. 1 GNotKG an.
- Die Übermittlung des Erbscheinsantrags samt eidesstattlicher Versicherung an das Nachlassgericht in elektronischer Form löst eine 0,5 Gebühr nach KV 22125 GNotKG aus, höchstens jedoch 250 EUR. Der Erbscheinsantrag ist im Gegensatz zur beurkundungspflichtigen eidesstattlichen Versicherung grundsätzlich formfrei möglich, was eine elektronische Übermittlungspflicht nach § 14b Abs. 1 FamFG ausschließt. Gleichwohl wird der Antrag in der Praxis in aller Regel in derselben notariellen Urkunde mitbeurkundet und beides gemeinsam als elektronisches Dokument an das Nachlassgericht übermittelt, § 14b Abs. 2 FamFG. Dem elektronischen Dokument soll dabei nach § 2 Abs. 1, 3 ERVV ein strukturierter maschinenlesbarer Datensatz im Dateiformat XML beigefügt werden. Die XML-Gebühr entsteht nach der Anmerkung zu KV 22125 Abs. 1 gesondert neben der vorgenannten Vollzugsgebühr.[21] Ist in der notariellen Urkunde zudem ein Grundbuchberichtigungsantrag enthalten, der bei elektronischer Übermittlung selbst eine XML-Gebühr nach KV 22114 GNotKG auslöst, stellt sich berechtigterweise die Frage, ob der Grundsatz der einmaligen Gebührenerhebung nach § 93 Abs. 1 GNotKG unterabschnittsübergreifend auf XML-Gebühren Anwendung findet. Dies ist zu bejahen, da nur ein notarielles Verfahren vorliegt. Die elektronische Übermittlung an das Grundbuchamt ist mit der KV 22125 GNotKG für die elektronische Übermittlung an das Nachlassgericht abgegolten.

Der Geschäftswert bestimmt sich nach § 112 GNotKG. Besteht das Beurkundungsverfahren aus mehreren Gegenständen, so ist deren Wert gemäß § 35 Abs. 1 GNotKG zusammenzurechnen.

Vorstehendes gilt auch für Anträge auf Erteilung eines Testamentsvollstreckerzeugnisses, eines Europäischen Nachlasszeugnisses sowie eines Zeugnisses über die fortgesetzte Gütergemeinschaft. Eine Betreuungstätigkeit kommt in aller Regel nicht in Betracht.

E. Auslagen, Nebengebühren

21 Neben den dargestellten Gebühren sind selbstverständlich die üblichen sonstigen Auslagen und Nebengebühren zu berechnen. Häufig werden im Zusammenhang mit der Auf-

21 *Volpert*, RNotZ 2024, 232 f.

nahme des Erbscheinsantrages beglaubigte Abschriften bzw. elektronisch beglaubigte Abschriften von Personenstandsurkunden gefertigt, welche gemäß KV 25102 GNotKG abzurechnen sind.

F. Beschwerde beim Nachlassgericht

Wird ein Erbscheinsantrag zurückgewiesen und der Notar beauftragt, Beschwerde einzulegen, so ist hierfür eine 1,0-Entwurfsgebühr gem. KV 24101 GNotKG mit dem Geschäftswert nach § 40 GNotKG zu berechnen. Die Beschwerde stellt keinen Antrag im Sinne des KV 21201 GNotKG dar, auch wenn die Einlegung beim Nachlassgericht erfolgt. Die Beschwerde ist auch nicht mit der „Beurkundungsgebühr" abgegolten, da es nicht um die Erledigung von Beanstandungen im Rahmen eines Beurkundungsverfahrens geht (arg. e Vorbem. 2.1 Abs. 2 Nr. 3). Etwas anderes gilt dann, wenn die Zurückweisung auf einem Fehler des Notars oder dessen Mitarbeitern beruht. Hier kommt es zu einem Spannungsverhältnis von Notarkostenrecht und Notarhaftungsrecht. 22

Das Gericht erhebt für ein Beschwerdeverfahren grundsätzlich eine 1,0-Gebühr nach KV 12220 GNotKG, höchstens jedoch 872 EUR. Wird die Beschwerde zurückgenommen, so entstehen je nach dem Zeitpunkt der Rücknahme geringere Gebühren – eine 0,3-Gebühr, höchstens jedoch 218 EUR, nach KV 12221 GNotKG bzw. eine 0,5-Gebühr, höchstens jedoch 436 EUR, nach KV 12222 GNotKG, so dass vor Zurückweisung des Antrags die Rücknahme des Antrags empfehlenswert sein kann.

G. Unrichtige Sachbehandlung nach § 21 GNotKG

Im Rahmen der Beurkundung von Erbangelegenheiten, sind die allgemeinen Grundsätze der unrichtigen Sachbehandlung zu beachten.[22] Beispielsweise wäre eine unrichtige Sachbehandlung zu bejahen, wenn ein Erbscheinsantrag beurkundet wird, obwohl ein notarielles Testament die Erbfolge unzweideutig beinhaltet und dieses Testament auch dem Notar – spätestens bei Beurkundung – zur Verfügung gestellt wurde. 23

Die Beurkundung eines Erbscheinsantrages trotz Vorliegens einer notariellen General- und Vorsorgevollmacht über den Tod hinaus, kann nur im Ausnahmefall eine unrichtige Sachbehandlung darstellen. Dies deshalb, weil eine Vollmacht keinen Erbnachweis darstellt und da eine Vollmacht niemals dieselben Gutglaubensschutzwirkungen entfalten kann wie ein Erbschein, ferner auch nicht die Vermutung der Richtigkeit und Vollständigkeit des in einem Erbschein bezeugten Erbrechts. Darüber hinaus erlischt eine Vollmacht nach der obergerichtlichen Rechtsprechung, wenn es sich um eine Vollmacht an den

22 Siehe hierzu allgemein Korintenberg/*Tiedtke*, § 21 Rn 39.

Alleinerben handelt (str.). Auch bei Vorlage der Generalvollmacht, in der weitere Personen ursprünglich bevollmächtigt wurden, ist es möglich, dass aufgrund des Widerrufs der Vollmacht nur noch der Alleinerbe bevollmächtigt und diese daher nicht mehr verwendbar ist. Diese Umstände sind typischerweise kaum überprüfbar, vor allem nicht rechtssicher überprüfbar. Das Mittel eines rechtssicheren Nachweises der Erbenstellung ist schlicht der Erbschein bzw. das Europäische Nachlasszeugnis.

Eine unrichtige Sachbehandlung liegt zudem nicht vor, wenn der Notar beurkundete bzw. beglaubigte Anträge in Erbangelegenheiten, wie beispielsweise einen Erbscheinsantrag, elektronisch an das Nachlassgericht übermittelt. Dies ergibt sich schon aus der Soll-Vorschrift des § 14b Abs. 2 FamFG. Für die Entstehung von XML-Gebühren kommt es nicht auf einen besonderen Antrag der Beteiligten an nach Vorbemerkung 2.2 Abs. 1.

H. Beispielsberechnungen

I. Vollrechtserbschein mit eidesstattlicher Versicherung, Grundbuchberichtigungsantrag und Einholung von Zustimmungserklärungen sowie Personenstandsurkunden

24 *Beispielsfall*

Die Erbengemeinschaft bestehend aus den Kindern A, B und C beantragt einen Erbschein nach der Mutter E. Zur Beurkundung erscheint lediglich A. Der hinterlassene Nachlass hat einen Wert von 400.000 EUR, wovon 250.000 EUR auf ein hinterlassenes Grundstück entfällt. Der Notar holt die Zustimmungen von B und C zur Erteilung des Erbscheins ein, fordert die Geburtsurkunde eines Beteiligten beim Standesamt an und beantragt – nach Erteilung des Erbscheins – die Grundbuchberichtigung. Diese ist elektronisch einzureichen, da in dem Bundesland für Notare die elektronische Einreichungspflicht vorgeschrieben ist.

Lösung

Erbscheinsantrag mit eidesstattlicher Versicherung KV 23300 GNotKG	1,0 Gebühr	Geschäftswert 400.000 EUR	785,00 EUR
Grundbuchberichtigungsantrag KV 21201 GNotKG	0,5-Gebühr	Geschäftswert 250.000 EUR	267,50 EUR

Die Vergleichsberechnung gemäß § 94 Abs. 1 GNotKG ergibt, dass der getrennte Gebührenansatz günstiger ist.

Vollzugsgebühr KV 22121 GNotKG	0,5 Gebühr für die Einholung der Zustimmungserklärungen von B und C sowie die Einholung der Geburtsurkunde	Geschäftswert 650.000 EUR (zusammengerechneter Wert gem. § 112 GNotKG)	587,50 EUR
Vollzugsgebühr KV 22125 GNotKG	0,5-Gebühr für die Erstellung der Daten im XML-Format und elektronische Einreichung des Erbscheinsantrages	Geschäftswert 650.000 EUR (gem. § 112 GNotKG)	250,00 EUR

Durch die XML-Gebühr ist auch die elektronische Übermittlung des enthaltenen Grundbuchberichtigungsantrags an das Grundbuchamt abgegolten.

Daneben sind die üblichen Auslagen abzurechnen.

II. Beantragung eines Teilerbscheins

Beispielsfall 25

Erblasser ist E. Erben sind nach dem Testament deren Kinder A, B und C je zu einem Drittel. Das im notariellen Testament nach E eingesetzte Kind C ist bereits vorverstorben. Ersatzerben nach dem Testament sind dessen Abkömmlinge zu gleichen Teilen. C hat einen Sohn D hinterlassen. Dieser beantragt einen Teilerbschein nach der Großmutter E.

Der hinterlassene Nachlass nach Abzug der Nachlassverbindlichkeiten hat einen Wert von 300.000 EUR, wovon 100.000 EUR auf den Erbteil von $1/3$ des D entfällt. Grundbesitz ist im Nachlass **nicht** vorhanden. Zustimmungserklärungen und Personenstandsurkunden sind durch den Notar **nicht** einzuholen.

Lösung

Erbscheinsantrag mit eidesstattlicher Versicherung KV 23300 GNotKG	1,0 Gebühr	Geschäftswert 100.000 EUR (§ 40 Abs. 2 GNotKG	273,00 EUR
Vollzugsgebühr KV 22125 GNotKG	0,5 Gebühr für die Erstellung der Daten im XML-Format und elektronische Einreichung des Erbscheinsantrages	Geschäftswert 100.000 EUR (§ 112 GNotKG)	136,50 EUR

Daneben sind die üblichen Auslagen abzurechnen.

III. Beantragung eines gegenständlich beschränkten Erbscheins

26 *Beispielsfall*

A ist der einzige Sohn des in Bern (Schweiz) verstorbenen deutschen Staatsangehörigen Vaters E, welcher verwitwet verstorben ist. A selbst ist schweizer Staatsangehöriger. Der verstorbene E hat sowohl Vermögen in der Schweiz als auch Grundbesitz in Deutschland hinterlassen. E beantragt[23] gegenständlich beschränkt hinsichtlich des in Deutschland belegenen Grundbesitzes einen Erbschein dahin, dass er Alleinerbe nach E geworden ist. Der Wert der Grundstücke beträgt 200.000 EUR. Auf diesen lasten noch Grundpfandrechte in Höhe von 100.000 EUR, die noch Verbindlichkeiten in Höhe von 10.000 EUR absichern. Das (Gesamt-)Vermögen des E beträgt nach Abzug der von ihm stammenden Verbindlichkeiten 250.000 EUR.

Lösung

Erbscheinsantrag mit eidesstattlicher Versicherung KV 23300 GNotKG	1,0 Gebühr	Geschäftswert 200.000 EUR (§ 40 Abs. 3 GNotKG)	435,00 EUR

Da der Wert des gesamten Nachlasses höher ist, ist dieser nicht als Geschäftswert anzusetzen. Die Nachlassverbindlichkeiten sind bei der Gebührenermittlung des gegenständlich beschränkten Erbscheinsantrags außer Acht zu lassen, § 40 Abs. 3 S. 1 a.E. GNotKG.

Vollzugsgebühr KV 22125 GNotKG	0,5 Gebühr für die Erstellung der Daten im XML-Format und elektronische Einreichung des Erbscheinsantrages	Geschäftswert 200.000 EUR (§ 112 GNotKG)	217,50 EUR

Daneben sind die üblichen Auslagen abzurechnen.

IV. Beantragung eines Testamentsvollstreckerzeugnisses

27 *Beispielsfall*

Testamentsvollstrecker T ist über den gesamten Nachlass zum Abwicklungsvollstrecker ernannt worden. Der Aktivnachlass beträgt 1 Million EUR, es sind jedoch Schulden in Höhe von 250.000 EUR vorhanden. Die Ernennung des Testamentsvollstre-

23 Zuständigkeit gem. Art. 10 Abs. 1 lit a) EuErbVO.

ckers erfolgte im Rahmen eines handschriftlichen Testaments. In der Urkunde erklärt der Testamentsvollstrecker die Annahme des Amtes und beantragt das Testamentsvollstreckerzeugnis unter eidesstattlicher Versicherung der erforderlichen Angaben.

Lösung

Antrag auf Erteilung des Testamentsvollstreckerzeugnisses mit eidesstattlicher Versicherung KV 23300 GNotKG	1,0 Gebühr	Geschäftswert nach § 40 Abs. 5 GNotKG 20 % des Aktivnachlasses **ohne** Abzug von Verbindlichkeiten, somit 200.000 EUR	435,00 EUR
Vollzugsgebühr KV 22125 GNotKG	0,5 Gebühr für die Erstellung der Daten im XML-Format und elektronische Einreichung des Antrags	Geschäftswert 200.000 EUR (§ 112 GNotKG)	217,50 EUR

Daneben sind die üblichen Auslagen zu berechnen.

V. Isolierte Amtsannahmeerklärung eines Testamentsvollstreckers

Beispielsfall 28

Testamentsvollstrecker T ist über den gesamten Nachlass zum Abwicklungsvollstrecker ernannt worden. Der Aktivnachlass beträgt 1 Million EUR, es sind jedoch Schulden in Höhe von 250.000 EUR vorhanden. Die Anordnung der Testamentsvollstreckung erfolgte im Rahmen eines notariellen Testaments, in der der Testamentsvollstrecker namentlich eingesetzt wurde. Der Notar wird gebeten, die Amtsannahmeerklärung zu entwerfen und zu beglaubigen.

Lösung

Die Gebühr für den Entwurf der Amtsannahmeerklärung richtet sich nach KV 24102 i.V.m. KV 21201 Nr. 6 GNotKG	0,5 Gebühr	Geschäftswert gem. § 40 Abs. 5 GNotKG 20 % des Nachlasswerts im Zeitpunkt des Erbfalls **ohne** Abzug von Nachlassverbindlichkeiten, somit 200.000 EUR	217,50 EUR

Durch die Entwurfserstellung ist die Unterschriftsbeglaubigung abgegolten.

Vollzugsgebühr KV 22114 GNotKG	0,2 Gebühr für die Erstellung der Daten im XML-Format und elektronische Einreichung	Geschäftswert 200.000 EUR (§ 112 GNotKG)	87,00 EUR

Durch die isolierte Entwurfstätigkeit finden die Vorschriften des Hauptabschnittes 2 Abschnitt 1 Unterabschnitt 1 Anwendung.

Daneben sind die üblichen Auslagen zu berechnen.

VI. Beantragung eines Erbscheins und eines Testamentsvollstreckerzeugnisses in einer Urkunde (Sammelurkunde)

29 *Beispielsfall*

E ist verstorben. Dessen Erben sind geworden A und B je zur Hälfte. Im handschriftlichen Testament wurde Abwicklungsvollstreckung angeordnet und A zum Testamentsvollstrecker ernannt. Der Aktivnachlass beträgt eine Million EUR, es sind jedoch Verbindlichkeiten in Höhe von 700.000 EUR vorhanden. A bittet um Beurkundung eines Antrags auf Erteilung eines Erbscheins und eines Testamentsvollstreckerzeugnisses mit eidesstattlicher Versicherung. Grundbuchberichtigungsantrag wird nicht gestellt.

Lösung

Antrag auf Erteilung des Erbscheins mit eidesstattlicher Versicherung KV 23300 GNotKG	1,0 Gebühr	Geschäftswert 300.000 EUR
Antrag auf Erteilung des Testamentsvollstreckerzeugnisses mit eidesstattlicher Versicherung KV 23300 GNotKG	1,0 Gebühr	Geschäftswert nach § 40 Abs. 5 GNotKG 20 % des Aktivnachlasses ohne Abzug von Verbindlichkeiten somit 200.000 EUR

Gemäß § 35 Abs. 1 GNotKG sind die Geschäftswerte zu addieren, somit ist eine 1,0 Gebühr KV 23300 GNotKG aus 500.000 EUR abzurechnen. Diese beträgt 935 EUR.

Vollzugsgebühr KV 22125 GNotKG	0,5 Gebühr für die Erstellung der Daten im XML-Format und elektronische Einreichung der Anträge	Geschäftswert 500.000 EUR (§ 112 GNotKG)	250,00 EUR

Daneben sind die üblichen Auslagen abzurechnen.

Anhang: Auslegungshinweise der OLG und des BGH zu Verfügungen von Todes wegen

A. Einleitung

Die folgende tabellarische Übersicht soll einen schnellen Zugang zu ausgewählten Entscheidungen der OLG und vereinzelt des BGH hinsichtlich der Auslegung des Inhalts von Verfügungen von Todes wegen geben. Um den Rahmen dieser Publikation nicht zu sprengen, sind allein Entscheidungen der letzten fünf Jahre aufgenommen worden. Weder kann noch soll die Übersicht eine vertiefte Recherche in den einschlägigen Datenbanken ersetzen, jedoch eine zielgerichtete Suche in den Fachdatenbanken und frei zugänglichen Datenbanken der Bundesländer ermöglichen. Die Übersicht ist dabei in mehrere Themenbereiche unterteilt. Einzelne Entscheidungen sind in mehrere dieser Bereiche aufgenommen worden, um einen schnelleren Zugriff auf die Thematiken dieser Entscheidungen zu ermöglichen. Die einzelnen Leitsätze sind – sofern nicht anders angegeben – amtliche Leitsätze des jeweiligen Gerichts. 1

B. Übersicht ausgewählter Entscheidungen

I. Änderungsvorbehalte – allgemein

2

Gericht	Entscheidung	Aktenzeichen	Thematik	Leitsatz	Normen
OLG Bamberg	Beschl. v. 9.10.2020	3 W 43/20	Änderungsvorbehalt für den Fall, dass es **„mit unserem Sohn zu familiären Zuwiderhandlungen kommt“**; innerfamiliärer Konflikt aufgrund außerehelicher Beziehung des Erblassers	1. Zur Auslegung eines gemeinschaftlichen Testaments, in dem sich die Ehegatten eine Änderung der Schlusserbeneinsetzung ihres einzigen Kindes auch für den Fall vorbehalten hatten, dass es „mit unserem Sohn zu familiären Zuwiderhandlungen kommt“. 2. Zu den tatsächlichen Voraussetzungen einer auf einen solchen Widerrufsvorbehalt gestützten Änderungsberechtigung des letztverstorbenen Elternteils, wenn in der Neutestierung des überlebenden Ehegatten das Vorliegen von „familiären Zuwiderhandlungen“ im Wesentlichen mit der mangelnden Kontaktpflege des Sohnes begründet wird. 3. Unabhängig davon, welche gemeinsamen Vorstellungen der Ehegatten über Art und Ausmaß eines nicht mehr tolerablen Störverhaltens ihres Sohnes zu einem solchen Widerrufsvorbehalt geführt haben, gehört die von den Eheleuten damit übereinstimmend verfolgte Zielsetzung zu den tatbestandlichen Voraussetzungen der Änderungsklausel mit der Folge, dass der über-	§§ 2270, 2271, 2289 BGB

Gericht	Entscheidung	Aktenzeichen	Thematik	Leitsatz	Normen
				lebende Ehegatte hieran eben auch in Bezug auf die Beweggründe gebunden ist, von denen er sich bei der Ausübung seiner Änderungsbefugnis leiten lässt. 4. Es liegt offenkundig jenseits dieser übereinstimmenden Zielsetzung der Ehegatten, wenn der Erblasser nach dem Tod der Ehefrau eine derartige Änderungsklausel ausschließlich bzw. vorrangig dazu nutzen will, nunmehr zur hälftigen Miterbin (neben dem Sohn) seine langjährige Lebensgefährtin zu berufen, mit der er bereits wenige Jahre nach dem gemeinschaftlichen Testament eine außereheliche Beziehung eingegangen war, welche – voraussehbar – auch zu einem tiefgreifenden Konflikt zwischen dem Erblasser und seinem Sohn geführt hatte.	
OLG Hamm	Beschl. v. 5.5.2022	10 W 40/21	Abänderungsbefugnis hinsichtlich der **„Verteilung des Nachlasses unter den Kindern"**; Alleinerbeinsetzung durch überlebenden Ehegatten	Bestimmen die Eheleute in einem gemeinsamen Testament, „dass der Letztversterbende berechtigt ist, das Testament noch einseitig abzuändern, jedoch nur in dem die Verteilung des Nachlasses unter den Kindern anders geregelt wird" kann diese Abänderungsbefugnis dahingehend ausgelegt werden, dass eines der Kinder das gesamte Erbe enthält. Denn dabei handelt es sich streng genommen auch um eine „andere Verteilung" des Nachlasses.	§§ 133, 2271 BGB

II. Bedingtheit der Erbeinsetzung

3

Gericht	Entscheidung	Aktenzeichen	Thematik	Leitsatz	Normen
OLG Oldenburg	Beschl. v. 26.9.2022	3 W 55/22	Einsetzung des **„Lebenspartners“** kann bei **Beendigung der Beziehung durch Demenzerkrankung** des Bedachten bestehen bleiben	Es kann im Einzelfall dem hypothetischen Willen eines Erblassers entsprechen, dass, wenn er bei bestehender Lebenspartnerschaft an Demenz erkrankt und er infolgedessen stationär untergebracht werden muss, so dass die gelebte Partnerschaft in der bisherigen Form faktisch nicht mehr fortgeführt werden kann, er weiterhin den Lebenspartner mit seinem hälftigen Erbe auch für den Fall bedenken will, dass dieser sich nach Ausbruch der Demenzerkrankung einem neuen Lebenspartner zuwendet und diesen heiratet.	§§ 133, 2078 Abs. 2 BGB
OLG München	Beschl. v. 25.6.2024	31 Wx 250/18	Einsetzung des eingetragenen Lebenspartners; **Aufhebung der Lebenspartnerschafts wegen drohender Pflegekosten**	Wird eine eingetragene Lebenspartnerschaft nur aufgrund äußerer Umstände (hier: aufgrund Rechtsberatung hinsichtlich möglicher Kosten der Pflege des schwer kranken Lebenspartners) aufgehoben, ohne dass eine persönliche Entfremdung der Lebenspartner anzunehmen ist, kann es dem Willen des Erblassers entsprechen, die Erbeinsetzung des Lebenspartners aufrecht zu erhalten. *(Ls. d. Verf.)*	§§ 133, 2077 BGB

III. Bestimmung des Erben

4

Gericht	Entscheidung	Aktenzeichen	Thematik	Leitsatz	Normen
OLG Oldenburg	Beschl. v. 11.9.2019	3 U 24/18	Schlusserbeinsetzung der **„gemeinschaftlichen Abkömmlinge"** in einem notariellen Testament	1. Sind die „gemeinschaftlichen Abkömmlinge" in einer notariellen Verfügung von Todes wegen als Schlusserben eingesetzt, umfassen diese im Zweifel nicht nur die gemeinschaftlichen Kinder der Erblasser, sondern deren sämtliche gemeinschaftlichen Abkömmlinge i.S.v. § 1924 BGB. 2. Ist eine Erbeinsetzung nichtig, gilt § 2094 Abs. 1 BGB entsprechend. *(Ls. d. Verf.)*	§§ 1924, 2085, 2094 BGB
OLG Stuttgart	Beschl. v. 25.3.2020	8 W 104/19	**Streichung des Alleinerben** als Testamentswiderruf; gesetzliche Erbfolge	Wird der in einem privatschriftlichen Testament eingesetzte Alleinerbe vom Erblasser mit dem nicht unterschriebenen Vermerk „Wird noch genannt." durchgestrichen, führt dies zum Eintritt der gesetzlichen Erbfolge, wenn entgegen der Ankündigung eine Erbeinsetzung später nicht mehr letztwillig verfügt wurde.	§§ 2247, 2255 BGB
OLG Düsseldorf	Beschl. v. 12.1.2021	3 Wx 132/20	**keine Anwendung von § 2069 BGB bei Einsetzung von Neffen und Nichte des Erblassers**	Setzt die unverheiratete, kinderlose Erblasserin in einem notariellen Testament (1997) ihre Nichte und ihren Neffen (Kinder ihrer Halbschwester) zu gleichen Teilen als Miterben ein (§ 1), trifft Grabpflegeanordnungen (§ 2) und erklärt, weiter habe sie nichts zu bestimmen (§ 3), so ergibt die Auslegung	§§ 133, 2069, 2094 BGB

Gericht	Entscheidung	Aktenzeichen	Thematik	Leitsatz	Normen
				mangels Anwendbarkeit der Zweifelsregel des § 2069 BGB sowie entsprechender Anhaltspunkte nicht, dass die Erblasserin ihren Neffen „als Ersten seines Stammes“ und demnach bei seinem „Ausfall“ dessen Kinder als Ersatzerben berufen wollte, sondern eine erstrebte Alleinerbenstellung der Nichte infolge Anwachsung (§ 2094 Abs. 1 Satz 1 BGB).	
OLG Brandenburg	Beschl. v. 30.3.2021	3 W 38/21	Anordnung, dass **Enkelkinder „nach unserem Tod“ im hälftigen Eigentum der Testatoren stehendes Grundstück erhalten** sollen; Fehlen ausdrücklicher gegenseitiger Erbeinsetzung	Schiede die testierte Schlusserbeneinsetzung ohne die für den ersten Erbfall erfolgte Erbeinsetzung des überlebenden Ehegatten rechtlich aus, ist der Wille zur gegenseitigen Erbeinsetzung im Testament angedeutet. *(Ls. d. Verf.)*	§ 2269 BGB
OLG Köln	Beschl. v. 14.9.2022	2 Wx 190/22	Benennung des Erben als „mein Sohn“ bei gleichzeitiger **Nennung des Namens und des Geburtsdatums**	Der Erbe ist hinreichend bezeichnet wenn neben „mein Sohn“ dessen Name und Geburtsdatum angegeben sind. Auf die tatsächliche Abstammung und deren Nachweis von der Erblasserin kommt es nicht an. *(Ls. d. Verf.)*	§§ 26, 352 FamFG

Gericht	Entscheidung	Aktenzeichen	Thematik	Leitsatz	Normen
OLG Düsseldorf	Beschl. v. 17.7.2023	3 Wx 91/23	**als Schlusserben eingesetzte Kinder regelmäßig auch Ersatzerben** für den Fall der Erbausschlagung des länger lebenden Ehegatten	1. (…) 2. (…) 3. Enthält ein gemeinschaftliches Ehegattentestament („Berliner Testament“) keine Ersatzerbenregelung und schlägt der testamentarische Alleinerbe die Erbschaft aus, führt die ergänzende Auslegung regelmäßig dazu, dass mit der bindenden Schlusserbeneinsetzung der Kinder zugleich die Einsetzung der Kinder als Ersatzerben für den ersten Erbfall gewollt ist.	§§ 133, 2096 BGB
OLG München	Beschl. v. 25.9.2023	33 Wx 38/23e	ergebnislose Auslegung bei unbestimmtem Wortlaut; Bestimmung desjenigen zum Erben, der den Erblasser **„bis zu seinem Tod pflegt und betreut“**	1. Zur Auslegung eines privatschriftlichen Testaments, das der Erblasser mehr als 10 Jahre vor seinem Tod errichtet hat und das als Erben denjenigen bestimmt, der den Erblasser „bis zu meinem Tod pflegt und betreut“ und gleichzeitig eine Person nennt, die dies gegenwärtig tut. 2. Ein Testament ist nichtig, wenn der Wortlaut der Verfügung so unbestimmt ist, dass die Auslegung ergebnislos bleiben muss (Anschluss an BayObLG, Beschl. v. 23.5.2021, 1 Z BR 10/01). 3. Auf einen „Mindestbedeutungsgehalt“ der vom Erblasser verwendeten Begriffe kann nur dann abgestellt werden, wenn	§§ 133, 2065, 2084 BGB

Gericht	Entscheidung	Aktenzeichen	Thematik	Leitsatz	Normen
				feststeht, dass Erblasser diese in eben jenem Sinne verwendet hat.	
OLG Frankfurt a.M.	Beschl. v. 5.3.2024	21 W 80/23	Einsetzung der Abkömmlinge leiblicher Kinder; **Minderjährigenadoption**	1. Beruft der Erblasser ausdrücklich die Abkömmlinge seiner leiblichen Kinder als Nacherben, so umfasst dies mangels konkreter Anhaltspunkte für einen davon abweichenden Erblasserwillen jedenfalls auch solche als Volljährige an Kindes Statt angenommenen Adoptivkinder, die mit den Wirkungen einer Minderjährigenadoption (§ 1772 BGB) adoptiert worden waren. 2. (…)	§§ 133, 2069, 2084, 2100 BGB

IV. Enterbung

5

Gericht	Entscheidung	Aktenzeichen	Thematik	Leitsatz	Normen
OLG München	Beschl. v. 19.2.2020	31 Wx 231/17	**Nichterwähnung eines Erbprätendenten** bei Zuwendung (nur) einzelner Nachlassgegenstände	In der Nichterwähnung eines Erbprätendenten im Rahmen einer Testierung, die sich auf die Zuwendung von einzelnen Nachlassgegenständen beschränkt ohne dass eine Gesamtverteilung des Nachlasses erfolgt, ist dessen (etwaige) Enterbung durch den Erblasser nicht angedeutet.	§§ 1924, 2084, 2087 Abs. 2 BGB

Gericht	Entscheidung	Aktenzeichen	Thematik	Leitsatz	Normen
OLG Brandenburg	Beschl. v. 17.11.2022	3 W 121/22	**Auswirkung der Unwirksamkeit der Erbeinsetzung** auf Enterbung	Die Unwirksamkeit einer Erbeinsetzung hat im Zweifel den Entfall der damit korrespondierenden Enterbung zur Folge. *(Ls. d. Verf.)*	§§ 1938, 2069 BGB

V. Erbeinsetzung – Abgrenzung zum Vermächtnisnehmer

6

Gericht	Entscheidung	Aktenzeichen	Thematik	Leitsatz	Normen
OLG München	Beschl. v. 19.2.2020	31 Wx 231/17	**Nichterwähnung eines Erbprätendenten** bei Zuwendung (nur) einzelner Nachlassgegenstände	In der Nichterwähnung eines Erbprätendenten im Rahmen einer Testierung, die sich auf die Zuwendung von einzelnen Nachlassgegenständen beschränkt, ohne dass eine Gesamtverteilung des Nachlasses erfolgt, ist dessen (etwaige) Enterbung durch den Erblasser nicht angedeutet.	§§ 1924, 2084, 2087 Abs. 2 BGB
OLG Düsseldorf	Beschl. v. 23.12.2020	3 Wx 170/19	gegenseitige Einsetzung zu Alleinerben; Schlusserbeinsetzung; **Einschränkung des Erbes auf „die Eigentumswohnung“** hinsichtlich des Schusserbfalls	1. Verfügen Eheleute in einem gemeinschaftlichen Testament, mit welchem sie einander zu Alleinerben einsetzen, dass Erben des Überlebenden die Tochter des Erblassers und deren zwei Töchter sein sollen und heißt es weiter „Unser Erbe bezieht sich auf die Eigentumswohnung … und soll wie folgt aufgeteilt werden. 50 % des Wertes erhält unsere Tochter, je 25 % unsere Enkelkinder, nach Erlangung der Volljährigkeit.“, so ist die Verfügung nicht	§§ 133, 2269 BGB

Gericht	Entscheidung	Aktenzeichen	Thematik	Leitsatz	Normen
				als wechselseitiges Vermächtnis (bestehend aus der Eigentumswohnung), sondern als gegenseitige Erbeinsetzung auszulegen. 2. Die gegenteilige Auslegung eines anderen Gerichts in einem im vorangegangenen Verfahren der Ehefrau des Erblassers gegen dessen Lebensgefährtin ergangenen rechtskräftigen (Teil-) Urteil bindet den Senat nicht.	
OLG Hamburg	Beschl. v. 10.9.2021	2 U 2/21	**Teilungsanordnung für einzelne Grundstücke („insofern“)**; keine Aufhebung übriger Vermächtnisse	Eine testamentarische Regelung, in der die Erblasserin die zum Nachlass gehörenden unbebauten Grundstücke ihren Töchtern je zur Hälfte zuweist und „insofern“ eine Teilungsanordnung trifft, bezieht sich dem Wortlaut entsprechend im Zweifel nur auf die vorgenannten Grundstücke, nicht auf den gesamten Nachlass.	§§ 133, 2048 BGB
OLG Rostock	Beschl. v. 8.2.2022	3 W 143/20	**Zuwendung des Hausgrundstücks**; Beweislast	1. Der Umstand, dass die zugewandten Gegenstände das Vermögen des Erblassers erschöpfen, rechtfertigt für sich allein noch nicht die Annahme einer Erbeinsetzung, sondern ist nur besonderer Anlass für die Prüfung, ob entgegen § 2087 Abs. 2 BGB eine Erbeinsetzung vorliegt. 2. Die Auslegung wird dabei zu fragen haben, ob die Rechtsstellung des Bedachten nach dem Willen des Erblassers	§§ 133, 2087 Abs. 2 BGB

Gericht	Entscheidung	Aktenzeichen	Thematik	Leitsatz	Normen
				Merkmale aufweisen sollte, die derjenigen eines Vermächtnisnehmers fremd, aber mit der Erbenstellung verbunden sind. 3. Auszugehen ist insoweit von den Vorstellungen, die der Erblasser im Zeitpunkt der Testamentserrichtung über die voraussichtliche Zusammensetzung seines Nachlasses und den Wert der in diesen fallenden Gegenstände hat. 4. Wer entgegen der Auslegungsregel des § 2087 Abs. 2 BGB die Rechtsstellung eines Erben beansprucht, muss im Einzelnen darlegen und beweisen, dass der zugewandte Gegenstand praktisch das gesamte Vermögen des Erblassers ausgemacht hat.	
OLG Saarbrücken	Beschl. v. 30.3.2022	5 W 15/22	Zuwendung einzelner Nachlassgegenstände; zusätzliche **Tragung von Beerdigungs- und Folgekosten**	Zur Annahme einer Alleinerbeneinsetzung der Lebensgefährtin des Erblassers trotz augenscheinlicher Verteilung nur einzelner Nachlassgegenstände auf mehrere Personen, wenn die ihr zugewandten Vermögenswerte aus Sicht des Erblassers den wesentlichen Teil seines Nachlasses darstellten und sie nach dem Testament auf für „Beerdigung und Folgekosten“ verantwortlich zeichnen sollte.	§§ 133, 1968, 2084 BGB

Gericht	Entscheidung	Aktenzeichen	Thematik	Leitsatz	Normen
OLG Köln	Beschl. v. 28.6.2022	2 Wx 129/22, 2 Wx 131/22	Erbeinsetzung bei **Zuwendung von Immobilien mit sehr unterschiedlichem Wert**	1. (…) 2. (…) 3. Erbeinsetzung bei einer Zuwendung nach Vermögensgruppen.	§§ 133, 2087, 2091 BGB
OLG Brandenburg	Beschl. v. 20.2.2023	3 W 31/22	Anordnung des **„Verschenkens" für den Fall des plötzlichen Ablebens**	Hat der Erblasser handschriftlich für den Fall seines plötzlichen Ablebens angeordnet, dass er seinen Hausanteil „verschenken" wolle, ist dies nach der Zweifelsregelung des § 2084 BGB nicht als Schenkung, sondern als Erbeinsetzung oder Vermächtnis zu verstehen. *(Ls. d. Verf.)*	§§ 133, 2084, 2087 Abs. 2 BGB
OLG Saarbrücken	Beschl. v. 9.5.2023	5 W 28/23	Zuweisung von Immobilien; Aufteilung von Bargeld; **gesetzliche Erbfolge im Übrigen, wenn Aufteilung Nachlass nicht erschöpft**	Ein privatschriftliches Testament, in dem die Erblasserin zunächst die frühere Erbeinsetzung ihrer Abkömmlinge für „ungültig" erklärt, ihnen sodann ihre beiden Hausanwesen (anteilig) zuweist und abschließend anordnet, das „Bargeld" solle auf „meine drei Kinder" verteilt werden, kann im Einzelfall dahin auszulegen sein, dass es jenseits dieser auf einzelne Gegenstände beschränkten Aufteilung, die den Nachlass nicht erschöpfte und auch sonst keinen Willen zur Bestimmung eines anderen Rechtsnachfolgers erkennen lässt, bei der gesetzlichen Erbfolge verbleiben soll.	§§ 133, 2048, 2087 BGB

Gericht	Entscheidung	Aktenzeichen	Thematik	Leitsatz	Normen
OLG Karlsruhe	Beschl. v. 1.10.2024	14 U 144/23	**Abgrenzung der Vor- und Nacherbschaft zum Nießbrauchsvermächtnis; Vermeidung des Anfalls von Erbschaftsteuer** als Indiz für mutmaßlichen Willen des Erblassers	1. Kann im Rahmen einer Verfügung von Todes wegen der Wille des Erblassers in Hinblick auf die etwaige Anordnung einer Vor- und Nacherbschaft (hier: in Abgrenzung zu einem Nießbrauchsvermächtnis) nicht zweifelsfrei festgestellt werden und greifen die Auslegungsregeln der §§ 2101 ff. BGB nicht ein, so geht dies zulasten dessen, der für sich die Rechte eines Nacherben in Anspruch nimmt. 2. Bleibt bei der Auslegung einer Verfügung von Todes wegen zweifelhaft, ob der wirkliche Wille des Erblassers auf die Anordnung einer Vor- und Nacherbfolge oder eines Nießbrauchsvermächtnisses gerichtet war, so spricht bei der Ermittlung seines mutmaßlichen Willens der Umstand für die Anordnung eines Nießbrauchsvermächtnisses, dass hierdurch der wiederholte Anfall von Erbschaftssteuer vermieden wird (im Anschluss an Bayerisches Oberstes Landesgericht, Beschl. v. 1.4.1960 – BReg 1 Z 81/59, nicht amtlicher Leitsatz, juris). 3. Konnte die zum Zeitpunkt der Testamentserstellung verwitwete und kinderlose Erblasserin ihren – unterstellten – Willen, ihr Vermögen dauerhaft in der	§§ 133, 2100 BGB

Gericht	Entscheidung	Aktenzeichen	Thematik	Leitsatz	Normen
				leiblichen Familie zu halten, sowohl durch Anordnung einer Vor- und Nacherbschaft als auch Zuwendung eines Nießbrauchsvermächtnisses an ihren neuen Lebenspartner erreichen, weil zu diesem Zeitpunkt die gesetzliche Erbfolge eingetreten wäre, so spricht die Jahre später erfolgte Eheschließung mit diesem Lebenspartner nicht ohne Weiteres für die Annahme einer Vor- und Nacherbschaft im Wege der ergänzenden Testamentsauslegung. Ein hierauf – zum maßgeblichen Zeitpunkt der Testamentserrichtung – gerichteter hypothetischer Wille ist für den Fall nicht zu ermitteln, dass die Erblasserin zunächst nicht mit einer Eheschließung rechnete und ihr später – zum Zeitpunkt der Eheschließung – bekannt war, dass damit ein gesetzliches Ehegattenerbrecht verbunden wäre.	

Gericht	Entscheidung	Aktenzeichen	Thematik	Leitsatz	Normen
KG	Beschl. v. 2.10.2024	19 W 101/24	**Zuwendung einzelner Nachlassgegenstände**	Entscheidend für die Unterscheidung zwischen Erbeinsetzung und Vermächtnisanordnung ist, welche Rolle der Erblasser dem Bedachten zugedacht hat. Will der Erblasser dem Bedachten die Regelung des Nachlasses einschließlich der Tilgung der Nachlassverbindlichkeiten übertragen und ihm unmittelbare Rechte am Nachlass zuwenden, spricht dies für eine Erbeinsetzung. *(Ls. d. Verf.)*	§§ 133, 2087 BGB
OLG Brandenburg	Beschl. v. 6.3.2025	3 W 24/24	**Zuwendung einzelner Nachlassgegenstände**	1. Hat ein Erblasser nicht ausdrücklich einen Erben benannt und wurden lediglich Verfügungen über einzelne Nachlassbestandteile getroffen, die aber den gesamten Nachlass erschöpfen, ist davon auszugehen, dass diese Verfügungen auch eine Erbeinsetzung enthalten. 2. Wesentliche Anhaltspunkte für eine Erbeinsetzung, können die Art des zugewendeten Einzelgegenstandes (Immobilie – Geldvermögen) und dabei insbesondere das Wertverhältnis des zugewendeten Einzelgegenstandes zum Wert des Gesamtnachlasses sein. *(Ls. d. Verf.)*	§§ 133, 2087 BGB

VI. Pflichtteilsstrafklausel

7

Gericht	Entscheidung	Aktenzeichen	Thematik	Leitsatz	Normen
OLG Hamburg	Beschl. v. 26.8.2020	2 W 35/20	**atypische Jastrow'sche Klausel ohne Strafteil**; Bindungswirkung der Schlusserbeinsetzung	Zur Bindungswirkung eines gemeinschaftlichen Testaments mit atypischer Jastrow'scher Klausel ohne Strafteil.	§§ 133, 2270 BGB
OLG Hamm	Beschl. v. 27.1.2021	10 W 71/20	Pflichtteilsstrafklausel; Schlusserbeinsetzung; **Geltendmachung des Pflichtteils durch Dritte**	Eine Einsetzung als Schlusserbe entfällt, wenn der in einem Ehegattentestament zum Schlusserben eingesetzte Abkömmling nach dem ersten Todesfall trotz testamentarisch vorgesehener Verwirkungsklausel den Pflichtteil verlangt. Es gilt dann die Anwachsung gemäß § 2094 BGB als gewollt.	§§ 2094, 2270, 2271 BGB
OLG Frankfurt a.M.	Beschl. v. 1.2.2022	21 W 182/21	Pflichtteilsstrafklausel; **Aufforderung zur Nachbesserung eines Nachlassverzeichnisses**	Eine Aufforderung zur Nachbesserung des seitens des Pflichtteilsberechtigten vom Erben angeforderten Nachlassverzeichnisses führt in der Regel noch nicht zur Verwirkung des Erbanspruchs nach dem Längstlebenden, sofern die Pflichtteilsstrafklausel vorsieht, der Pflichtteil müsse hierzu vom Längstlebenden gefordert werden.	§§ 2069, 2303, 2314 BGB
OLG Hamm	Beschl. v. 29.3.2022	10 W 91/20	**Pflichtteilsstrafklausel lässt nicht auf Schlusserbeinsetzung schließen**; ernsthafte Geltendmachung des Pflichtteils	1. Die in einem gemeinschaftlichen Testament enthaltene Pflichtteilsstrafklausel lässt allein noch nicht auf den Willen der Eheleute schließen, ihre Kinder als Schlusserben einzusetzen.	§§ 2269, 2270 BGB

Gericht	Entscheidung	Aktenzeichen	Thematik	Leitsatz	Normen
				2. Für das Eingreifen der Verwirkungsklausel ist es nicht erforderlich, dass der Pflichtteil tatsächlich ausgezahlt oder gerichtlich geltend gemacht wird. Es genügt vielmehr, dass der Abkömmling versucht hat, den Pflichtteil zu erhalten. Das ist der Fall, wenn er in objektiver Hinsicht den Pflichtteil ausdrücklich und ernsthaft fordert und in subjektiver Hinsicht dabei bewusst in Kenntnis der Verwirkungsklausel handelt. Weitere subjektive Voraussetzungen, etwa ein bewusstes oder gar böswilliges Auflehnen gegen den Erblasserwillen, sind nicht erforderlich. 3. An einer ernsthaften Geltendmachung des Pflichtteils fehlt es, wenn der Berechtigte den Pflichtteil nicht durch anwaltliche Schreiben anmahnt, sondern alsbald erklärt, die Ansprüche zurückzuziehen, nachdem ihm eine Kopie des die Pflichtteilsstrafklausel enthaltenen Testaments übersandt worden war.	
OLG Frankfurt a.M.	Beschl. v. 21.2.2023	21 W 104/22	Pflichtteilsstrafklausel; Mittelabfluss („…**Pflichtteil beansprucht und erhalten hat…**“)	Eine Pflichtteilsstrafklausel verfolgt das Ziel, den Nachlass zunächst dem überlebenden Ehegatten ungeschmälert zukommen zu lassen. Knüpft die Klausel sowohl an das Verlangen des Pflichtteils als auch an dessen Erhalt an, ist Voraus-	§§ 133, 2269, 2270 BGB

Gericht	Entscheidung	Aktenzeichen	Thematik	Leitsatz	Normen
				setzung für das Auslösen der Sanktionswirkung nicht nur die Geltendmachung des Pflichtteils gegenüber dem überlebenden Ehegatten, sondern zusätzlich auch ein Mittelabfluss vom Nachlassvermögen. *(Ls. d. Verf.)*	
OLG Braunschweig	Beschl. v. 13.2.2025	10 W 11/25	Pflichtteilsstrafklausel; **Verlangen des Pflichtteils**	1. Ist Voraussetzung für eine Pflichtteilsstrafklausel, dass der Pflichtteil „verlangt" wird, setzt dies zwar nicht die Bezifferung oder gar Auszahlung voraus, jedoch eine von gewisser Ernsthaftigkeit und Intensität gekennzeichnete Interessenwahrung. Ob der Pflichtteilsberechtigte zu erkennen gibt, den Pflichtteil ernsthaft geltend machen zu wollen, ist dabei aus der Sicht des Erben unter Zugrundelegung des objektiven Empfängerhorizonts zu beurteilen. 2. Es genügt für die Auslösung einer solchen Pflichtteilsstrafklausel nicht, dass der Abkömmling nach dem ersten Erbfall faktisch bereits eine beträchtliche Zuwendung aus dem Vermögen der Eltern erhalten hat, die nach seiner Ansicht seinen Pflichtteilsanspruch weit übererfüllt hätte, sondern es ist erforderlich, dass der Abkömmling eigenmächtig und entgegen	§§ 133, 2269, 2270 BGB

Gericht	Entscheidung	Aktenzeichen	Thematik	Leitsatz	Normen
				dem Willen der Erblasser deutlich gemacht hätte, dass er nicht bereit ist, hinsichtlich des Zuflusses aus dem elterlichen Vermögen bis zum Tod des Letztversterbenden zu warten. *(Ls. d. Verf.)*	

8

VII. Rechtswahlen, konkludent

Gericht	Entscheidung	Aktenzeichen	Thematik	Leitsatz	Normen
OLG München	Beschl. v. 24.8.2020	31 Wx 241/18	konkludente Wahl des deutschen Rechts in einem in Österreich errichteten Erbvertrag	Für die Frage, ob eine konkludente Wahl deutschen Rechts im Sinne von Art. 83 Abs. 2 EuErbVO für die Bindungswirkung eines gemeinschaftlichen Testaments vorliegt, sind alle Umstände des Einzelfalls zu berücksichtigen	Art. 83 EuErbVO
BGH	Beschl. v. 24.2.2021	IV ZB 33/20	konkludente Wahl des deutschen Rechts in einem in Österreich errichteten Erbvertrag	Die Frage, ob der Erblasser eine konkludente Rechtswahl im Sinne von Art. 22 Abs. 2 EuErbVO getroffen hat, ist unionsautonom und nicht unter Rückgriff auf das hypothetisch gewählte Recht zu beurteilen (hier: Wahl des deutschen Rechts für die Bindungswirkung in einem zwischen einer deutschen Erblasserin und ihrem österreichischen Ehemann geschlossenen Erbvertrag im Sinne von Art. 3 Abs. 1b) EuErbVO).	Art. 22 Abs. 2, 83 Abs. 2 EuErbVO

Gericht	Entscheidung	Aktenzeichen	Thematik	Leitsatz	Normen
OLG Saarbrücken	Beschl. v. 24.1.2024	5 U 8/23	konkludente Wahl des deutschen Rechts bei letztwilligen Anordnungen zu im Ausland belegenem Grundbesitz	1. Zur stillschweigenden Wahl deutschen Rechts durch im Inland ansässige Ehegatten, die im Nachgang zu einer erbvertraglichen Verfügung in weiteren privatschriftlichen Testamenten ergänzende Anordnungen zum Schicksal ihres in Frankreich belegenen Grundbesitzes treffen. 2. Ein gemeinschaftliches Testament kann ungeachtet der Formerleichterung des § 2265 BGB auch in getrennten Urkunden enthalten sein, wenn daraus der Wille der Ehegatten erhellt, eine gemeinschaftliche Erklärung abzugeben. Davon kann auszugehen sein, wenn beide Urkunden nahezu zeitgleich am selben Ort errichtet wurden, erkennbar aufeinander bezogen sind und inhaltlich darauf abzielen, dem in früheren Verfügungen zum Ausdruck gebrachten Willen, die gemeinsamen Kinder vermögensrechtlich gleich zu behandeln, zum Erfolg zu verhelfen.	Art. 22 Abs. 2, 83 Abs. 2 EuErbVO

VIII. Schlusserbeinsetzung – allgemein

9

Gericht	Entscheidung	Aktenzeichen	Thematik	Leitsatz	Normen
OLG Düsseldorf	Beschl. v. 25.11.2020	3 Wx 198/20	**„die Kinder“** als Schlusserben, wenn nur Kinder eines Ehegatten bei Errichtung im Haushalt lebten und zum Kind des anderen Ehegatten kein Kontakt bestand	Verfügen Ehegatten, die Kinder aus Vorehen hatten, in einem gemeinschaftlichen Testament, mit welchem sie einander zu Alleinerben einsetzen, „Erst nach dem Tod des zuletzt verstorbenen Elternteil sollen die Kinder uns zu ungefähr gleichen Teilen beerben.“, so kann die Auslegung ergeben, dass mit Kinder lediglich die im Haushalt lebenden Kinder des vorverstorbenen Ehemannes gemeint sein sollten und nicht auch das Kind der Erblasserin, zu dem zur Zeit der Errichtung des Testaments kein Kontakt bestand.	§§ 133, 157, 2073, 2269 BGB
OLG Düsseldorf	Beschl. v. 11.12.2020	3 Wx 215/19	**Einsetzung gemeinsamer Abkömmlinge bei kinderlosen Eheleuten** ist keine Einsetzung der Erben zweiter Ordnung	Verfügen kinderlose Eheleute in einem gemeinschaftlichen Testament, mit welchem sie einander zu Alleinerben einsetzen, dass nach dem Tode des zuletzt verstorbenen Ehegatten die gemeinsamen Abkömmlinge zu gleichen Teilen die Erben sein sollen, so verbietet sich die Auslegung als Einsetzung der beiderseitigen/jeweiligen gesetzlichen Erben zweiter Ordnung (Stämme) zu gleichen Teilen als Schlusserben.	§§ 133, 2269 BGB

Gericht	Entscheidung	Aktenzeichen	Thematik	Leitsatz	Normen
OLG Hamm	Beschl. v. 29.3.2022	10 W 91/20	**Pflichtteilsstrafklausel lässt nicht auf Schlusserbeinsetzung schließen**; ernsthafte Geltendmachung des Pflichtteils	1. Die in einem gemeinschaftlichen Testament enthaltene Pflichtteilsstrafklausel lässt allein noch nicht auf den Willen der Eheleute schließen, ihre Kinder als Schlusserben einzusetzen. 2. Für das Eingreifen der Verwirkungsklausel ist es nicht erforderlich, dass der Pflichtteil tatsächlich ausgezahlt oder gerichtlich geltend gemacht wird. Es genügt vielmehr, dass der Abkömmling versucht hat, den Pflichtteil zu erhalten. Das ist der Fall, wenn er in objektiver Hinsicht den Pflichtteil ausdrücklich und ernsthaft fordert und in subjektiver Hinsicht dabei bewusst in Kenntnis der Verwirkungsklausel handelt. Weitere subjektive Voraussetzungen, etwa ein bewusstes oder gar böswilliges Auflehnen gegen den Erblasserwillen, sind nicht erforderlich. 3. An einer ernsthaften Geltendmachung des Pflichtteils fehlt es, wenn der Berechtigte den Pflichtteil nicht durch anwaltliche Schreiben anmahnt, sondern alsbald erklärt, die Ansprüche zurückzuziehen, nachdem ihm eine Kopie des die Pflichtteilsstrafklausel enthaltenen Testaments übersandt worden war.	§§ 2269, 2270 BGB

Gericht	Entscheidung	Aktenzeichen	Thematik	Leitsatz	Normen
OLG Brandenburg	Beschl. v. 20.1.2023	3 W 133/22	**„Unser Besitz“** und der Wille, dass der **Pflichtteil nur im Notfall auszuzahlen** ist, sprechen für Einheitslösung	1. Einem einheitlichen Regelungsgehalt einer letztwilligen Verfügung im Sinne eines sog. Berliner Testaments steht nicht entgegen, dass die entsprechenden Anordnungen in drei verschiedenen Urkunden und mit einem zeitlichen Abstand von mehreren Jahren getroffen wurden, sofern der Wille der Testierenden dahin geht, nunmehr diese Verfügungen als eine Einheit gelten zu lassen. 2. Indiz gegen die Annahme einer Anordnung der Vor- und Nacherbschaft ist, dass die Eheleute von „unserem Besitz“ sprechen, der erst nach ihrer beider Ableben geteilt werden sollte und dass die Auszahlung des Pflichtteils nur im Notfall erfolgen soll. *(Ls. d. Verf.)*	§§ 133, 2100, 2269 BGB
OLG Brandenburg	Beschl. v. 14.2.2023	3 W 60/22	eingesetzte **Schlusserben als Ersatzerben**	Schlägt der in einem Berliner Testament bedachte überlebende Ehegatte die testamentarisch angeordnete Erbschaft bei gleichzeitiger Annahme der gesetzlichen Erbschaft aus, führt dies zur (Ersatz-) Erbenstellung der testamentarisch eingesetzten Schlusserben. *(Ls. d. Verf.)*	§§ 2271, 2097 BGB

Gericht	Entscheidung	Aktenzeichen	Thematik	Leitsatz	Normen
OLG München	Beschl. v. 27.9.2023	33 Wx 164/23 e	eingesetzte **„Ersatzerben“ als Schlusserben**	1. Zur Auslegung eines notariellen Erbvertrages, in dem der zweite Erbfall nicht mit dem Begriff des Schlusserben, sondern dem des Ersatzerben geregelt wird. 2. Für die grundsätzlich bestehende Möglichkeit, auch notarielle Verfügungen zur Ermittlung des wahren Erblasserwillens auszulegen (Anschluss an: BGH, Urt. v. 6.12.1989, IVa ZR 59/88, NJW-RR 1990, 391; Senat, 33 U 6666/21, ZEV 2022, 659), ist kein Raum, wenn sich aus der Urkunde keine Anhaltspunkte dafür ergeben, dass juristische Fachbegriffe unzutreffend gebraucht worden wären.	§§ 133, 157, 2084 BGB
OLG München	Beschl. v. 30.1.2024	33 Wx 191/23 e	**„unsere Patenkinder“** als Schlusserben; Wechselbezüglichkeit	1. Zur Auslegung eines gemeinschaftlichen notariellen Testaments, in dem „unsere Patenkinder“ als Schlusserben bestimmt sind. 2. Setzen kinderlose Ehegatten ihre Patenkinder, die jeweils mit einem Ehegatten verwandt sind, als Schlusserben ein, kann die Testamentsauslegung auch die Wechselbezüglichkeit der Erbeinsetzung des mit dem anderen Ehegatten verwandten Patenkindes ergeben, wenn sich die Ehegatten beiden Patenkindern gleichermaßen verbunden fühlen.	§§ 133; 2084, 2271 BGB

IX. Schlusserbeinsetzung – „Katastrophenklausel"

10

Gericht	Entscheidung	Aktenzeichen	Thematik	Leitsatz	Normen
KG	Beschl. v. 4.2.2021	19 W 1118/20	Schlusserbeinsetzung; gemeinschaftliches Testament bei getrennten Verfügungen der Eheleute; **Errichtungszusammenhang**	Ein gemeinschaftliches Testament liegt auch dann vor, wenn beide Ehegatten jeweils eine eigenhändige Verfügung in der Form des § 2247 BGB errichten und sich aus dem Errichtungszusammenhang ergibt, dass es sich um ein gemeinschaftliches Testament handeln soll. *(Ls. d. Verf.)*	§§ 2265, 2247, 2270 BGB
OLG Schleswig	Beschl. v. 1.2.2023	3 Wx 29/22	Schlusserbeinsetzung („Sollten wir gleichzeitig oder **so nacheinander versterben, dass weitere Verfügungen nicht möglich sind**")	1. Zur Auslegung einer Gleichzeitigkeits- bzw. Katastrophenklausel in einem gemeinschaftlichen Ehegattentestament. 2. Andeutungen in einem späteren Testament können nicht die Formwirksamkeit eines früheren Testaments im Sinne der Andeutungstheorie begründen.	§§ 133; 2084. 2270 BGB
OLG Düsseldorf	Beschl. v. 20.6.2024	3 Wx 32/24	Schlusserbeinsetzung (nur) für den Fall, dass beide Ehegatten **„auf eine Weise versterben, dass dem Überlebenden keine Zeit mehr zu einer letztwilligen, seinen eigenen Tod**	Benennen Ehegatten in einem gemeinschaftlichen Testament Schlusserben allein für den Fall, dass beide auf eine Weise versterben, dass dem Überlebenden keine Zeit mehr zu einer letztwilligen, seinen eigenen Tod betreffenden Verfügung verbleibt, so ist nicht ohne weiteres an-	§§ 133, 2084 BGB

Gericht	Entscheidung	Aktenzeichen	Thematik	Leitsatz	Normen
			betreffenden Verfügung verbleibt“	zunehmen, dass dieser Schlusserbe auch für andere Fälle nach dem Letztversterbenden bedacht ist. *(Ls. d. Verf.)*	
OLG Zweibrücken	Beschl. v. 11.7.2024	8 W 80/23	Schlusserbeinsetzung bei Benennung für den Fall, dass die Erblasser **„gleichzeitig oder nacheinander ableben sollten“**	Setzen Eheleute sich einander gegenseitig zu alleinigen Erben sowie weiter verschiedene Verwandte als Erben ein, „falls wir auf einer Reise oder durch sonstige Umstände gleichzeitig oder nacheinander ableben sollten“, kann der in der letztgenannten Bestimmung zum Ausdruck kommende Erblasserwille im Sinne einer generellen Schlusserbeneinsetzung ausgelegt werden.	§§ 133, 2069, 2269 BGB

X. Schlusserbeinsetzung – Wechselbezüglichkeit/Änderungsbefugnis

11

Gericht	Entscheidung	Aktenzeichen	Thematik	Leitsatz	Normen
OLG Brandenburg	Beschl. v. 21.2.2020	3 W 9/20	Wechselbezüglichkeit; **Verwandtschaft des Schlusserben mit nur einem Ehegatten**	1. Ist der in einem gemeinschaftlichen Testament eingesetzte Schlusserbe nur mit dem überlebenden Ehegatten verwandt, entspricht es der Lebenserfahrung, dass der vorversterbende Ehegatte seinem Partner regelmäßig das Recht belassen will, als Überlebender jederzeit die Einsetzung des Schlusserben zu ändern, ins-	§§ 2069, 2270 BGB

Gericht	Entscheidung	Aktenzeichen	Thematik	Leitsatz	Normen
				besondere im Fall einer Verschlechterung seiner persönlichen Beziehungen zu dem Bedachten. 2. Die Auslegungsregel des § 2270 Abs. 2 BGB ist nur dann (mangels entgegenstehenden Testierwillens) anwendbar, wenn sich die Einsetzung des Ersatzerben durch entsprechende Auslegung zweifelsfrei feststellen lässt, nicht jedoch, wenn die Annahme der Ersatzerbeneinsetzung allein auf der Auslegungsregel des § 2069 BGB beruht. *(Ls. d. Verf.)*	
OLG Düsseldorf	Beschl. v. 11.5.2020	3 Wx 135/19	Entfall der Bindungswirkung bei **Vorversterben eines Schlusserben** ohne Ersatzerbeinsetzung	1. Ein notarieller Erbvertrag (1997), in dem die Erblasserin und ihr vorverstorbener Ehemann sich gegenseitig – unter ausdrücklich vereinbarter Bindungswirkung – als alleinige und unbeschränkte Erben und zu Erben des Letztversterbenden „mit Beteiligung zu je ein Halb“ den gemeinsamen Sohn und die „ersteheliche“ Tochter der Erblasserin eingesetzt haben, steht der Wirksamkeit eines von der Erblasserin nach dem Tode des Ehemannes errichteten privatschriftlichen Testament (2017) mit dem sie den gemeinsamen Sohn zu ihrem unbeschränkten und alleinigen	§§ 133, 2096, 2270 BGB

Gericht	Entscheidung	Aktenzeichen	Thematik	Leitsatz	Normen
				Erben einsetzt, nicht entgegen, wenn – wie hier – die ursprüngliche Verfügung im Erbvertrag zugunsten der „erstehelichen“ Tochter der Erblasserin als Schlusserbin zu 1/2 durch deren Vorversterben hinfällig geworden ist. 2. Für ein Erbrecht der Enkelin (Kind der „erstehelichen“ Tochter) nach der Erblasserin ist entscheidend, ob sie für die vorverstorbene Tochter der Erblasserin – wie hier vom Senat verneint – als Ersatzerbin eingesetzt und die Erblasserin nach dem Tode ihres Ehemannes an eine solche Ersatzerbeneinsetzung gebunden war.	
OLG Rostock	Beschl. v. 25.8.2020	3 W 94/19	Wechselbezüglichkeit; Abänderungsbefugnis **„letztwillig anderweitig über den beiderseitigen Nachlass zu verfügen“**	Da es den Ehegatten freisteht zu bestimmen, ob und inwieweit ihre letztwilligen Anordnungen wechselbezüglich sein sollen, sind sie auch als befugt anzusehen, die Widerruflichkeit wechselbezüglicher Verfügungen über dem im Gesetz vorgesehenen Rahmen hinaus zu erweitern bzw. zu beschränken oder auszuschließen und dem Überlebenden sogar ein freies Widerrufsrecht einzuräumen.	§§ 133, 2270, 2271 BGB

Gericht	Entscheidung	Aktenzeichen	Thematik	Leitsatz	Normen
OLG Hamburg	Beschl. v. 26.8.2020	2 W 35/20	**atypische Jastrow'sche Klausel ohne Strafteil**; Bindungswirkung der Schlusserbeinsetzung	Zur Bindungswirkung eines gemeinschaftlichen Testaments mit atypischer Jastrow'scher Klausel ohne Strafteil.	§§ 133, 2270 BGB
OLG Hamm	Beschl. v. 15.1.2021	10 W 59/20	Wechselbezüglichkeit; **Einsetzung jeweils Verwandter beider Ehegatten als Schlusserben**	1. Wenn sich Eheleute in einem gemeinschaftlichen Testament wechselseitig zu Alleinerben und zu Schlusserben teils Verwandte nur des einen Ehegatten und teils Verwandte nur des anderen Ehegatten einsetzen, so ist im Zweifel nur davon auszugehen, dass die gegenseitigen Erbeinsetzungen und die zugunsten der Verwandten des anderen Ehegatten getroffenen Verfügungen im Verhältnis der Wechselbezüglichkeit zueinander stehen, nicht jedoch, dass auch die Zuwendungen zugunsten der eigenen Verwandten voneinander abhängen. Es entspricht vielmehr der Lebenserfahrung, dass ein Ehegatte regelmäßig dem anderen das Recht belassen will, die Einsetzung derjenigen Schlusserben abzuändern, die nur mit dem überlebenden Ehegatten verwandt sind. 2. (…)	§§ 2270, 2271 BGB

Gericht	Entscheidung	Aktenzeichen	Thematik	Leitsatz	Normen
OLG Düsseldorf	Beschl. v. 20.1.2021	3 Wx 245/19	keine Wechselbezüglichkeit bei Anordnung: **„Nach unserer beider Tod soll die gesetzliche Erbfolge in Kraft treten."**	Verfügen der Erblasser und seine vorverstorbene erste Ehefrau, die fünf Kinder haben, in einem gemeinschaftlichen Testament, mit welchem sie einander zu Alleinerben einsetzen, „Nach unserer beider Tod soll die gesetzliche Erbfolge in Kraft treten." und setzt der Erblasser sodann in einem späteren notariellen Testament seine zweite Ehefrau zu $1/2$ Anteil und die Kinder zu je $1/10$ Anteil zu seinen Erben ein, so steht der Erteilung eines dem notariellen Einzeltestament entsprechenden Erbscheins eine Bindungswirkung durch das frühere gemeinschaftliche Testament nicht entgegen, weil die Einsetzung der „gesetzlichen Erben" als Schlusserben durch den überlebenden Erblasser im Verhältnis zu dessen Einsetzung als Alleinerbe der vorverstorbenen Ehefrau nicht als wechselbezüglich im Sinne von § 2271 Abs. 2 Satz 1 BGB anzusehen ist.	§§ 133, 2270, 2271 BGB
KG	Beschl. v. 12.2.2021	6 W 1071/20	(keine) Wechselbezüglichkeit bei **Alleinerbeinsetzung der gemeinsamen Tochter**	Setzen die Eheleute in einem gemeinschaftlichen Testament ihre gemeinsame Tochter zu ihrer Alleinerbin ein, bedarf es für die Feststellung der Wechselbezüglichkeit dieser Verfügung im Sinne des § 2270 Abs. 1 BGB zusätzlicher durch individuelle Auslegung zu ermittelnder	§§ 133, 2270 BGB

Gericht	Entscheidung	Aktenzeichen	Thematik	Leitsatz	Normen
				Anhaltspunkte für einen übereinstimmenden Willen beider Ehegatten zum Zeitpunkt der Testamentserrichtung, dass die Verfügung des einen nicht ohne die entsprechende Verfügung des anderen Ehegatten getroffen sein würde.	
OLG Frankfurt a.M.	Beschl. v. 16.2.2021	21 W 165/20	spätere **Hinzufügung der Schlusserbeinsetzung** und Wechselbezüglichkeit	Fügen Eheleute 30 Jahre nach Errichtung eines gemeinschaftlichen Testaments, in dem sie sich wechselseitig zum Alleinerben eingesetzt haben, in einem weiteren gemeinschaftlichen Testament die Schlusserbeinsetzung hinzu, so ist diese Schlusserbeinsetzung entgegen der Vermutung des § 2270 Abs. 2 BGB nicht wechselbezüglich. *(Ls. d. Verf.)*	§§ 133, 157, 2270 BGB
OLG Hamm	Beschl. v. 12.8.2021	15 W 257/21	Aufrechterhaltung einer wechselbezüglichen Verfügung bei **Unwirksamkeit der von ihr abhängigen Verfügung des anderen Ehegatten**, wenn Ehegatte am Nachlass des anderen Ehegatten nicht partizipieren sollte	Wenn die Auslegung eines gemeinschaftlichen Testaments ergibt, dass der Erblasser eine letztwillige wechselbezügliche Verfügung auch dann getroffen hätte, wenn er die Unwirksamkeit der von ihr abhängigen letztwilligen Verfügung des anderen Ehegatten gekannt hätte, bleibt seine eigene letztwillige Verfügung als einseitige letztwillige Verfügung aufrechterhalten (Anschluss BGH NJW 2011, 1353). Ein solcher Fall liegt etwa dann vor,	§ 2270 BGB

Gericht	Entscheidung	Aktenzeichen	Thematik	Leitsatz	Normen
				wenn eine Erblasserin nur ihre eigenen Abkömmlinge eingesetzt hat und ihr Ehegatte ersichtlich nicht an ihrem Nachlass partizipieren sollte.	
OLG Frankfurt a.M.	Beschl. v. 8.10.2021	20 W 24/21	**Zweifelsregelung zugunsten der Ersatzerbeinsetzung von Abkömmlingen** des als Erben eingesetzten Kindes kein Kriterium für Wechselbezüglichkeit	Der Satz der allgemeinen Lebenserfahrung, nach der davon ausgegangen werden kann, dass ohne ausdrückliche Regelung ein Testierender, der eines seiner Kinder als Erben einsetzt, im Zweifel für den Fall, dass dieses wegfällt, an dessen Stelle auch dessen Abkömmlinge als Erben einsetzt, stellt kein Kriterium dar, das bei der individuellen Auslegung einer Verfügung von Todes wegen herangezogen werden könne; vielmehr ist diese Regel der Lebenserfahrung gerade in der Vorschrift des § 2069 BGB als Auslegungsregel für den Fall normiert worden, dass die individuelle Auslegung ergebnislos bleibt (Abgrenzung zu Oberlandesgericht Hamm vom 15.7.2003 – Az. 15 W 178/03, zitiert nach juris).	§§ 133, 2069, 2270 BGB
OLG Rostock	Beschl. v. 25.10.2021	3 W 147/20	Bindungswirkung bei nach ZBG (DDR) errichtetem Testament	1. Ist ein Ehegattentestament in den neuen Bundesländern zur Zeit der Geltung des ZGB/DDR errichtet worden, richtet sich die Beurteilung der Wirksamkeit und der Bindungswirkung für den überlebenden Ehegatten nach den Regelungen des ZGB/DDR.	§ 390 ZGB (DDR); Art. 235 § 2 EGBGB

Gericht	Entscheidung	Aktenzeichen	Thematik	Leitsatz	Normen
				2. Auf die Wechselbezüglichkeit kommt es bei einem solchen Testament für die Bindungswirkung nicht an, da das ZGB/DDR eine Wechselbezüglichkeit nicht kannte.	
OLG München	Beschl. v. 3.11.2021	31 Wx 110/19	Entfall des Schlusserben; keine Ersatzerben, wenn Testatoren bestimmen: **„Sonst wollen wir nichts bestimmen"**	Zur Auslegung von vertragsmäßigen Verfügungen in einem Erbvertrag bei Wegfall des eingesetzten Schlusserben infolge Vorversterbens bei Verwendung der Klausel „Sonst wollen wir nichts bestimmen".	§§ 133, 157 2069 BGB
OLG Saarbrücken	Urt. v. 17.12.2021	5 U 22/21	(keine) Wechselbezüglichkeit bei **jungen Ehegatten und schwerer Erkrankung** eines Ehegatten	Zur Verneinung der Wechselbezüglichkeit der Schlusserbeneinsetzung des gemeinsamen Kindes, wenn die alsbald verstorbene Ehefrau bei Errichtung des gemeinschaftlichen Testaments schwer erkrankt war, seit der Heirat nicht mehr gearbeitet und auch kein nennenswertes Vermögen in die Ehe eingebracht hatte und das verhältnismäßig junge Alter der Ehegatten die Möglichkeit einer Wiederheirat des Überlebenden nahelegte.	§§ 133, 157, 2270 BGB
OLG Stuttgart	Beschl. v. 22.2.2022	8 W 361/21	(keine) Wechselbezüglichkeit bei Schlusserbeinsetzung **„einseitig letztwillig"**	Eine vom Wortlaut des in einem gemeinschaftlichen Testament verwendeten juristischen Fachbegriffs abweichende Auslegung ist nur möglich, wenn Umstände erwiesen sind, die mit an Sicherheit grenzender Wahrscheinlichkeit den Schluss	§§ 133, 2270, 2299 BGB

Gericht	Entscheidung	Aktenzeichen	Thematik	Leitsatz	Normen
				zulassen, dass die Testierenden dem verwendeten Terminus im Zeitpunkt der Testamentserrichtung übereinstimmend eine abweichende Bedeutung zugemessen haben.	
OLG Düsseldorf	Beschl. v. 11.4.2022	3 Wx 82/21	Wechselbezüglichkeit; **Einsetzung Verwandter beider Ehegatten als Schlusserben**	1. Setzen sich kinderlos gebliebene Ehepartner in einem gemeinschaftlichen Testament gegenseitig zu Alleinerben und Verwandte beider Seiten zu Schlusserben ein, sind die letztwilligen Verfügungen in mehrfacher Hinsicht wechselbezüglich. 2. Sofern keine gegenteiligen Anhaltspunkte vorhanden sind, ist die Einsetzung der Schlusserben nicht von vornherein nur insoweit wechselbezüglich, wie Verwandte der vorverstorbenen Ehefrau bedacht worden sind. Wechselbezüglich ist vielmehr a) die Einsetzung der Eheleute zu gegenseitigen Alleinerben, b) ebenso die gegenseitige Erbeinsetzung der Eheleute und die Berufung von eigenen Verwandten zu Schlusserben, c) und schließlich auch die Schlusserbeneinsetzung als solche.	§§ 133; 2270; 2271 BGB
OLG Frankfurt a.M.	Beschl. v. 29.4.2022	20 W 5/21	(keine) Erstreckung der Bindungswirkung auf **Ersatzschlusserben**	Bei einer über § 2279 Abs. 1 BGB erfolgenden entsprechenden Anwendung von § 2069 BGB auf einen Erbvertrag erfasst die zugunsten eines weggefallenen	§§ 2069, 2270, 2279 BGB

Gericht	Entscheidung	Aktenzeichen	Thematik	Leitsatz	Normen
				Schlusserben im Erbvertrag angeordnete vertragsmäßige Bindung nicht ohne Weiteres auch den für den weggefallenen Schlusserben über § 2069 BGB in den Erbvertrag einbezogenen Ersatzschlusserben (Abgrenzung zu Oberlandesgericht Celle, Beschl. v. 5.11.2012 – 6 W 197/12).	
OLG Karlsruhe	Beschl. v. 3.1.2023	14 W 111/22 (Wx)	Wechselbezüglichkeit der Schlusserbeinsetzung; **Erbringung von Pflegeleistungen eines Kindes nach Eintritt der Bindungswirkungen**	1. Für eine Wechselbezüglichkeit von Verfügungen im Sinne des § 2270 BGB kann der Wortlaut eines Testaments sprechen, wenn in der Urkunde die Rede von dem „gesamten Vermögen" der Ehegatten ist, das von ihnen ohne eine Unterscheidung nach unterschiedlichen Eigentumsverhältnissen verteilt wird. Dies lässt nach § 133 BGB den Rückschluss zu, dass die Ehegatten zum Zeitpunkt der Errichtung des Testaments nach jahrzehntelanger Ehe nicht von getrennten Vermögensmassen ausgegangen sind, sondern die aufgeführten Gegenstände als gemeinsames Vermögen angesehen haben. 2. Es gibt den Erfahrungssatz, dass ein Ehegatte bei der gegenseitigen Erbeinsetzung seine Kinder beim Tod als Erstversterbender nur enterbt, weil er darauf vertraut, dass das gemeinsame Vermögen der	§§ 133, 2270, 2271 BGB

Gericht	Entscheidung	Aktenzeichen	Thematik	Leitsatz	Normen
				Ehegatten beim Tod des Überlebenden auf die gemeinsamen Kinder übergehen wird. 3. Leistete die Ehefrau des Erblassers ihren Beitrag zum gemeinsamen Unterhalt durch die Haushaltsführung sowie die Erziehung und Betreuung der drei gemeinsamen Kinder, kann bei der Frage, ob ein erhebliches Vermögensgefälle vorliegt, nicht mit Erfolg argumentiert werden, das Familieneinkommen (und damit das Vermögen) rühre weit überwiegend von dem allein erwerbstätigen Erblasser her.	
OLG Köln	Beschl. v. 29.3.2023	2 Wx 39/23	Schlusserbeinsetzung des **Bruders des Erstverstorbenen**	1. „Nahestehen“ i.S.d. § 2270 Abs. 2 BGB ist nach den konkreten Umständen des Einzelfalls zu entscheiden, wobei an den Begriff hohe Anforderung zu stellen sind. Eine bindende Schlusserbeneinsetzung des Bruders des Erblassers kann vorliegen, wenn in der gemeinschaftlichen testamentarischen Anordnung ein besonderer Grund für die Erbeinsetzung aufgenommen worden ist. 2. Die Wechselbezüglichkeit der Erbeinsetzung erfasst auch einen angewachsenen Erbanteil.	§§ 133, 2094, 2270 BGB

Gericht	Entscheidung	Aktenzeichen	Thematik	Leitsatz	Normen
OLG Frankfurt a.M.	Beschl. v. 6.4.2023	21 W 3/23	**Anwachsung** und Wechselbezüglichkeit	Ein bei Eintritt der Anwachsung sich vergrößernder Erbteil kann insgesamt eine auf einer wechselbezüglichen Verfügung beruhende Erbeinsetzung darstellen.	§§ 133, 2094, 2270 BGB
OLG Frankfurt a.M.	Beschl. v. 23.10.2023	21 W 69/23	wechselbezügliche Einsetzung des Abkömmlings als Vollerben; **keine Änderungsbefugnis zur Einrichtung eines Behindertentestaments**	1. Einem gemeinschaftlichen Ehegattentestament mit wechselbezüglicher Schlusserbeneinsetzung der Abkömmlinge kann ohne weitere Anhaltspunkte regelmäßig nicht allein im Wege der ergänzenden Auslegung entnommen werden, dass dem überlebenden Ehegatten trotz grundsätzlich bindend gewordener Einsetzung des Abkömmlings als Vollerbe die zur Einrichtung eines sogenannten Behindertentestaments erforderlichen Eingriffe (Bestellung eines Testamentsvollstreckers und Anordnung einer Vor- und Nacherbschaft) in die Rechtsstellung des Schlusserben gestattet sein sollen. 2. Zur Auslegung der Klausel eines gemeinschaftlichen Ehegattentestaments, wonach Teile des Immobilienvermögens eines der Ehegatten nicht von dem Testament umfasst sein sollen.	§§ 2084, 2271 BGB

XI. Teilungsanordnung

Gericht	Entscheidung	Aktenzeichen	Thematik	Leitsatz	Normen
OLG Saarbrücken	Beschl. v. 9.5.2023	5 W 28/23	Zuweisung von Immobilien; Aufteilung von Bargeld; **gesetzliche Erbfolge im Übrigen, wenn Aufteilung Nachlass nicht erschöpft**	Ein privatschriftliches Testament, in dem die Erblasserin zunächst die frühere Erbeinsetzung ihrer Abkömmlinge für „ungültig" erklärt, ihnen sodann ihre beiden Hausanwesen (anteilig) zuweist und abschließend anordnet, das „Bargeld" solle auf „meine drei Kinder" verteilt werden, kann im Einzelfall dahin auszulegen sein, dass es jenseits dieser auf einzelne Gegenstände beschränkten Aufteilung, die den Nachlass nicht erschöpfte und auch sonst keinen Willen zur Bestimmung eines anderen Rechtsnachfolgers erkennen lässt, bei der gesetzlichen Erbfolge verbleiben soll.	§§ 133, 2048, 2087 BGB
OLG Frankfurt a.M.	Beschl. v. 23.10.2023	21 W 69/23	wechselbezügliche Einsetzung des Abkömmlings als Vollerben; **keine Änderungsbefugnis zur Einrichtung eines Behindertentestaments**	1. Einem gemeinschaftlichen Ehegattentestament mit wechselbezüglicher Schlusserbeneinsetzung der Abkömmlinge kann ohne weitere Anhaltspunkte regelmäßig nicht allein im Wege der ergänzenden Auslegung entnommen werden, dass dem überlebenden Ehegatten trotz grundsätzlich bindend gewordener Einsetzung des Abkömmlings als Vollerbe die zur Einrichtung eines sogenannten Behindertentestaments erforderlichen Eingriffe (Bestellung eines Testamentsvollstreckers und Anordnung einer	§§ 2084, 2271 BGB

Gericht	Entscheidung	Aktenzeichen	Thematik	Leitsatz	Normen
				Vor- und Nacherbschaft) in die Rechtsstellung des Schlusserben gestattet sein sollen. 2. Zur Auslegung der Klausel eines gemeinschaftlichen Ehegattentestaments, wonach Teile des Immobilienvermögens eines der Ehegatten nicht von dem Testament umfasst sein sollen.	

XII. Testamentsvollstreckung

13

Gericht	Entscheidung	Aktenzeichen	Thematik	Leitsatz	Normen
OLG München	Endurt. v. 13.6.2022	33 U 6666/21	**Rangverhältnis von Vermächtnissen und Vergütung des Testamentsvollstreckers**	1. Zur Auslegung eines notariellen Testaments hinsichtlich der Frage, ob aus dem vorhandenen Nachlass vorrangig die angeordneten Vermächtnisse oder die Testamentsvollstreckervergütung zu erfüllen ist. 2. Zur Berechnung einer Testamentsvollstreckervergütung nach der Neuen Rheinischen Tabelle.	§§ 133, 2084, 2219 BGB
OLG Frankfurt a.M.	Beschl. v. 23.10.2023	21 W 69/23	wechselbezügliche Einsetzung des Abkömmlings als Vollerben; **keine Änderungsbefugnis zur Einrichtung eines Behindertentestaments**	1. Einem gemeinschaftlichen Ehegattentestament mit wechselbezüglicher Schlusserbeneinsetzung der Abkömmlinge kann ohne weitere Anhaltspunkte regelmäßig nicht allein im Wege der ergänzenden Auslegung entnommen werden, dass dem	§§ 2084, 2271 BGB

				überlebenden Ehegatten trotz grundsätzlich bindend gewordener Einsetzung des Abkömmlings als Vollerbe die zur Einrichtung eines sogenannten Behindertentestaments erforderlichen Eingriffe (Bestellung eines Testamentsvollstreckers und Anordnung einer Vor- und Nacherbschaft) in die Rechtsstellung des Schlusserben gestattet sein sollen. 2. Zur Auslegung der Klausel eines gemeinschaftlichen Ehegattentestaments, wonach Teile des Immobilienvermögens eines der Ehegatten nicht von dem Testament umfasst sein sollen.	

XIII. Vermächtnisse, allgemein

14

Gericht	Entscheidung	Aktenzeichen	Thematik	Leitsatz	Normen
OLG München	Beschl. v. 5.4.2022	33 U 1473/21	**„vorhandenes Bargeld“**	1. Zur Auslegung des Begriffes „vorhandenes Bargeld“ in einem privatschriftlichen Testament. 2. Wendet der Erblasser im Wege des Vermächtnisses mehreren Vermächtnisnehmern das bei seinem Tode „vorhandene Bargeld“ zu, ist eine Auslegung, wonach dieses Bargeld auch „leicht verfügbare Bankguthaben“ erfasst (OLG	§§ 133, 2084, 2170 BGB

Gericht	Entscheidung	Aktenzeichen	Thematik	Leitsatz	Normen
				Karlsruhe ZEV 2007, 380 = BeckRS 2007, 13297) möglich, aber nicht zwingend. 3. Es gibt keine Regel, nach der unter dem Begriff „Bargeld“ zwangsläufig auch das auf Bankkonten liegende Geld umfasst wird. 4. Umstände, die im Rahmen der Testamentsauslegung herangezogen werden sollen, müssen entweder unstreitig oder zuvor vom Gericht festgestellt worden sein.	
OLG München	Endurt. v. 13.6.2022	33 U 6666/21	**Rangverhältnis von Vermächtnissen und Vergütung des Testamentsvollstreckers**	1. Zur Auslegung eines notariellen Testaments hinsichtlich der Frage, ob aus dem vorhandenen Nachlass vorrangig die angeordneten Vermächtnisse oder die Testamentsvollstreckervergütung zu erfüllen ist. 2. Zur Berechnung einer Testamentsvollstreckervergütung nach der Neuen Rheinischen Tabelle.	§§ 133, 2084, 2219 BGB
OLG Brandenburg	Beschl. v. 20.2.2023	3 W 31/22	Anordnung des **„Verschenkens“ für den Fall des plötzlichen Ablebens**	Hat der Erblasser handschriftlich für den Fall seines plötzlichen Ablesens angeordnet, dass er seinen Hausanteil „verschenken“ wolle, ist dies nach der Zweifelsregelung des § 2084 BGB nicht als Schenkung, sondern als Erbeinsetzung oder Vermächtnis zu verstehen. *(Ls. d. Verf.)*	§§ 133, 2084, 2087 Abs. 2 BGB

Gericht	Entscheidung	Aktenzeichen	Thematik	Leitsatz	Normen
OLG Brandenburg	Urt. v. 5.10.2023	5 U 186/22	Anordnung einer disziplinierten Behandlung einer Person **„auch zum Wohnrecht in unserem Haus“** keine Zuwendung, wenn zuvor ausführlich dargestellt wurde, was dieser Person zustehen soll	Werden die Abkömmlinge des Erblassers in einer letztwilligen Verfügung nach vorheriger ausführlicher Darstellung einzelner Zuwendungen an einen Dritten um eine disziplinierte Behandlung des Dritten „… auch zum Wohnrecht in unserem Haus …“ gebeten, lässt sich dies nach dem Aufbau des Testaments und dem darin zum Ausdruck gekommenen Willen des Erblassers dahingehend verstehen, dass seine Abkömmlinge Erben zu gleichen Teilen sein sollen. Eine Zuwendung eines Wohnrechts an den Dritten lässt sich dem nicht entnehmen, da der Erblasser eine bestehende Wohnsituation erkennbar voraussetzte. *(Ls. d. Verf.)*	§§ 133, 2084 BGB
OLG Hamm	Beschl. v. 24.10.2023	10 U 15/23	**Kaufpreis als ebenfalls vermachtes Surrogat einer vermachten Immobilie**, wenn vermächtnisnehmender Verein Immobilie erkennbar nicht nutzen würde	1. (…) 2. Die ergänzende Testamentsauslegung kann im Einzelfall ergeben, dass bei Veräußerung des vermachten Gegenstandes an dessen Stelle als Surrogat die Kaufpreiszahlung tritt. 3. Die gesetzliche Auslegungsregel des § 2169 Abs. 3 BGB kommt nach seinem Wortlaut nur für den Fall des Untergangs oder der Entziehung des vermachten Ge-	§§ 133, 157, 2169 BGB

Gericht	Entscheidung	Aktenzeichen	Thematik	Leitsatz	Normen
				genstandes in Betracht, nicht jedoch bei dessen Veräußerung.	

XIV. Vor- und Nacherbschaft

15

Gericht	Entscheidung	Aktenzeichen	Thematik	Leitsatz	Normen
OLG Saarbrücken	Beschl. v. 21.10.2019	5 W 62/19	Benennung der **Kinder als Nacherben und Ersatzerben**	Haben die Testatoren ihre Kinder nicht nur zu Nacherben berufen, sondern auch zu Ersatzerben, ohne dass sie den Ersatzerbfall näher spezifiziert haben, so ist davon auszugehen, dass die Ersatzerbeneinsetzung für alle potenziellen Wegfallgründe gelten sollte, mithin auch für den Fall des Vorversterbens des als Vorerben eingesetzten Ehegatten. *(Ls. d. Verf.)*	§§ 133, 2096, 2097 BGB
OLG Brandenburg	Beschl. v. 21.12.2020	3 W 134/20	Einheitslösung; Anordnung von Vor- und Nacherbschaft nur, wenn Eheleute die Vorstellung haben, dass **getrennte Vermögensmassen** auf die Erben übergehen sollen (bei Formulierung **„unser Vermögen“**)	Unabhängig von der Begriffswahl kann eine Vor- und Nacherbschaft von Eheleuten nur dann gewollt sein, wenn sie die Vorstellung haben, dass beim Tod des länger lebenden Ehegatten das Gesamtvermögen getrennt nach dem Vermögen des Vorverstorbenen und dem Eigenvermögen des Überlebenden vererbt werden und als je getrennte	§§ 133, 157, 2073, 2269 BGB

Gericht	Entscheidung	Aktenzeichen	Thematik	Leitsatz	Normen
				Vermögensmassen auf die (Nach-)Erben übergehen soll. *(Ls. d. Verf.)*	
OLG Düsseldorf	Beschl. v. 16.3.2021	3 Wx 197/20	Auslegung als Anordnung von Vor- und Nacherbschaft, wenn die **Tochter des Erblassers nach dem Tod seiner Ehefrau erhalten solle, was noch verblieben sei**	1. Zur Auslegung eines privatschriftlichen Testaments, mit dem der Erblasser bestimmt, seine Ehefrau solle die Wohnung einschließlich der Einrichtung erhalten und außerdem über sein gesamtes Vermögen verfügen können. … Nach dem Ableben seiner Ehefrau solle die Tochter des Erblassers aus einer früheren Ehe alles erhalten, was noch verblieben sei, als Einsetzung der Ehefrau des Erblassers zu seiner Vorerbin und seiner Tochter als deren Nacherbin. 2. (…)	§§ 133, 157, 2100 BGB
OLG Brandenburg	Beschl. v. 20.1.2023	3 W 133/22	**„unser Besitz“** und der Wille, dass der **Pflichtteil nur im Notfall auszuzahlen** ist, sprechen für Einheitslösung	1. Einem einheitlichen Regelungsgehalt einer letztwilligen Verfügung im Sinne eines sog. Berliner Testaments steht nicht entgegen, dass die entsprechenden Anordnungen in drei verschiedenen Urkunden und mit einem zeitlichen Abstand von mehreren Jahren getroffen wurden, sofern der Wille der Testierenden dahin geht, nunmehr diese Verfügungen als eine Einheit gelten zu lassen.	§§ 133, 2100, 2269 BGB

Gericht	Entscheidung	Aktenzeichen	Thematik	Leitsatz	Normen
				2. Indiz gegen die Annahme einer Anordnung der Vor- und Nacherbschaft ist, dass die Eheleute von „unserem Besitz“ sprechen, der erst nach ihrer beider Ableben geteilt werden sollte und dass die Auszahlung des Pflichtteils nur im Notfall erfolgen soll. *(Ls. d. Verf.)*	
OLG Saarbrücken	Beschl. v. 9.1.2024	5 W 71/23	Annahme der Anordnung der Vor- und Nacherbschaft nur, wenn anzunehmen ist, dass **getrennte Vererbung der Vermögensmassen** der Eheleute gewollt war	Die in einem gemeinschaftlichen Testament enthaltene Anordnung der durch einen früheren Erbvertrag bereits wechselseitig begünstigten Ehegatten, dass „nach dem Tode des Überlebenden … der Nachlass zu gleichen Teilen an unsere Kinder… fallen“ solle und „als Nachlass … das zum Zeitpunkt des Erstverstorbenen vorhandene Gesamtvermögen“ gelte, deutet auch mangels anderer, in diese Richtung weisender Umstände außerhalb des Testaments nicht darauf hin, dass damit die Anordnung einer Vor- und Nacherbschaft beabsichtigt und der Überlebende bezüglich des Nachlasses des zunächst Versterbenden nur als „Erbe auf Zeit sein“ eingesetzt sein sollte.	§§ 133, 157, 2100 BGB

Gericht	Entscheidung	Aktenzeichen	Thematik	Leitsatz	Normen
OLG Karlsruhe	Beschl. v. 1.10.2024	14 U 144/23	**Abgrenzung der Vor- und Nacherbschaft zum Nießbrauchsvermächtnis; Vermeidung des Anfalls von Erbschaftsteuer** als Indiz für mutmaßlichen Willen des Erblasser	1. Kann im Rahmen einer Verfügung von Todes wegen der Wille des Erblassers in Hinblick auf die etwaige Anordnung einer Vor- und Nacherbschaft (hier: in Abgrenzung zu einem Nießbrauchsvermächtnis) nicht zweifelsfrei festgestellt werden und greifen die Auslegungsregeln der §§ 2101 ff. BGB nicht ein, so geht dies zulasten dessen, der für sich die Rechte eines Nacherben in Anspruch nimmt. 2. Bleibt bei der Auslegung einer Verfügung von Todes wegen zweifelhaft, ob der wirkliche Wille des Erblassers auf die Anordnung einer Vor- und Nacherbfolge oder eines Nießbrauchsvermächtnisses gerichtet war, so spricht bei der Ermittlung seines mutmaßlichen Willens der Umstand für die Anordnung eines Nießbrauchsvermächtnisses, dass hierdurch der wiederholte Anfall von Erbschaftssteuer vermieden wird (im Anschluss an Bayerisches Oberstes Landesgericht, Beschl. v. 1.4.1960 – BReg 1 Z 81/59, nicht amtlicher Leitsatz, juris). 3. Konnte die zum Zeitpunkt der Testamentserstellung verwitwete und kinderlose Erblasserin ihren – unterstellten – Willen, ihr Vermögen dauerhaft in der leiblichen	§§ 133, 2100 BGB

Gericht	Entscheidung	Aktenzeichen	Thematik	Leitsatz	Normen
				Familie zu halten, sowohl durch Anordnung einer Vor- und Nacherbschaft als auch Zuwendung eines Nießbrauchsvermächtnisses an ihren neuen Lebenspartner erreichen, weil zu diesem Zeitpunkt die gesetzliche Erbfolge eingetreten wäre, so spricht die Jahre später erfolgte Eheschließung mit diesem Lebenspartner nicht ohne Weiteres für die Annahme einer Vor- und Nacherbschaft im Wege der ergänzenden Testamentsauslegung. Ein hierauf – zum maßgeblichen Zeitpunkt der Testamentserrichtung – gerichteter hypothetischer Wille ist für den Fall nicht zu ermitteln, dass die Erblasserin zunächst nicht mit einer Eheschließung rechnete und ihr später – zum Zeitpunkt der Eheschließung – bekannt war, dass damit ein gesetzliches Ehegattenerbrecht verbunden wäre.	
OLG Karlsruhe	Beschl. v. 9.12.2024	14 W 87/24 (Wx)	**wechselbezügliche Nacherbeneinsetzung**	1. Die in einem gemeinschaftlichen Testament enthaltenen Formulierungen „Wir setzen uns gegenseitig zu befreiten Vorerben ein." und „Nacherben auf das Erbe des Letztverstorbenen sollen unsere Söhne … zu je $1/2$ sein." legen eine Auslegung dahingehend nahe, dass hierin die Anordnung einer Vor- und Nacherbschaft nach dem Erstversterbenden und zugleich	§§ 2247, 2270, 2271 BGB

Gericht	Entscheidung	Aktenzeichen	Thematik	Leitsatz	Normen
				die Einsetzung der gemeinsamen Kinder zu gleichberechtigten Vollerben nach dem Letztversterbenden zu sehen ist. 2. Im Fall der gegenseitigen Einsetzung des längerlebenden Ehegatten als (gesamt-)befreiten Vorerben besteht ein Erfahrungssatz, dass ein Ehegatte den anderen nur deswegen als befreiten Vorerben eingesetzt hat, weil er darauf vertraut hat, dass das beim Tod des Überlebenden verbliebene gemeinsame Vermögen auf die gemeinsamen Kinder übergehen wird.	
OLG Naumburg	Beschl. v. 7.1.2025	2 Wx 82/23	Einheitslösung; aus **Einsetzung des überlebenden Ehegatten als Vollerben** ergibt sich auch bei Patchwork-Familien ohne Anwendung von § 2269 BGB, dass die Einheitslösung gewollt war	1. Die individuelle Auslegung eines gemeinschaftlichen Testaments i.S.v. § 2263 BGB hat Vorrang vor der Anwendung der Auslegungsregel des § 2269 BGB. 2. Ist im Wege der Auslegung nach §§ 133, 2084 BGB zweifelsfrei zu ermitteln, dass der Längerlebende von beiden Testatoren jeweils als Vollerbe des Erstversterbenden eingesetzt wurde, so ergibt sich hieraus auch ohne Anwendung der Auslegungsregel des § 2269 BGB, dass die Eheleute das Gestaltungsprinzip der sog. Einheitslösung wählten.	§§ 133, 2084, 2269 BGB

Gericht	Entscheidung	Aktenzeichen	Thematik	Leitsatz	Normen
				3. Auch in sog. Patchwork-Familien bedarf es konkreter Anhaltspunkte im gemeinschaftlichen Testament für die Wahl einer sog. Trennungslösung. Allein der Umstand, dass die Eheleute zu Lebzeiten getrennte Konten führten, lässt noch nicht den sicheren Schluss zu, dass sie ihre jeweiligen Vermögen auch im Todesfalle als getrennte Vermögen weiterführen (lassen) wollten.	

Stichwortverzeichnis

fette Zahlen = Paragrafen, magere Zahlen = Randnummern

Benutzerhinweise für den Download

Zur Nutzung des PDF-Musterverzeichnisses benötigen Sie einen **lokal installierten PDF-Reader**, da die Funktionalität über das reine Anzeigen einer PDF-Seite hinausgeht.

Den Download-Link (URL) finden Sie auf der Seite 4 (IV) des Werks (Impressum). Über diesen Link stellen wir Ihnen sämtliche im Werk enthaltenen Muster und Formulierungsbeispiele zur Verfügung. Zur Nutzung der Muster/Formulierungsbeispiele gehen Sie auf den Download-Link und laden die dort abgelegte zip-Datei auf Ihr Laufwerk herunter. Um den Ordner zu entpacken, klicken Sie mit der rechten Maustaste auf die Datei, wählen „**Alle extrahieren**" und folgen dann den Anweisungen. Die Nutzung der Muster ist unabhängig vom Betriebssystem Ihres Rechners.

Durch das Extrahieren werden ein **PDF-Musterverzeichnis** sowie die **Worddateien** der jeweiligen Muster auf dem von Ihnen gewählten Laufwerk Ihres Rechners abgelegt.

Zur Nutzung des PDF-Musterverzeichnisses benötigen Sie einen kostenlosen PDF-Reader. Das Musterverzeichnis gibt Ihnen einen Überblick über die enthaltenen Muster und erleichtert Ihnen den Zugang zu den Mustertexten. Beim Anklicken des gewünschten Musters in dem PDF-Musterverzeichnis öffnet sich der Text direkt in Microsoft Word oder in dem bei Ihnen eingesetzten Textverarbeitungsprogramm. Dann können Sie die Word-Datei direkt bearbeiten und unter einem neuen Dateinamen abspeichern. Bei Nutzern von Microsoft Word können Sicherheitshinweise auf dem Bildschirm erscheinen. Dort müssten Sie die Nutzung ggf. zulassen. Dies wird in den verschiedenen Wordversionen und Textverarbeitungsprogrammen unterschiedlich gehandhabt. In den einzelnen Word-Dateien sind keine Makros o.ä. eingebunden. Damit die Navigation über das PDF-Musterverzeichnis funktioniert dürfen der Ordner „Muster-Doks" und die ursprünglich gelieferten Dateien nicht umbenannt werden. Speichern Sie die bearbeiteten Worddateien daher stets unter einem neuen Dateinamen ab.

Die in einigen Word-Mustertexten vorhandenen **Formularfelder** können Sie markieren und überschreiben. Sie können sich die Bearbeitung erleichtern, indem Sie diese Formularfelder mit dem Default-Tastaturkürzel Ihres Textbearbeitungsprogrammes ansteuern. Für Microsoft Word ist dies i.d.R. das Tastaturkürzel F11, um zum nächsten Feld zu springen und „UMSCHALT+F11", um zum vorherigen zu springen. Diese Tastaturkürzel werden von der Arbeitsumgebung Ihres Textverarbeitungsprogramms und nicht durch die bereitgestellten Word-Muster-Dateien definiert. Daher können die Tastaturkürzel in alternativen Betriebssystemen und/oder Textbearbeitungsprogrammen (z.B. LibreOffice Writer) abweichen.

Bearbeiten der Muster/Formulierungsbeispiele mit einer anderen Textverarbeitung und/oder einem anderen Betriebssystem

Wenn Sie kein Microsoft Word, sondern ein anderes Textverarbeitungsprogramm auf Ihrem Rechner installiert haben, können Sie die Dateien trotzdem aufrufen und bearbeiten. Gehen Sie dazu direkt auf das gewünschte Muster in dem abgelegten Ordner „Muster-Doks“. Über diesen Weg können Sie auch auf die Word-Dateien zugreifen, wenn Sie nicht über das mitgelieferte PDF-Musterverzeichnis navigieren möchten. Jedem Mustertext ist eine Nummer zugewiesen, die in dem Download-Symbol neben dem jeweiligen Formular/Mustertext im Buch abgedruckt ist. Über den Dateinamen (p = Paragraf und m = Muster) lässt sich die gewünschte Mustertext-Datei auffinden.